Ecclesia reformata semper reformanda
역사 속의 교회, 기독교세계의 명암

THE HISTORY OF
REVIVALS IN CHRISTIANITY
기독교 회복의 역사

기독교 회복의 역사

초판 인쇄 2025년 10월 13일
초판 발행 2025년 10월 31일

지은이   안미쁘아기
편　집   고선주 | 디자인 SUN
펴낸곳   동행출판 | 펴낸이 안미쁘아기 | 인쇄 영신사
출판등록 2016년 5월 14일 제2016-000063호
주　소   성남시 분당구 미금일로 57 우)13633
전　화   031-711-4312
팩　스   0504-373-9939
이메일   donghang.book@gmail.com

ISBN 979-11-89945-93-0 03230

* 책값은 뒤표지에 표시되어 있습니다.
* 잘못된 책은 구입하신 서점에서 바꿔 드립니다.

Ecclesia reformata semper reformanda

THE HISTORY OF
REVIVALS IN CHRISTIANITY
기독교 회복의 역사

안미쁜아기 지음

일러두기

1. 띄어쓰기와 맞춤법은 국립국어원의 『표준국어대사전』을 기준으로 하였습니다.
2. 외래어는 외래어 표기법에 기준하였으나 여러 교회사 논문들과 저술들에서 외래어 표기법과 상이한 지명과 인명이 일반적으로 널리 사용되고 있는 경우 그대로 사용하였으며, 현지 명소의 명칭에 대하여는 현지에서 불려지는 명칭을 되도록 사용하였습니다.
3. 자료 검색의 경우를 고려하여 원어 병기를 하였습니다.
4. 각 나라 도시들, 대학교, 대성당, 박물관 등 공식 홈페이지를 활용했습니다.

"우리는 거인들의 어깨 위에 올라선 난장이와 같아서
그들의 덕택으로 그들이 본 것보다 더 멀리 볼 수 있다."

– 샤르트르의 베르나르(Bernard de Chartres. died. c.1130) –

머리말

2016년 전 세계가 이세돌과 알파고가 벌인 세기의 바둑 대결을 지켜보며 처음으로 인간을 능가할 수 있는 존재를 마주한 이래로, "과연 인간이 가장 뛰어난 존재인가?"라는 물음이 대두되었다. 그 물음은 오래지 않아 현실이 되었다. 2022년 11월 30일, ChatGPT의 등장 이후, 구글의 제미나이(Gemini)와 퍼플렉시티(Perplexity) 등 인공지능들이 인간의 언어와 사고, 판단을 대신하며 우리의 일상 속으로 깊숙이 들어왔다. 흥미롭게도 2024년 10월, 인공지능 연구로 노벨물리학상을 수상한 제프리 힌튼과 존 홉필드 교수는 한목소리로 경고했다.

"저는 물리학자로서 통제할 수 없는 것들에 대해서 불안합니다. 인공지능 기술은 놀라운 성과를 내고 있지만 우리는 어떻게 작동하는지 완전하게 이해하지 못하고 있습니다. 매우 불안합니다."
- 존 홉필드, 프린스턴 대학 명예교수 -

이와 같은 격변의 시대에 "인간이란 무엇인가?", "우리는 어떻게 살 것인가?"와 같은 질문은 단지 시대 변화에 대한 반응이 아니라, 인간 존재의 본질과 교회, 그리고 신앙의 정체성을 묻는 근본적인 물음이다. 만일 '만물의 영장'이라는 인간을 지적·기능적 우월성으로만 이해한다면, 오늘날 인공지능이나 기계적 지성은 인간의 자리를 쉽게 흔들 수 있다. 인공지능이 판단하고 알고리즘이 옳고 그름을 말하며, 인간의 자리를 위협하는 디지털문명시대에 이러한 질문의 실마리는 어쩌면 가장 오래된 길 위에 놓여 있을 수 있다.

4세기 라틴 교부 아우구스티누스는 『신국론』에서 역사를 "하나님의 섭리 속에 있는 시간의 운동"이라고 하였다. 또한 철학자 조지 산타야나는 "과거를 기억하지 못한 자는 그것을 되풀이 한다"라며 인간이 역사로부터 배우지 않을 때, 동일한 실수와 폭력, 그리고 몰락을 반복한다는 사실을 지적했다.

신앙도 마찬가지다. 역사에 대한 이해가 없는 믿음은 방향을 잃고, 뿌리가 없는 나무와 같다. 하나님은 역사 속에서 말씀하시고 일하시기 때문이다. 그 역사 속의 교회는 사도들과 순교자들의 피와 눈물, 그리고 종교개혁자들과 바른 신앙을 지켜낸 성도들의 고뇌와 기도 속에서 자라난 신앙공동체이다. 우리가 누리는 예배와 예수를 '주'로 고백하는 신앙은 교회의 타락과 부패한 제도적 권위에 맞서 진리를 회복하고자 했던 희생과 갱신의 역사를 거쳐 우리에게 온 것이다.

우리가 종교개혁이라 일컫는 16세기 교회개혁은 궤도이탈한 기독교세계를 향해 '성경으로 돌아가자'는 간절한 호소에서 시작되었다. 프라하 대학의 얀 후스가 콘스탄츠에서 화형당한 지 102년이 되던 해, 비텐베르크 대학의 마르틴 루터가 쏘아 올린 테제 하나가 유럽의 기독교세계를 뒤흔들었다.

1517년 10월 31일, 비텐베르크 성 교회 문에 붙여진 《95개조 논제》는 당시 모국어조차 읽기 힘들었던 독일의 높은 문맹률에 비추어 볼 때, 라틴어로 작성된 이 논제가 단순히 일반 백성들을 위한 게시물이 아닌, 신학자들과 토론하기 위한 것이었음을 알 수 있다.

그러나 16세기 종교개혁, 곧 교회개혁은 어느 날 갑자기 시작된 것이 아니다. 마르틴 루터 이전에도 교회권력과 세속권력이 강고했던 시대에 성경과 사도적 가르침을 따라 살아간 그리스도인들이 있었다. 그들이 바로 12세기 프랑스 리옹의 페트루스 발데스, 14세기 잉글랜드의 존 위클리프, 그리고 15세기 초 보헤미아의 얀 후스와 15세기 말 피렌체의 지롤라모 사보나롤라와 같은 이들이었다.

잉글랜드의 존 위클리프는 성경이 교회의 최종 권위이며, 교황이나 교회 전통보다 우선한다고 주장하며, 성직자들에게만 허용된 라틴어 성경을 영어로 번역하여 누구라도 성경을 읽을 수 있게 하였다. 당시 성경을 번역하는 일은 교회의 권위에 정면 도전하는 행위였다.

이러한 위클리프의 성경적 이해 속에서 보헤미아의 얀 후스 교수는 한 걸음 더 나아갔다.

"거룩하고 보편적인 교회란, 머리 되신 그리스도와 그리스도께 속한 자들의 공동체이다. 또한 참된 교회란 도덕적이고 성경에 근거하며, 모든 신자가 평등하게 은혜에 참여하는 공동체이다."

그는 십자군 원정에 따른 면벌부(Indulgentia) 판매와 성상숭배(Iconodulism, 로마 가톨릭교회는 성상공경으로 표기)와 같은 비성경적인 것들을 비판하였다. 그러나 그들이 성경과 사도적 가르침을 따른 대가는 파묘였고, 화형이었다.

로마 교회는 성경의 권위와 교회 전통을 나란히 두고 '하나님의 대리인'을 자처하며, 지상 교회의 군주로서 권력을 오남용하였다. 그 한가운데서 종교개혁자들은 성경으로 돌아가 거룩한 교회를 회복해야 한다고 호소하였다. 그들은 "내가 거룩하니, 너희도 거룩해져야 한다."(레 11:44 새번역)는 하나님의 준엄한 명령을 따르는 진리의 파수꾼들이었다. 종교개혁자들의 외침은 교회로부터 분리해 나가려는 반동이 아니었다. 그럼에도 교회는 그들을 교회 밖으로 내팽개쳤고, 교회가 보여 준 마지막 응답은 반종교개혁(Counter Reformation)이었다. 이처럼 반종교개혁으로 맞선 로마 교회와 종교개혁자들 사이에 타오른 맹렬한 불길은 타락하고 부패한 교회의 전통들, 의식들, 성화, 성물숭배 등을 불살랐다. 그뿐 아니라 허다한 사람들이 그 불길에 함께 녹아 내렸다. 그들은 시대를 막론하고 나라와 교회를 정결하게 하는 데 쓰임 받은 하나님의 밀알들이었다.

이 책은 밀라노 칙령(313) 이후 교회의 빛과 그림자, 그리고 16세기 종교개혁과 17세기 전후 교회의 발자취를 따라 하나님께서 어떻게 교회를 새롭게 하셨는지, 인간의 타락과 부패함 속에서도 어떻게 선하신 섭리를 이루셨는지를 목격하는 여정이다. 이 여정에는 겉옷 세 벌, 경량 패딩, 샌들, 아이패드, 보조 배터리, 그리고 관절염약과 위장약이 전부였다. 10kg 남짓한 배낭을 메고 35일 동안 일곱 차례 비행기로 이동하며 독일, 스위스, 미국, 스코틀랜드, 네덜란드, 벨기에, 프랑스의 22개 종교개혁 도시들을 걸었다.

"개혁된 교회는 항상 개혁되어야 한다(Ecclesia reformata semper reformanda)"는 종교개혁자들이 분투했던 개혁 정신을 잊지 않기 위해, 역사의 현장을 따라 걸으며 그 길에서 들려오는 하나님의 말씀과 종교개혁자들의 증언에 귀 기울였다. 역사를 기억한다는 것은 단지 앎을 위한 지식의 축적이 아니다. 그것은 불확실한 현실에서 바른 신앙을 붙잡고 다음 세대에 전할 진리의 유산을 되새기는 일이자, 오늘의 교회가 거룩함을 회복하기 위한 고백이다. 부디 이 글이 진리의 길을 걸었던 선진들의 믿음과 발자취를 따라가며, 오늘을 살아내는 그리스도인들에게 시대를 분별하는 지혜와 흔들리지 않는 신앙의 정체성을 확인해 주는 이정표가 되기를 바란다.

다만 기독교 역사를 통전적으로 풀어낼 지식의 부족함과 개혁신앙을 가진 이의 관점에서 쓴 기록이라는 것을 밝힌다.

끝으로, 두 번의 대상포진과 폐렴 입원이라는 고통 속에서도 끝까지 응원해 준 남편과 두 아들 한길, 로길에게 깊은 고마움을 전한다. 또한 35일간의 종교개혁지 탐방을 위해 후원해 주신 사랑방 선생님들, 한명숙·이영희 선생님, 그리고 출판비를 지원해 준 영동제일교회 청년부를 섬기는 김지웅 목사님 가정에 진심으로 감사드린다.

안 예쁜사기 드림

차례 ─────────── *Ecclesia reformata semper reformanda*

머리말 _ 6

제 I 부 겨자씨 기독교

제1장 박해에서 기독교제국으로   21
  1. 유대교의 기독교인에 대한 박해 _ 21
  2. 기독교제국이 된 로마 _ 24

제2장 중세 초기(Early Middle Ages)   26
  A. 게르만족의 기독교화 _ 26
  1. 게르만족의 대이동 _ 26
  2. 프랑크 왕국 - 메로빙거 왕조 _ 28
  B. 기독교제국의 교회 _ 29
  1. 대 그레고리우스 1세 _ 30
  2. 서로마 황제 - 샤를마뉴 _ 34
  3. 성상숭배(Iconodulism) 금지 _ 40
  4. 이코노클라즘(Iconoclasm) vs 이코노둘리즘(Iconodulism) _ 42
  5. 게르만족의 세계관 _ 44

제3장 중세 중기(High Middle Ages)   46
  A. 교회조직과 교회정치 _ 46
  1. 에큐메니컬 공의회 _ 46
  2. 보편적인 교회 _ 51
  3. 서임권 투쟁 - 카노사의 굴욕 _ 54
  4. 십자군 원정 _ 60
  5. 교회 대분열(The Great Western Schism) _ 67

      6. 제4차 십자군 – 라틴 제국 _ 68
      7. '하나님의 대리자' 인노켄티우스 3세(1198-1216) _ 73

제4장 중세 후기(Late Middle Ages)   74
      1. 15세기 인문주의자들이 규정한 '중세' _ 74
      2. 페트라르카 '아드 폰테스' _ 75
      3. 르네상스의 빛과 그림자 _ 76

제II부 순전한 기독교의 길

제1장 여명:종말의 징조들   81
      1. 아비뇽 유수(1309-1377) _ 81
      2. 14세기 흑사병(1346-1353) _ 81
      3. 종교개혁의 불씨 – 존 위클리프 _ 83
      4. 서방교회 대분열(1378-1418) _ 84
      5. 백조를 기다리다 – 얀 후스 _ 87

제2장 종교개혁의 여명   95
      1. 로렌초 발라 – '콘스탄티누스의 증여' _ 95
      2. 금속활자 인쇄술 _ 98
      3. 동로마 제국 멸망 _ 99
      4. 종교개혁의 트리거 _ 101
      5. 르네상스 교황들 _ 105
      6. 에라스무스 – 헬라어 신약성경 _ 107
      7. 면벌부(Indulgentia) _ 111

제3장 16세기 종교개혁   116
      A. 회복의 길 _ 116

1. 종교개혁이란? _ 116
　　2. 마르틴 루터 - 하나님의 손에 들린 횃불 _ 118
　　B. 과녁을 벗어난 운동 _ 125
　　1. 독일 농민전쟁(1524-1525) _ 125
　　2. 토마스 뮌처 _128

제4장 종교개혁 그리고 정치　　　　　　　　　　　　　136
　　1. 신성로마제국 카를 5세 _ 136
　　2. 보름스 제국의회(1521) _ 137
　　3. 제5차 이탈리아 전쟁(1526-1530) - 로마의 약탈 _ 141
　　4. 제2차 슈파이어 제국의회(1529) _ 143
　　5. 아우크스부르크 신앙고백서(1535) _ 146

제5장 반종교개혁-재가톨릭화　　　　　　　　　　　　150
　　1. 반종교개혁 - 트리엔트 종교회의(1545-1563) _ 150
　　2. 슈말칼덴 전쟁(Schmalkaldic War, 1546-1547) _ 152
　　3. 아우크스부르크 종교화의(Peace of Augsburg, 1555) _ 158
　　4. 30년 종교전쟁(The Thirty Years' War, 1618-1648) _ 162
　　5. 베스트팔렌 평화조약(Peace of Westfalen, 1648) _ 177
　　6. 경건주의 발흥 _ 180

제Ⅲ부 유럽의 종교개혁

제1장 취리히 종교개혁　　　　　　　　　　　　　　　189
　　A. 취리히 _ 189
　　1. 울리히 츠빙글리 _ 191
　　2. 개혁의 요람 - 그로스뮌스터 교회 _ 193
　　3. 그로스뮌스터 교회 츠빙글리문　　　　　　　197–238

4. 취리히 종교개혁의 명암 _ 238
5. 검과 성경을 든 츠빙글리 동상 _ 238
6. 소시지 사건 _ 240
7. 레오 유드와 장크트페터스 교회 _ 242
8. 재세례파 첫 순교자 펠릭스 만츠 _ 242

B. 종교개혁자들과 도시들 247
1. 로잔 – 피에르 비레 _ 247
2. 뇌샤텔 – 기욤 파렐 _ 250
3. 스트라스부르의 개혁자들 _ 256
4. 마르틴 부처 _ 262

제2장 제네바 종교개혁 275
1. 장 칼뱅 _ 276
2. 제네바 아카데미 – 테오도르 드 베즈 _ 293
3. 바스티옹의 종교개혁의 벽 _ 296

제3장 잉글랜드 종교개혁 303
1. 수장령(Act of Supremacy) _ 304
2. 메리 튜더 vs 엘리자베스 튜더 _ 306
3. 청교도 _ 307
4. 잉글랜드 장로정치 _ 310
5. 청교도 혁명 _ 319
6. 명예혁명 _ 327

제4장 스코틀랜드 종교개혁 331
1. 스코틀랜드 장로회주의 _ 334
2. 패트릭 해밀턴의 순교 _ 335
3. 스코틀랜드 신앙고백 _ 338

4. 존 녹스의 귀환 _ 343
　　5. 메리 스튜어트 _ 350
　　6. 앤드류 멜빌과 《제2 치리서》 _ 355

제5장 프랑스 종교개혁　　　　　　　　　　　363
　　1. 프랑스 개혁교회 태동 - 모(Meaux) _ 363
　　2. '위그노'로 불린 사람들 _ 374
　　3. 앙부아즈의 음모(Conspiracy of Amboise, 1560) _ 377
　　4. 바시 학살 - 프랑스 종교내전 촉발(1562-1598) _ 380
　　5. 성 바르톨로메오 축일 대학살(1572) _ 383
　　6. 톨레랑스 - 낭트 칙령(Edict of Nantes, 1598) _ 397
　　7. 라로셸 - 위그노의 도시 _ 401
　　8. 태양왕 루이 14세(Louis XIV, 1638-1715) _ 409
　　9. 위그노 박해 _ 411

제6장 네덜란드 종교개혁　　　　　　　　　　427
　　1. 아우구스티누스 수도회의 순교자들 _ 427
　　2. 벨직 신앙고백서 _ 431
　　3. 스페인의 광기 _ 434
　　4. 빌럼1세 오라녜 공 _ 437
　　5. 브레다의 항복 _ 441
　　6. 암스테르담 국립미술관 _ 444
　　7. 뉴욕 그리고 언더우드 _ 449
　　* 참고·인용자료 _ 460
　　* 연대표 _ 462

제I부
겨자씨 기독교

제1장 박해에서 기독교 제국으로

1. 유대교의 기독교인에 대한 박해

역사는 늘 그러하였다. 새로운 사상이 등장할 때마다 기존 체제는 그것을 쉽게 '이단'이라고 규정하였다. 여기에는 다름의 차이를 인정하지 않고 틀림으로 규정하는 데서 오는 차별과 불관용이 뒤따른다. 마찬가지로 유대사회에 새로운 세계관의 출현은 전통 질서를 훼손하고 자신들의 정체성과 신앙의 정통성을 부정하는 이단이며, 수천 년간 쌓아올린 종교적 권위를 뒤흔드는 이단이었다. 더욱이 예수와 그를 따르는 무리는 유대의 유력한 가문 출신이 아닌, 별볼일 없는 촌뜨기들이었다.

유대 지도자들은 로마인 총독 본디오 빌라도를 겁박해 예수를 십자가에 못 박아 죽이고 스데반을 돌로 쳐서 죽였으며, 헤롯 아그립바에게 야고보가 죽임당하는 것을 당연한 일로 여겼다. 나아가 예루살렘 멸망 후 바리새파가 재건한 얌니아 종교회의 Council of Jamnia에서 유대-기독교인을 이단으로 정죄하였다. 그들은 '아도나이 엘로힘'을 함께 예배하던 자신들의 가족이고 유대공동체의 형제들이었다. 그들은 어디선가 홀연히 나타난 낯선 존재가 아니라 구약성경의 하나님을 믿고 선지자들을 통해 약속하신 바대로 오신 예수를 그리스도로 믿는 유대-기독교인들이었다. 그들에게 다른 점이 있다면 그것은 '오리라' 하신 그분을 보고도 믿지 않은 유대인들과 '오리라' 하신 분의 오심을 믿은 유대인들이었다는 점이다.

이처럼 하나님을 믿는 자신들의 형제를 박해했던 유대 선민세계관과 마찬가지로, 로마 교회 역시 성경과 사도적 가르침으로 회복하자는 형제들을 이단으로 규정하여 불태우고 참수하였다. 이는 유대교의 선민세계관과 로마주의¹ 세계관은 본질적으로 다를 바 없었다. 자신들의 전통과 사상에 도전하는 모든 것에 불관용Intolerance을 드러낸 무도함은 인류 역사에서 박멸되지 않을 악성 바이러스와 같은 것이었다.

유대인들이 기독교인을 핍박하던 대로 유대교 역시 로마 황제들로부터 혹독한 박해를 받았다. 그들의 기독교에 대한 불관용은 자신들에게도 돌아오게 될 불관용이었다. AD 135년 하드리아누스 황제 치하에서 바르 코크바Bar Kokhba의 반란, 곧 제3차 유대-로마 전쟁이 일어나 50만 명이 넘는 유대인들이 학살되거나 노예로 팔려갔고, 유대인은 예루살렘 출입과 할례를 금지당하였다. 또한 거룩한 도성 예루살렘은 유피테르 신상(神像)과 베누스 신전에 머리를 조아리는 이교도들의 우상숭배로 더럽혀졌다. 그뿐만 아니라 예루살렘은 '아일리아 카피톨리나'Aelia Capitolina로, 유대 지역은 '시리아 팔레스티나'Syria Palaestina로 개명해 버렸다.

한편, 로마 제국의 옥타비아누스는 평화시대, 곧 팍스 로마나Pax Romana를 이룩한 아우구스투스였고 메시아였다. 이제 로마의 전통적인 제신(諸神)공경은 황제숭배와 여신숭배Dea Roma로 바뀌었다. 이러한 로마 제국에서의 초기 기독교 박해는 네로 황제로부터 시작되어 300여 년 동안 10명의 황제들에 의해 일어났다. 그중에 로마 전역에서 황제의 주도 아래 자행된 맹렬한 대박해는 3세기 초 세베루스Lucius Septimius Severus와 3세기 중엽의 데키우스Trajan Decius 그리고 4세기 초 디오클레티아누스Diocletianus 치하에서 일어났다.

네로Nero는 AD 64년에 일어난 로마 대화재의 원인을 기독교인들에게 돌려 그들을 무자비하게 학살했다. 베드로와 바울을 죽이고 자신의 모친과 아내까지 죽인 천하의 미치광이 네로는 로마 제국 최초 기독교 박해자

---

1 로마주의는 반종교개혁으로 대변된다. 트리엔트 종교회의와 1870년 제1차 바티칸 종교회의에서 교황 절대주의와 무류성 교리를 확정하였다.

로 교회사에서 결코 지워지지 않을 이름이 되었다. 도미티아누스^{Titus Flavius Domitianus}는 황제 신격화에 반대한 기독교인들에 대하여 반사회적이고 비도덕적인 유언비어를 유포하고, 로마에서 발생한 전염병이나 사회문제 원인을 그들 탓으로 돌려 죽였다. 이때 디모데^{Τιμόθεος, c. AD 90}가 죽임을 당하였다.

108년경 트라야누스 황제는 안티오크(안디옥) 감독 이그나티우스^{Ignatius}를 산 채로 사자에게 던져 물어 뜯겨 죽도록 하였다.

AD 155년 사도 요한의 제자였던 서머나 감독 폴리카르포스^{Polycarp}가 86세에 순교하였다. 161년 『명상록』의 마르쿠스 아우렐리우스^{Marcus Aurelius}는 아시아와 프랑스에서 구경꾼들이 자지러질 정도의 끔찍한 방법으로 기독교인들을 죽였는데, 기독교인들은 그의 잔인함보다 더 용감하게 순교를 받아들였다. 『변증』^{First/Second Apology}의 유스티누스^{Justin Martyr, 100- c.165}가 그의 치하에서 죽임을 당하였다. 세베루스 황제 치하에서 『이단 논박』^{Against Heresies}으로 영지주의에 대항한 리옹의 이레나이우스^{Irenaeus}가 참수형을 당한 것으로 전해진다. 249년에는 데키우스 황제가 숭배를 거부한 반역자들, 곧 그리스도인들을 배교자로 만들어 내는 일에 총력을 다하였다. 이 전략은 목숨을 뺏는 것보다 더한 해악을 기독교에 끼쳤다. 수천 명의 배교자들이 속출하였고, 돌아온 배교자들에 대한 처분을 놓고 교회는 논쟁과 분열의 소용돌이에 휩싸였다. 알렉산드리아의 오리게네스^{Origenes}는 순교한 부친과 달리, 살아남게 되었다. 그다지 포악하지 않았던 발레리아누스 황제는 그리스도인들을 음해하는 마술사의 꼬임에 넘어가, 통치기간 내내 그리스도인들을 핍박하고 테르툴리아누스의 후계자 키프리아누스^{Cyprianus, 258}를 참수하였다.

동로마의 정제 디오클레티아누스는 제국의 방대한 영토를 효율적으로 통치하기 위해 막시미아누스를 서방의 공동 통치자로 임명하였다. 이 시기 제국은 내부의 반란과 외부 침입으로 불안정한 상황이었다. 286년경,

막시미아누스 황제는 갈리아 지역에서 발생한 반란을 진압하기 위해 알프스의 협곡을 지나 아가우눔에 주둔하고, 출정에 앞서 제국의 신들에게 제사를 드리라는 명령을 내렸다. 그러나 테베 군단^{Legio Thebaica} 병사들은 신앙을 이유로 이를 거부하였다. 막시미아누스는 명령 불복종을 중죄로 간주하여, 열 명 중 한 명씩 처형했다. 그럼에도 불구하고 병사들은 신앙을 고백하며 무기를 내려놓았다. 격노한 막시미아누스는 군단 전체를 처형하라고 명령을 내렸다. 그 결과 그들의 순교는 갈리아와 알프스 일대에서 신앙의 씨앗이 되었다. 이 전승은 5세기 초, 리옹의 주교 에우케리우스^{Eucher of Lyon, 449}가 『아가우눔의 순교』^{Martyrium Acaunensium martyrum}에 기록하였다.

한편, 로마 황제들의 혹독한 박해 속에서 교회는 이단에 대항할 논박과 변증이 절실히 필요했다. 당시 마르키온^{Marcion}과 영지주의^{Gnosticism}가 이단적인 교리 체계를 갖추고 성행했기 때문이다. 이에 맞설 적합한 인물은 이레네우스와 알렉산드리아의 클레멘스, 그리고 테르툴리아누스와 오리게네스와 같은 교부들이었다. 이단 논쟁이 계속되는 가운데 박해가 종식되는 것을 보지 못하고 하늘의 부름을 받은 테르툴리아누스는 『변증론』^{Apologeticum} 제50장에서 '그리스도인의 피는 씨앗이다'라고 밝혔다. 곧 "Semen Est Sanguis Christianorum"을 우리는 다음과 같이 인용한다.

"순교자의 피는 교회의 씨앗이다."

2. 기독교제국이 된 로마

313년 로마의 공동 황제 콘스탄티누스 1세와 리키니우스^{Licinius}는 기독교에 대하여 제국의 다른 종교와 동일한 법적 권리를 주고, 박해 시기에 몰수했던 교회재산 등을 환원하는 관용정책에 동의하고 밀라노 칙령을 선포하였다. 비록 콘스탄티누스 1세에게 패한 리키니우스의 박해가 10여 년 이어지기는 했지만, 콘스탄티누스 1세가 교회의 적극적인 후원자가 됨으로써 약 3세기 동안 이어졌던 로마 제국의 박해는 끝이 났다. 기독교인 황제의 즉위는 모든 상황을 바꿨다. 콘스탄티누스 1세$^{Constantinus\ I}$는 수도를 동방의 비잔티움으로 옮기고 그곳을 새로운 로마$^{nova\ Roma}$로 삼았다. 그럼에도 교회 일치를 바라는 황제의 바람과 달리 동방에서는 분파들로 소란스러웠다. 특히 아리우스파와의 삼위일체론 논쟁으로 곤욕을 치렀다. 이에 황제가 니케아 전체 교회회의를 소집해 아리우스파를 정죄하고(325) 추방하였다. 그러나 337년 콘스탄티누스 1세가 사망하고, 그의 세 아들이 통치하는 내내 이 논쟁은 격렬하게 이어졌다. 특히 분할된 제국을 통일한(350) 둘째 아들 콘스탄티우스 2세에 의해 아리우스파 세력이 득세하였다.

니케아 신경을 신봉하게 된 테오도시우스 황제(r. 379-395)가 AD 380년 테살로니카 칙령$^{Edict\ of\ Thessalonica}$으로 기독교를 국교로 선포함으로써, 392년 로마 제국 전역에서 기독교는 국가 종교로 공식화되었다. 〈모든 길은 로마로 통한다〉는 제국의 로만 가도는 그들에게 박해를 받던 기독교도들이 복음을 실어 나르는 고속도로가 되었고, 로마 제국에 이식된 기독교는 활짝 꽃을 피웠다. 그리하여 제국은 다신교적 다양성을 기반으로 한 로마의 종교와 세계관이 서서히 무너지고 기독교 세계관으로 바뀌어 갔다. 반면에 기독교는 로마 제국의 종교가 됨으로써 봇물처럼 밀려드는 이교도의 의식과 문화와 세계관이 믹싱볼에서 함께 버무려지는 기독교-로마 제국시대를 맞이하게 되었다. 국가 권력의 보호 아래서 자유를 얻은 기독교는 평화를 구가하며 세속 정부를 세우기도 하고 끌어내리기도 하는 데에까지 나아갔다. 기독교인들은 더 이상 박해 받는 사람들이 아니었다. 오히려 타민족과 이교도들을 개종시키기 위해 박해하는 사람들이 되었다.

제2장 중세 초기(Early Middle Ages)

A. 게르만족의 기독교화
1. 게르만족의 대이동

발트해 연안에서 발원한 것으로 알려진 게르만족²은 주로 농사와 목축을 하던 부족이었다. 인구가 증가하고 농사 지을 땅이 턱없이 부족하게 되자 부족들 사이에 잦은 싸움이 발생하였다. 이에 부족의 일부가 생존을 위하여 라인강을 건너 로마의 영토로 남하하기 시작하였다. 그러나 1세기 중엽, 로마 제국군에 쫓겨 라인강 북쪽으로 후퇴한다. 4세기가 끝날 즈음에는 훈족의 침략을 피하여 동고트(스페인)와 서고트족(프랑스 남부)이 도나우강을 건너 로마의 영토로 침입하였다. 중세가 시작되기 직전의 유럽은 북쪽에서 대규모로 이동해 온, 문명화되지 않은 이교도 부족들이 채웠다. 이와 같은 게르만족의 이동은 그야말로 대격변이었다.

로마 제국의 영토는 국경선이 따로 있는 것도 아니어서 요새나 성채만이 제국의 국경을 나타내 줄 뿐이었고, 물밀 듯 들어오는 다양한 부족들을 막아낼 병력도 부족하였다. 라인강을 넘어 갈리아로 밀려든 게르만족이 동쪽으로는 도나우강을 넘어 헬라 접경까지 내려와 수세기 동안 로마 제국으로 파도처럼 밀려 들어왔다가 물러나기를 반복하며 제국을 끊임없이 위협하더니, 끝내 로마 제국을 무너뜨렸다.

게르만 민족은 단일 부족이 아닌 여러 집단의 부족으로 개인중심이 아닌 혈통 중심의 부족을 이루고 사는, 명예를 무척 중시한 사람들이었다. 만일 개인과 부족의 명예가 실추되는 경우 그에 상응하는 값을 치르게 함

---

2 역사가 타키투스에 따르면, 로마 시대 게르만족은 부족사회를 형성하여 농사와 목축 사냥에 종사하였다. 미미하게 금속제작기술도 알고 있었으나 문자는 사용하지 않았던 게르만족은 소수의 귀족과 자유민 그리고 해방민과 노예로 계층을 이룬 사회를 구성하였다.

으로써 명예를 보상받았다. 특히 갈리아 남부의 론계곡에 자리 잡은 부르군트족과 프랑크족은 혈통중심적인 부족사회를 이루고 사는 혈기왕성하고 호전적인 부족이었다. 이처럼 생존을 위하여 로마 제국으로 밀고 들어온 고트족·반달족·부르군트족·프랑크족·앵글로-색슨족·노르만족 등으로 대표되는 다양한 게르만 부족이 기독교 역사에 등장하게 된다. 그들은 당시 사회문화적인 발달에 있어서 로마와 헬라인보다 뒤처졌지만, 성윤리에 있어서는 훨씬 더 도덕적이고 명예와 정직을 중요하게 생각하는 사람들이었다. 우리가 무심코 게르만족의 잔혹성을 언급하지만 역사상 어떤 종족인들 그들보다 덜 잔인했을까? 게르만족을 야만족, 미개한 부족으로 취급하는 것은 로마인들이 가졌던 시각일 뿐이다.

337년 콘스탄티누스 1세(콘스탄틴 대제)가 세상을 떠나고, 그의 세 아들이 로마 제국을 분할하여 통치하면서 그들의 종교적 성향에 따라 나라의 종교가 결정되었다. 정통 신앙을 가진 큰아들 콘스탄티누스 2세(r. 337-340)는 브리타니아·갈리아·히스파니아(이베리아 반도)를 포함한 제국의 서부지역 속주를 맡고, 셋째 아들 콘스탄스(r. 337-350)도 제국의 중심부인 이탈리아와 아프리카 북부를 상속받은 정통 신앙의 통치자였다. 하지만 마케도니아·그리스·이집트를 포함한 제국의 동부지역 속주를 차지한 둘째 아들 콘스탄티우스 2세(r. 337-361)는 아리우스주의에 기운 통치자였다.

아리우스파^{Arianism}는 4세기에 예수 그리스도의 신성(神性)을 부인한 알렉산드리아의 장로 아리우스를 중심으로 형성된 기독교의 한 분파로, 그의 재위 기간에 황제와 로마 제국을 좌지우지할 만큼 세력이 커졌으나 콘스탄티우스 2세의 죽음과 함께 몰락의 길을 갔다. 381년 제1차 콘스탄티노플 공의회는 325년 니케아 공의회의 이단 결정을 재확인하고 아리우스파 논쟁에 종지부를 찍었다. 반면에 아리우스파로부터 끊임없이 핍박을 받았

'대관의 도시' 또는 '왕의 도시'로 불리는 랭스는 프랑스 북부 마른 주의 도시이며, 파리에서 북동쪽으로 129km 떨어진 위치에 있다. 프랑스 왕들은 클로비스의 전례를 따라 랭스 대성당(Cathédrale Notre Dame de Reims)에서 대관식을 하였다. 13세기 프랑스의 모든 조각 양식이 잘 나타나 있는 서쪽문과 미소 짓는 천사의 상이 있는 파사드로 유명한 이 랭스 대성당은 1210년 화재로 전소되었고, 현재의 건물은 화재 이후 건설된 것으로 프랑스 고딕양식의 걸작으로서 유네스코에 등재되어 있다. (출처: 시공사)

던 북이집트 알렉산드리아 감독(주교) 아타나시우스의 삼위일체론은 정통 신앙으로 인정되었다.

게르만족Germanic peoples은 4-5세기에 이르러 로마화되었다. 아니 로마인들이 게르만화되었다고 말하는 게 더 정확한 표현일 것이다. 한편, 476년 서로마 제국은 고트족과 훈족,[3] 그리고 반달족 등 게르만 부족들의 반복된 침략 속에 오도아케르에 의하여 로물루스가 폐위됨으로써 역사 속으로 사라지게 된다. 이처럼 서로마 제국 마지막 황제를 폐위시킨 오도아케르Flavius Odoacer, 433-493 자신은 정작 동고트족과 손잡은 테오도리쿠스에게 수도 라벤나에서 암살당하고 말았다(493). 오도아케르를 제거한 테오도리쿠스Theodoricus, 454-526가 동로마 황제로부터 이탈리아 왕으로 인정받은 데에는 그의 기독교로의 개종이 한몫을 했다. 하지만 프랑크 왕국의 니케아 정통파인 처남 클로비스와는 달리, 그와 동고트 왕국Regnum Italiae은 공의회에서 이단으로 규정한 아리우스파를 받아들였다.

2. 프랑크 왕국 - 메로빙거 왕조

게르만 부족의 하나인 프랑크족의 클로비스(r. 482-511)는 전쟁을 통해서

---

3 역사가 헤로도토스는 중앙아시아 유목민을 '스키타이인'이라 불렀다.

과거 로마 제국의 갈리아 전지역과 현재의 독일과 피레네 산맥 북쪽에 이르는 거대한 지역까지 영토를 확장시켰다. 프랑스 북부에 메로빙거 왕조Merovingian dynasty, 481-751를 세운 클로비스는 갈리아 정복에 나서기 전에, 랭스의 주교 레미기우스Remigius of Reims에게서 세례를 받고 기독교로 개종하였다. 클로비스의 개종으로 인하여 프랑크 왕국Francia은 유럽 역사의 시작으로 자리매김하게 된다. 갈리아 정복을 마친 클로비스는 파리를 수도로 정하고 갈리아에 거주하고 있던 로마인들과 게르만인들 사이를 통합하기 위해 기독교 확장을 적극적으로 지원하는 한편, 게르만족의 관습법을 중심으로 508년에 성문법 살리카법Salic law을 만들어 로마와 프랑크족의 문화를 적절히 융합한 형태로 왕국을 운영하였다. 그러나 여성의 계승권을 인정하지 않는 살리카법에 따라 클로비스의 아들들이 랭스·오를레앙·파리·수아송을 나눠 갖고 통치하였다. 프랑크 왕국을 창건한 메로빙거 왕조의 운명은 클로비스의 생애와 그 운명을 같이하였다. 클로비스 사망(511. 11. 27) 이후 그의 상속자들 사이의 반목과 내전으로 점차 왕권은 유명무실해지고, 귀족 가문의 궁재가 실권을 쥠으로써 메로빙거 왕조의 몰락을 재촉하였다.

B. 기독교제국의 교회

헬라와 라틴 기독교 교부들

동로마 헬라 교부로는 유세비우스Eusebius of Caesarea, c.260-340·아타나시우스Athanasius, c.295-373·바실리우스Basilius Magnus, c.330-379·니사의 그레고리우스Gregorius of Nyssa·카파도키아 나지안주스의 그레고리우스Gregorius of Nazianzus·알렉산드리아의 디디무스Didymus the Blind, c.313-c.398·예루살렘의 키릴루스(313-386)·에피파니우스Epiphanius, 315-403·요하네스 크리소스토무스와 알렉산드리아의 키릴루스Cyrillus of Alexandria, c.376-444가 있었다. 서로마 라틴 교부로는 락탄티우스Lactantius, c.240-c.320

푸아티에의 힐라리우스Hilarius, c.315?-367 · 암브로시우스Ambrosius, 340-397 · 히에로니무스Hieronymus, 347-420 · 아우구스티누스Aurelius Augustinus, 354-436를 꼽을 수 있다.

교회사에서 수도원주의를 빼놓을 수 없다. 이집트 사막에서 기원한 수도원주의Christian monasticism는 침묵·순결·기도·금식·고백·선행·순종·영적인 삶·금욕적인 생활과 절제를 추구하여 기독교 발전에 지대한 영향을 끼쳤다. 초기 수도원주의는 필로Philo of Alexandria의 1세기 기록에서 나타난 유대의 테라페우타Therapeutae와 요세푸스와 필로의 기록에서 찾아볼 수 있는 에세네파Essenes, 그리고 쿰란공동체Qumran Community 등이 있다. 교부시대 최초 수도사 안토니우스Antonius of Egypt, 251-356는 사막에서 금욕적인 수도생활을 하였다. 밀라노 칙령으로 기독교 박해가 끝나자, 그는 나일강과 홍해 사이에 있는 사막으로 들어갔다. 6세기에 이르러 수도사 파코미우스Pachomius, c.290-346의 영향을 받은 누르시아의 귀족 베네딕투스Benedictus von Nursia, 480-543는 기도와 노동, 순종과 절제 그리고 성경 읽기Lectio Divina에 기초를 둔 베네딕트 수도회를 설립, 중세 기독교 문화와 신앙 전통의 토대를 마련했다는 점에서 서방 수도원의 아버지로 불릴 만한 인물이었다. 한편, 410년 서고트족의 알라릭 1세Alaric가 로마를 침공하고 약탈하면서 기독교에 대한 불신이 로마인들 사이에 팽배해졌다. 이에 413년 경 아우구스티누스는 역사와 문명의 흐름을 하나님의 섭리로 이해하는 신학적인『하나님의 도성』De civitate Dei 22권을 13년에 걸쳐 저술하여 기독교 변증에 힘썼다. 한편, 431년 에페소스 공의회Council of Ephesus는 네스토리우스파Nestorianism를 이단으로 규정하였다. 그러나 기독교 역사에서 이단 논쟁은 박멸되지 않는 바이러스와 같이 재현되고 또 재현되었다.

1. 대 그레고리우스 1세

라틴 교부시대, 마지막 교부로 꼽히는 그레고리우스 1세r. 590-604는 로마의 유서 깊은 원로원 가문에서 태어났다. 일찍부터 그는 라틴 문학과 암브로시우스와 히에로니무스 그리고 아우구스티누스의 저작들을 공부하며 학식을 쌓았다. 그의 뛰어난 능력과 행정력은 곧 인정을 받아 서른세 살에 동로마 황제로부터 로마 제국의 총독으로 임명되기에 이른다. 하지만 정치에는 흥미가 없었던 터라 임기를 마치고 자신이 자란 로마의 첼리오 언덕$^{Monte\,Celio}$에 있는 궁으로 돌아갔다. 그곳을 산탄드레아$^{Sant'Andrea}$ 수도원으로 바꾸고 자신이 첫 번째 수도사가 되었다. 또한 상속받은 시칠리아의 가문 소유의 땅과 막대한 재산으로 수도원 다섯 군데를 더 짓고 남은 재산은 가난한 사람들을 돕는 데에 사용하였다. 하지만 그가 그토록 원했던 평화로운 수도원 생활은 오래가지 못했다. 3년 후, 베네딕트 1세의 부제로 부름을 받았다. 579년, 펠라기우스 2세는 그레고리우스를 외교사절로 임명하여 콘스탄티노플 황제궁에 파견하였다. 그는 그곳에서 뛰어난 정치력과 행정능력을 발휘하여 큰 호평을 받았다. 얼마 지나지 않아 로마에 발생한 흑사병은 시민들과 펠라기우스 2세를 휩쓸어 가 버렸다. 성직자단과 로마 원로원은 공석이 된 로마 주교 자리에 그레고리우스 1세를 추대하였다. 이에 그는 황제에게 자신의 당선을 무효화해 달라는 서한을 보내고 수도원으로 돌아갈 준비를 했으나, 590년 동로마(비잔티움) 황제 마우리키우스$^{Flavius\,Tiberius\,Mauricius}$의 인준을 받고 로마 주교좌에 오른다. 로마 주교가 된 그는 제국의 제도 안에서 영적 지도와 교회 행정·사법을 아우르는 권위를 행사할 수 있게 되었으나, '보편적 주교$^{universalis\,episcopus}$라는 칭호는 황제와 동방교회로부터 인정받지 못했다. 그레고리우스는 황제의 통치권을 존중한다고 표명했지만 실제로는 황제의 권위는 아랑곳하지 않고, 로마 교회의 독자성과 자율성을 강화해 갔다. 이 능력 많은 로마 주교(Papa)에게 기독교세계의 성직자들과 귀족들, 왕과 왕족들이 로마를 방문하여 너도나도 경의를 표하였다. '하나님의 종들의 종Servus servorum Dei 그레고리우스 1세는 성직자의 성직매매, 독신제도 강화, 축첩금지를 통해 교회 내 부패와 타락을 척결하는 개혁을 단행하였다. 비록 현실적으로 황제의 인준없이는 로마 주교가 될 수 없는 한계가 분명했지만 그는 베드로의 계승자이자 '그리스도의 대리자'라는 확고한 신념을 가지고 교황권 확립에 힘썼다.

하지만 안타깝게도 그가 한때 마음의 평화를 누렸던 수도원 생활에서 길러진 금욕적인 습관이 그의 개혁의 걸음을 멈춰 세웠다. 그는 육체가 주는 고통과 현실의 무게에 짓눌려, "오랫동안 침상을 떠나지 못하였다. 나는 애타게 죽음을 기다린다"고 되뇌었던 대로 그에게 자비로운 죽음이 찾아왔다. 그때가 604년이었다. 그는 후대에 로마 교회와 신학자들이 대교황 그레고리우스Gregory the Great라고 불러 줄 만한 인물이었다.

성직위계제도

사도시대의 감독은 당연히 사도들이었다. 그 이후 총대주교의 등장과 함께 성직위계(聖職位階)제도가 합법적으로 정착하게 된 과정을 살펴보기 위해 초대교회로 거슬러 올라가면, 사도시대와 속사도 시대를 거쳐 교회의 일꾼을 선출할 때 회중의 의견을 존중하는 것이 3세기 중반까지 관습으로 이어졌다는 것을 알 수 있다. 그러나 점차 교회 직분자를 엄격히 구분하는 방향으로 흘러갔다. 이러한 성직위계제도는 회중들이 자신들이 속한 교회공동체의 지도자를 직접 선출할 권리가 축소되는 것을 의미하였다. 더 이상 교회는 만인이 제사장인 공동체가 될 수 없었.

로마 제국에 기독교세계의 문을 열어 준 콘스탄티누스 1세는 세례를 받지 않은 상태에서 자신을 세속 주교로 자임한 황제였다. 최초 교회사를 저술한 유세비우스Eusebius of Caesarea, c.260-340는 그를 가리켜 "하나님께 임명받은 보편적 주교"라고 일컬었다. 콘스탄티누스 이후의 황제들도 크게 다르지 않았다. 4세기 중반 이후에는 총대주교의 선출에 영향력을 행사하며 국가권력을 남용하는 데까지 나아갔다. 이 문제는 끊임없이 교회권력과 세속권력 사이의 견제와 갈등으로 이어지는 중대한 문제였다. 동로마(비잔티움)제국의 교회는 유스티니아누스$^{\text{Justinianus I, r. 527-565}}$ 황제 재위때, 세속 군주가 교회를 관장하는 체제로 발전하였다.

반면에 로마 교회는 중세에 이르러서 세속권력과 교회권력이 극심하게 대립하고 경쟁하며 투쟁하는 형태로 나타났다. 11세기가 지나면서부터 로마 교회는 주교 선출에서 회중들을 완전히 배제하고 주교를 선출할 수 있는 권한을 교회 성직자들로 제한하였다. 그레고리우스 7세로 축성되어 교황(Papa)에 오른 힐데브란트의 영향력으로 교황이 임명한 추기경단$^{\text{Collegium cardinalis}}$에서 교황을 선출할 권리를 갖게 되었다. 특히 스페인과 프랑스에서는 세속 군주가 교회의 회중들이 배제된 주교 선출에서 중대한 영향력을 행사하였다. 로마 교회의 성직위계제도는 동로마 황제의 군주-교황제를 견제하기 위하여 고안된 정치적 장치였다. 이러한 배경 아래서 도입된 성직제도(聖職制度)는 세속권력이 교회를 마음대로 좌지우지하지 못하도록 하는 긍정적인 역할을 하였다. 그러나 세속 군주에 의해 교회가 도구화되는 것을 막는 대신, 교회정치 체제에 반대하는 사상과 상대에 대해서는 불관용(不寬容)하였고, 혹 의도하지 않았을지라도 성직자주의(聖職者主義) 곧 사제주의^{Sacerdotalism}라는 절대적인 교권을 확립하였다.

16세기 종교개혁 이후에도 이 문제는 잉글랜드에서 재현되었다고 할 수 있다. 군주-교황제, 즉 잉글랜드 교회가 유사한 형태로 로마 교황청$^{\text{Curia Romana}}$에 첨예하게 대립하여 새로운 형태의 종교개혁을 이루고 군주-교황제까지 획득하게 되었다. 성직제도와 불관용이 낳은 로마 교회의 어두운 역사가 '종교개혁'이라는 시대적 소명 앞에서 발가벗겨지자 로마 교회는 교회 내부를 단속하며 반종교개혁Counter Reformation으로 나아갔다. 이에 반해 오직 성경으로 돌아가야 한다는 '종교개혁'의 소명으로 사도적 가르침을 따른 사람들과 개혁된 교회는 로마 교회의 휘장을 찢고 새로운 시대를 열어젖히고 앞으로 나아갔다. 극심한 혼란과 피바람의 소용돌이가 휩쓸고 간 뒤에야 맑은 하늘을 보게 되겠지만 말이다.

2. 서로마 황제 - 샤를마뉴

피핀 2세는 뫼즈강 하구를 중심으로 막대한 토지와 사병과 수도원 등을 거느리고 세력을 키웠다. 그가 네우스트리아의 궁재 에브로앵을 꺾은 후(679) 동부 아우스트라시아Austrasia의 궁재가 되어 687년 테르트리 전투Battle of Tertry에서 결정적인 승리를 거둠으로써 프랑크 왕국의 실권을 장악하였다. 피핀 2세의 서자 샤를 마르텔Charles Martel은 714년 부친의 뒤를 이어 궁재(宮廷宰相)를 세습하였다. 732년 10월 19일, 우마이야 칼리파국Umayyad Caliphate, 661-750이 유럽을 정복하려고 험준한 피레네 산맥을 넘어 갈리아까지 쳐들어 왔다. 그러자 툴루즈 전투에서(721) 이들을 격파했던 아키텐의 외드Odo the Great공작과 연합한 샤를 마르텔이 우마이야군(아랍-베르베르)과 일주일을 대치한 끝에, 마지막 날 벌어진 투르-푸아티에 전투Battle of Tours에서 대승을 거두고 이슬람 세력이 장악했던 지역을 대거 약탈함으로써 알안달루스(이베리아 반도)의 이슬람 세력으로부터 서유럽을 구한 영웅이 되면서 교회와 돈독한 관계를 형성하게 된다. 하지만 호락호락 물러갈 사람들이 아니었다. 그들 일부가 프랑크 왕국의 남부 아를을 함락시키고(735) 737년에는 아비뇽은 물론 부르고뉴까지 진격해, 온 지역을 초토화시켰다. 게다가 샤를 마르텔을 적대시한 동남부 프로방스 일부 귀족들이 그들과 손을 잡기까지하였다. 739년 샤를 마르텔은 외교력을 발휘해 랑고바르드족, 곧 롬바르드 왕국의 리우트프란드Liutprand, c. 690-744와 동맹을 맺고, 프로방스에서 우마이야군을 대부분 몰아냈다. 그리하여 취약했던 남프랑스에서의 영향력을 크게 확대시켰다. 한편에서는 리우트프란드가 동로마 제국 총독부가 있는 동부 라벤나와 중부 스폴레토Spoleto를 728년에 점령하고 741년 무렵에는 남부 베네벤토Benevento를 점령, 이탈리아의 대부분을 지배하였다.

741년 가을, '하나님의 망치'로 불린 샤를 마르텔이 세상을 떠났다. '단신왕 피핀'으로 불린 그의 둘째 아들 피핀 3세Pippinus Ⅲ Brevis, 714-768가 그의 뒤를 이어 궁재를 계승하였다. 한편, 743년에는 메로빙거 왕조의 마지막 자손 킬데리크 3세Childerich Ⅲ가 공석인 프랑크 왕국의 왕으로 옹립되었다. 그러나 실권을 장악하고 있던 피핀 3세는 751년에 킬데리크 3세의 머리카락을 잘라 생베르탱St. Bertijn 수도원으로 쫓아내고, 그해 11월 수아송Soissons에서 마인츠 대주교 보니파티우스에게서 기름부음을 받았다. 이어서 754년에는 스테파누스 2세가 직접 파리 생드니 수도원까지 찾아가서 세속의 실권자 피핀 3세에게 다시 기름을 붓고, 그의 두 아들에게까지 기름을 붓는 열심을 보였다.

"하나님의 은총을 프랑크 왕에게!"

이로써 실질적인 카롤링거 왕조Carolingian dynasty, 751-987가 시작된다. 피핀 3세는 이에 보답하여 이탈리아까지 스테파누스 2세를 배웅해 주고 롬바르드족을 격파시켰다(754). 호전적이고 거침없는 롬바르드족은 스테파누스 2세에게 골칫거리였다. 그가 피핀 3세에게 또다시 도움을 요청함에 따라 자신의 부친과 동맹하여 이슬람 세력을 물리쳤던 롬바르드족을 쳐부수기 위해서 피핀 3세는 기꺼이 알프스를 넘었다. 그리하여 라벤나Ravenna와 중부 이탈리아를 교회에 기증해 버렸다(756). 그러자 라벤나에 상주하고 있는 동로마 총독이 "이것은 제국의 영토 침탈이자, 제국 질서에 대한 도전이다. 롬바르드족에게서 빼앗은 영토를 제국에 반환하라."고 항의했지만 실제 동로마(비잔티움)는 군사적으로 저지할 힘은 없었다. 이처럼 동로마 제국의 영향력이 약화되면서 카롤링거 왕조의 선물 '피핀의 기증'Donation of Pippin은 서방의 교황에게 외교·군사·행정 등 세속적 권한을 행사할 수 있는 힘을 실어 주었다. 이로써 교황은 단순한 종교지도자가 아니라 교회의 정치적 영향력이 커진 것을 의미하였다. 이와 같은 피핀 3세와 교회와의 동맹관계는 카롤링거 왕조에 이어, 독일과 오스트리아 합스부르크 가문의 황제들과 프랑스의 통치자들에게까지 계승된 '교회의 수호자', '신앙의 수호자'를 자처한 일관된 정책이었다. 카롤링거 왕조의 기반을 탄탄하게 닦아 놓은 피핀 3세는 시름시름 앓다가 샤를마뉴와 카를로만에게 프랑크 왕국을 상속해 주고 세상을 떠났다(768). 그는 최소한 그의 가문과 영웅주의자들에게 있어서는 단신왕 피핀이 아니라 '거인 피핀'으로 살다간 인물이었다.

771년 롬바르드족의 마지막 왕 데시데리우스(r. 756-774)는 피핀 3세가 빼앗아 교회에 기증해 버린 옛 롬바르드 왕국의 영토를 탈환하기 위하여 교황령(敎皇領)에 침입하였다. 데시데리우스와 대치하다 열세에 놓인 로마 주교 하드리아누스 2세가 샤를마뉴에게 도움을 요청하였다. 샤를마뉴는 기꺼이 그의 요청에 응답하였다. 그는 자신의 부친과 같은 신앙의 열심으로 롬바르드의 파비아에서 데시데리우스를 무찌르고 프랑크 왕국에 병합시켜 교회의 수호자이자 서방교회의 방패 역할을 톡톡히 하였다. 나아가 778년에서 802년까지 이베리아 반도에서 이슬람 세력을 몰아냄으로써 끈질겼던 롬바르드족, 그리고 무슬림과의 오랜 전쟁을 끝낼 수 있었다.

당시 작센(색슨)족은 현재의 하노버^{Hanover}·올덴부르크^{Oldenburg}·브라운슈바이크^{Braunschweig}·베스트팔렌^{Westfalen} 지역의 숲으로 둘러싸인 지역으로 밀려나 거주하고 있었다. 교회를 불태우고 갈리아 지역을 급습하기 일쑤인 작센족은 프랑크 왕국에게 가장 위협적인 존재였다. 샤를마뉴는 작센족을 정벌하기 위하여 772년부터 804년까지 18회나 군사력을 동원한 끝에 드디어 게르만 부족 중에서 가장 호전적이고 강력한 작센족을 마지막으로 개종시키게 된다. 샤를마뉴의 프랑크 군대가 베르덩^{Verdun}에서 하룻동안 작센족 4500명을 살해하였다. 이렇듯 33년 동안 피묻은 검을 통해 얻은 이교도들의 개종이었다. 그리고 자신의 영토로 이주시켰다. 샤를마뉴에게 복속되어 기독교로 강제 개종한 게르만 작센족이 훗날 독일 신성로마제국 오토 왕조로 탄생하는 발판이 되었으니 작센족이 겪은 굴욕과 고난은 신성로마제국이 장래 8백 년 동안 유럽을 통치하기 위한 고난이었다고 할 수 있다.

북유럽 신화의 중심적인 신, 오딘^{Odin}을 숭배하던 게르만 부족들이 기독교로 개종한 과정이 과연 성경적인가? 하는 물음을 하지 않을 수 없다. 무력에 의한 개종은 참되게 복음화된 것이 아니라고 할 수 있다. 이러한 방식의 개종은 사도들의 방법에서 벗어난 것이고 성경의 가르침과도 어긋나기 때문이다. 당대의 신학자들도 '개종이 아니면 죽음'이라는 샤를마뉴의 이교도 개종방식을 심히 우려하였다. 샤를마뉴가 초빙한 노섬브리아 왕국의 철학자이자 신학자인 플라쿠스 알비누스$^{Flaccus\ Albinus}$ 곧 앨퀸은 작센족을 개종시킨 샤를마뉴의 방식을 몹시 못마땅하게 생각하였다.

"이교도들에게 세례를 주고 십일조를 내게 하려면 먼저 복음을 가르쳐야 하고 신앙 없는 물세례는 소용이 없으며, 세례는 가시적인 세 가지로서 성직자·육체·물이 있어야 하고 비가시적인 세 가지, 즉 성령·영혼·신앙이라는 요소가 있어야 한다. 신앙은 강요될 수 없는 자유로운 행위이며, 교훈과 설득 그리고 사랑과 자기 부인만이 이교도들을 개종시키는 데 유일하게 정당한 방법이다."

무력을 사용한 개종에 대하여 앨퀸이 충언하였지만 샤를마뉴의 이교도 기독교화는 우직스럽고 충성스럽게 계속되었다. 앨퀸의 말은 선교 현장에서 시대를 막론하고 깊이 새겨들어야 할 고언(苦言)이 아닐 수 없다.

단신왕 피핀 3세의 아들 샤를마뉴는 명실공히 고대 로마 제국 이후의 서유럽 대부분을 정치적·종교적으로 통합한 첫 통치자로서 그는 율리우스 카이사르 이래로 가장 위대한 영웅으로 불렸다. 그 뒤를 이은 수많은 군주들이 그를 닮거나 그를 능가하려고 애썼으나 통치력과 신앙심 모두에서 샤를마뉴보다 탁월한 인물은 등장하지 않았다. 혹 정치적으로 프로이센의 프리드리히 2세나 나폴레옹 보나파르트를 떠올릴 수 있겠지만 그들은 기독교에 대해 무관심했거나 때로는 적대적인 사람들이었다. 그러나 종교문제에 있어서만큼은 신앙심 깊은 샤를마뉴 역시 관용적이지 않았다. 그가 게르만족을 개종시키기 위해 30년 넘게 전쟁을 벌이고 '개종 아니면 죽음'이라는 원칙 아래 이교도를 처벌한 잔혹성에 있어서는 그들과 별반 다르지 않았다. 기독교세계 '교회의 수호자'를 자처한 샤를마뉴의 개종방식은 역사 속에서 불쑥불쑥 드러나는 정치와 군사적·종교적 불관용의 통치방식이었다.

726년에 이르러 동로마 황제 레오 3세가 '성상 파괴령'을 내리고 로마 주교에게도 교회 안팎의 모든 성상을 철거하라고 엄중히 지시하였다. 하지만 로마 교회는 이를 거부하였다. 문맹률이 높은 유럽에서 성상이 사라진다면 말씀을 효과적으로 전달할 수 있는 수단이 없었기 때문이다. 이에 황제는 이탈리아 북부의 롬바르드족을 부추겨 로마 교회에 정치적 압력을 가했다. 로마 주교는 동로마 제국의 보호를 점점 신뢰할 수 없게 되었고 이런 상황이 로마 교회가 프랑크 왕국의 힘을 필요로 했던 주된 이유였다. 결국 800년 성탄절, 레오 3세는 동로마 황제 이레네의 존재를 무시하고 샤를마뉴의 머리에 황제관을 씌워 주었다. 이것은 중세 유럽의 새 질서, 곧 '로마인의 황제'의 등장을 선언한 대관식이었다.

샤를마뉴(r. 768-814)가 부친 피핀 3세로부터 프랑크 왕국을 물려받은 때가 768년이었다. 호전적인 모든 남자들이 선망하는 위대한 용사 샤를마뉴는 사그러들 줄 모르는 열정으로 옛 로마 제국에 속했던 서유럽 대부분을 정복하였다. 나아가 영토를 교회에 제공하고 십일조를 제도화함으로써 교회와의 관계를 공고히 했다. 하지만 여러 민족의 침입과 반란을 오직 무력만으로 제압하는 데는 한계가 있었다. 이에 샤를마뉴는 교회의 권위와 로마 제국의 정통성을 빌려 자신의 통치를 정당화하고 기독교세계의 통합을 도모했다. 이런 배경에서 이뤄진 그의 황제대관식은 프랑크 왕국의 군사력이 필요했던 로마 교회의 정치적 이해관계와 맞물려 성사된 일이었다.

그로부터 세기가 흐른 뒤, 신성로마제국의 오토 1세나 하인리히 3세와 같은 황제들이 교황들을 폐하기도 하고 세우기도 하였다. 반대로 그레고리우스 7세와 인노켄티우스 3세와 같은 교황들이 황제를 폐위시키도 하고 세우기도 하면서 세속권력과 교회권력이 지속적으로 충돌하였다. 간혹 교황주의자들 중에 레오 3세가 샤를마뉴에게 황제관을 씌운 사건을 근거로 하늘과 땅의 권위가 교황에게 있다고 해석하기도 했으나 교회가 세속권력을 영구적으로 지배한 시대는 없었다. 로마 교회가 동로마 황제를 '헬라인'이라 무시하고 샤를마뉴를 '로마인의 황제'로 추대한 대관식은 훗날 벌어질 황제와 교황 간의 권력 투쟁, 즉 서임권 투쟁의 서곡이었다.

11세기에 이르러서는 황제 하인리히 4세와 교황 그레고리우스 7세 사이에 사생결단의 서임권 투쟁이 벌어진다. 그러나 권력의 속성은 나눠 가질 수 있는 것이 아니었다. 샤를마뉴가 롬바르드 왕국의 베네벤토를 공략하고 알프스 산맥을 넘어 이탈리아에서 전쟁을 벌인 경우, 그때마다 로마를 방문해 정중한 예를 갖춘 샤를마뉴였지만 자신의 권력을 교회와 나눠 가질 의향은 없는 절대군주요 군주-교황이었다. 그런 까닭에 샤를마뉴는 프랑크푸르트 종교회의를 직접 주관했으며 교리에 관한 문제들까지 입법하였다. 또 그는 동로마 제국의 섭정 이레네 황후가 소집했던 제2차 니케아 공의회(787)의 성상숭배Iconodulism 복원을 반대하고 배격하였다. 이런 연유에서 로마 교회의 마인츠 종교회의(813)는 공식문서를 통해서 샤를마뉴에 대하여 '거룩한 교회의 경건한 왕'으로 기록하였다.

3. 성상숭배 금지

794년 프랑크푸르트 종교회의는 만장일치로 『샤를의 네 권의 책』Quatuor Libri Carolini, 790에 실린 교리를 지지하고 성상숭배에 대해서 거부하였다. 그러나 성경구절과 교부들의 글을 인용하여 일부 장식과 기도를 위한 화상(畵像)을 허용한 샤를마뉴는 제2차 니케아 공의회(787)의 성상숭배(Iconodulism, 가톨릭·정교회는 성상공경Veneration of Icons) 복원을 반박하기 위해 『샤를의 네 권의 책』을 집필하게 하고 792년에 하드리아누스 1세에게 일부 필사본을 보냈다.

"오직 하나님만 예배와 경배의 대상이시다. 성인들은 공경을 받을 뿐이기 때문에 어떤 의미로든 경배의 대상이 될 수 없다. 화상들 앞에서 절하거나 무릎을 꿇는 행위, 인사하거나 입맞추는 행위, 향을 피우거나 등불을 켜는 행위는 우상숭배이며 미신이다. 그런 행위에 마음을 기울이는 것보다 성경을 상고하는 것이 훨씬 낫다. 성경은 그런 행위들을 가르치지 않는다. 화상들이 일으켰다고 하는 기적 이야기들은 상상으로 꾸며낸 것이거나 악령의 속임수이다. 반면에 화상과 괴론자들은 우상숭배를 타파하려는 열심이 지나쳐서 화상들을 아예 배격하는 데까지 나아갔다. 화상들을 적법하고 정당하게 사용하는 것은 교회들을 장식하고 그것들이 나타내는 인격들과 사건들을 사람의 마음에 기억나게 하는 것이다. 그럴지라도 이것조차 반드시 필요한 것은 아니다. 그리스도인의 감각적 보조수단 없이도 성인들의 덕을 묵상하고 영원한 빛의 근원으로 올라갈 수 있어야 하기 때문이다. 인간은 하나님의 형상으로 지음을 받았으므로 그리스도를 자기 영혼에 받아들일 능력이 있다. 우리는 하나님을 항상 마음에 모시고 그분께 경배를 드려야 한다. 감각적 색채로 그린 그림이 있어야만 그리스도의 임재를 깨달을 수 있다면 그것은 참으로 불행한 일이다. 제2차 니케아 공의회는 화상들을 숭배하지 않는 사람들을 단죄함으로써 큰 과오를 저질렀다."

하드리아누스 1세 교황은 황제에게 성상숭배의 필요성을 조심스럽게 변론하고 동로마 제국의 섭정 이레네가 소집한 제2차 니케아 공의회의 성상숭배 Iconodulism 복원을 지지하였다. 동방교회에서 사용되는 성상은 그림(화상)[4] 뿐만 아니라 다양한 형태를 포괄한다. 서방교회는 교리를 전달하는 데에 너무 열심인 나머지 성상(聖像)을 허용하였다. 비록 그것이 문맹률이 높았던 중세 유럽에서 신자의 교리교육과 신앙생활에 도움을 주기 위한 수단과 도구였

---

4 그리스도와 12명의 사도, 성모 마리아, 성인들을 그린 그림을 성화(聖畵)라 하고, 화상과 관련되어 조각하거나 만든 것을 성상(聖像)이라고 한다.

더라도 로마 교회가 프랑크푸르트 종교회의에서 논의된 내용을 성경에 근거해 신중하게 검토했더라면 샛길로 멀리 나가지 않았을 것이다. 앨퀸과 오를레앙의 테오돌프와 같은 샤를마뉴의 전속 사제들이 집필했을 것으로 짐작되는 『샤를의 네 권의 책』은 16세기 종교개혁의 사상과 유사하였다. 이처럼 어느 시대에나 바른 믿음의 사람들이 있었다.

4. 이코노클라즘 vs 이코노둘리즘

726년 황제 레오 3세(r. 717-741)가 성상숭배Iconodulism를 금지하자, 콘스탄티노플 총대주교 게르마누스를 비롯한 성직자들은 레오 3세의 성상금지법에 반발하였다. 심지어 콘스탄티누스 5세 재위 때 다마스쿠스의 요한Johnn of Damascus과 같은 신학자조차 성상숭배의 타당성을 적극적으로 변증하였다.

754년 콘스탄티누스 5세(r. 741-775)가 콘스탄티노플의 히에리아 궁전에서 종교회의를 소집하였다. 6개월 동안 이어진 히에리아 종교회의Council of Hieria에 338명의 주교들이 참석하였으나 총대주교가 공석인 콘스탄티노플과 아바스 칼리파국Abbasid Caliphate, 750-1258의 지배 하에 있던 예루살렘, 알렉산드리아, 안티오크(안디옥) 총대주교들은 참석하지 못했다. 로마 주교 스테파누스 2세(r. 752-757)는 초대받지 않았는데, 그 역시도 황제가 소집한 종교회의에 참석할 생각이 전혀 없었다. 콘스탄티노플 인근 왕궁에서 열린 이 회의에서 황제는 "성상은 그리스도의 신성을 묘사할 수 없고, 성상이 우상이 될 가능성을 배제할 수 없기 때문에 오직 예수 그리스도의 성찬만이 진정한 형상"이라고 성상파괴운동, 즉 '이코노클라즘'Iconoclasm을 지지하였다. 또 "예수님의 어머니 마리아 이름 앞에 '하나님을 낳으신[5] 분'Theotokos 또는 '거룩

---

5 테오토코스(Theotokos): '하나님을 낳은 분'이라는 뜻이며, 기독교의 마리아에 대한 호칭. 431년 에페소스 공회의(Council of Ephesus)에서 승인된 정통 신학적인 표현.

「시나이산의 예수 그리스도」 나무패널 납화, 726-787경, 카타리나 수도원, 이집트. 예수 그리스도의 왼쪽 얼굴은 용서를, 오른쪽 비대칭 얼굴은 심판을 상징한다.

「성인들에 둘러싸인 성모와 성자」, 6C, 카타리나 수도원, 이집트. 중앙보좌에 자주색 옷을 입고 아기 예수를 안고 있는 마리아, 좌우에 성인들이 있고 두 천사가 하늘을 올려다보고 있다.

하신'이라는 말을 붙여 사용할 수 없다"고 선언하고, 어떤 형태로든 성상숭배를 할 경우에 면직을 시키거나 파문시키는 강경한 조치를 취하였다. 다만 예전^{Rite}에 사용하는 그릇들 중 그림 장식이 있는 것과 의복들은 훼손할 수 없고, 마리아와 성인들에게 기도하는 것은 적법하다고 공식적으로 천명하였다. 화가와 조각가의 작품에 담긴 종교적 상징들에 대하여는 이교적이고 우상적이라고 규정하였다. 이단 규정의 이유로는 "사람인 동시에 하나님이신 창조주를 그리는 자들은 불가해하신 하나님을 창조된 육신의 한계 안에 가두는 우를 범하는 것이며, 단성론자 유티케스^{Eutyches}처럼 그분의 두 본성을 혼합하거나 또는 네스토리우스처럼 두 본성을 분리하거나 아리우스처럼 그분의 신성을 부정하게 된다"는 이유에서였다.

콘스탄티누스 5세(콘스탄티노스 5세)의 아들 레오 4세$^{Leo\ IV,\ 775-780}$도 조부와 부친에 이어 온건하게나마 성상금지법을 존속시켰다. 그러나 레오 4세가 사망하자, 그의 어린아들 콘스탄티누스 6세의 섭정이 된 이레네 황후가 동로마 제국의 막강한 권력을 쥐고 전임 황제들이 금지시킨 성상숭배 복원에 힘썼다. 그녀는 성상금지법을 무효화하기 위해 786년 콘스탄티노플 종교회의를 소집했으나 반대자들의 시위로 중단되었다. 그러자 787년 에큐메니컬 공의회로 불리는 제2차 니케아 공의회$^{Second\ Council\ of\ Nicaea}$를 소집하여 754년에 있었던 히에리아 종교회의의 성상금지 결정을 백지화하고 오히려 이코노클라즘^{Iconoclasm}을 이단으로 규정하였다. 동로마 황제들은 성상숭배, 즉 이코노둘리즘Iconodulism을 강력하게 또는 온건하게 배척해 왔으나 동방교회 성직자들은 황제들과는 달리 성상숭배를 적극 지지하였다. 이와 같이 성상을 둘러싼 황제와 교회의 씨름에서 이레네 황후가 성상숭배를 복원시켜 교회의 손을 들어 주었다. 그 덕분에 그녀는 동방교회와 백성들로부터 '정통 신앙을 보수한 황후'라는 칭송을 한몸에 받았다. 그러나 아테네 출신 이레네는 세상에서 가장 비정하고 잔인한 어미였다. 그녀의 권력욕이 얼마나 컸던지 다른 악랄한 사건들은 차치하고 자신이 제국의 황제가 되기 위해 잠자고 있는 콘스탄티누스 6세의 두 눈을 뽑아 장님으로 만들어 죽게 한 사건은 그 무엇보다 천인공노할 일이었다. 아들을 죽이고 그녀가 손에 쥔 권력은 한 여름밤의 꿈을 향유한 화무십일홍이었다. 하나 밖에 없는 아들은 자신의 손에 죽고, 이사우리아 왕조Isaurian dynasty는 귀족들의 반역에 의해 85년 만에 막을 내리고 말았다(802. 10). 한때 빼어난 미모 하나로 동로마 제국을 손아귀에 틀어쥐었던 그녀는 아테네에서 물레질로 생계를 연명하던 때와 같이 유배된 레스보스Lesbos섬에서 살아남기 위하여 물레질을 하다 죽었다(803).

동방교회는 콘스탄티누스 1세의 찬란한 영광 뒤에 혈육의 피로 얼룩진 그의 어두운 그림자를 슬그머니 덮고 그를 성인(聖人)의 반열에 올려놓는가 하면, 또 여황제가 되기 위해 아들을 살해한 비정한 이레네를 추앙하며 그들의 허다한 죄마저 덮어 주었다. 한편, 성상(聖像) 논란은 동방교회와 서방교회의 분열을 가속시켰다.

5. 게르만족의 세계관

조금씩 차이는 있어도 주로 우거진 숲과 도처에 늪지가 많은 지역에 자리 잡고 살았던 게르만인은 푸른 눈과 붉은 머리칼, 큰 체구 등 비슷한 외모를 가졌으며 기후와 토양 때문에 추위와 굶주림을 잘 견뎌냈다. 부족의 왕은 혈통에 따라 선출하고, 장군은 전쟁에서 용맹하게 활약한 기여도에 따라 선출하였으며 가족과 씨족을 중요하게 여기는 사람들이었다. 그들이 추앙하는 신은 오딘(Odin)이며 로마인들이 마시지 않는 보리나 밀을 발효시킨 맥주를 마셨다. 나아가 그들의 세계관에 어떤 차이가 있는지 살펴보면 게르만인들을 조금 더 이해하게 될 것이다. 헬라인들과 달리 게르만인들은 전혀 다른 세계관을 가진 사람들이었다. 그리스도를 '로고스'(λόγος)로 설명하려는 헬라인과 달리 게르만인은 '퀴리오스'(Κύριος)를 신뢰와 자발적인 봉사를 전제로 한 주종관계에서의 주인과 종의 관계로 보았다. 그리하여 게르만인들이 기독교로 개종했을 때, 주님께 인정받을 만한 일을 하고 인정을 받도록 열심히 일해야 한다는 공로사상이 더욱 강화되었다. 그들에게 〈눈에는 눈, 이에는 이〉와 같은 개념, 즉 원수를 갚기 위하여 반드시 당사자를 보복해야 한다는 개념이란 도무지 이해하기 힘든 생소한 개념이었다. 왜냐하면 그들 나름대로 사죄와 속전에 대한 개념, 즉 개인의 잘못에 대하여 물건으로 갚거나 피 흘린 죄는 속전으로 보상할 수 있다고 생각했던 것이다.

스콜라 철학의 아버지 안셀무스(Anselmus, 1033-1109)는 평신도인 왕이 성직자를 임명하는 것에 반대하여 잉글랜드의 윌리엄 2세와 갈등을 빚은 인물로, 이탈리아인이면서 캔터베리 대주교를 지낸 까닭에 '캔터베리의 안셀무스'로 불린다. 이 위대한 학자의 『왜 하나님은 인간이 되었는가』(Cur Deus Homo)는 죄에 대한 보상 개념의 '만족설'(Satisfaction Theory)을 발전시키는 데 신학적 근거를 제공했다. 〈그리스도가 인간의 멸망 대신 형벌을 받음으로써 인간의 죄값이 탕감되었다〉는 그의 속죄 이론이 훗날 게르만족의 속전 개념과 그의 '만족설'을 배경으로 면벌부(免罰符, Indulgentia)가 등장하면서 16세기 종교개혁의 주요 동인이 된 것은 어쩌면 자연스러운 결과일 수 있겠다.

제3장 중세 중기(High Middle Ages)

A. 교회조직과 교회정치
1. 에큐메니컬 공의회

초기 기독교 에큐메니컬 7대 공의회는 제1차 니케아 공의회(325)에서 비롯되었다. 313년 2월, 콘스탄티누스 1세는 '밀라노 칙령'을 함께 공포했던 공동정제 리키니우스^{Licinius}를 물리치고, 325년 로마 제국의 단독 황제가 되어 니케아에 있는 황제궁에서 최초 종교회의를 개최하기에 이르렀다.

니케아에 있는 황제궁에서 열린 제1차 니케아 공의회(325)를 비롯해 제1차 콘스탄티노플 공의회(381)·에페소스 공의회(431)·칼케돈 공의회(451)·제2차 콘스탄티노플 공의회(553)·제3차 콘스탄티노플 공의회(680)·제2차 니케아 공의회(787)를 에큐메니컬 공의회라고 일컫는다. 325-787년까지 462년 동안 개최된 일곱 번의 에큐메니컬 공의회[6]에서 다루어진 삼위일체론, 그리스도론, 그리고 성상숭배 문제 등은 로마 교회뿐만 아니라 16세기 종교개혁의 역사와 신학의 근간이 되는 중요한 사안들이다. 특히 7대 에큐메니컬 공의회는 사도적 전통$^{traditio\ apostolica}$과 이단^{hairesis}이 무엇인지 규명하였다.

현대의 동방정교회$^{Eastern\ Orthodox\ Church}$는 7개의 종교회의, 로마 가톨릭교회$^{Roman\ Catholic\ Church}$는 제2차 바티칸 종교회의를 포함한 21개 종교회의를 에큐메니컬 공의회로 인정하는 반면, 개신교는 초기에 개최된 4개의 공의회만을 에큐메니컬 공의회[7]로 인정하고 있다.

---

[6] 7대 공의회는 오늘날 튀르키예의 니케아, 콘스탄티노플, 에페소스, 칼케돈에서 개최되었다. 황제들이 공의회 소집을 하였고 동방교회와 서방교회 주교들, 지도자들이 참석하였다.

[7] 동방과 서방교회의 분열 이후 로마 가톨릭교회가 소집한 교회회의는 에큐메니컬 공의회가 아닌 로마 교회의 종교회의로서 이 책에서는 '콘스탄츠 공의회', '트리엔트 공의회'와 같이 이미 일반화된 용어를 '종교회의'로 표기한다. 로마 가톨릭교회가 소집한 교회회의는 로마 교회로서의 공의회이기 때문이다.

에큐메니컬 공의회는 위계 제도적으로 예루살렘 사도 공의회에서 유래하여 교구 종교회의, 대교구 종교회의, 총대주교구 종교회의, 동방교회와 서방교회를 대표하는 전국 공의회, 그리고 기독교세계를 대표하는 에큐메니컬(οἰκουμένη) 공의회로 구분되었고, 공의회 소집은 세속 황제들이 하였다. 5세기 총대주교[8]는 로마·콘스탄티노플·알렉산드리아·안티오크를 중심으로 이뤄져 있다가 예루살렘이 추가되어 5개의 총대주교좌가 되었다.

가시적 교회로서의 '에클레시아'와 '디아코니아'

헬라어 신약성경은 사도시대의 교회를 가리켜 그리스도 예수를 주(κύριος)로 고백하는 신자(信者)들의 모임, '에클레시아'(ἐκκλησία)로 지칭하였다. 본래 '에클레시아'는 특정한 장소와 시간에 특별한 행동을 위하여 모였던 지역 공동체를 의미하였고, 이러한 지역 교회들이 다른 지역 교회들과 함께 더 포괄적인 공동체를 이룬 전체 교회를 의미하였다. 그러므로 교회가 예수 그리스도의 목적을 구현하지 못하거나 왜곡할 때, 교회는 그 존재의 기반을 상실하게 된다. 당시의 신앙공동체 '에클레시아'에는 당연히 사도들이 있었다. 그러나 오순절 성령세례를 받은 120명의 제자들과 바울을 비롯하여 바울의 서신서에서 증언하고 있는 남녀 예언자들, 교사들, 전도자들과 다양한 남녀 동역자들도 있었다. 에클레시아(ἐκκλησία),[9] 곧

---

[8] 총대주교(Patriarch): 원래 성서의 족장을 가리키던 용어에서 발전하여 5세기 칼케돈 공의회를 통해 로마, 콘스탄티노플, 안티오크, 알렉산드리아, 예루살렘 등 주요 사도좌의 고위 주교들에게 공식적으로 부여되었다. 로마 교회는 그레고리우스 7세(r. 1073-1085) 이후 '로마 주교'보다는 '로마 교황' 또는 '교회의 머리'라는 표현이 중심적으로 사용되었고, 제4차 라테란 종교회의(1215) 이후에는 교황권 강화의 상징으로 '그리스도의 대리자'를 공식 호칭처럼 사용하였다.

[9] 에클레시아: 교회용어사전은 문자적으로는 〈밖으로 불러 모으다〉는 뜻으로, 세상에서 불러 모아진 구별된 자들의 모임, 곧 예수님을 주로 고백하는 성도들의 모임을 가리키며(엡 1:22-23; 히 2:12) '교회'를 의미한다고 정의한다.

교회 안에는 각자의 역할이 있었다. 그것은 '직책' 또는 '직분'이라기보다는 식탁에서 시중 드는 것을 의미하는 '디아코니아(διακονια)'인 섬김·봉사자들을 가리킨다. 이처럼 봉사자들의 역할은 예수님의 가르침에서 발견되는 것처럼 사람들의 평안을 도모하고 섬김의 목적을 충실하게 수행하는 것이다. 초대교회가 보여 준 직분에 대한 이해는 분명히 통치개념의 '위계질서'가 아닌 '섬김'이었다는 사실이다. 유대인 공동체에 머리된 장로들이 있었던 것처럼 유대-기독교인들도 1세기 중반, 교회는 장로를 한 사람 이상 선출하였고 회중이 늘어감으로써 교회의 일을 총괄할 감독을 선출하게 되었다. 그렇다고 해도 지역교회와 전체 교회를 관장하는 장로들의 특별한 조직이 존재했다는 것을 확증하거나 역사적으로 증명할 근거를 찾을 수는 없다.

예수님은 열두 제자들을 서열화하신 적이 없으실 뿐만 아니라, 결코 인간을 서열화하지 않으신다. 그러므로 '수제자 베드로'라는 수식어는 올바른 표현이 아니다. 초대교회는 베드로 혼자만이 아니라 사도들이 더불어 공동으로 각자의 역할을 수행하였던 것이다. 베드로는 예루살렘 교회의 지도자 중 한 명이었다. 주님의 교회 모든 사람은 '디아코니아'하는 사람일 뿐, 통치개념의 직제가 주어진 것이 아니었다. 초대교회는 단일 지도 체제가 아니었기 때문이다. 주님을 배신한 가룟 유다의 자리를 비워 놓지 않고 맛디아를 뽑아 12명의 제자들이 교회 봉사자로서의 역할을 각각 감당하였음을 성경이 증언하고 있다.

로마 교회가 "예수님이 베드로 위에 교회를 세우셨다"고 내세우는 베드로 우위권의 근거 본문은 마태복음 16장 18절이다. 그런데 마태복음 16장에 기록된 것 외에는 동일하거나 유사한 언급이 성경에 없다. 이것은 성경에 기록된 전체 맥락을 살피지 않은 해석이다. 헬라어 성경은 베드로와 반석의 차이를 명확하게 구분하고 있다.

"나도 너에게 말한다. 너는 베드로(페트로스)다. 나는 이 반석(페트라) 위에다 내 교회를 세우겠다. 죽음의 문들이 그것을 이기지 못할 것이다."(καγω δε σοι λεγω οτι συ ει πετρος και επι ταυτη τη πετρα οικοδομησω μου την εκκλησιαν και πυλαι αδου ου κατισχυσουσιν αυτης) - 마 16:18 -

성경에 쓰인 코이네 헬라어는 어떤 문자보다 성(性)·수(數)·격(格)의 구별이 명확한 문자이다. 헬라어를 배워 본 사람은 이러한 구별이 얼마나 사람을 괴롭게 하는지 경험으로 아는 사실이다. 위의 헬라어에서 페트로스(남성 명사)는 '작은 돌', '돌 조각'이고, 페트라(여성 명사)는 '거대한 바위'를 지칭하는 단어로서 예수 그리스도 자신을 의미한다. 이것을 잘 이해할 수 있는 성경 본문은 다음과 같다. "이 닦아 둔 것 외에 능히 다른 터를 닦아 둘 자가 없으니 이 터는 곧 예수 그리스도라."(고전 3:11) 또 "다 같은 신령한 음료를 마셨으니 이는 그들을 따르는 신령한 반석으로부터 마셨으매 그 반석은 곧 그리스도시라."(고전 10:4) 이와 마찬가지로 에베소서에서는 "여러분은 사도들과 예언자들이 놓은 기초 위에 세워진 건물이며, 그리스도 예수가 그 모퉁잇돌이 되십니다."(엡 2:20)라고 반석이신 예수 그리스도를 고백하고 있다. 베드로 서신에 담겨 있는 베드로의 생생한 증언을 들어보자.

"성경에 기록되었으되 보라 내가 택한 보배로운 모퉁잇돌을 시온에 두노니 그를 믿는 자는 부끄러움을 당하지 아니하리라 하였으니 그러므로 믿는 너희에게는 보배이나 믿지 아니하는 자에게는 건축자들이 버린 그 돌이 모퉁이의 머릿돌이 되고 또한 부딪치는 돌과 걸려 넘어지게 하는 바위가 되었다 하였느니라 그들이 말씀을 순종하지 아니하므로 넘어지나니 이는 그들을 이렇게 정하신 것이라." - 벧전 2:6-8 개역개정 -

콘스탄티누스 1세는 로마 주교좌인 산조반니 인 라테라노 대성전을 건립하고(324) 다음과 같은 명문을 새겨 넣었다. '전 세계 도시와 세계의 모든 교회의 어머니이자 머리, 지극히 거룩한 라테라노 교회(Sacrosancta Lateranensis Ecclesia omnium urbis et orbis ecclesiarum mater et caput)' 이는 로마 교회에 법적·상징적 우위를 부여한 선언이었다. 뒤이어 산 피에트로 대성당을 세워 로마 교회의 권위를 더욱 강화하였다. 그러나 사실과 순서에 비춰보면 최초의 교회회의가 열렸던(행 15:1-21) 예루살렘 교회, 곧 예수님의 형제 야고보가 주요 지도자로 섬겼던 초대교회Early Church야말로 교회 역사상 우위에 놓일 만한 교회가 아니겠는가? 이렇게 가시적 교회의 서열이나 직분의 우열을 따지는 일은 본질을 흐릴 뿐이다. 교회 머리는 예수 그리스도요 교회의 주인은 오직 한 분 예수 그리스도 뿐이다.

로마 교회는 초기 사도들이 세운 교회가 아니며, 베드로가 로마에 간 기록이 없다. 그가 예수님의 후계자였다거나 초대교회의 단일 지도자였다고 주장할 만한 자료나, 로마 교회에서 어떤 역할을 했다는 기록이 없다. 다만 주후 96년 경 로마의 감독 클레멘스가 장소를 명시하지 않고 베드로의 순교를 언급한 사실과 2세기 중엽, 베드로와 바울이 각각 고린도와 로마에서 복음을 전하고 거의 같은 시기에 순교했다는 디오니시우스의 전승이 형성되기 시작했다. 한편 성경은 명료하게(행:28) 바울의 로마에서의 행적을 기록하였다. 유세비우스도 교부들의 전승을 인용하여 바울의 참수형이 로마 인근 오스티아 도로Via Ostiensis에서 이뤄졌다고 전한다.

말씀과 성례가 올바르게 시행되는 사도적 공동체인 가시적 교회와 그리스도 예수를 자신의 '주인님'으로 고백하는 비가시적인 교회인 우리는 충성하는 자, 곧 신실한 그분의 스피커이거나 그분을 가리키고 있는 손가락이다. 지상의 사도적 공동체인 교회는 예수님 자신 위에 세우셨다.

2. 보편적인 교회

4세기에는 대주교, 총대주교와 같은 직분이 생겨나 지방의 주교와 교회를 관할하는 일을 맡았다. 이 모든 성직자들을 관장하는 것은 콘스탄티노플·안티오크·예루살렘·알렉산드리아·로마의 총대주교였다. 총대주교 또는 황제가 종교회의 소집을 명령하면, 주교들은 종교회의에 참석해야 했다. 이 종교회의가 지방에서 개최되면 '지방 회의'라 불렸고, 동로마와 서로마 양측 모두에게 열리면 '총회'라고 하였다. 그리고 전체 기독교인에게 구속력을 가진다고 인정되는 결의가 나오는 회의는 '공의회'로 불렸다.

로마 주교 인노켄티우스 1세[Papa Innocentius, r. 401-417]가 교회 직분을 상위 교직자(주교·사제·집사)와 하위 직원(서리집사·복사·축귀자 등)으로 구분했으나 실제 지역 교회에는 이러한 직분자을 가진 사람이 거의 없었다. 4세기 말에서 5세기 초에는 암브로시우스와 아우구스티누스 같은 서방 교부들에 의해 교회를 일컬어 '어머니'라는 표현이 등장한 데 이어서. 레오 1세[Papa Leo I, r. 440–461]는 "너는 베드로라. 이 반석 위에 내 교회를 세우리라"(마 16:18)를 근거로 가시적인 교회를 **'어머니'**로, 로마 주교[Episcopus Romanus]를 가리켜 **'교회의 아버지'**로 규정하고 교황권을 신학적·제도적으로 정당화했다.

헬라어 'πάππας'에서 유래한 'Papa'는 동방의 알렉산드리아 주교 디오니시우스(r. 248-264)가 필레몬에게 보낸 편지에서 나타난다. 그가 전임 헤라클라스[Heraclas]를 'Papa'로 언급한 것에서 볼 수 있듯이 'Papa'는 알렉산드리아 교회에서 사용하던 호칭이었다. 서방의 로마 교회도 4세기말 시키리우스[Episcopus Romanus Siricius, r. 384-399]가 'Papa'를 사용하면서 로마 주교에게 점차 한정되어 사용하기 시작하였다. 동서 교회 분열 후 1073년, 그레고리우스 7세에 이르러서 'Papa'는 로마 교회의 교황직으로 확고해졌다. 한편, 동방교회는 에큐메니컬 총대주교[Ecumenical Patriarch]로 지칭한다. 오늘날의 알렉산드리아와 콥트 정교회가 여전히 'Papa'를 사용하고 있다. 교황으로 번역되는 'Pontifex Maximus', 'Summus Pontifex'는 최고의 사제를 뜻하는 전통 라틴어 호칭이다.

당시 교회의 제일 큰 과제는 국가와 교회가 상생하는 문제였다. 동방교회는 자발적으로 국가 권력의 보호를 받아들이며, 교회문제에 황제가 개입하는 것이 자연스러운 일로 여겨졌다. 이에 반해 서방교회는 세속권력과 끊임없이 긴장과 갈등을 겪었다. 때로는 공존을 모색하며 타협하기도 했지만 때때로 교회의 독립을 지키기 위해 싸웠고, 더 나아가 교황권이 세속권력을 넘어서는 주권을 주장하기도 했다. 이처럼 국가와 교회의 관계 설정에 있어 동방교회와 서방교회는 초기에 보편교회를 지향했음에도 불구하고 서서히 서로 다른 길을 걷게 되었다.

보편적·공동적이라는 의미의 헬라어 '카톨리코스'(Καθολικός)에서 유래한 보편교회 '가톨릭'은 안티오크(안디옥) 감독, 곧 속사도 교부 이그나티우스Ignatius, AD 35-117에 의해 처음 사용된 기독교 용어이다. 이것은 교회가 개별적인 교회가 아닌 전체로서의 교회, 어디서나, 언제나, 누구나 믿을 수 있는 신앙체계를 지닌 참된 공동체성을 가리킨다. '가톨릭Catholic이라는 단어는 11세기 교회 대분열 이후, 서방의 로마 교회를 정의하는 용어로 자리 잡는다.

콘스탄티누스 1세 이래로 교회 세속화는 당연한 결과였다. 로마 제국이 기독교를 공인함으로써 국가종교, 대중적인 종교가 된 기독교는 사도행전에서 볼 수 있는 권징·희생·섬김과 같은 신앙공동체의 형제애가 급격히 사라져 갔다. 이러한 현상은 성경과 사도적 가르침에 기반한 기독교의 바른 가치가 훼손되었음을 보여 주는 것이었다. 많은 사람들이 현대교회의 부패와 타락을 개탄하지만, 당시 로마 제국 안에서의 교회 세속화도

이에 못지 않게 우려할 만한 수준이었다. 기독교의 세속화는 교회로 밀려 들어온 이교도들이 뒤섞이기 시작하면서 이교적이고 물질적인 우상의 요소들이 나타났고, 그것은 물질숭배에서 두드러지게 나타났다.

청빈하고 검소한 삶을 강조한 콘스탄티노플 대주교(398) 요하네스 크리소스토무스Johannes Chrisostomus는 부유한 시민들이 향락적인 삶에 취해 사는 것에 대하여 통탄하고, 교회 성직자들이 부와 재산을 축적하느라 신자들을 돌보지 않는 것을 심히 개탄하였다. 그는 총대주교궁을 치장한 장식품들을 팔아 가난한 사람들에게 먹을 것을 공급하고, 사람들에게는 성경의 가르침대로 살라고 촉구하였다.

"여러분이 죽은 후 여러분의 거대한 저택을 바라보는 행인들은 '저 저택을 짓기 위해 얼마나 많은 눈물이 뿌려졌는가, 얼마나 많은 고아들이 헐벗었는가, 얼마나 많은 과부들이 약탈을 당했는가, 얼마나 많은 노동자들의 임금이 착취되었는가' 하고 말할 것입니다. 여러분은 죽음을 통해서도 이러한 고발에서 벗어날 수 없을 것입니다."

당시 시대풍조가 어떠했는지 그가 안티오크의 귀족에게 보낸 편지에서도 잘 드러난다.

"당신은 많은 영토와 수십 군데나 되는 궁전, 수많은 목욕탕, 수천, 수만 명의 노예, 은과 금으로 장식한 마차들을 가지고 있습니다."

지위고하(地位高下)를 막론하고 사람들은 화려하게 치장하고 쾌락적인 삶을 추구하며 살았다. 교부들은 빠르게 세속화되어 가는 교회, 성경의 가르침에 반하는 교회의 부패와 타락을 크게 우려하였다. 이러한 세속화는 동로마(비잔티움) 제국에서 더욱 절정에 달했다.

3. 서임권 투쟁 - 카노사의 굴욕

샤를마뉴 이후 3백여 년 동안 교회의 권위가 높아짐과 동시에 평신도인 세속 군주가 성직자를 임명하는 평신도 서임권Investiture을 개혁하려는 교황이 등장하게 된다. 그 과정에 불거진 것이 '서임권 투쟁'이다. 교회를 군주에게 종속시키려는 세속권력과 그 권력으로부터 교회를 분리시키려는 교회권력이 중세 내내 충돌했다. 대표적인 사건으로 '카노사의 굴욕'으로 알려진 황제 하인리히 4세와 교황(Papa) 그레고리우스 7세 사이에 벌어진 권력 투쟁을 꼽을 수 있다. 로마 교회의 성직위계(聖職位階)제도 아래에서 세속 군주는 평신도에 지나지 않는다.

개혁적인 수도사 힐데브란트는 교황 알렉산데르 2세의 사망 직후 장례를 마치기도 전에 납치당하다시피 하여 1073년 그레고리우스 7세Gregorius VII, r.1073-1085로 축성되었다. 그는 교회 안에 만연해 있는 성직자의 부패와 성직매매聖職賣買, simoniacum 그리고 평신도인 군주가 성직자를 임명하는 것을 막아 세속권력으로부터 벗어나기 위한 개혁을 단행하였다. 세속 군주가 서임권을 행사함으로써 교회의 타락을 부추기고, 교회를 부패시키는 것으로 인식하였기 때문에 황제가 주교 임명에 관여하는 것을 금지하고, 성직자들에게는 평신도인 황제를 비롯하여 어떤 군주에게서도 성직 임명을 받을 수 없도록 금지하였다. 그러나 그의 개혁을 반기는 황제는 없었다. 왜냐하면 세속 군주들은 자신이 임명한 주교들을 통하여 헌금과 십일조와 같은 막대한 재원을 확보할 수 있었기 때문에 서임권을 포기할 수 없었다.

교황 그레고리우스 7세가 황제의 서임권을 금지한 근거로 제시한 것은

〈세속적인 지배권은 모두 오만함에서 발생하는 것이며, 세속적인 지배는 그 해석이나 취급이 교황에게 일임된다는 기독교의 도덕률 아래에 놓여 있는 경우에만 다시 정당화된다〉는 교부 아우구스티누스(354-430)의 가르침에 근거한 교회의 권위였다. 그러므로 그의 서임권에 대한 단호한 개혁 의지는 정치권력 주체인 황제의 권한을 위협하는 것이었다.

잘리어Salier 가문의 하인리히 4세Heinrich IV, 1050-1106는 여섯 살에 독일 왕위를 계승한 황제였지만 그의 모친 아그네스가 섭정으로 있는 6년 동안 제국 내 봉건 제후들은 각자 자신들의 세력을 키웠다. 막상 하인리히 4세가 섭정을 벗어났을 때는 이미 그의 제국에 세력화된 제후들이 버티고 있었다. 이와 같은 상황에서 이름만 황제일 뿐, 권력기반이 약한 하인리히 4세에게 서임권은 포기할 수 없는 매우 중요한 자원이자 무기일 수밖에 없었다. 1076년, 하인리히 4세가 다섯 명의 주교를 임명하고 나섰다. 이에 교황 그레고리우스 7세는 이를 성직매매로 간주하고 황제를 파문하였다. 황제는 물러서지 않고 오히려 보름스 회의Synodus Wormatiensis를 소집하여 교황을 폐위한다고 선언하였다. 이에 맞서 교황은 같은 해 2월, 로마 종교의회를 열어 황제를 파문Excommunication하고 황제직의 합법성마저 박탈해 버렸다. 그리고 추상같이 명령하였다. "모든 기독교인들은 하인리히에게 충성을 거두고, 그를 통치자로 인정하지 말라." 아울러 황제를 지지했던 독일과 이탈리아의 여러 주교들까지 파문하였다. 황제의 권위가 무시당했다고 생각한 하인리히 4세는 내심 교황에게 온갖 몹쓸 말을 퍼붓고는 복수를 다짐하였다. 이와 같은 상호 파문 사건은 세속권력과 교회권력 사이에 일어났던 기존의 사건들과는 차원이 다른 대충돌을 예고하였는데, 중세의 교황권이 황제권에 도전한 중대한 전환점으로, 두 권력 중 하나가 상처뿐인 영광을 쟁취할 때까지 계속될 것이었다.

1076년 10월, 트리부르^Tribur 회의가 열렸다. 독일 제후들과 귀족들은 교황의 파문이 철회될 때까지 황제의 권한을 중단시키고 황제에 대한 충성을 유보할 뿐만 아니라 교황으로부터 사면을 받으라고 요구하였다. 이처럼 파문을 당한 하인리히 4세는 가톨릭 전례에 참여할 수 없었고, 더 이상 통치자로서의 권리를 행사할 수 없었다. 손발이 꽁꽁 묶인 황제는 어쩔 수 없이 교황에게 항복문서를 보냈다. 그러나 그레고리우스 7세는 묵묵부답이었다.

1077년 2월 2일로 예정된 아우크스부르크 제국의회의 소집이 코앞으로 닥쳐오자, 하인리히 4세는 더는 지체할 수 없다는 것을 잘 알았다. 교황의 파문과 제후들의 충성 유보로 땅에 떨어진 황제의 권위, 이 모든 것을 생각할 때 화가 울컥 치밀어 올랐지만 지금은 날카로운 발톱을 숨겨야 할 때였다. 칼자루는 능구렁이 같은 교황이 쥐고 있지 않은가! 신성로마제국 황제 하인리히 4세^Heinrich IV가 자리에서 일어났다. 그의 일행은 무거운 마음으로 그를 따라나섰다. 황제의 홀대에도 한없이 착하디착한 왕비 베르타^Bertha von Savoyen도 말없이 어린아들 콘라드의 손을 잡고 궁을 나섰다. 매섭게 부는 1월의 칼바람이 앞으로 있을 고난을 예고하기라도 하듯 사정없이 얼굴을 할퀴어댔다. 그들은 부르고뉴^Bourgogne와 수사^Susa를 거쳐 눈 덮인 알프스의 몽스니 고개^Mont Cenis pass를 넘었다. 북이탈리아 평원을 지나 마침내 아펜니노 산맥 기슭 절벽에 자리한 마틸드^Matilda of Tuscany의 요새 카노사 성^Canossa Castle이 그 모습을 드러냈다.

가쁜 숨을 거칠게 몰아쉬며 카노사 성곽에 당도한 하인리히 4세는 굴욕감을 억누르며 성채 안뜰에 맨발로 섰다. 교황의 사면을 얻으려면 무엇인들 못하랴. 그러나 사흘이 지나도록 성문은 열리지 않았다. 황제의 발이 꽁꽁 얼어붙었다. 성채에 머물고 있던 교황 그레고리우스 7세는 끄덕도 하지 않았다. 교황이 서두를 이유는 없었다. 황제의 기를 완전히 꺾는 일은, 그가 정한 속도와 때가 될 때까지 기다릴 뿐이었다. 교황에게는 롬바르디아의 반황제파 성직자들과 귀족들, 그리고 토스카나의 강력한 영주 마틸다가 있었다. 그녀는 부친 보니파초 3세[Bonifacio III of Canossa]로부터 토스카나를 비롯한 방대한 영지를 상속받은, 교황의 개혁에 가장 확고한 후원자 중 하나였다. 부랴부랴 클뤼니 대수도원장 위그[Hugues]와 마틸다가 중재에 나섰고, 교황은 그제야 황제의 참회를 받아들이고 파문을 철회하였다.

이 사건은 교황권이 황제권을 누른 상징으로 후대에 '카노사의 굴욕'이라 불려지게 된다. 서임권 투쟁[Investiture Controversy]을 통해 중세 교황권의 정점을 이끈 인물로 평가받는 그레고리우스 7세는 교회와 국가의 위계 질서를 "교회는 태양이며, 국가는 그 빛을 반사하는 달에 불과하다"고 비유하며, 영적 권위의 우월성을 천명하였다. 그는 1080년 5월 8일, 잉글랜드의 윌리엄 1세[William I]에게 보낸 서한에서 사제직을 '금'에 왕권은 '납'에 비유하며 교회의 절대적 우위를 역설하였다. 이와 같은 교황권의 사상적 토대는 베드로 수위권 구절(마 16:18-19)과 사무엘과 사울 간의 관계(삼상 15:23)에서 찾아볼 수 있다. 교회는 하늘로부터 위임받은 영적 권위의 집행자이며, 국가는 땅에 속한 세속적 권력에 불과하다는 그의 관점은 샤를마뉴와 더 나아가 콘스탄티누스 1세로까지 거슬러 올라간다. 곧 교회가 신정적 우월성을 주장한 반면에 황제는 군주-교황제에 기반한 권력의 대등함을 주장하였다. 황제와 교황으로 대변되는 기독교세계의 두 권력은 주도권을 놓고 상호협력과 견제를 반복하며 다툼을 이어 갔다.

카노사 성에서 치욕과 굴욕을 감내하고 사면을 받아낸 하인리히 4세는 1080년, 슈바벤 공작 루돌프를 대립왕으로 추대했던 제후들을 응징하고, 교황의 후원자 토스카나의 마틸다 영주를 공격하였다. 1081년 교황에 대한 복수의 칼을 갈고 로마로 진군한 황제의 군대는 로마의 심장에 창끝을 겨누었다. 이에 놀란 교황은 산탄젤로 성Castel Sant'Angelo으로 피신하였다. 하인리히 4세는 무력으로 3년 만에 로마를 점령하고, 1084년 브릭센Brixen 회의를 소집하여 그레고리우스 7세를 폐위시켰다. 그리고 라벤나 대주교 귀베르투스Guibertus를 대립교황 클레멘스 3세로 옹립한 다음, 산피에트로 대성당에서 공식적으로 황제대관식을 치렀다. 로베르 기스카르 공작Duke of Apulia이 로마에 도착하기 3일 전, 황제는 그 도시를 유유히 떠났다.

1084년 5월, 노르망디 출신 탕크레드 드 오트빌Tancrède de Hauteville 가문의 아들이자 교황의 봉신 로베르 기스카르 공작은 유폐된 교황을 구출하기 위해 아풀리아Apulia에서 수만 명의 노르만, 롬바르드, 무슬림 용병을 이끌고 로마로 진격하였다. 그러나 이에 맞서 그레고리우스 7세의 개혁에 반대한 반교황파는 그의 개입이 불러올 혼란과 파괴를 두려워하며 성문을 모두 걸어 잠그고 결사적으로 저항하였다. 기스카르 공작은 산탄젤로 성으로 진입하기 위해 로렌초 성문Porta San Lorenzo과 라티나 성문을 공략했으나 격렬한 시가전에 부딪쳤고, 그의 용병들은 도시 곳곳에서 약탈과 방화를 자행하였다. 특히 숨어 있는 반교황파 세력을 소탕한다는 명분으로 교회마저 불태우는 만행을 서슴지 않았다. 예배당은 짓밟히고 집과 궁전, 수녀원 등, 로마의 유서 깊은 건물들이 화염에 휩싸여 속절없이 무너져 내렸다.

로마 시민들은 3년간 황제군에 의해 모든 도로가 봉쇄되면서 식량 부족으로 굶주린 상태에서 창궐한 전염병에 시달리며 이루 말할 수 없는 고통을 겪었다. 그런데 또다시 교황의 봉신 공작의 용병들이 자행한 약탈과 방화로 폐허가 된 도시를 보며 망연자실했다. 하지만 기스카르 공작의 도움으로 산탄젤로 성을 빠져나온 교황은 신변의 위협을 느끼자, 대책을 세우지 않은 채 시민들의 통곡과 잿더미로 변한 로마를 뒤로하고 기스카르 공작을 따라 아풀리아의 수도 살레르노로 망명하였다. 로마를 폐허로 만든 황제와 교황의 서임권 투쟁은 신성로마제국 황제의 승리로 일단락되는 듯했으나 결국 중세 질서에서 '교황 절대주의' 기반을 닦아 준 결과를 낳았다. 후대에 '카노사의 굴욕'으로 불린 이 사건은 신성로마제국이 국가로서의 일체성을 상실하고 분권적 귀족 체제, 즉 제후들의 독립성 강화로 이어지게 된다.

파란만장했던 하인리히 4세는 재위 기간 내내 직간접적으로 네 명의 교황들과 갈등을 빚으며, 교회로부터 지속적으로 파문Excommunication을 당해 정치적인 것뿐 아니라 교회로부터 철저히 고립된 황제였다. 그의 큰아들 콘라드가 교황주의 세력과 마틸다의 지원을 받아 반란을 일으켰고, 그의 말년에는 둘째 아들 하인리히 5세의 손에 감금당하는 수모를 겪은 뒤 가까스로 탈출하였다. 하지만 '카노사의 굴욕'의 주인공에게 남은 것은 다가오는 죽음 뿐이었다(1106).

그보다 훨씬 앞선 1085년 늦봄, 임종을 맞은 교황 그레고리우스 7세의 운명 역시 하인리히 4세와 별반 다르지 않았다. 그는 살레르노Salerno에서 로마로 귀환하지 못한 채 죽음을 맞이하였다. 생전에 교황권 강화, 성직매매 근절, 만연한 성직자 축첩 등을 척결하기 위해 독신제도를 강화하면서 교회를 개혁하려고 힘썼던 그도, 끝내 하인리히 4세와 교회 분열의 원흉으로 여긴 대립교황을 용서하지 않았다.

그레고리우스 7세 자신의 뿌리인 제1대 교황 베드로가 예수님께 여쭈었다. "주님, 내 형제가 나에게 자꾸 죄를 지으면 내가 몇 번이나 용서해 주어야 합니까?"

예수님께서 말씀하셨다. "일곱 번만이 아니라 일흔 번을 일곱 번이라도 해야 한다." - 마 18:21-22 새번역 -

보름스 협약(Concordat of Worms. 1122)

1122년 9월, 신성로마제국 황제 하인리히 5세[Heinrich V. 1106-1125]는 교황 칼리스투스 2세[Calixtus II, 1119-1124]와 '보름스 협약'을 맺었다. 이제 반지와 지팡이로 성직을 주던 황제의 관행이 철회되었다. 곧 '영적 권위는 교회, 세속 권리의 수여는 황제'로, 교회의 독립성과 황제의 세속적 권한을 분리하였다. 이로써 그 자신이 끌어내린 부친 하인리히 4세와 교황 그레고리우스 7세 사이에서 벌어졌던 서임권 투쟁을 일단락지음으로써 서임권 논쟁은 수면 아래로 가라앉았다.

4. 십자군 원정

632년 이슬람의 창시자 마호메트[Mahomet, Mohammed]가 죽고, 그의 후계자를 자처한 열성적인 칼리프들에 의하여 아랍의 무슬림들은 750년까지 시리아·이집트·아르메니아·페르시아·북아프리카·이베리아 반도, 그리고 지중해 도시들을 종횡무진 정복했다. 급기야 11세기에 이르러서 기독교세계는 턱밑까지 치고 올라온, 이슬람으로 개종한 셀주크 튀르크족의 위협에 직면하였다. 이러한 위기 속에서 독실한 신앙심을 자랑하는 십자군은 이슬람의 손아귀에 있는 예루살렘을 탈환하고 거룩한 도성을 수호하겠다는 선한 열망을 품고 출발하였다. 그러나 이 원정은 인간의 야망과 각 나라의 야욕이 버무려져 집단적인 광기를 발한 최악의 전쟁이 되고 말았다. 십자군이 원정에 나서야 했던 당위는 네 가지로 꼽을 수 있다. 첫째, 셀주크 튀르크의 실권 장악을 들 수 있다. 둘째, 동로마 제국의 힘이 쇠잔해진 데에 있었다. 셋째, 베네치아와 같이 세력을 가진 이탈리아 도시들은 상업적인 영역을 더 멀리 확장시키고 싶은 야망이 있었다. 넷째, 예루살렘을 탈환해야 한다는 교황 우르바누스 2세의 열망이 있었다.

동로마 제국은 1071년 만지케르트 전투$^{Battle\ of\ Malazgirt}$ 이후 아나톨리아 대부분을 셀주크 튀르크에 빼앗기고 극심한 혼란에 빠졌다. 셀주크 세력이 1073년 예루살렘을 장악하고 헬레스폰투스 해협까지 위협하자, 쿠데타로 황제가 된 알렉시우스 1세 콤네노스$^{Alexius\ I\ Comnenus.\ r.\ 1081-1118}$는 즉위 직후 로베르 기스카르 공작의 침공 등 수많은 외적의 위협 속에서 제국을 수습해야 했다. 그는 동방의 영토를 회복하고 셀주크 세력에 대응하기 위해 1095년 우르바누스 2세에게 도움을 요청하였다. 이에 따라 우르바누스 2세는 피아첸차 종교회의를 소집하였다. 이탈리아, 프랑스, 부르고뉴, 슈바벤, 바바리아 등지에서 주교 약 200명과 성직자 4천 명을 포함해 3만여 명이 모였다. 회의에 참석한 동로마 황제의 사절단은 유럽이 이교도의 발아래 짓밟히기 전에 동방의 국경지대에서 셀주크 세력을 격퇴해 달라며 애절하게 호소하였다. 여기저기에서 깊은 탄식과 한숨이 쏟아졌다.

11월 18일, 블레즈 파스칼$^{Blaise\ Pascal,\ 1623-1662}$의 고향 오베르뉴의 클레르몽–페랑$^{Clermont-Ferrand}$에서 열린 종교회의 마지막 날을 하루 앞둔 27일, 늦가을 찬바람이 광장 너머로 불어오는 가운데, 교황 우르바누스 2세가 클레르몽 광장의 단 위에 올라섰다. 눈을 들어 군중을 천천히 바라보았다. 군중의 시선이 그에게 쏠린 순간, 천둥같은 그의 목소리가 광장을 뒤흔들었다.

> "동방의 형제들이 이교도의 칼날 아래 고통받고 있다! 예루살렘 거룩한 성은 짓밟혔고, 성묘는 더럽혀졌다! 이제 그대들이 일어나 그 땅을 되찾아야 할 때다. 이는 그대들이 죄를 씻을 기회요 주님의 전쟁이다!"

격정적인 그의 연설이 채 끝나기도 전에 광장을 가득 메운 300여 명의 성직자들과 군중들이 열광하며 일제히 연호하였다.

"데우스 불트! 데우스 불트!"*Deus Le Volt*

교황의 성지 탈환에 대한 열망만큼이나 샤를마뉴를 능가한 영웅이고 싶은 군주들과 귀족들이 그 대열에 호기롭게 뛰어들었다. 초기 십자군은 귀족들로 구성되었다. 십자군의 명분이 동방의 기독교 형제들에 대한 자비로운 동정심이었든, 또 다른 무엇이었든, 이슬람 세력의 확장에 맞서 서방 기독교세계를 지키기 위해서라도 동방의 간절한 호소에 응답해야만 했다.

이슬람 이교도들로부터 거룩한 예루살렘을 탈환하고 수호하겠다고 분기탱천한 십자군이 옷에 붉은 십자가 표식을 달고 동방으로 진군하는 도중에 모젤강과 라인강 유역의 도시들, 곧 베르덩Verdun과 메츠·보름스·슈파이어·마인츠·트리어 등지에서 번창하고 있는 유대인 거주지를 습격하여 약탈과 학살을 자행하였다. 이는 로마 제국 하드리아누스황제의 박해 이후 유대인들에게 닥친 가장 참혹한 재앙이었다. 스스로 그리스도인이라 칭한 십자군이 유대인 수천 명을 학살하는 잔인무도함 뒤에는 무슬림에 대한 적대감뿐 아니라, 예수를 십자가에 못 박은 유대인에 대한 뿌리 깊은 증오와 혐오, 왜곡된 신앙심과 충성을 가장한 인간의 탐욕과 폭력성이 뒤따랐다. 역사의 비극은 단 한 번으로 끝나지 않는다. 마치 다람쥐 쳇바퀴 돌 듯 반복해서 일어났다. '성 바르톨로메오 축일 대학살'이나 '나치즘'과 같이 불쑥불쑥 자행되는, 명분에 따라 언제든지 마주하게 될 혐오와 광기였다. 이는 하나님의 형상을 가진 만물의 영장이라는 인간에게서 도무지 학습효과를 기대할 수 없는 맹신적인 종교 DNA이다.

한편, 신성로마제국 하인리히 4세는 교황의 부름에 반응하지 않았고, 프랑스 필립 1세Philippe I, 1052-1108는 쾌락을 즐기기에도 바빴다. 윌리엄 2세 루퍼스William II Rufus의 잉글랜드는 스코틀랜드 말콤 3세Malcolm III를 처치하고 웨일스 정복에 골몰해 있었다. 또 아라곤의 왕은 무어인들과 싸우고 있었고, 스웨덴과 여타 북쪽의 군주들은 교황 우르바누스 2세가 소명에 찬 목소리로 호소하는 예루살렘 성전(聖戰)을 마치 강 건너 불 보듯 하였다.

1096년 8월, 제1차 십자군은 부이용의 고드프루아Godefroy de Bouillon를 비롯하여 프랑크 귀족들로 구성되어 출정하였다. 이들 가운데는 교황 그레고리우스 7세를 구출했던 로베르 기스카르 공작의 장남 보에몽 공작도 있었다. 한편, 이슬람 진영은 셀주크 튀르크와 이집트 파티마 칼리프가 파벌 싸움을 벌였다. 파티마 왕조가 셀주크를 축출한 지리멸렬한 상태에서 안티오크를 보에몽 공작에게 빼앗겼다. 이듬해는 우마르Umar ibn al-Khattab가 예루살렘을 정복한 지 460여 년 만에, 고드프루아가 예루살렘 성벽에 올라 승리의 깃발을 흔들었다(1099. 7. 15). 그는 4개의 우트르메르Outremer가 있는 예루살렘 왕국 초대 왕으로 추대되었으나 왕이라는 칭호 대신, 자칭 '성묘

예루살렘의 황금돔은 칼리프 아브드 알 말리크가 688-691년에 세운 이슬람 모스크. 바위성전 (Dome of the Rock)이라고 부르는 이곳은 이슬람 창시자 마호메드가 승천했다고 믿는 곳이다.

수호자'로 불렀다. 그러나 기독교 정복자들은 예루살렘에 거주하는 무슬림과 유대인을 약탈하고 학살하는 만행을 저질렀다. 거룩한 도성을 되찾겠다는 명분으로 나선 원정이었지만, 참여한 귀족들과 군주들의 복잡한 정치적 셈법과 뒤얽혀 어떤 변명으로도 정당화할 수 없는 추악한 일들이 거침없이 행해졌다. 마치 헤렘(חרם)을 수행하듯 성전이라는 이름으로 자행한 그들의 만행은 차마 입에 담을 수 없을 정도였다.

한편, 제1차 십자군이 예루살렘을 정복하고 유럽의 기독교세계가 환호하고 있을 때, 성지 탈환을 독려했던 교황 우르바누스 2세는 거룩한 땅이라고 여긴 그 땅에 발 한 번 디뎌보지 못하고 세상을 떠났다(1099).

에데사·안티오크·예루살렘·트리폴리Tripoli 백국까지 십자군 국가들이 건설되며, 우르바누스 2세와 라틴 기독교인들이 열망했던 예루살렘 시대가 도래하였다. 하지만 로마 교회와 군주들이 간절히 꿈꾸었던 '예루살렘 왕국'(1099-1187)은 한낱 환상에 불과했다. 십자군 2백년 동안 그들이 남긴 것은 거룩한 복음이 아니라 수치와 불명예스러운 폭력뿐이었다.

「베네치아의 대운하와 교회」 조반니 안토니오 카날, 1730, 휴스턴미술관, 미국 텍사스. 베네치아 입구의 산타 마리아 델라 살루테교회(Basilica di Santa Maria della Salute).

1144년에 이르러 에데사County of Edessa, 1098-1144 백국이 무슬림들에게 함락되었다는 소식을 들은 서방교회는 큰 충격에 빠졌다. 이에 수도사 클레르보의 베르나르Bernard de Clairvaux 1090-1153가 교황 에우게니우스 3세의 지시에 따라 십자군 원정을 독려함으로써 독일 호엔슈타우펜 가문의 콘라드 3세Konrad Ⅲ와 프랑스 루이 7세가 나섰다. 그러나 베르나르의 간절한 기도에도 불구하고 1147년 제2차 십자군은 에데사 탈환은커녕 참패를 당하였다.

아이유브 왕조 살라딘이 1187년 하틴 전투Battle of Hattin에서 라틴 기독교인을 물리치고 예루살렘을 탈환하였다. 이에 1189년 바르바로사Barbarossa로 불린 붉은 수염 프리드리히 1세(1123-1190)가 제3차 십자군 원정에 나섰다. 거기에 잉글랜드의 리처드 1세, 프랑스의 필립 2세와 같은 막강한 나라의 군주들도 야심차게 나섰다. 프리드리히 1세가 육로를 통해 소아시아로 진군했지만 어이없이 킬리키아Kilikya, Cilicia의 살렙이라 불리는 칼리카드누스강Calycadnus or Saleph river에 빠져 죽고 말았다. 1191년 서로 앙숙인 리처드와 필립은 해상을 통해 아크레에 도착했다 그러나 얼마 지나지 않아 아크레가 함락되고 말았다. 이에 필립 2세는 질병을 핑계로 프랑스 군인들만 남겨 두고 본국으로 귀국해 버렸다. 사자의 심장으로 불린 리처드 1세는 홀로 남아 "기독교인의 예루살렘 순례를 보장해 준다면 나는 잉글랜드로 돌아가겠다"며 살라딘과 '야파 조약Treaty of Jaffa, 1192'을 맺었다. 이로써 위풍당당했던 군주들의 재정복 원정은 실패하였다.

한편, 십자군 원정이 왜곡되고 과장된 측면이 많은 것을 감안하더라도 가장 끔찍한 것은 '소년 십자군'이다. 1212년 프랑스의 목동 에스티엔Estienne이 나타나 투르Tours에서 마르세유 항구까지 3만여 명이나 되는 아이들을 인도해 갔다. 이 아이들은 광신적이고 맹목적인 어른들의 성전(聖戰) 희생제물이 되어 바다에서 죽거나 이집트 노예로 팔려갔다. 또 독일 쾰른의 니콜라우스라는 소년이 수천 명을 모집해 알프스 산맥을 넘은 어린이들은 불행 중 다행으로 이탈리아 항구에서 사제들에 의해 고향으로 돌아갔다. 괴이하고 어처구니 없는 '소년 십자군'은 『하멜른의 피리 부는 사나이』The Pied Piper of Hamelin라는 전승의 배경이 되기도 하였다.

　1217년 제5차 원정에서 장 드 브리엔Jean of Brienne은 알 카밀의 예루살렘 반환과 휴전 제안을 수락하려고 하였으나 교황특사 펠라기우스 갈바니 등이 카이로로 진군함으로써 실패하였다. 다미에타Damietta 사태 이후 시리아와 이집트의 아이유브 왕조Ayyūbid 형제들이 내분을 겪고 있을 때, 1228년 제6차 십자군을 이끈 이는 이슬람 문화와 학문에 대해 깊은 이해를 가진 신성로마제국 황제 프리드리히 2세였다. 내분 속에 동맹이 필요했던 술탄 알 카밀Al Kamil은 '야파 평화조약'을 맺고 예루살렘을 그에게 양도했다(1229). 제1차 십자군 이후 약 130년 만의 일이었다. 교황 그레고리우스 9세는 파문당한 황제가 이교도와 협상한 것은 교회의 권위를 무시한 행위로 간주하고 황제를 또다시 파문Excommunication한 뒤, 시칠리아를 공격하였다. 이에 프리드리히 2세는 서둘러 귀국해 이교도가 아닌 교황군과 싸워야 했다.

　제7차 십자군(1248-1254)은 프랑스 루이 9세가 이끌었다. 그는 깊은 신앙심으로 기독교세계의 열망을 되살리려고 했으나 이집트 만수라Battle of Mansura 전투에서 포로로 잡혔다. 그는 막대한 몸값을 지불한 뒤에야 석방되었고 원정은 실패로 끝났다. 그 사이 이집트에서는 맘루크Baḥrī Mamluk, 1250 세력이 아이유브 왕조를 전복하고 정권을 장악하였다. 실질적 지도자였던 바이바르스Rukn ad–Din Baybars,1223-1277가 1268년 안티오크 공국(1098-1268)을 점령하였다. 이에 루이 9세가 제8차 십자군을 일으켜 튀니스 향했으나(1270), 해안에 도착하자마자 전염병에 걸려 사망하였다. 일부에서 제8차 십자군에 끼워 넣기도 하는 마지막 원정(1271-1272)은 잉글랜드 에드워드 1세가 독자적으로 나섰으나 헨리 3세의 부음을 듣고 급히 귀국함으로써 원정은 중단되었다.

1289년 맘루크 술탄국의 실권을 쥔 칼라운^{Qalāwūn} 군대가 트리폴리$^{County\ of\ Tripoli,\ 1102-1289}$ 백국을 정복하였다. 기독교 라틴인들의 성전(聖戰)에 쐐기를 박는 운명의 날이 다가왔다. 1291년 4월 6일, 투석기가 뿜어내는 돌포탄과 불화살들이 아크레 성 안으로 쉴 새 없이 날아들었다. 아크레 공성전$^{Siege\ of\ Acre}$은 한달 이상 이어졌고, 5월 18일 승리의 여신은 이슬람의 손을 들어주었다. 무장한 템플기사단이 용감하다 못해 무모한 신앙심으로 결사 항전했지만 마지막 남은 한 명의 기사까지 죽고, 수도나 다름없는 항구 도시 아크레는 함락되고 말았다. 이로써 칼라운의 아들 칼릴^{Khalīl}에 의해, 십자군이 세운 예루살렘 왕국$^{Kingdom\ of\ Jerusalem}$은 역사 속으로 자취를 감췄다.

십자군이 11-13세기(1091-1295)에 걸쳐 통틀어 아홉 차례 출정하면서 필연적으로 기사 계급이 출현하였다. 유럽에 등자(발판)가 등장하기 전까지 전쟁에서 기병은 큰 역할을 하지 못하였으나, 등자가 동부 유럽에서 들어오면서부터 십자군 원정으로 기병의 중요성이 커졌다. 이러한 시대상황이 템플 기사단(聖殿騎士團)·요한 기사단(구호)·튜턴 기사단(아크레에 야전병원을 운영한 독일기사단)과 같은 기사 계급을 출현시켰다. 그에 따라 최고의 무훈시로 불리는 프랑스 『롤랑의 노래』와 아이슬란드 『니벨룽겐의 노래』와 같은 기사 문학도 꽃을 피웠다. 또 한편 십자군 원정이 끝나고 14-15세기 이후, 교황권과 봉건 체제가 약화되기 시작하였다. 반면에 해상무역의 확대로 부를 쌓은 상인들과 지주 계층이 등장하였는데, 이들을 '성 안에 거주하는 부유한 자'라고 하여 부르주아^{bourgeoisie}라고 불렀다.

5. 교회 대분열(The Great Western Schism)

콘스탄티노플 총대주교 미카엘 케룰라리우스$^{Michael\ Cerularius,\ 1043-1059}$는 동방교회 최고 지도자로서, 자신이 의도하지 않았을지라도 동방교회와 서방교회가 서로 돌아올 수 없는 다리를 건너도록 부채질한 장본인이 되고 말았다. 그가 로마 교회의 전례와 관습을 비판하며 콘스탄티노플을 비롯한 자신의 관할 지역 내에서 전례의 사용을 금지하자, 두 교회의 지도자들 사이의 파문에서 이제 교회가 교회를 파문^{Anathema}하는 파국을 맞았다. 이에 대해 알렉산드리아·안티오크·예루살렘의 동방 총대주교들은 콘스탄티노플을 지지하며 동방교회의 결속을 강화하였다.

이에 맞서 교황 레오 9세는 훔베르트 추기경을 대표로 하는 특사단을 파견하여 콘스탄티노플 총대주교에게 사용되고 있는 '에큐메니컬 총대주교'$^{Ecumenical\ Patriarch}$라는 칭호를 폐기하고 필리오케가 들어간 신경(信經)을 공식적으로 사용할 것을 요구하였다. 그러나 케룰라리우스가 로마 특사단을 만나주지 않자, 특사단은 1054년 7월 16일 미사가 진행 중인 하기아 소피아 대성당$^{Hagia\ Sophia\ Church}$으로 뚜벅뚜벅 걸어 들어가 비잔티움의 치명적인 죄, 일곱 가지를 열거하고 콘스탄티노플 총대주교와 그 추종자들을 파문하는 교서를 제단에 올려놓은 다음, 상징적으로 발의 먼지를 털어 버리고 로마로 돌아갔다. 이에 동로마(비잔티움) 제국의 백성들은 그들이 성직자인지, 군인인지 모를 무례함에 심히 분개하였다. 총대주교 케룰라리우스는 그들을 파문하고 서방교회와 형제 관계를 더는 유지할 수 없다고 선언하였다. 레오 9세가 사망하고 교황이 공석인 상태였기 때문에 훔베르트의 파문 교서는 법적 논란이 되었다. 어쨌거나 재임 중 동로마 황제 선출에까지 개입해 실질적인 권력을 휘둘렀던 케룰라리우스는 말년에 정치적 몰락을 겪고, 1059년에 황제로부터 추방을 당해 망명지에서 사망하였다.

6. 제4차 십자군 – 라틴 제국

동방교회와 서방교회의 분열은 대부분 프랑스인과 이탈리아인으로 구성된 제4차 십자군에 의하여 더욱 심화되었다. 제4차 십자군은 훈련을 받지 않은 오합지졸들이었는데, 그들의 필수보급품 부족은 약탈을 통해서 충당하였다. 이러한 제4차 십자군은 무슬림으로부터 예루살렘을 탈환하기보다 동방 기독교 형제들을 약탈하고 천년 제국 비잔티움(동로마) 위에 라틴 제국을 세우는 데에 더 열심을 내었다.

교황 인노켄티우스 3세는 십자군의 경로 이탈과 자라 공격 계획을 보고 받고 자라^{Zara}를 공격할 경우 파문하겠다고 경고하였다. 통제불능의 제4차 십자군이 헝가리 보호령이자 달마티아 해안의 기독교 도시 자라를 점령하고 전리품을 챙겼다. 그리고 파문이 두려워 인노켄티우스 3세에게 면죄를 요청하였다. 교황은 짐짓 모른 체 그들을 면죄해 주면서 엄중한 명령을 덧붙였다. "자라에서 약탈한 전리품은 원래 주인에게 돌려주라." 그러나 애당초 돌려줄 의사가 없는 그들에게 교황의 말은 그저 귓잔등을 간지럽힐 뿐이었다. 그들은 더 나아가 동로마 제국의 후예인 알렉시우스 4세와 모종의 거래를 하고 성지가 아닌 콘스탄티노플에 군침을 흘리고 있었다. 당대의 콘스탄티노플은 라틴 서유럽과 비교할 수 없을 정도로 부유하고 세련된 황제의 도시였다.

1203년 6월 24일, 제4차 십자군은 마침내 동로마 제국의 심장부, 콘스탄티노플에 도착하였다. 이 웅장한 도시를 처음 마주한 빌라르두앵$^{William\ de\ Villehardouim}$은 감탄하며 이렇게 외쳤다.

"콘스탄티노플을 처음 본 사람들은 도시의 위용을 보고 두 눈이 휘둥그레졌다. 이같이 부유한 도시가 세상에 있다는 사실을 두 눈으로 보고도 믿어지지 않았다. 성벽과 탑들은 웅장하게 우뚝 솟아 주변을 에워싸고 있고, 크고 화려한 궁궐이며 교회가 헤아릴 수 없을 정도로 많았다. 동서남북으로 쭉쭉 뻗어 있는 도시의 크기는 세계의 어떤 도시에 비할 바가 아니었다. 실로 놀라운 장관이었으니 콘스탄티노폴리스를 보고도 전율하지 않을 대담한 사람은 우리 중에 아무도 없었다."

1204년이 되어 알렉시우스 4세가 제4차 십자군과의 약속을 이행할 수 없게 되자, 프랑스와 베네치아 군인들은 신앙의 전사들이 아니라 야수로 돌변하였다. 무도한 그들의 방화로 콘스탄티노플의 궁전과 교회가 8일 동안 밤낮없이 불탔다. 교회는 부서졌고 황금빛 돔 아래 울려 퍼지던 기도는 멎었다. 황제와 황족들은 목숨을 잃거나 도망쳤으며, 천년 제국의 자존심은 십자군의 말발굽 아래 철저히 짓밟혔다. 이처럼 서방의 기독교인들은 형제의 집을 약탈한 자가 되었다. 승리에 도취한 프랑스인들과 베네치아인들은 그곳을 분할하여 통치하는데 합의하였다.

제4차 십자군은 하늘 아래 가장 완전한 도시 콘스탄티노플을 라틴 제국의 수도로 삼고 플랑드르(현, 벨기에)의 보두앵 6세가 라틴 제국의 보두앵 1세(r.1204-1205)로 즉위하여 봉건적 통치 체제를 만들었다. 그런가 하면 동방교회 콘스탄티노플의 주교 자리는 서방교회 주교로 채워졌다. 라틴 제국은 1261년 보두앵 2세^{Baudouin II de Courtenay, 1228-1261}를 끝으로, 1261년에 동로마 제국의 혈통에게 무릎을 꿇었다. 니케아의 미카엘 8세 팔라이올로고스^{Παλαιολόγος, Palaiologos}가 베네치아의 경쟁자 제노바 공화국과 손잡고 콘스탄티노플을 탈환하였다. 이로써 제국이랄 것도 없는 라틴 제국은 57년 만에 멸망하였다. 회생의 불씨를 살려놓은 동로마 제국은 15세기에 소멸하기까지 팔라이올로고스 왕조가 명맥을 이어 간다.

콘스탄티노플 라틴 제국에서 벌어졌던 야만적인 일들에 관하여 영국의 역사가 에드워드 기번^{Edward Gibbon}은 다음과 같이 묘사하였다.

"창녀가 총대주교의 권좌에 앉혀졌고, 벨리알의 딸이 교회에서 노래하고 춤을 추면서 동방인들의 찬송과 행렬을 조소하였다. 심지어 로마 교황 인노켄티우스 3세조차 그 도시에 간 순례자들에 대해서 비판하기를, '그들이 나이와 성별과 성직을 가리지 않은 채 음욕을 발산하고, 대낮에 음행과 간음과 불륜을 저지르면서 하나님께 헌신한 부인들과 처녀들에게 온갖 외설스러운 행동을 서슴지 않았다'고 비판한다. 그러면서도 이 위대한 교황은 동로마 제국의 폐허 위에 로마 교회의 성직위계제도를 수립함으로써 동방교회를 모욕하였다."

11-13세기의 십자군 전쟁은 서부 유럽의 정치·사회 구조를 근본적으로 뒤바꾸었다. 먼저 제후들이 십자군 원정에서 죽거나 원정 경비를 조달하기 위해 농부와 상인들에게 토지를 매각하면서 새로운 중산층이 등장했다.

「십자군의 콘스탄티노플 입성」 외젠 들라크루아, 1840년, 파리 루브르박물관.

봉건 제후의 지배 아래 있던 도시들이 자치적으로 발전하면서 봉건제도는 서서히 붕괴되었다. 반면 왕들은 지방 봉건 제후들의 몰락을 기회로 중앙집권적 체제를 더욱 견고하게 구축할 수 있었다. 여기에는 중산층이 자신들을 보호해 줄 강력한 군주제를 지지한 요인이 맞물려 있었다.

십자군 원정은 중세 유럽에 예상치 못한 변화를 가져왔다. 사람들의 충성심이 교회에서 국가 중심으로 이동하면서 교황권은 점차 약화되기 시작했다. 아이러니하게도 온갖 욕망과 탐욕이 뒤섞인 원정이었음에도 당시 동방보다 낙후되었던 서방 세계가 아랍의 학문과 과학, 문학을 받아들인 것은 긍정적이었다. 이는 중세 스콜라 철학과 신학 발전의 토대가 되었다.

하지만 십자군이 남긴 가장 치명적인 유산은 동방과 서방교회의 분열이다. 이 분열은 동로마 제국을 무슬림에게 넘겨주는 비극을 초래하였다. 이처럼 1453년 콘스탄티노플이 함락되면서 두 교회가 통합될 기회가 영영 사라져 버렸다. 하지만 로마 교회는 크게 아쉬워하지 않았다. 오히려 동방 선교의 새로운 길이 열렸기 때문이다. 동로마 제국의 백성들은 로마 교황과 필리오케 교리를 이슬람의 거짓 선지자만큼이나 증오했고, 로마 교회의 교황은 기독교세계 공동의 대의보다 자신의 권력을 더욱 사랑했다. 이와 같이 십자군 원정이 중세 유럽을 근본적으로 바꾼 변화의 대가는 기독교세계의 분열이라는 결과로 돌아왔다.

한편, 메흐메드 2세는 동로마 제국의 상징이었던 하기아 소피아 대성당을 이슬람 모스크로 개조하고, 천 년 동안 기독교 성지였던 이곳을 무슬림의 기도 소리로 채웠다. 그리고 콘스탄티노플을 이스탄불로 바꾸고 오스만 제국의 새로운 수도로 정했다. 7세기 이슬람 창건 이래로 무슬림들의 오랜 염원이었던 이 도시를 마침내 손에 넣은 것이다. 더 나아가 그는 자신을 로마 제국의 정통 계승자이자 새로운 카이사르라고 선언했다.

7. '하나님의 대리자' 인노켄티우스 3세

아홉 명의 교황을 배출한 명문 가문에서 출생한 인노켄티우스 3세 Innocentius Ⅲ, 1198-1216는 스물아홉의 젊은 나이에 삼촌인 교황 클레멘스 3세 아래서 교황청의 중요한 일들을 맡아 처리하면서 자연스럽게 미래 교황으로서의 훈련을 두루 거쳤다. 로마 가톨릭 교회사에서 인노켄티우스 3세의 재위 기간을 중세 교황제의 황금시대, 가장 중요한 시기로 구분한다. 이전 교황들이 '그리스도의 대리자'를 자임하였다면, 인노켄티우스 3세는 더 나아가 '하나님의 대리자'라는 칭호를 덧붙인 인물이다. 그가 교황을 중심으로 한 신정 체제가 정당하다고 확신한 데는 그리스도께서 베드로와 베드로의 계승자인 자신들에게 베드로와 동일한 권세를 주신 것으로 이해했기 때문이다. 이는 힐데브란트 곧 그레고리우스 7세보다 더 앞선 것이었다. 인노켄티우스 3세가 제4차 십자군(1202-1204) 원정을 재가하여 동로마(비잔티움) 제국의 콘스탄티노플을 약탈하고 지배한 것도 그의 재임 중에 일어난 사건이다. 이 라틴 제국이 60여 년간 콘스탄티노플의 주인노릇을 함으로써 로마 교회와 동방교회가 회복하기 힘든 분열로 치달았다. 그는 또 제4차 라테란 종교회의(1215)를 소집하여 화체설을 교의로 채택하여 로마 교회의 성례론을 확정하고 종교재판소 설치를 재가하였다. 교황제의 신정정치가 절정에 달한 그의 재위 기간에 기독교제국이 교황의 손아귀에 놓여질 것처럼 보였다. 그것은 착시였을 뿐, 제4차 십자군이 찬탈한 콘스탄티노플에 이식한 서방교회의 성직제도는 동방교회와 서방교회가 완전히 갈라서는 결과만 초래하였다. 그것뿐이랴! 하나님의 대리자를 자처한 인노켄티우스 3세 재위 기간에 흘린 무고한 피는 16-17세기의 반종교개혁Counter Reformation 시기를 제외하면, 하나님의 이름으로 교회가 이보다 더 많은 피를 흘리게 한 시대는 없었다.

제4장 중세 후기(Late Middle Ages)

1. 15세기 인문주의자들이 규정한 '중세'

중세는 고대와 현대 사이에 끼인 중간 시기로서, 정치적 관점에서의 중세는 5세기에 발생한 부족들의 대규모 이동과 서로마 제국의 멸망을 기점으로 삼는다. 하지만 교회사적 관점에서의 '중세'라 함은 6세기 말 라틴 교부이자 첫 번째 교황인 그레고리우스 1세로부터 시작한다. 중세 기독교 역사는 유럽에서 종교개혁을 중심으로 전개되었고, 서아시아와 북아프리카에서는 기독교의 십자가 대신 이슬람의 초승달로 대체되었다. 15세기 말에 발견된 신대륙 아메리카는 문명화된 기독교 유럽인들의 진출로 새로운 세계의 장을 열게 된다. 인문주의자들은 자신들이 이상적으로 생각하는 그레코 로만$^{Greco\ Roman}$ 시대와 자신들이 현존하는 시대 사이에 중간기가 있다고 보았다. 그리고 그 중간의 시대를 야만적인 시대로 보았기 때문에 옛 문화를 재생시키려고 무던히 애를 썼다.

'르네상스'는 이탈리아어 리나시타^{Rinascita} 곧 재생에서 파생하였다. 르네상스는 고대 그리스와 로마인들의 세계를 되살렸다는 의미로서의 재생이었다. 르네상스 시대의 학자들은 당시 기독교세계의 정통교리와 교회중심의 권위주의에 대항하였다. 그러한 인본주의적 관점에서 중세를 '암흑기' 또는 '스콜라주의^{Scholasticism}'라고 불렀다. 중간기를 경멸적으로 바라보았던 르네상스 문화의 표어는 '아드 폰테스$^{Ad\ Fontes}$' 곧 '근본으로 돌아가자'였다. 인문주의자 또는 인본주의자라고 불리는 페트라르카의 추종자들은 고전문학의 부흥을 꿈꾸며 신(神)중심의 암흑 시대, 혹은 '중간 시대'를 끝낼 수 있는 르네상스가 도래할 것을 희망하였다. '아드 폰테스!'는 그런 배경 아래서 터져 나온 외침이었다. 인문주의 영향 아래 16세기 종교개혁자들도 '오직 성경으로 돌아가자'고 주장했던 것이다. 이러한 시대적 조류 속에서 로마 교회는 제도로서의 교회 갱신을 강조하였으나, 개혁된 교회는 교리 개혁을 강조하였다. 실로 인문주의 개화(開花)는 교황제도 하의 불행이자 재앙이었다. 교황주의자들에게는 고전문학의 부활과 지식의 증가는 그다지 달갑지 않은 현상이었고 불길한 조짐이었다. 르네상스의 도래는 교회권력의 약화와 교황권의 권위가 도전받는다는 것을 의미하였다.

중세 유럽은 모든 것이 신(神)중심의 우주였다. 즉 개인이 아닌 신의 뜻을 따라, 신의 뜻에 의해 세워진 왕권에 의하여, 또 하나님의 대리자를 자처한 교황의 통치에 의한 세계 그 어디에도 개인은 없었다. 중세 유럽은 교회와 왕국과 성직자만을 위한 기이한 구조를 가진 세계였다. 강고한 기독교세계 교황주의자들은 신세계 도래를 알리는 다양한 목소리에 대하여, 아침 단잠을 깨우는 첩들의 성가신 앙탈쯤으로 여긴 것일까? 차라리 그 정도였더라면 교황주의자들에게 쓴 보약이 되어 주는 것으로 끝났으리라!

2. 페트라르카 '아드 폰테스'

마르틴 루터 이전에 하나님께서 여러 시대와 사람들을 통해 길을 준비하고 계셨다. 피사, 콘스탄츠, 바젤과 같은 종교회의들, 세속 군주들과 교황들의 갈등, 신비주의자들의 경건, 고전문학의 부흥, 인문주의자들의 성경 원어 연구, 인쇄기술의 발전, 지식의 증대, 탁발수도사 요하네스 타울러[Johannes Tauler], 잉글랜드의 존 위클리프와 롤라드파, 보헤미아의 얀 후스와 후스파, 『그리스도를 본받아』의 토마스 아 켐피스[Thomas à Kempis, 1380-1471], 라인란트의 요하네스 푸퍼[Johannes Pupper von Goch, 1400-1475], 베셀 간스포르트[Wessel Harmensz Gansfort, 1419-1489], 피렌체 공화국의 사보나롤라, 스위스 형제단, 발도파, 하나님의 친구들[Gottesfreunde]이 16세기 종교개혁의 수면 아래 도도히 흐르고 있었다.

장편 서사시 『신곡』을 저술한 이탈리아 최고의 시인, 곧 피렌체 공화국에서 추방당한 단테 알리기에리Durante degli Alighieri의 뒤를 이어 프란체스코 페트라르카Francesco Petrarca는 고전문학의 부활을 예고하며 르네상스 인문주의의 길을 열었다. 페트라르카는 교황청의 '아비뇽 유수'와 부패한 교회권력을 신랄하게 비판하며, 아비뇽을 '서방의 바빌론'이라 조소하였다.

이어 페트라르카와 평생 우정을 나눈 지오반니 보카치오Giovanni Boccaccio, 1313-1375는 해학과 통속적 연애담으로 가득한 100편의 우화소설 『데카메론』Decameron을 통해 새로운 인간 중심의 서사를 펼치며, 일그러진 기독교세계의 시대상을 풍자하였다. 그는 페트라르카와 더불어 르네상스 문학의 지평을 활짝 연 인물이다. 그러나 르네상스가 풍요로운 빛이었고 그 이전은 암흑이었다거나, 르네상스가 파생시킨 모든 것은 좋다는 인식은 편향된 시각이다. 비록 교회와 왕국과 성직자만을 위한 기이한 시대였다고 여겨지는 중세에도 이탈리아의 도시들은 동방과의 교역을 통해 부를 축적하였고, 네덜란드의 도시들은 섬유산업을 기반으로 경제적 번영을 이루었다. 이러한 부유한 도시들은 자치적인 자유를 갈망하며, 봉건적 틀에서 벗어나기 위해 투쟁하면서 근대라는 바다를 향하여 열심히 노를 저었다.

3. 르네상스의 빛과 그림자

13세기 후반, 유럽 각지에서는 학문의 새싹이 움트고 있었다. 프랑스에는 파리·오를레앙·몽펠리에·툴루즈에 대학들이 문을 열었고, 잉글랜드에서는 옥스퍼드와 케임브리지가 학문과 사상의 중심지로 자리 잡았다. 이탈리아에는 볼로냐·파도바·나폴리·살레르노 같은 명문 대학들이, 아라곤 왕국에는 살라망카와 코임브라가, 포르투갈에는 리스본 대학이 있었다. 각 대학은 성직자 양성에 초점을 두었지만, 대학이라는 존재 자체가 지적 열망이 봇물 터지듯 솟구치게 했다. 그 결과 국가마다 자국어 사용과 자국어 성경이 점차 보급되기 시작했고, 이어진 인쇄술의 발명은 곧 닥칠 16세기 종교개혁의 사상을 유럽 대륙에 빠르게 확산시킬 것이었다.

'다시 태어남'을 뜻하는 르네상스는 새로운 인간관이 정립된 재생의 시대를 의미한다. 즉, 신 중심적 세계관에서 인간 중심적 세계관으로 나아가는 길이 열린 것이다. 일반적으로 르네상스는 14세기부터 16세기 초반까지를 가리킨다. 당시 신학자들의 사상 흐름을 보면 새로운 인간관이 정립된 것을 알 수 있다. 『신학 대전』$^{Summa\ Theologiae}$으로 중세 스콜라 신학의 정점에 있던 인물은 단연 토마스 아퀴나스$^{Thomas\ Aquinas,\ 1225-1274}$였다. 그는 나폴리 대학을 졸업한 데 이어, 파리 대학 신학부에서 알베르투스 마그누스의 지도 아래 수학한 후, 도미니크회 강단에 섰다. 그는 당대의 탁월한 신학자였고 오늘날까지도 로마 가톨릭 교회 곳곳에 그의 영향이 깊게 드리워져 있다.

「아테네 학당」 라파엘로 산치오, 1511, 프레스코화, 바티칸 로마교황궁.

토마스 아퀴나스는 타락을 인간 전체가 아니라 부분에 국한된 것으로 보았다. 의지는 부패하였으나 지성은 온전히 남아 있으므로 인간은 지성의 힘으로 진리를 탐구할 수 있으며, 성경의 가르침과 비기독교 철학자의 사유도 조화롭게 통합할 수 있다고 주장했다. 이러한 그의 사유에는 헬라 철학자 아리스토텔레스에 대한 의존이 깊이 자리하고 있다. 이를 잘 이해하기 위해서는 라파엘로^{Raffaello Sanzio, 1509-1510}의 그림 「아테네 학당」^{School of Athens}을 감상해 볼 필요가 있다. 플라톤은 손가락으로 위를 가리키며 절대자 또는 이념을 지향하지만, 아리스토텔레스는 손가락을 땅으로 향하게 하여 구체적이고 개별적인 사물을 강조한다. 아퀴나스는 이러한 개체적 사물에 대한 강조를 중세 후기 철학에 적극 도입하며, 후기 인문주의적 자율성 개념의 단초를 제공했다.

그러나 스콜라 신학의 부정적 측면도 드러난다. 개체적 사물이 점차 독립적이고 자율적인 존재로 인식되면서 결국에는 그 의미가 전체적 질서 안에서 희미해지는 경향으로 이어지게 된다. 이제 인간은 자율적이고 독립적이며 사물의 중심이라고 여기기 시작했다. 그 결과 그의 가르침에 귀를 기울인 로마 교회는 교회의 권위와 전통을 성경의 가르침과 나란히 두었다.

건축양식사의 관점에서 보면, 로마네스크 양식이 고딕 양식으로 발전하면서 프랑스의 고딕 성당들은 대부분 마리아에게 봉헌되었는데, 이와 같은 현상은 중세 교회가 성경적 교리와 사도적 가르침에서 멀어지고 있는 상징적 현상이었다. 그리스도의 완전한 공로에 인간의 공로를 더해 하나님께 나아간다는 인본주의적 스콜라 신학이 로마 교회를 지배하고 있던 그 견고한 체제, 그 잔잔한 호수에 돌을 던진 인물이 있었다. 잉글랜드의 존 위클리프였다. 그는 오직 성경만이 최고의 권위라고 가르쳤고, 그의 뒤를 따라간 보헤미아의 얀 후스는 그 호수에 더 큰 바위를 던져 버렸다.

제Ⅱ부
순전한 기독교의 길

종교개혁을 요약하는 다섯 가지 핵심 원리

1. Sola Scriptura - 디모데후서 3:16-17(오직 성경)
"모든 성경은 하나님의 감동으로 된 것으로 교훈과 책망과 바르게 함과 의로 교육하기에 유익하니…"

2. Sola Fide - 로마서 1:17(오직 믿음)
"복음에는 하나님의 의가 나타나서 믿음으로 믿음에 이르게 하나니 기록된 바 오직 의인은 믿음으로 말미암아 살리라 함과 같으니라."

3. Sola Gratia - 에베소서 2:8-9(오직 은혜)
"너희가 그 은혜에 의하여 믿음으로 말미암아 구원을 받았으니 이것은 너희에게서 난 것이 아니요 하나님의 선물이라 행위에서 난 것이 아니니 이는 누구든지 자랑하지 못하게 함이라."

4. Solus Christus - 요한복음 14:6(오직 그리스도)
"예수께서 이르시되 내가 곧 길이요 진리요 생명이니 나로 말미암지 않고는 아버지께로 올 자가 없느니라."

5. Soli Deo Gloria - 로마서 11:36(오직 하나님께 영광)
"이는 만물이 주에게서 나오고 주로 말미암고 주에게로 돌아감이라 그에게 영광이 세세에 있을지어다 아멘."

제1장 여명:종말의 징조들

1. 아비뇽 유수(Avignon Captivity, 1309-1377)

16세기 종교개혁은 어쩌면 누군가는 기다리지 않았던, 또 누군가는 간절히 고대하였던 그것일 것이다. 그러나 아무도 예견하지 못한 일이 1305년 남프랑스 아비뇽에서 싹 트고 있었다. 프랑스 출신 추기경 클레멘스 5세가 교황이 됨으로써 로마 라테라노궁 대신 아비뇽이 로마 교회의 실질적 중심지가 되었다. 아비뇽 교황청은 출발부터 교황궁과 기념물을 짓는 일에 엄청난 돈을 지출하느라 무거운 세금을 시민들에게 부과하여 불만을 폭증시켰다. 아비뇽 교황 중 몇몇은 평판이 그나마 좋았지만 대체로 무능한 교황들이었다. 아비뇽 교황청 70년 동안에 교황들의 가문은 온갖 불의를 서슴지 않았는데, 그 가운데 남발된 면벌부(免罰符, Indulgentia)는 면죄부로 변질되어 그들의 수입을 늘려 주는 주된 역할을 하였다. 아비뇽 교황들은 클레멘스 5세를 시작으로 요한 22세, 베네딕투스 12세, 클레멘스 6세, 인노켄티우스 6세, 우르바누스 5세, 그레고리우스 11세를 포함하여 모두 일곱 명이었다. 페트라르카의 조소처럼 '세상의 시궁창', '범죄의 소굴'로 전락한 아비뇽 교황들은 양을 잡아먹는 악한 종들이었다.

교황 클레멘스 6세의 조카이자 아비뇽 시대 마지막 교황 그레고리우스 11세^{Gregorius XI, 1370-1378}는 교황청을 로마로 이전하라는 요구를 수용하여 아비뇽을 떠나 로마로 간 지 15개월 만인 3월, 홀연히 세상을 떠났다.

2. 14세기 흑사병(1346-1353)

흑사병은 쥐와 벼룩이 옮기는 페스트균에 의한 전염병이다. 감염이 되면 반점이 생기고 피부가 까맣게 변하기 때문에 '검은 죽음'^{Black Death}이라 불

「죽음의 무도」(1493), 미카엘 볼게무트(Michel Wolgemut)「뉘른베르크 연대기」삽화인 목판화. 뉘른베르크 연대기에는 14세기 대흑사병으로 불린 전염병이 유럽을 휩쓸 때, 희생양이 되었던 사회 소수자에 대한 목판화들이 있는데, 1338년 바이에른의 데겐도르프(Deggendorf)와 1492년 메클렌부르크(Mekclenburg)의 스텐베르크에서 산 채로 화형을 당한 유대인들에 대한 목판화도 있다.

렸다. '검은 죽음' 곧 흑사병은 1346년에 시작되어 1348년-1350년 사이 3년간 최고조에 달하였다. 프랑스 마르세유에도 1347년에 흑사병이 보고되자 전염을 막기 위해 마르세유 당국이 고군분투했으나 허사였다. 이듬해인 1348년에는 프랑스 전역에서 흑사병 감염자가 발생했으며 이베리아 반도까지 퍼져 나갔다.

당시 사람들은 흑사병을 신의 벌이라 여겼기 때문에 고행과 종교적 속죄를 통해 대처하려 했다. 성직자들은 회중들의 신앙심을 고취시키며 흑사병을 치료하려고 무던히 애를 썼지만 밀집해 있던 회중들은 신분고하를 막론하고 흑사병으로 줄줄이 쓰러졌고 하나님의 대리자들도 예외없이 죽어 나갔다. 이러한 혼란 속에서 '세상의 종말'로 여겨진 흑사병 창궐로 물리적·인적 피해만이 아니라 신앙과 질서까지 흔들리는 공황상태가 유럽 대륙을 휩쓸었다. 잉글랜드 남서부 해안의 웨이머스Weymouth 항구에서 처음 발생한 흑사병이 불과 몇 달 사이에 런던을 지나 스코틀랜드까지 확산되었다. 14세기에 창궐했던 전대미문의 전염병에 대하여 웨이머스 항구에는 〈1348년 이 항구를 통해 흑사병이 잉글랜드에 유입되었다. 이 전염병으로 인해 국민 전체의 30-50%가 목숨을 잃었다〉는 기념동판이 남아 있다. 1350년경에는 북유럽 일부를 제외한 유럽 전역에서 감염자가 발생하였는데, 인구 밀집도가 높은 대도시들은 참혹한 피해를 입었다. 거리마다 시신이 산처럼 쌓였다. 이에 반해 교통이 단절되고 낙후된 외진

지역에서는 비교적 흑사병 피해가 적었다. 이 무시무시한 역병으로 1351년까지 약 2천 5백만에서 5천만 명의 유럽인들이 목숨을 잃었다. 1353년경에야 흑사병이 소강상태에 접어들었으나 그 정신적 충격은 오랜 세월 유럽인들에게 깊게 남았다.

오늘날까지 흑사병의 진원지를 정확히 규명하지 못한 가운데, 최근 독일 막스 플랑크 진화인류학 및 인류역사학 연구소의 볼프강 하크, 요한 크라우스 그리고 스코틀랜드 스털링 대학 필립 슬라빈 교수 등이 네이처지 최근호에, 흑사병 최초 발생지가 키르기스스탄 지역이었다는 연구 결과를 발표함으로써 세간의 관심을 모았다.

3. 종교개혁의 불씨 – 존 위클리프

종교개혁의 또 다른 불씨는 잉글랜드에서 나타났다. 요크셔 출신 옥스퍼드 대학의 존 위클리프 John Wycliffe, 1330-1384는 1376년 교황청의 과도한 과세와 성직자의 타락을 비판하며, 국왕에게 교회의 재산을 몰수할 권리가 있다고 주장했다. 이듬해, 교황 그레고리우스 11세는 그의 사상을 정죄하고 이단으로 규정하였다. 1378년 서방교회 대분열Great Western Schism이 일어나자 위클리프는 "최고의 영적 권위는 사람이 아니라 성경에 있으며, 교황제도란 결국 인간이 만든 것에 불과하다"고 주장하고 로마 교회의 핵심 교리인 화체설을 거부하였다. 또 1382년에는 모든 사람들이 성경을 직접 읽을 수 있도록 라틴어 불가타Vulgate 성경을 영어로 번역하고 일찌감치 시끄럽고 요란한 세상을 떠났다(1384). 하지만 30여 년 뒤 열린 콘스탄츠 종교회의Council of Konstanz는 다시 그를 이단으로 정죄하였다. 종교회의는 거기서 멈추지 않고 그의 무덤을 파헤쳐 이미 백골이 된 시신을 불태운 뒤 강물에 뿌려 버렸다. 그러나 로마 교회가 그렇게 발본색원하려던 존 위클리프의 이단 사상은 필사본을 통해 느리지만 서서히, 더 멀리 확산되었다. 잉글랜드에서는 존 위클리프의 사상을 따르던 이들이 비밀리에 모임을 갖고 그가 번역한 영어 성경을 함께 읽기 시작했다. '중얼거리는 자'라는 뜻의 롤라드파의 활동은 옥스퍼드 대학의 학자·귀족·성직자로 시작하여 평민·농민·도시민 등, 다양한 계층으로 확산된 대중적인 운동이었다.

4. 서방교회 대분열(Great Western Schism, 1378-1418)

아비뇽 교황청 시대가 70년 가까이 이어지는 동안 로마는 사실상 폐허에 가까운 도시로 전락했다. 교황청 부재로 시민들의 소득은 급감하고 인구도 급속히 줄어 도시가 쇠퇴하면서 불만이 폭증하자, 시에나의 카타리나 수녀가 발벗고 나서 교황을 설득하였다. 이에 교황은 1377년 아비뇽에서 로마로 환도를 결정하였다. 하지만 그레고리우스 11세는 긴 여정 중 건강이 악화되었고 로마에 도착한 지 15개월 만에 사망하였다. 곧이어 열린 콘클라베에서 로마 시민들은 이전에 누리던 위엄 있는 로마에 대한 향수 때문이었든지, 신앙의 발로였든지 이탈리아인을 뽑으라고 소리쳤다.

"죽음이냐! 이탈리아인 교황이냐!"

그들의 바람대로 나폴리 출신 우르바누스 6세가 교황으로 선출되었다(1378). 그러나 우르바누스 6세의 강압에 못 이겨 그를 선출한 추기경들의 양심고백이 뒤따랐다. 기다렸다는 듯이 프랑스 추기경들은 그해 9월 서른여섯 살의 방탕한 프랑스인 로베르를 아비뇽 교황 클레멘스 7세로 선출하였다. 이로써 서방교회는 두 개의 어머니 교회와 두 명의 아버지를 가지게 되었다. 이후 약 40년 동안 교황이 교황을 파문하는 대분열$^{\text{Great Western Schism}}$이 지속되었다.

로마계와 아비뇽계로 분열된 유럽에서 잉글랜드와 저지대 왕국들, 북방의 왕국들은 로마 교황을 지지하였다. 반면 프랑스는 백년전쟁의 숙적 잉글랜드가 지지한 로마 교황을 거부하며 아비뇽 교황을 지지했다. 스코틀랜드·아라곤·나바르 등도 아비뇽 편에 섰다.

1409년, 교회의 분열을 수습하기 위해 피사 종교회의가 열렸다. 이 회의는 로마 교황 그레고리우스 12세와 아비뇽 교황 베네딕투스 13세를 폐위하고 밀라노 대주교 알렉산데르 5세를 새 교황으로 선출했다. 그러나 폐위된 두 명의 교황은 물러나지 않고 버텼다. 설상가상으로 70세 고령의 알렉산데르 5세가 10개월 만에 사망했다. 그 자리에 역사상 최악의 난봉꾼으로 불리는 발다사레 코사^{Baldassare Cossa}가 피사의 교황 요한 23세로 선출되었다. 이제 유럽의 기독교인들은 70년 아비뇽 유수로도 모자라, 세 개의 태양이 떠 있는 기이하고 해괴한 하늘을 보게 되었으니 이것이 바로 '서방교회 대분열'이다.

1414년 지기스문트는 악화되는 보헤미아의 정세와 얀 후스 문제에 대응하고 무엇보다 서방교회의 분열을 종식하기 위해 콘스탄츠에서 종교회의

현재 레스토랑이 들어선, 보덴호수(Bodensee)를 마주하고 있는 콘스탄츠 종교회의가 열렸던 장소

를 소집하였다. 이는 단순한 성직자 회의가 아니라 교회개혁과 통합을 도모하기 위해 300여 명의 주교들과 신학자들, 그리고 각국의 군주, 외교사절, 도시 대표 등, 다양한 인물들이 참여한 종교회의였다.

지기스문트가 피사의 교황 요한 23세에게 자진 퇴위할 것을 요구하였다. 이에 불응한 교황은 오스트리아 공작 프리드리히$^{Frederick\ of\ Austria}$의 도움을 받아 변장을 하고 샤프하우젠으로 달아났다. 하지만 지기스문트의 명령에 의해 붙잡혀 온 그는 1415년 5월 29일, 74개 죄목 중 54개에 대해 유죄 판결을 받고 공식 폐위되었다. 아비뇽의 베네딕투스 13세 역시 정통성을 인정받지 못했고, 로마의 그레고리우스 12세가 자진해서 물러남으로써 마침내 교황권 분열이 종결되었다. 1417년 콘스탄츠 종교회의는 '공의회수위권'$^{conciliar\ supremacy}$을 공식화하고 오도네 콜론나$^{Oddone\ Colonna}$를 교황 마르티누스 5세로 선출함으로써 서방교회 대분열에 마침표를 찍었다. 그러나 교황의 권위에 대한 근본적 의문은 해결되지 않았다. 이후 교황들은 교황수위권을 주장하고 공의회 우위설^{conciliarism}을 거부함으로써 두 세력은 팽팽하게 맞서게 되었다. '서방교회 대분열'은 끝났지만 교회 내 권력 구조를 둘러싼 새로운 갈등이 시작된 것이다.

한편, 폐위된 요한 23세는 1418년까지 콘스탄츠 주교의 고틀리벤 성에 연금되어 있었으나 마르티누스 5세에 의해 추기경으로 복권이 되고(1419), 약 450년 후, 제2차 바티칸 종교회의에서 또 다른 교황 요한 23세$^{John\ XXIII}$가 폐위되었던 발다사레 코사$^{Baldassare\ Cossa}$ 즉, 요한 23세를 복권시켜 주었다. 이처럼 가시적 교회는 자비로운 기관일 수 있으나, 하나님의 공의와는 거리가 먼 기관이라는 것을 몸소 증명해 주었다. 자신들에게 반하는 것은 이단이요 척결할 대상인 반면, 제 식구를 감싸는 데는 관용이 철철 넘쳐 흐른다. 이것은 동방교회의 데자뷔가 아닌가!

5. 백조를 기다리다 - 얀 후스

잉글랜드의 존 위클리프가 세상을 떠나고 옥스퍼드 대학에 유학을 왔던 청년들, 곧 그의 가르침을 받아 보헤미아로 돌아간 학생들로 인하여 위클리프의 신학적인 사상이 보헤미아에서 많은 지지를 얻고 있었다. 이런 가운데 보헤미아 남부 후시네츠 마을 가난한 농부의 아들로 태어난 얀 후스$^{Jan\ Hus,\ c.\ 1372-1415}$도 그의 열렬한 지지자 중 한 사람으로, 체코어로 성경을 번역하고 민족 교육에 힘을 쏟았다. 또한 그는 프라하의 베들레헴 교회$^{Betlémská\ kaple}$ 주임 사제이자 설교자였고(1402) 카를 대학교 총장(1409)으로서, 보헤미아에서 금지된 존 위클리프의 사상을 변호한 경건하고 존경받는 교수였다. 그러나 성직자들의 부패와 사치, 성직매매, 연옥 교리, 파문권, 면죄권 등에 대해서는 신랄하게 비판하였다. 이를 이단 행위로 규정한 대립교황 요한 23세는 얀 후스를 파면한 데 이어(1410) 이듬해는 로마 교회에서 파문^{Anathema}하고 콘스탄츠 종교회의에서 신학적 입장을 밝히라는 명령을 내렸다. 이와 관련하여 위대한 군주로 불렸던 카를 4세의 아들, 독일 왕 지기스문트는 "얀 후스를 안전하게 가고, 안전하게 멈추고, 안전하게 머물게 하여 어떤 방해도 받지 않고 돌아오게 해야 한다"는 안전보장문서$^{salvus\ conductus}$를 얀 후스에게 보내 주었다.

1414년 10월 11일 프라하를 떠난 얀 후스와 보헤미아 귀족들이 한 달 가까운 여행 끝에 11월 3일에야 콘스탄츠에 도착했다. 후스의 입성 소식을 들은 시민들이 거리로 몰려나와 그를 구경했다. 후스는 숙소에 머물며 잠시 평온한 시간을 보냈으나, 이듬해 1월 28일 요한 23세의 명령으로 그는 콘스탄츠 도미니크회 수도원 지하감옥에 갇혔다. 후스를 이단 취급하는 그들에게 지기스문트의 안전보장문서 따위는 안중에도 없었다.

한편, 교황 요한 23세가 사퇴 압박을 받자 비밀리에 도주한 사건이 벌어졌다. 이에 콘스탄츠 주교는 후스의 일행들이 이 혼란을 틈타, 후스를 탈출시킬 것을 염려하여 주교의 별장인 고틀리벤 성城으로 이송하고 외부와 격리시켰다. 후스는 장기간 억류되어 있는 동안 두통과 결석, 출혈로 극심한 통증에 시달렸는데, 습기와 곰팡이가 많은 고틀리벤 성에서의 수감생활은 더 열악했고 그의 건강은 급속히 악화되었다. 그의 하루하루는 마치 고통의 불구덩이를 지나가는 듯했다. 하지만 그의 육체를 괴롭히는 고통보다 더욱 잔인한 것은 천하의 난봉꾼이자 살인자인 교황 요한 23세가 폐위되는 선에서 무마되었다는 것이다. 성경의 권위가 최고의 권위라고 말한 후스에게는 충분한 변론의 기회조차 주어지지 않은 채, 이미 유죄가 결정된 심문대에 세워졌다. 언제나 현실 속 정의는 힘에 따라 선택적으로 실현되는 기울어진 정의였다.

1415년 7월 6일 날이 밝았다. 밤새 통증으로 시달린 얀 후스는 콘스탄츠에 온 지 일곱 달 만에 주교좌 성당으로 이송, 형벌을 선고받기 위한 최종 회의에 섰다. 콘스탄츠 종교회의Council of Constance는 후스의 저서에서 발췌하여 미리 결론이 내려진 26개 항목의 교리적 오류에 대해 정죄했다. 후스는 다시 한 번 자신의 입장을 철회할 것을 요구받았지만 그는 자신의 신학

「얀 후스의 화형」 루드니키 제단 날개(Altar Wings of Roudníky) 패널 중 오른쪽 날개, 1486년 이전. 후스박물관 소장. 타보르. 체코 국가문화기념물로 지정된 중요 예술품.

적 입장을 철회하지 않았다. 종교회의는 그를 존 위클리프의 오류를 따르는 이단이라고 선언하고 장황하게 읊조리는 동안, 그는 좌정해 있는 지기스문트를 향해 고개를 돌렸다. 얀 후스에게 안전보장을 약속하고도 보호해 주지 못한 군주, 보헤미아 왕 바츨라프 4세의 동생이자 독일 왕인 지기스문트, 곧 제국의 황위계승자의 얼굴이 일순간 씰룩거렸다.

보헤미아 카를 대학의 교수이자 성직자인 얀 후스, 그의 사제복이 벗겨졌다. 이어 머리에는 '이단의 괴수'Hic est Heresiarcha라고 새겨진 키 큰 종이 모자가 씌워졌다. 그는 더 이상 아무것도 아니었다. 로마 교회의 정의 아래 가차 없이 처리되어야 할 '이단', 곧 암덩어리였다. 병사들이 후스의 팔을 우악스럽게 붙잡았다. 수감생활에 망가질대로 망가진 그의 몸이 휘청거렸다. 병사들은 아랑곳하지 않고 그를 콘스탄츠 성문 밖 브뤼엘Brühl 벌판으로 끌고 갔다. 광장에서는 후스의 저서들이 소각되고 있었다.

화형장에 이르러 후스는 무릎을 꿇고 기도하기 시작했다. 사형집행인이 그의 두 팔을 뒤로 단단히 묶은 뒤, 높이 쌓아 올린 짚단과 장작더미 위에 송진가루를 뿌렸다. 팔츠의 루트비히 3세Ludwig III가 "집행하라!" 명령을 내리자, 후스는 눈을 들어 하늘을 올려다보았다. 불길이 그를 휘감아

얀 후스와 프라하 제롬의 석회암기념석. 후스는 콘스탄츠 외곽 벌판에서 화형을 당하였다. 1416년 5월 30일, 1년 만에 그의 절친 프라하의 제롬 프라슈스키(Jeroným Pražský)도 같은 자리에서 화형을 당하였다. 기념석(Hussenstein) 전면과 후면에 두 사람에 대한 짧은 이력이 새겨져 있다. 주소: Alten Graben, 78462 Konstanz, Germany

제1장 여명: 종말의 징조들

「임페리아 석상」 페터 렝크(Peter Lenk) 1993년. 1414-1418년에 걸쳐 진행되었던 콘스탄츠 종교회의는 수많은 매춘부들이 몰려들었을 정도로 성적으로 타락한 상태였다. 풍만한 가슴과 허벅지를 훤히 드러낸 임페리아의 손바닥에는 종교회의가 진행되던 당시, 신성로마제국 황제로 즉위하기 전이었던 지기스문트(Sigismund von Luxemburg)와 대립교황 요한 23세가 폐위되고 새로 선출된 신임 교황 마르티누스 5세가 벌거벗은 채 놓여 있다. 페터 렝크는 임페리아 상을 통해 도덕적으로 타락하고 부패했던 그 당시 시대상을 신랄하게 풍자하였다. 3분에 한 번씩 일정하게 회전하고 있는 거대한 임페리아 석상은 콘크리트를 주재료로 만든 것으로, 콘스탄츠의 보덴 호수 선착장에 설치되어 있다.

맹렬하게 타올랐고 그의 기도 소리는 더 이상 들리지 않았다.

존 위클리프의 개혁사상을 따르며 성직제도와 교황의 십자군 소집을 비판한 후스, 성경적인 본래의 모습으로 교회가 회복되어야 한다고 외쳤을 뿐이다. 그런데도 교황주의자들은 눈 하나 꿈쩍하지 않고 보헤미아의 거위를 불 속으로 던져 버렸다. 활활 불타는 장작더미 위에서 얀 후스가 숨을 거두던 순간, 콘스탄츠 종교회의에 모인 참석자들은 도시 밖에서 벌어지는 일과 무관하게 자신들의 볼 일을 보고 있었다.

훗날 마르틴 루터가 자신의 첫 번째 논문 「독일 그리스도인 귀족에게」*To the christian Nobility of the German Nation, 1520*를 통해 로마 교회가 얀 후스를 화형에 처한 과오를 참회해야 한다고 강하게 요구하였다. 이에 더하여 1537년에 간행된 후스의 서신집을 읽고, 콘스탄츠 종교회의의 모진 굴욕 속에서도 후스가 보여 준 인내와 겸손, 그리고 사자 떼와 이리 떼 속 양과 같은 용기에 깊은 경의를 표하며, "만일 그와 같은 분이 이단으로 정죄된다면 해 아래 어떤 사람도 참된 그리스도인으로 평가받을 수 없다"고 기록하였다. 1572년에 프라하 대학도서관에 소장된 칸티오닐 찬송가(루터교 찬송가)에는 후스를 기리는 찬송 한 편과 함께 후스와 위클리프, 그리고 루터의 관계를 상징적으로 묘사한 세 개의 메달이 있다. 첫 번째는 불꽃을 일으키는 돌을 치는 위클리프와 그 불꽃을 장작에 불을 붙이는 후스의 모습이 두 번째 메달에, 활활 타오르는 횃불을 높이 치켜 든 루터가 세 번째 양각 메달에 새겨져 있다. 비록 독일 비텐베르크의 신학교수 마르틴 루터가 보헤미아의 얀 후스에게서 영향을 받기 전부터 교회 개혁자로서 활동을 했고, 잉글랜드의 존 위클리프에 대하여 모르는 상태에서 종교개혁을 위하여 봉사했을지라도 두 명의 존과 이와 같은 역사적 맥락으로 연결되어 있었다. 존 위클리프와 얀 후스는 예수 그리스도를 사랑했던 그분의 요한[John, Jan]이었다.

한편, 얀 후스 교수가 콘스탄츠에서 돌아오기만을 기다리던 보헤미아에 전해진 소식은 참담했다. 그가 화형당해 라인강에 뿌려졌다는 날벼락 같은 소식이었다. 충격과 분노에 휩싸인 후스파는 타보르를 거점으로 얀 지슈카[Jan Žižka, 1360-1424] 장군이 무장 저항을 시작했다. 후스가 화형당한 지 두 달 뒤, 보헤미아 개혁파 귀족 400여 명은 '우리의 형제, 후스'를 불태운 행위에 대해 콘스탄츠 종교회의에 항의서를 보내고 강력히 규탄하였다. 이듬해가 되자 프라하 대학은 얀 후스를 '진실과 정의를 좇다간 훌륭한 교수'로 칭송하는 서한을 전국에 보내며(1416), 콘스탄츠 종교회의의 부당한 판결에 공개적으로 저항하였다. 분노는 곧 폭력으로 번졌다. 수도원과 교회가 파괴되었으며 보헤미아는 내전으로 치달았다. 룩셈부르크 가문의 마지막 독일 왕 지기스문트는 자신의 왕국을 통제할 능력이 없었다. 이에 새로 선출된 교황 마르티누스 5세[Martinus V]가 보헤미아의 반란 진압을 위해 십자군을 결의하고 면죄부를 주겠다고 하자, 유럽 전역에서 15만 명에 이르는 사람들이 보헤미아로 몰려들었다. 그러나 인해전술로 후스파를 일순간에 궤멸시킬 수 있을 것이라는 계산과 달리 십자군은 후스파에 패하고 말았다. 이후 무려 15년에 걸쳐 교황청과 신성로마제국이 다섯 차례 대대적인 공격에 나섰지만, 후스파는 초기 전투에서 탁월한 방어와 역공으로 그들을 물리쳤다. 1424년 장군 얀 지슈카의 죽음을 맞아 그의 뒤를 이은 프로코프 홀리Prokop Holý가 타보르파와 우트라퀴스트파Utraquists를 지휘하였다. 그러나 후스파 내부 분열을 겪으며 가톨릭 세력과 연합한 우트라퀴스트파가 리파니 전투Battle of Lipany, 1434에서 타보르파를 격파했다. 이후 바젤 회의에서 가톨릭 세력과 평화협정을 체결한 온건파 우트라퀴스트파는 가톨릭 체제 내에서 공존하는 길을 선택하였다. 이로써 보헤미아의 설교자들은 자국어로 말씀을 설교할 수 있게 되었고, 성찬식에서 양형성찬, 즉 신자들에게 빵과 포도주를 나눌 수 있게 되었다. "받아서 먹어라. 이것은 내 몸이다." 하시고 이어서 "모두 돌려가며 이 잔을 마셔라."(마 26:26-27) 이처럼 예수님께서 빵을 떼고 포도주를 주셨는데, 로마 교회는 사제를 통해 빵만 줄 뿐 포도주는 사제들만 마실 수 있었다.

"너희가 지금은 이 거위를 구워 먹을지 모르지만 앞으로 1백년 후에는 너희가 조용히 시킬 수 없는 노래를 부를 백조가 나타날 것이다."

체코 프라하 구시가지 광장에는 얀 후스를 기리는 웅장한 청동상이 있다. 그 하단에는 그의 신념을 상징하는 문구, "서로 사랑하고 모두에게 진리를 염원하라"(Milujte se navzájem a pravdy každému přejte)가 새겨져 있다. 후스가 화형을 당하고 한 세기가 지난 뒤, 루터가 "오직 의인은 믿음으로 말미암아 살리라"(롬 1:17)고 복음을 외쳤을 때, 역사 속에서 그는 다시 살아났다. 비록 하늘 저 끝에 매달린 손바닥만한 구름 한 조각에 불과했는지도 모를, 존 위클리프와 보헤미아의 얀 후스와 같이 구별된 하나님의 밀알들이 로마 교회를 강타할 허리케인이 될 줄 누가 알았으랴!

프라하의 동쪽 비트코프 언덕^{Vitkov Hill}에 자리한 체코 국립기념관 앞에는 세계 최대급 청동기마상이 세워져 있다. 이 거대한 동상의 주인공은 체코의 영웅, 외눈박이 얀 지슈카 사령관이다. 그는 후스파 전쟁에서 결정적인 전투, 곧 1420년 비트코프 전투에서의 승리와 대규모 교황군과의 수차례 전투에서 단 한 번도 패하지 않은 그를 기념하기 위해 제작되었다. 보헤미아인의 정서는 그들의 음악에서도 뚜렷이 드러난다. 체코인들이 가장 존경하는 베드르지흐 스메타나^{Bedřich Smetana, 1824-1884}는 1848년 오스트리아 2월 혁명의 여파로 프라하에서 민중봉기가 일어나자 혁명에 가담했다. 그러나 실패로 끝나자 그는 스웨덴으로 건너가 음악활동을 이어 갔다. 이후 체코 민족주의 운동이 다시 고조되자 귀국한 스메타나는 지휘자이자 작곡가, 음악평론가로 활동하며 민족 예술의 중심에 섰다. 그의 대표작 「나의 조국」^{Má Vlast}은 여섯 개의 독립된 연작 교향시로, 제5곡 「타보르」^{Tábor}에서는 후스파의 항전을, 제6곡 「블라니크」^{Blaník}에서는 후스파 전사들이 전설적인 블라니크 산에서 승리를 거두는 장면으로 대미를 장식한다.

한편, 젊은 시절 비올라를 연주하기도 했던 안토닌 드보르자크^{Antonín Dvořák, 1841-1904}역시 체코의 민족적 정서를 음악으로 승화시켰다. 그는 「빌라 호라의 후예들」^{The Heirs of the White Mountain, 1873}과 「후스파 서곡」^{Hussite Overture, Op.67, B. 132, 1883}을 통해 30년 종교전쟁이 남긴 상흔과 오스트리아의 지배를 받던 민족의 아픔을 위로하고 보헤미아인의 민족성을 고취시켰다.

콘스탄츠 후스박물관(Hus-Haus)

슈네츠토어 성문을 따라 이어지는 후센슈트라세(Hussenstraße, 후스 거리)를 따라 몇 걸음 옮기면 왼쪽에 돌출 간판Blade Sign이 눈에 띈다. 바로 1923년 체코 정부가 매입해 개관한 후스박물관이다. 콘스탄츠시는 이곳을 〈얀 후스가 콘스탄츠에 도착한 후 체포되기 전, 몇 주간 머물렀던 장소로 알려져 있다〉고 소개하고 있다. 현재의 후스박물관은 2014년에 재구성한 약 160㎡ 규모의 공간으로, 고풍스러운 목조 천장 아래 여섯 개의 방으로 구성되어 있다. 전시공간은 얀 후스의 생애, 즉 프라하 카를 대학교수 시절 베들레헴 교회에서의 설교, 교회개혁에 대한 사상의 발전, 콘스탄츠 종교회의에서의 체포와 재판 등이 연대기순으로 정리되어 있어서 그 흐름을 따라 살펴볼 수 있다. 특히 "Courage to think, courage to believe, courage to die"(생각할 용기, 믿을 용기, 죽을 용기)를 상징적으로 표현한 '후스 스톤'Hus stone이라 불리는 받침대Exhibition stand 형식이 매우 인상 깊다. 하나님의 교회를 사랑하였으나 그 교회에 의해 죽임을 당한 보헤미아의 얀 후스에게서 구약의 선지자들이 오버랩된다. Hussenstraße 64, 78462 Konstanz, Germany

독일 콘스탄츠 이전의 도시 성벽의 한 부분인 슈네츠토어(Schnetztor) 곧 콘스탄츠 성문탑을 들어서면 왼쪽으로 후스박물관이 있는 '후스 거리'로 이어진다.

제2장 종교개혁의 여명

1. 로렌초 발라 – 콘스탄티누스의 증여

바젤 종교회의(1431-1449)는 교회의 최고 권위가 교황에게 있는가, 아니면 공의회, 곧 종교회의 전체에 있는가를 둘러싼 '수위권 논쟁'에서 비롯되었다. 종교회의는 "교황도 종교회의의 결정에 복종해야 한다"고 주장하며 '공의회 우위'를 내세웠으나, 교황 에우게니우스 4세^{Eugenius IV, r. 1431-1447}는 이에 반발해 바젤 회의를 해산하라고 명령했지만 종교회의는 이를 거부하고 회의를 지속했다. 결국 1439년, 교황은 코시모 메디치^{Cosimo de' Medici}의 지원 아래 피렌체에서 새로운 종교회의를 열었다. 이 회의에서는 동방교회와 아르메니아 사도교회가 교황의 수위권을 인정하며 교회 일치를 선언했다. 그러나 이 합의는 곧 철회되었다.

이처럼 논쟁적인 교황의 수위권을 정당화하는 근거로 오랫동안 인용되었던 「콘스탄티누스의 증여」^{Donatio Constantini}는 4세기의 문서로 알려졌으나, 로렌초 발라^{Lorenzo Valla, 1407-1457}에 의해 8세기 라틴어로 작성된 위조문서임이 밝혀졌다. 황제 콘스탄티누스 1세가 로마 주교 실베스터 1세에게 수여해 준 것으로 알려진 이 문서는, 330년 5월 11일 황제가 제국의 수도를 콘스탄티노플로 옮기면서 로마 교회에 남겨 준 '기증'으로 포장되었다. 이후 로마 주교들은 세속 군주들과 권위를 다툴 때마다 「콘스탄티누스의 증여」를 내세워 교황권의 정당성을 주장하는 핵심 논거로 사용했다. 그럼에도 로렌초 발라 이전에는 그 진위를 의심한 이가 아무도 없었다.

단테는 『신곡』^{Divina Commedia}의 「지옥편」에서 이렇게 외친다. "아, 콘스탄티누스여! 얼마나 큰 악의 근원을 네 회심이 가져왔던가!" 그는 교황권이 세속 권력을 탐하게 된 원인을 그 위조문서의 허구적 유산에서 보았다.

1440년 교황주의자들에게 야박한 운명의 장난은 인문학자 로렌초 발라Lorenzo Valla, 1407-1457로부터 시작되었다. 여느 르네상스 군주들처럼 예술과 학문을 후원한 아라곤과 시칠리아의 왕 알폰소의 궁정에서 활동한 그는 언어학적 분석에 탁월했다. 그런데 히에로니무스가 번역한 라틴어 불가타 성경에 수많은 오류가 존재한다는 사실에 깊은 충격을 받았다. 이에 『신약성경 주석』Annotationes in Novum Testamentum을 집필하며 불가타와 원문을 비교·분석하고, 오역과 신학적 왜곡을 바로잡고자 했으나 교회의 보수적 전통과 충돌할 위험이 컸기에 그의 저서는 생전에 출간되지 못했다.

나폴리 왕국의 주도권을 둘러싼 세속 군주들의 쟁탈전이 한창이었다. 그 와중에 교황 에우게니우스 4세는 나폴리가 교황령에 속한다고 주장하며 알폰소 왕의 심기를 거듭 뒤틀리게 했다. 긴장된 정세 속에서 완곡어법(婉曲語法)을 모르는 발라는 알폰소 왕에게 꽤 쓸만한 펜과 입이 되어 주었다. 그의 탁월한 라틴어 실력은 단지 불가타 성경의 오류를 지적하는 데 그치지 않고 교황청Curia Romana의 권위를 지탱해 온 문서들의 비밀을 꿰뚫어 보았다. 발라는 그 결과를 체계적으로 정리해 『콘스탄티누스의 증여의 위조에 관한 논고』De falso credita et ementita Constantini donatione declamatio, 1440를 저술하여, 교황권의 신성한 근거를 무너뜨리는 불온한 진실을 세상에 던졌다.

"설령 「콘스탄티누스의 증여」가 사실이라고 하여도 그것은 무효이다. 콘스탄티누스는 그럴 권한을 갖지 못했기 때문이다. 그리고 사정이야 어떻든 교황청의 범죄들이 그것을 무효로 만들었다. 만일 이 문서가 위조라면 교황들의 세속적인 권리는 천년된 왕위 찬탈일뿐이다. 그리고 이러한 세속권력으로부터 교회의 부패가 나타났고 이탈리아 전쟁으로 나타났으며, 위압적이고 야만적이고 폭군적인 사제 지배가 나타났다."

로렌초 발라는 거기에서 멈추지 않았다. 로마 시민들에게는 궐기해서 교황주의를 전복시키라고 호소하고, 유럽의 군주들에게는 교황의 모든 영지를 빼앗자고 제안하였다. 그리고 발라는 계속해서 아레오파고스의 재판관인 디오니시우스의 것으로 추정되는 작품들도 진짜가 아니라고 폭로하였다. 그러자 교황 에우게니우스 4세는 펄쩍펄쩍 뛰면서 발라가 앞에 서 있다면 당장에라도 목을 비틀 태세였다. 교황은 즉각 교황주의를 비판했다는 이유로 발라에게 나폴리 종교재판관에게 출두하라는 명령을 내렸다. 그러나 알폰소 왕이 재판관에게 그에게 손대지 말라고 엄중히 명령함으로써 감히 천하의 교황이라도 더는 발라를 어찌해 볼 수 없었다. 더구나 콘클라베[10]에서 새 교황으로 선출된(1447) 니콜라스 5세는 학구열이 높은 교황답게 바티칸 도서관을 건립하고 발라를 서기관으로 발탁하여 헬라 역사서들을 라틴어로 번역하게 하는 등, 그의 짧은 8년의 재위 기간에 인문주의를 크게 성장시켜 놓았다. 그 덕분에 인문주의 학자 로렌초 발라는 아크 바실리카Lateran Archbasilica라고 불리는 요한 라테란 대성당의 참사회, 곧 324년 콘스탄티누스 1세가 세운 산조반니 인 라테라노San Giovanni in Laterano, St. John Lateran 참사회원으로 명예롭게 살다가 갔다(1457).

「콘스탄티누스의 증여」가 한 인문주의 학자에 의하여 위조문서라는 사실이 만천하에 밝혀졌다. 하지만 '하나님의 대리자'들은 아랑곳하지 않고 기독교 제국의 고속도로를 거침없이 질주하였다. 16세기에 이르러서야 부랴부랴 부실한 바퀴 두어 개를 반종교개혁으로 땜질하고, 그것을 위안 삼아 자신들이 고대하던 천국문에 다다를 때까지 달릴 셈이었다. 후대의 로마 가톨릭교회는 1870년 제1차 바티칸 종교회의를 소집하여 교황의 무류

---

10   콘클라베(Conclave): 교황을 선출하기 위해 추기경단이 외부와 격리되어 진행하는 선거 회의. 'cum clave'라는 라틴어에서 유래하였다.

성(無謬性)을 포함한 '교황수위권'을 교의로 채택하였다. 그리고 20세기에 개최된 제2차 바티칸 종교회의(1962-1965)에서도 이 사실을 재확인하였다. 이처럼 로마 가톨릭교회는 제2의 마르틴 루터가 다시는 발붙이지 못하도록 단단히 빗장을 걸어 잠그고 말하였다.

"교회 일치를 이뤄야 한다."

2. 금속활자 인쇄술

인문주의자들에게 날개를 달아준 것은 1450년 경에 마인츠 출신 요하네스 구텐베르크$^{Johannes\ Gutenberg}$가 발명한 활자 인쇄술이었다. 경이로운 이 발명은 더 많이, 더 빠르게 저술들을 찍어냈다. 훗날 그의 인쇄술의 발명은 일반 백성들에게 종교개혁사상과 지식을 전달하는 데도 중대한 역할을 하게 된다. 요하네스 프로벤$^{Johannes\ Froben}$, 요하네스 암머바흐$^{Johannes\ Amerbach}$ 알두스 마누티우스$^{Aldus\ Manutius}$를 비롯한 인문주의 인쇄업자들이 각종 고전, 교부의 저술, 특히 종교개혁사상을 담은 저술들 그리고 성경을 대량으로 인쇄하여 공급하였다. 베아투스 레나누스$^{Beatus\ Rhenanus}$는 츠빙글리에게 보낸 편지에서 "루터의 저술들이 인쇄되기가 무섭게 팔리고 있다"고 전하였다. 『순교자 열전』$^{Actes\ and\ Monuments}$의 잉글랜드 청교도 존 폭스는 이 놀라운 발명품 활자 인쇄술에 대하여 다음과 같이 언급한 것으로 알려졌다.

"인쇄술의 발명은 하나님의 지혜가 이룬 놀라운 업적이며 하나님의 은혜를 통한 인쇄술로 인하여 올바른 지식과 판단력의 빛이 훌륭한 양식 속에 자리 잡게 되며 암흑은 물러나고 무식은 폭로되며 오류로부터 진리가, 미신으로부터 참된 종교가 구별된다."

그의 금속활자 인쇄술에 힘입어 루터의 《95개조 논제》는 비텐베르크 성 교회문에 등장한 지 얼마 되지 않아 유럽 대륙에 보급되었고, 그의 신학을 담은 저술은 몇 달 이내에 유럽 전역으로 퍼질 수 있게 되었다.

> "15세기 말이 되기까지 2백 여개의 도시와 마을에 인쇄소가 있었다. 약 6백만 권의 책이 인쇄되었는데 3만 권의 절반이 종교와 관련된 서적이었다. 1460년과 1500년 사이에 인쇄된 책은 중세 시대 전체를 통틀어 필사자들과 수도사들이 만든 책보다 더 많았다."[11]

3. 동로마 제국 멸망

330년 콘스탄티누스 1세는 고대 그리스의 비잔티움을 새로운 로마$^{Nova\ Roma}$로 선포하고 수도를 옮겼다. 이 도시는 황제인 그를 기념하는 의미에서 콘스탄티노폴리스^{Constantinopolis}로 불렸다. 1453년 이슬람의 오스만 제국에 의해 함락되기까지 우리가 흔히 콘스탄티노플이라고 부르는 이 도시는 무려 1123년 동안 유럽 문명의 본산이었으며, 정교합일주의에 의하여 정치와 종교를 황제의 권위 아래 둔 천년 제국의 수도였다. 콘스탄티노플에는 콘스탄티누스 1세가 만든 성벽이 있었다. 그러나 점차 도시가 확장되면서 바깥쪽으로 성벽을 세우게 된 테오도시우스^{Theodosius} 성벽은 413년에 완공되었다. 이것은 동로마에 세워진 두 번째 방어벽으로 훈족, 아바르족^{Avars,} 러시아, 불가리아로부터 무려 20여 차례 대규모 공격이 있었지만, 테오도시우스 성벽은 난공불락이었다. 제4차 십자군이 비잔티움을 약탈한 경우를 제외하면 이교도에 의한 함락은 1453년이 처음이자 마지막이었다. 그 제

---

11 Steven Edgar Ozment, The Age of Reform, 1250–1550: An Intellectual and Religious History of Late Medieval and Reformation Europe. New Haven, CT: Yale University Press, 1980:1981.

국의 황혼은 콘스탄티노플 공성전에서 맞이하였다. 비잔티움 정복을 오랫동안 모색해 온 메흐메드 2세에 의해 콘스탄티노플 서쪽 방어선이었던 철옹성 '테오도시우스 성벽'이 뚫리고 동로마 제국은 비운의 종말을 맞았다.

6세기 유스티니아누스(r. 527-565) 황제 때 전성기를 누린 동로마, 곧 후대인들이 '비잔티움 제국'Byzantine Empire이라 부른 이 제국은 한때 세계 부(富)의 3분의 2를 가진 대제국이었다. 그러나 오스만 제국Ottoman Empire에 기용된 헝가리 출신 우르반Orban이 만든 초대형 대포 앞에서, 53일간의 공성전 끝에 수도 콘스탄티노플은 속수무책으로 함락되고 말았다. 제국의 패착은 내부 반란을 염려하여 군대를 양성하지 않은 데 있었다. 군인보다 사제가 더 많았던 제국이 언젠가는 맞이할 끔찍한 현실이었다.

1453년 5월 29일, 술탄 메흐메드 2세가 이끄는 오스만 제국군 10만 명이 성 안으로 밀려들며 대학살이 시작되었다. 콘스탄티노플은 순식간에 화염과 피의 도시로 변했고, 수만 명의 시민이 살해당하거나 노예로 팔려갔다. 그리고 콘스탄티노플의 찬란했던 동방교회의 심장부, 하기아 소피아Hagia Sophia 대성당은 이슬람의 사원으로 바뀌었다.

행방이 묘연했던 황제 콘스탄티누스 11세Constantinus XI는 무수히 쌓인 시신들 속에서 황금독수리 문장을 수놓은 군화를 신은 한 구의 시체로 발견되었다고 한다. 결국 천 년의 제국은 벌건 화염과 대학살의 아비규환 속에서 사라졌다. 동로마 제국은 395년 테오도시우스 1세가 사망한 후, 로마 제국이 동서로 분열되면서 시작되었다. 476년 서로마 제국이 오도아케르에 의해 붕괴된 이래로 천 년을 이어 온 동로마는 1453년 오스만 제국 메흐메드 2세에 의해 마지막 불꽃마저 꺼지고 말았다.

당대 사람들은 자칭 로마인이었다. 로물루스의 폐위(476)로 서로마가 멸망했다고 하지만 로마 제국은 한 명이 통치하느냐, 두 명이 통치하느냐의 차이가 있을 뿐이다. 종종 마지막 로마인이라고 불리는 유스티니아누스 황제(r. 527-565)에 의해 재정복되고 2백년이 지나서, 로마 교회가 샤를마뉴를 '로마인의 황제'로 추대한 것을 두고, 후대인들이 서로마를 '로마'라 부르고, 동로마를 '비잔티움'으로 구분해 불렀을 뿐, 그들은 로마인이었다.

 콘스탄티노플 서쪽을 따라 5.7킬로미터에 걸쳐 뻗어 있던 테오도시우스 성벽은 오늘날 튀르키예 이스탄불 외곽에 일부 남아, 한때 찬란했던 동로마 제국의 영광과 그 쇠망의 역사를 묵묵히 증언하고 있다.

4. 종교개혁의 트리거

 중세 후기는 아비뇽 교황청 시대(1309-1377), 잉글랜드와 프랑스 간의 백년 전쟁(1337-1453), 14세기 흑사병의 창궐, 서방교회 대분열(1378-1417) 등, 비관적이고 음울한 사건들로 점철되었다. 그러나 이 어둠의 시대를 지나면서 유럽은 새로운 지평을 향해 나아가기 시작했다. 1492년 10월 12일, 제노바 출신 콜럼버스Christopher Columbus가 스페인의 이사벨 여왕의 후원을 받아 대서양을 건너 아메리카 대륙에 도달하였다. 이어 1497년 7월 8일, 바스코 다 가마Vasco da Gama는 리스본을 출항하여 아프리카 대륙을 돌아 인도에 도착함으로써 유럽과 아시아를 잇는 해상 항로를 개척하였다. 1514년경에는 코페르니쿠스가 태양중심의 지동설(地動說)을 주장하였다. 당대 사람들은 지구가 자전하는 것이 아니라, 태양과 별들이 지구를 중심으로 회전한다는 천동설(天動說)의 우주관에 사로잡혀 있었다. 이와 같이 전통적인 세계관을 뒤엎는 세계사적 사건들과 함께 예술의 르네상스가 활짝 열렸다.

 거슬러 올라가 6세기의 유럽이 이교도적이고 야만적인 상태였다는 것을 감안하면 16세기 유럽은 기독교화되고 문명화된 신세계였다. 이런 가운데 터져 나온 종교개혁의 당위는 교회의 타락, 즉 교황제도의 타락, 수도원주의, 스콜라주의 퇴조, 신비주의 발흥, 고전문학의 부활, 구텐베르크의 금속활자 인쇄술, 콜럼버스의 신대륙 발견, 민족들의 독립, 개인의 자유에 대한 갈망 등에 있었다. 유럽의 종교개혁은 필수적이고 필연적인 당위였다. 로마 교회는 1517년 종교개혁이 포문을 열기 전까지 강고한 지상의 하늘 보좌와 같았다. 그러나 성경으로, 사도적 가르침으로 돌아가야 한다는 수많은 사람들의 오랜 날개짓은 16세기에 들어서자 비텐베르크의 마르틴 루터에 의하여 훨훨 날아올랐다. 중세의 로마 교회라는 중심 무대를 벗어나 새로운 세계의 문이 열린 것이다. 비록 루터가 자신의 행동이 어떤 결과를 낳게 될지 알지 못했으나 역사의 물줄기를 바꾸는 종교개혁의 트리거가 되었음에는 의심의 여지가 없다. 그러나 우리가 잊지 말아야 할 것은 한 방울의 물이 시내를 이루고, 시내가 강이 되어 마침내 바다에 이르듯, 역사의 매 순간마다 바른 신앙과 바른 교회를 갈망하며, 각 시대마다 무수히 많은 사람들이 바른 교회와 바른 신앙에 대한 열망으로 부르짖은 결과, 마침내 하나님의 선하신 뜻에 따라 한 무명인을 들어 바른 신앙의 길로 나아가도록 인도해 주셨다는 사실이다.

지롤라모 사보나롤라

르네상스 교황으로 불리는 난봉꾼 알렉산데르 6세를 좋아할 수 없었던 지롤라모 사보나롤라$^{Girolamo\ Savonarola}$는 스물세 살에 볼로냐 도미니크회 수도원에 입회했다. 초기 그의 설교는 신학적이고 교훈적이어서 관심을 끌지 못했다. 그러나 1486년 롬바르디아로 파견 받은 뒤, 그는 설교의 방향을 바꾸었다. 평신도보다는 성직자들, 시민들보다는 통치자들을 비판했다. 사람들의 부도덕함과 타락을 고발하고 최후의 심판을 예언하며 회개를 촉구하였다. 그의 설교는 당시 도덕적·영적 공허함에 시달리던 피렌체 시민들의 마음에 깊은 반향을 일으켰다. 사람들은 그의 설교에 열광했다. 사보나롤라가 롬바르디아에서 돌아와(c. 1490) 수도원 밖에 새로운 수도 공동체를 조직하자 그에게 배우려는 250여 명의 수도사가 몰려들었다. 그는 그곳을 찾아온 수도사들을 높은 도덕성으로 훈련시키고 그들의 지식 수준을 끌어올리는 데에 힘썼다. 그들은 진심으로 서로를 아끼면서 사보나롤라를 지지하고 도왔다.

한편, 사보나롤라의 설교에 감동한 도시는 한동안 개혁을 추구하는 것처럼 보였다. 그러나 인간의 본성은 동서고금을 막론하고 변하지 않는 법이었다. 프란체스코회 수도사들은 경쟁적으로 사보나롤라에 맞서고, 새 질서를 거부하는 반대자들은 사보나롤라의 꼬투리를 잡는데 혈안이 되었다. 반대자들은 사보나롤라파를 설교를 들으며 눈물을 흘린다하여 피아뇨니Piagnoni라 조롱했고, 이 울보들은 반대자들을 향해 아라비아티Arrabiati 즉 '미친 개'라 부르며 맞섰다. 타락한 교회와 부패한 정치를 비판한 지롤라모 사보나롤라는 성경적 가치에 기반해 도덕성을 강조하였으나, 피렌체 공화국의 경제가 위축되자 그에게 열광했던 시민들은 그를 비난하는 데에 열을 올렸다. 과연 그는 성경의 말씀으로 도시를 개혁하려던 정치가였는가? 아니면 부패한 교회와 타락한 사회를 향해 하나님의 심판을 경고한 예언자였는가? 그의 설교는 단순한 개혁의 외침이 아니라, 회개를 촉구하는 경고장이었다. 끝내 그는 교회로부터 파문을 당하고 이단으로 정죄되었다. 1498년 5월 23일 아침, 사보나롤라와 그를 따르던 두 명의 도미니크회Dominican Order 수도사는 구경꾼들이 몰려들어 소란스러운 시뇨리아 광장Piazza della Signoria의 교수대에 매달렸다. 광장 한켠에는 사보나롤라를 지지하는 피아뇨니 일부가 꿇어 엎드려 눈물로 기도하고 있었다. 시뻘건 불이 솟구치자 여기저기에서 외마디 비명소리가 들렸다.

출근길에 광장의 화형식을 지켜보며 혀를 끌끌차는 한 남자가 있었다. 그는 바로 니콜로 마키아벨리^{Niccolo Machiavelli}였다. 그는 다섯 개로 나뉘어 있는 이탈리아를 하나로 통일하기 위해서는 체사레 보르자^{Cesare Borgia}처럼 수단과 방법을 가리지 않는 냉혹함을 가진 군주가 필요하다고 주장하였다. 그는 평소에 자신이 자주 인용하는 '여우와 사자'의 특징을 전부 가진 인물로 체사레 보르자를 꼽았다. 교황 알렉산더 6세의 아들 중 온갖 악행을 저지른 망나니를 이상적인 모델로 삼은 마키아벨리에게 사보나롤라는 그저 말뿐인 허수아비 지도자에 지나지 않았다. 그는 자신의 『군주론』에서 사보나롤라를 비현실적인 이상주의자로 평가하였다.

"시민의 천성이 변덕스럽기 때문에 이들에게 어떠한 일을 설득하기는 쉬우나 설득된 상태를 유지하기는 어렵다. 그러므로 말로 해서 안 되면 힘으로 믿게 하는 방법을 강구해야 한다. 모세, 키루스, 테세우스, 로물루스 역시 힘을 갖고 있지 않았다면, 그들의 율법과 법을 오

바티칸 시국의 산피에트로(베드로) 대성당 광장입구. 미켈란젤로는 1563년 세상을 떠날 때까지 대성당 작업에 매달렸으며, 1593년 델리 포르타와 도메니코 폰타나에 의해 완공.(사진: 픽사베이)

랫동안 지켜낼 수 없었을 것이다." – 군주론 6장[12] –

한편 사보나롤라와 수도사들의 유해는 한줌의 재가 되어 아르노강$^{Fiume\ Arno}$에 뿌려졌고 피렌체는 옛 질서로 돌아갔다. 그로부터 30년 가까운 세월이 흐른 1527년, '로마의 약탈'이라 불린 혼란 속에서 공화파가 메디치 가문을 축출하고 실권을 장악하였다. "통치자는 수단과 방법을 가리지 않고 무력도 불사해야 한다"고 주장했던 마키아벨리와는 달리, 사보나롤라의 가르침을 따르던 이들은 비록 1530년 메디치 가문에게 다시 도시를 내어줄 운명이었으나, 종교적 이상에 기초한 피렌체 공화국$^{Republic\ of\ Florence}$을 세워 신앙과 정의의 도시를 꿈꾸었다.

칼 대신 붓을 든 산드로 보티첼리$^{Sandro\ Botticelli}$는 사보나롤라의 설교를 듣고 기독교인이 되었고, 미켈란젤로는 사보나롤라의 설교를 듣고 또 설교문을 열심히 읽었던 인물이었다. 그들이 붓으로 표현해 낸 세계가 수단과 목적을 가리지 않는 칼과 무력보다 월등히 강하였다. "하나님 당신만이 나의 피난처"$^{Solus\ igitur\ Deus\ refugium\ meum}$라고 고백했던 사보나롤라의 정신은 종교개혁자 마르틴 루터에게 좋은 모본이 되었다.

5. 르네상스 교황들

일반적으로 르네상스 교황은 니콜라우스 5세$^{Nicholas\ V}$에서 레오 10세에 이르는 10명의 교황들을 일컫는다. 이들은 교회의 재산과 영토를 사유화하였다. 또 교회의 중요한 직책을 족벌 체제화하고 성직매매를 공공연하게 하였다. 이와 같은 교황들은 교회의 지도자라기보다는 불의하고 타락한 세속 군주에 더 가까운 교황들이었다. 특히 알렉산데르 6세가 된 로드

---

12 니콜로 마키아벨리, 『군주론』 p. 262. 박상훈 옮김, 후마니타스.

리고 보르자$^{Rodrigo\ Borgia}$는 많은 첩들을 두고 문란한 생활을 하면서 여덟 명의 자녀들까지 둔, 세속 난봉꾼보다 더한 교황이었다. 또 한 명의 교황은 율리우스 2세다. 당대에 유포된 익명의 풍자 대화편 『율리우스의 천국 추방』은 호전적 교황이 천국문에서 거부당하는 모습을 묘사하여 교황권의 세속화를 신랄하게 비판하였다.

1492년, 로드리고 보르자는 추기경들에게 막대한 뇌물을 살포하여 알렉산데르 6세로 선출되었다. 권모술수로 악명 높았던 그를 두려워한 줄리아노 델라 로베레$^{Giuliano\ della\ Rovere}$는 프랑스로 피신하였다. 그러나 1503년 알렉산데르 6세가 사망하고, 뒤이어 즉위한 피우스 3세마저 단명하자 망명 중이던 줄리아노가 교황 율리우스 2세로 선출되었다. 그는 보르자 가문이 장악했던 교황령을 탈환하고 체사레 보르자를 산탄젤로 성에 구금하였다. 하지만 마키아벨리가 이상적 군주의 전형으로 묘사했던 체사레는 탈출에 성공해 나바르 왕국으로 망명하였다. 그럼에도 그의 야망은 끝내 좌절되었고, 1507년 비아나 전투에서 전사하고 말았다.

한편, 1506년 율리우스 2세$^{Julius\ II,\ 1503-1513}$는 야심차게 산피에트로 대성당 재건축을 시작했다. 이 재건 사업에 참여한 수많은 예술가들 중에, 그 유명한 미켈란젤로는 시스티나 성당의 천장화를 맡아 르네상스 미술의 절정을 그려냈으며, 훗날에는 산피에트로 대성당의 수석건축가로 임명되어 웅장한 돔의 설계를 주도하였다(1546). 율리우스 2세가 예술 애호가로 불리는 대신, 그의 후대가 치뤄야 할 대가는 너무 컸다. 사람들은 로마의 자존심, 로마의 심장을 되살리기 위하여 신앙심을 쥐어짰고 불의한 일도 마다하지 않았다. 실례로 알브레히트$^{Albrecht\ von\ Brandenburg}$ 마인츠 대주교가 면벌부를 팔아 헌금한 악취나는 돈까지 보태진 산피에트로 대성당은, 교황의 사도궁을 포함하여 1천 개가 넘는 방을 갖춘 역사적인 건축물로 탄생하게 된다.(1626년 11월 18일, 교황 우르바누스 8세는 산피에트로 대성당에서 성대한 봉헌식을 거행하게 된다.) 당시 교황청을 세속적 군주국가로 재편하려는 야심에 불타 전쟁을 일삼았던 율리우스 2세는 '전쟁하는 교황'이라는 별명으로 불렸다. 그는 1509년 프랑스와 독일과 함께 캉브레 동맹 League of Cambrai 을 맺고 아냐델로 전투 Battle of Agnadello 에서 베네치아군을 무찔렀다. 그러나 이탈리아에서 프랑스의 영향력이 커지는 것을 막기 위해 율리우스 2세는 입장을 바꾸어, 1511년 베네치아와 아라곤(스페인, 페르난도 2세)·잉글랜드(헨리 8세) 그리고 황제 막시밀리안 1세와 함께 '신성 동맹'을 맺고 프랑스 군대를 교황령에서 몰아냈다. 이를 계기로 아라곤이 이탈리아 반도에서의 영향력을 한층 강화하며 새로운 강대국으로 부상하였다.

이렇듯 예술분야를 부흥시킨 업적도 적지 않았던 율리우스 2세는 신앙보다 전쟁에 몰두하다가 세상을 떠났다(1513). 그로부터 세월이 흘러, 메디치 가문의 교황 클레멘스 7세는 율리우스의 야망을 이어 받은 듯, 신성로마제국의 패권 확장을 막기 위해 1527년 프랑스 등과 '코냑 동맹' League of Cognac 을 맺고 황제 카를 5세에 대항하였다. 그러나 결과는 참혹했다. 로마는 황제군에 무자비하게 약탈당하고 교황 자신은 산탄젤로 성으로 피신하여 '교회의 수호자'인 가톨릭 황제의 포로로 전락하는 수모를 겪었다.

6. 에라스무스 – 헬라어 신약성경

데시데리위스 에라스무스 Desiderius Erasmus, 1466-1536 는 걸어다니는 백과사전으로 일컬어질 정도로 박학다식(博學多識)한 인물이었다. 당대 최고의 인문주의 학자였던 그는 벨기에 어느 수도원에서 로렌초 발라의 『신약성경 주석』 Collatio Novi Testamenti 을 발견하였다. 그는 이 주석을 바탕으로 성경의 원문을 면밀히 검토한 결과, 1516년 헬라어 원문과 자신이 새롭게 번역한 라틴어를 함께 수록한 『헬라어 신약성경』 곧 '노붐 인스트루멘툼 옴네'^{Novum} $^{Instrumentum\ omne}$를 출간하였다. 그러나 이 성경은 기존의 불가타 성경과 다른 신학적 의미를 담고 있었다. 예컨대 마태복음 4장 17절을 불가타는 '회개하라'$^{poenitentiam\ agite}$로 번역했으나, 에라스무스는 '마음을 바꾸라'^{resipiscite}로 옮겼다. 중세의 신학적 권위에 균열을 낸 그의 번역본은 불가타[13]만이 권위 있는 성경이라고 믿었던 이들에게 큰 충격이었다.

그러나 에라스무스는 이 책으로 로마 교회에 해를 끼칠 의도가 전혀 없었다. 그는 다만 자신이 사랑한 교회가 회복되고 새롭게 거듭나길 바랐을 뿐이었다. 그런 마음으로 그는 교황 레오 10세에게 경의를 표하며 이 성경을 헌정하였고, 교황 또한 당대의 가장 존경받는 학자에게 감사의 뜻을 담은 서한으로 화답하였다. 그러나 레오 10세가 어찌 짐작이나 했으랴. 자신에게 헌정된 『헬라어 신약성경』이 머지않아 로마 교회의 심장을 강타할 트로이의 목마가 될 줄을.

이 위대한 학자 에라스무스는 16세기 종교개혁의 길을 내는 데에 자신의 학문적인 지식이 크게 기여하였음에도 불구하고 교회 역사가들로부터는 종교개혁의 아군으로 인정받지 못하였고, 로마 교회 안에 남아 있었지

---

13 코이네 헬라어로 번역된 『70인역』은 오늘날까지 동방정교회에서 사용되고 있다. 라틴어로 된 『불가타 성경』은 로마 가톨릭교회의 표준 성경으로 자리 잡았다. '불가타(Vulgate)'는 '백성의 언어'를 뜻하며, 성경을 일반인이 이해할 수 있게 하려는 목적을 담고 있다. 기독교가 로마 제국의 국교가 된 직후인 382년, 로마 주교 다마수스 1세(Damasus I)는 성서학자 히에로니무스를 불러 라틴어 복음서 개정을 맡겼다. 당시 라틴어 성경의 번역본이 존재했으나 번역자의 기준도 내용도 일관되지 않아 신학적 혼란을 야기하고 있었다. 384년 다마수스가 사망한 후 히에로니무스는 히브리어 구약과 헬라어 신약을 바탕으로 베들레헴에서 번역 작업을 계속하여 405년경 주요 작업을 마쳤다. 이 불가타는 중세 이후 로마 교회의 표준 성경이 되었다. 16세기 에라스무스가 『헬라어 신약성경』을 편집하면서 불가타 번역의 다름과 오류가 드러났고, 이는 성경 본문 비평과 종교개혁의 중요한 계기가 되었다. 다마수스는 문맹률이 높았던 시대적 현실 속에서도 모든 사람이 성경을 이해할 수 있어야 한다는 신념을 지녔고, 그의 이러한 신념과 노력이 후대에 자국어 성경 번역에 헌신했던 틴데일과 루터 등의 종교개혁자들에게 큰 영향을 끼쳤다.

만 그들로부터 그의 신앙을 의심 받을 여지가 있었다. 또 종교개혁자들로부터는 비협조적이고 이기적인 인물로 비춰질 여지가 더 많았다. 그러나 에라스무스가 생각하는 교회개혁의 방법과 방식이 달랐을 뿐, 그는 자신이 끝까지 몸담은 로마 교회라는 도화지에 펜으로 로마 교회의 자화상을 선연히 남겨 주었다.

잉글랜드를 두 차례 방문한 에라스무스는, 첫 번째 방문에서 토머스 모어 경의 자택에 머무르는 동안 불과 열흘 만에 로마 교회의 권력화된 실상을 풍자한 『우신예찬』*Moriae Encomium*을 탈고하여 모어 경에게 헌정하였다.

"… 예수 그리스도를 대리하는 교황들이 예수와 동일한 삶을 살아가고자 노력하였다면, 다시 말해 청빈과 고난과 가르침과 십자가와 생명의 희생을 닮고자 하였다면, 하다못해 교황 또는 사제라는 성스러운 호칭을 고민하였다면, 이는 누구보다 근심과 염려가 가득한 자리일 것입니다. 이럴진대 모든 수단을 동원하여 교황 자리를 사려는 자는 누구이며, 일단 사고 나서도 칼과 독약과 온갖 폭력으로 이를 보존하려는 자는 누구입니까? 만일 교황들이 직분에 대한 현명한 깨달음을 얻는다면 이들은 누리던 엄청난 행복을 잃고 걱정하게 될 것입니다. 내가 현명한 깨달음이라고 했습니까? 깨달음까지는 필요없고 다만 예수 그리스도가 말한 소금 알갱이 하나면 그들은 많던 재물, 많던 명예, 많던 권력, 많던 전리품, 많던 의식, 많던 면책, 많던 세금, 많던 면죄부, 많던 말과 당나귀와 호위병들, 많던 쾌락들을 잃게 될 것입니다. 이런 몇 단어들로 여러분은 내가 얼마나 많은 밀거래를, 얼마나 많은 장사를, 얼마나 많은 상품의 바다를 담아내고 싶었는지를 알기 바랍니다. 이런 것들이 사라지고 대신 철야와 금식과 눈물과 설교와 강론과 연구와 탄식 등 수천 가지 고행들이 교황들을 기다릴 것입니다. 여기서 잊고 넘어갈 수 없는 바, 수많은 서기들과 수많은 필경사들과 수많은 공증인들과 수많은 변호사들과 수많은 교구 검사들과 수많은 비서들과 수많은 노새꾼들과 수많은 마부들과 수많은 주방장들과 수많은 포주들, 좀 더 부드러운 단어를 선택하려고 하였는 바, 행여 귀에 거슬리지 않을까 걱정됩니다만, 통틀어 한마디로 한다면 인간 떼거지, 교황청의 관직을 더럽히는 – 아니 말실수 – 드날리는 군상들은 결국 굶주리게 될 것입니다. 하기야 이들을 생각한다면, 교회의 최고 수장들이 진정한 세상의 빛이 되어 지팡이와 봇짐을 멘 목자의 삶으로 되돌아간다는 것은 참으로 비인간적이며 몰인정하고 더 나아가 저주스러운 일입니다 …".[14]

인문주의자들은 페트라르카의 뒤를 이어 중세의 신학과 신학자들을 가차 없이 비판하였다. 그들의 눈에 비친 스콜라 학자들은 사소한 논쟁에만 몰두하는 존재였다. 특히 스코틀랜드 출신 프란체스코회 신학자 둔스 스코투스와 그의 추종자들을 둔스맨$^{Duns\ Man}$으로 불렀다. 후일에는 던스^{Dunce}라고 조롱했을 정도이다. 스콜라주의의 표어 가운데 하나인 '네 안에 있는 것을 행하라'(facere quod in se est)는 인간이 할 수 있는 최선의 노력을 강조한 표현이었다. 하지만 인문주의자들에게 그것은 "잠재력을 깨워 노력하면 원하는 것을 얻을 수 있다"는 세속의 격언처럼 들렸다. 성경은 구원이나 능력이 인간의 행위나 공로에 달린 것이 아니라, 오직 하나님의 은혜와 뜻 가운데 주어지는 선물임을 증언하고 있다.

---

14 에라스뮈스, 『우신예찬』(愚神禮讚) 김남우 옮김. p160-161 인용. 열린책들.

7. 면벌부(免罰符, Indulgentia)

로마 교회는 비텐베르크 신학교수 마르틴 루터가 면죄에 대한 명확한 교리적 해명을 요구한 것에 대응하여 1518년 11월 9일, 교황 레오 10세가 토마스 카예탄$^{Thomas\ Cajetano}$이 작성한 면죄 교서, 쿰 포스트쾀을 공포하였다. 이것은 "아무도 교회의 구속력 있는 교리에 대하여 모른다는 변명으로 발뺌할 수 없다"고 못박음으로써 루터를 이단으로 정죄할 근거를 마련하였다. 쿰 포스트쾀$^{Cum\ Postquam}$은 작센 선제후 현공(賢公) 프리드리히 3세로 하여금 카예탄 추기경에게 마르틴 루터가 제기한 논제에 대한 공개토론을 촉구하게 하였고, "루터가 이단으로 유죄 판결을 받을 때까지 루터를 추방하거나 결코 로마로 보내지 않을 것이다"라고 공언하는 계기가 되었다.

마르틴 루터는 구원에 대하여 '오직 믿음'(롬 1:17)으로 받는 은혜의 선물이라고 정의하였다. 반면에 로마 교회는 '인간의 선행과 공로에 의해 구원을 받는다' 하여 여러 장치들을 두었는데, 그중 하나가 고해성사였다. 교회는 그것으로부터 유래한 면벌부를 발부하여 죄를 사면해 주었다.

11세기 성결한 삶으로 존경과 사랑을 받았던 온건한 추기경 페트루스 다미아니$^{Petrus\ Damiani,\ 1007-1072}$는 밀라노 대주교에게 성직매매^{Simony}에 대한 처벌로써 100년 동안의 참회와 매년 현금상환을 지시했다고 전해질 정도로 엄격하게 교회개혁에 힘썼다. 그러나 중세 후기에 이르러서 '면벌부(免罰符, Indulgentia)는 면죄부로 변질되어 사회를 통제하기 위한 수단과 수입을 늘리는 수단으로 성직자들에 의해 악용되었다.

16세기 종교개혁을 생각하면 마르틴 루터와 면죄부가 떠오르고, '면죄부'를 생각하면 "동전이 바구니에 떨어져 동전 소리가 울리는 그 순간, 연옥에 있는 영혼이 천국으로 올라간다"고 했던 도미니크회 수도사 요하네스 테첼$^{Johannes\ Tetzel}$의 말이 떠오른다. 인간의 감성과 감정을 파고드는 그의 뛰어난 언변은, 만약 그가 이 시대에 태어났더라면 최고의 카피라이터가 되고 남을 정도였다. 그가 악기들의 화려한 연주 속에 마을로 입성할 때, 뒤따라 교황청^{Curia Romana}의 문양과 깃발들이 즐비한 행렬이 이어졌다. 요하네스 테첼은 마을 광장에 모여든 사람들 앞에서 공포스러운 지옥의 광경을 전율이 일도록 설교한 다음, 교회에 들어가 연옥에 대한 설교를 함으로써 죽은 친척, 가족들이 겪고 있는 고통을 생각하며 괴로워하게 만드는 재주가 능수능란하였다. 그는 말미에 환상적인 천국을 설교하는 것으로 마무리하였다. 테첼의 설교가 끝나면 모두가 기꺼이 죽은 혈육과 자신을 위해 천국행 입장권을 구입하였다. 역시나 막대한 돈을 주고 성직을 산 마인츠 대주교 알브레히트에게 최적화된 요하네스 테첼^{Johannes Tetzel}이었다.

성직임명권은 세속 군주에게는 매우 중요한 권력 기반이었다. 이러한 배경에서 군주가 자신의 측근이나 친인척들을 임명하고 무자격자를 고위성직자로 임명함에 따라 교회가 혼탁해지고 유력 귀족가문 간에 권력 투쟁이 벌어졌다. 특히 마인츠 대주교에게는 신성로마제국의 선제후 중 의제를 결정할 권한이 있었고, 황제도 마음대로 할 수 없었기 때문에 눈독을 들이는 귀족들이 많았다. 그 대표적인 예가 신성로마제국의 주요한 마인츠 대주교 자리를 놓고 교황과 알브레히트 사이에 벌어진 추악한 거래를 들 수 있다.

알브레히트 폰 브란덴부르크는 호엔촐레른^{Hohenzollern} 가문의 브란덴부르크 선제후 요아힘 1세의 동생이었다. 1514년 우리엘 폰 게밍겐이 사망하면서 마인츠 대주교 자리를 놓고 팔츠, 막시밀리안, 호엔촐레른 가문이 각자의 후보를 내세우며 치열하게 경쟁하였다. 알브레히트는 교회법상 겸직금지와 나이 제한 규정상 부적격이었다. 그는 이미 마그데부르크와 할버슈타트 대주교를 겸하고 있었고(1513) 적법한 나이도 아니었다. 그런데도 선제후 요아힘은 자신의 동생을 성직 선제후인 마인츠 대주교로 만들기 위하여 당시 공공연하게 이뤄지고 있는 성직매매를 통해 알브레히트를 신성로마제국 마인츠 대주교의 자리에 오르게 만들었다(1514). 이로써 신성로마제국 황제를 선출할 수 있는 7명의 선제후(選帝侯)에 브란덴부르크 호엔촐레른 가문이 2명의 선제후를 배출하게 되었다.

종교개혁 전야의 교황 레오 10세^{Leo X, 1513-1521}는 사냥과 오락을 즐기는 한량이었다. 정치에는 관심이 없었지만 메디치 가문의 아들답게 예술에 대한 열정은 타의추종을 불허하였다. 폐허가 된 로마를 예술로 부흥시키려던 전임 교황 율리우스 2세에 이어, 레오 10세는 전임보다 더욱 예술부흥에 힘썼다. 특히 레오 10세가 아꼈던 라파엘로는 인생의 많은 부분을 교황과 교황청을 위해 일하면서 교황 레오 10세의 초상화를 그린 유명한 화가였다. 그러나 메디치 가문의 둘째 아들 레오 10세는 교회 내부에서 터져

마인츠 대성당(Mainzer Dom) 앞 마르크트 광장(Marktplatz). 대성당의 거대한 규모는 지난날의 교회권력의 위세를 짐작하게 한다. '거인의 기둥'이라 불리는 돌기둥과 바로크와 르네상스 양식 건물이 늘어서 있는 광장에 금속활자 인쇄술 발명의 주인공 구텐베르크 동상과 구텐베르크 박물관이 있다.

나오는 목소리, 곧 에라스무스Erasmus, 1466-1536, 로이힐린J. Reuchlin, 1455-1522, 후텐Ulrich von Hutten, 1488-1523 등이 요구하는 교회개혁을 외면하고 교황권을 남용하였다. 그뿐 아니라 마인츠 대주교 알브레히트에게 면벌부를 발행하고 판매할 수 있도록 공인함으로써 16세기 종교개혁을 촉발시킨 장본인이다. 로마 교회는 베드로의 후계자요 그리스도의 지상 대리인이라고 자처한 교황에게 인간의 죄에 대한 벌을 사면할 수 있는 권한이 있다고 여겼다. 그래서 교황의 도장이 찍힌 라틴어 편지 한 장은 곧 죄를 용서받을 수 있는 사면장이 되었고, 면벌부는 남발되었다.

교황 레오 10세는 신성로마제국에서 가장 중요한 마인츠 대주교직을

「빛의 제국」(*Empire of Light*) 르네 마그리트(René Magritte), 1961년. 개인소장. 「빛의 제국」은 다양한 버전이 있는데 뉴욕 현대미술관과 브뤼셀 미술관 소장 작품을 참조해 보면 좋겠다. "내 작품에서 중요한 것은 보여지는 것보다 생각하게 하는 것이다."

돈으로 판 것도 모자라, 교황 자신에게 상납할 돈을 마련하기에 벅찼던 알브레히트에게 야코프 푸거 가문으로부터 대출을 받을 수 있도록 주선해 주고 면벌부를 팔 수 있는 권리까지 승인해 주었다. 알브레히트는 그렇게 대출 받은 돈으로 교황에게 뇌물을 상납하고 1514년 마인츠 대주교 자리를 꿰찼던 것이다. 이 거래는 교황 레오 10세의 손익계산에도 부합하였다. 전임 교황 율리우스 2세가 크게 벌려 놓은 산피에트로(베드로) 대성당 건축에 대한 막대한 비용도 마련할 수 있고, 자신의 사치스럽고 호화스러운 생활에도 필요한 거래였기 때문이다. 많은 채무를 진 알브레히트가 탁발수도회로 불리는 도미니크회 수도사 요하네스 테첼을 고용하여 면벌부 판매에 열을 올렸던 이유도 그중의 하나였다. 알브레히트는 면벌부를 팔아 얻은 수익의 절반을 산피에트로 대성당$^{Basilica\ of\ St.\ Peter}$ 건축에 헌납하고, 나머지 돈은 야코프 푸거 가문에서 빌린 대출금을 상환하는 데 사용하였다.

마르틴 루터는 성직매매, 면벌부와 같이 변질되어 교회를 부패시키는 관행적인 요소들에 대하여 개탄하며 교회의 면벌부 판매를 강력하게 비판하였다. 그는 1516년 설교에서 성유물 수집을 비판하였는데, 이는 알브레히트와 경쟁하며 성유물 수집에 열성적이던 작센 선제후의 심기를 건드리기도 하였다. 현공(賢公)으로 불린 작센 선제후 프리드리히 3세$^{Friedrich\ III\ von\ Sachsen}$에게는 자신의 보호 아래 있는 비텐베르크 신학교수 루터의 설교가 몹시 민망하고 언짢은 일이었다. 그 당시 별별 것이 다 성유물이었기 때문이다. 이와 같이 성경말씀으로부터 너무 멀리 탈선된 영적 소경의 시대, 이것이 16세기 종교개혁의 포문이 열리기 직전의 기독교세계였다.

"오 시대여! 학문은 번영하고 정신들은 깨어 있도다. 산다는 것은 분에 넘치는 일이로다." - 울리히 폰 후텐 -

제3장 16세기 종교개혁

A. 회복의 길
1. 종교개혁이란?

16세기 '종교개혁'은 이 용어를 사용하는 사람에 따라 넓은 의미에서는 루터파Lutherism 개혁파Reformed Church 재세례파Anabaptism 로마 가톨릭교회의 반종교개혁Counter Reformation을 포함하여 네 가지로 분류한다. 그러나 제한적인 의미에서는 프로테스탄트 종교개혁Protestant Reformation만을 함의하는 용어로서 주류 종교개혁으로 구분하는 경우 루터파와 개혁파를 일컬을 때 사용하게 된다. 우리는 16세기 교회개혁을 흔히 '종교개혁'이라고 말한다. 하지만 교회를 오염시킨 교회의 제도와 곁길로 빗나간 신학을 바로잡자는 개혁운동이므로 '교회개혁'이라는 표현이 더 올바른 표현이라고 할 수 있다. 또 16세기 종교개혁은 교회와 신앙생활에만 한정하지 않고 서양의 역사와 문명 전체와 깊이 관련되어 있었다. 영적 회복과 사도적 가르침에 의거한 교회 회복의 성격을 동시에 갖고 있는 것이다. 우리는 종종 로마 가톨릭교회를 모교회로, 개혁된 교회를 로마 교회로부터 분리되어 나온 것으로 오해한다. 하지만 개혁신앙은 초대교회 때부터 이미 있었던 신앙이다. 이 초대교회의 개혁신앙과 사도적 가르침으로 돌아가려는 움직임이 응집되어 종교개혁으로 분출되었을 뿐이다. 강고한 기독교세계, 로마 교회로부터 교회개혁을 부르짖은 종교개혁자들이 로마 교회를 박차고 나온 것이 아니라, 로마 교회가 바른 신앙, 바른 교회로의 회복을 요구하는 사람들을 교황제 제국에서 몰아냈다는 사실을 바르게 이해해야 한다.

한편으로는 '개신교'라는 표현에 대하여 올바른 이해가 요구된다. 성경과 사도적 가르침으로 개혁된 교회를 마치 새로운 교회, 즉 개신교라고 칭하는 것은 로마 교회의 이단아 쯤으로 여기는 표현이다. 이것은 개혁된 교회의 역사적 정통성을 부인하기 위하여, 종교개혁사상을 가진 사람들을 '새로운 어떤 것'으로 규정하고 폄훼하는 바가 내포되어 있는 표현이다. 그러나 권위를 오직 성경에 두고 삼위일체 하나님을 믿는 개혁된 교회는 로마 교회로 고착된 가톨릭이란 표현을 사용하지 않을 뿐, 동일한 의미의 보편교회로서 공교회(公敎會)이다. 즉 헬라어로 에클레시아 카톨리케(ἐκκλησία καθολική), 영어로는 유니버설 처치$^{Universal\ Church}$이다. 이러한 맥락에서 종교개혁사상과 개혁신앙은 교황제라는 교회정치 체제에 가려져 있었을 뿐, 인문주의자들이 '중세'라고 규정한 시대의 교황제 아래에서도 꿋꿋하게 계승되어 오다가 16세기가 시작되면서 '종교개혁'이라는 이름으로 들려 올려진 횃불이었다. 이 횃불은 어둠을 밝힐 뿐만 아니라 부정한 것을 불살라 버릴 횃불이었고, 《95개조 논제》$^{Die\ 95\ Thesen}$는 결과적으로 철옹성 콘스탄티노플 성벽을 뚫고 동로마(비잔티움) 제국을 멸망시킨 바실리카 대포(우르반 대포)와 같았다.

  마르틴 루터의 논제가 16세기 종교개혁의 트리거가 될 줄을 누가 알았으랴! 당사자도 전혀 예상하지 못한 일이었다. 학문적인 이 라틴어 논제들은 머잖아 유럽이 새로운 사회적·종교적·정치적 질서를 재편하는 데에 마중물이 될 것이었다. 근대의 문을 연 새로운 세계의 시작이었다.

  16세기 종교개혁에는 마르틴 루터와 여러 종교개혁자들을 돕는 세속권력과 세속 정부의 정치적인 힘이 뒷받침되었다. 만일 교회개혁에 세속 정치권력의 도움이 없었다면, 16세기 종교개혁은 해프닝으로 끝났을지도 모른다. 종교개혁자들의 열심만 가지고 할 수 있는 일도 아니었다. 당신의 백성들과 이 땅의 교회를 정결하게 구분하시고 보존하시는, 역사의 주관자 하나님의 열심이 없었다면 일어날 수 없는 일이었다.

2. 마르틴 루터 – 하나님의 손에 들린 횃불

1483년 11월 10일, 작은 광산촌 아이슬레벤에서 훗날 16세기 종교개혁의 횃불을 들어 올릴 마르틴 루터Martin Luther가 태어났다. 구리광산업으로 자수성가한 그의 부친은 아들이 고된 노동을 이어받지 않고 법률가로서 안정된 삶을 살기를 간절히 바랐다. 그러나 에르푸르트 대학에서 석사 과정을 마친 루터는, 벼락을 맞을 뻔한 사건을 계기로 곧바로 아우구스티누스 수도회에 입회하여 사절단으로(1510-1511) 로마를 방문했다. 이때 교회의 실상을 보고 큰 충격을 받았다. 심화되는 영적 고뇌 속에서 수도회는 그를 비텐베르크로 전임시켰고, 그는 1512년에 신학박사 학위 취득 후 성서학 교수로 임명되었다. 이 무렵 로마서 1장 17절을 통해 복음의 진리를 깊이 깨닫게 되었다. 마침내 1517년 10월 31일, 비텐베르크 성 교회문에 《95개조 논제》Die 95 Thesen를 게시했다. 이 라틴어로 된 문서는 누구나 쉽게 읽도록 만든 것이 아니라, 신학자들과 학문적 토론을 촉구한 신학적 테제였다. 당시 비텐베르크는 2천여 명 규모의 작센 내 작은 소도시에 불과했다. 주민들 다수는 독일어를 제대로 읽고 쓰지 못하였고, 사제들 중에도 문맹자가 적지 않았다. 그러한 도시에서 1502년 작센의 현공(賢公) 프리드리히 3세(r. 1486-1525)가 교황 알렉산데르 6세의 인가를 받아 비텐베르크 대학교를 설립하였다. 이 대학은 설립 초기에 두각을 나타내지 못했지만, 곧 루터와 멜란히톤을 중심으로 한 신학적 논쟁과 개혁운동의 본거지가 되면서 종교개혁의 중심지로 부상하게 된다.

1519년 라이프치히 논쟁은 마르틴 루터가 단순히 면벌부의 문제를 넘어, 교회의 권위 자체를 도전한 전환점이었다. 이 논쟁을 통해 루터는 종교회의(공의회)와 교황도 오류를 범할 수 있으며 오직 성경만이 신앙의 최종 권위임을 선언하였다. 1520년에는 종교개혁의 방향과 본질을 드러내는 세 편의 결정적인 저술을 연속 발표했다. 8월, 『독일 그리스도인 귀족에게』를 발표하여 교황권의 세속화와 부패를 비판하고 교회개혁을 위한 세속권력의 개입을 촉구했다. 이어 같은 해 10월, 『교회의 바벨론 포로』에서 성례론과 교황권을 비판하였다. 특히 면벌부가 교황의 전권plenitudo potestatis을 근거로 살아 있는 자들뿐 아니라, 이미 죽었거나 연옥에 있다고 여겨지는 이들의 죄까지 사면한다고 주장하는 것은 성경의 복음과 교회의 본질을 훼손하는 제도적 타락으로 규정했다. 이어서 11월에는 『그리스도인의 자유』On the Freedom of a Christian Man를 통해 인간이 율법이나 교회 규범, 선행이 아니라 오직 믿음으로 의롭게 됨으로써 그리스도인은 율법이나 교회의 강제에서 자유로워지고, 자신의 양심에 따라 하나님과 직접 관계를 맺는 자유를 누린다고 밝혔다. 그는 이와 같은 이신칭의와 그리스도인의 내적 자유 그리고 참된 신앙인은 자유인이며 동시에 모든 사람을 섬기는 종이라는 것을 강조하면서 교회의 가르침과 정면충돌하게 된다. 이 저술들은 《95개조 논제》와 더불어 1450년 경 발명된 요하네스 구텐베르크의 활자 인쇄술에 힘입어 유럽 전역으로 빠르게 퍼져 큰 반향을 일으켰다.

1521년 1월 3일, 교황 레오 10세는 루터를 파문Anathema하고 신성로마제국 황제가 소집한 보름스 의회에 출두하라고 명령하였다. 제국의회에 소환된 마르틴 루터는 교회개혁과 자신의 신학에 대한 입장을 결코 철회하지 않겠노라고 선언했다. 이에 따라 카를 5세는 그를 무법한 이단자라고 선언하였다. 그러나 작센의 현공 프리드리히 3세의 계략 덕분에 루터는 바르트부르크 성Wartburg Castle에 은신해 있으면서 독일어 신약성경을 번역하였다. 그 이듬해인 1525년 비텐베르크로 돌아온 루터는, 수녀 카타리나 폰 보라Katharina von Bora와 결혼하여 여섯 명의 자녀를 두었다. 그는 1546년 2월 18일 고향 아이슬레벤에서 눈을 감았다.

16세기 종교개혁의 정신은 '오직 성경'Sola Scriptura, '오직 은혜'Sola gratia, '오직 믿음'Sola fide, '오직 그리스도'Solus Christus, '오직 하나님께 영광'Soli Deo Gloria이었다. 1517년, 독일 비텐베르크의 마르틴 루터에 의해 시작된 종교개혁은 스위스 취리히를 중심으로 울리히 츠빙글리에 의해 진행되었다. 그 뒤를 따라 제네바에서는 1536년 프랑스에서 망명한 장 칼뱅에 의해 추진되었다. 그 외에도 수많은 종교개혁자들에 의해 독일·스위스·네덜란드·프랑스·잉글랜드·스코틀랜드 등지로 종교개혁사상이 확산되었다. '오직 성경'은 16세기 종교개혁의 구호요 핵심 주제였다.

16세기 종교개혁사에서 마르틴 루터, 울리히 츠빙글리, 장 칼뱅을 주류로 구분한다면, 재세례파Anabaptists, 신령파Spiritualists, 복음주의적 합리론자들은Evangelical Rationalists 비주류로 구분할 수 있다. 마르틴 루터의 교회개혁은 울리히 츠빙글리와 제네바의 장 칼뱅Jean Calvin, 1509-1564을 비롯한 다른 종교개혁자들의 활동에 비하여 훨씬 학문적이고 보수적이라고 할 수 있다.

종교개혁 초기에는 루터의 개혁사상이 유럽 전역으로 확산될 것 같았으나, '독일 농민전쟁'을 거치면서 루터의 교회개혁이 세속권력에 치우쳐 있다는 오해를 불러일으켰다. 결과적으로 세속권력의 비호와 '아우크스부르크 종교화의'의 보호 아래 있었던 루터파 신학은 몇몇 북유럽 국가를 제외하면, 독일 땅에 국한되었다. 반면에 오랫동안 법적 지위를 얻지 못했던 칼뱅주의적 종교개혁Calvinist Reformation은 유럽 대부분 지역과 신대륙에서 우세하게 된다.

마르틴 루터는 사후에, 필립 멜란히톤과 나란히 비텐베르크 성교회에 묻혔다. 이곳에는 루터의 절친한 친구 루카스 크라나흐의 손길이 곳곳에서 묻어난다. 로마 가톨릭교회에 비하면 다소 단순하고 간결하게 조각상과 그림들로 장식되었다. 초기 교회개혁이 가지고 있었던 한계를 보여 주는 요소가 있기는 하지만, 성상이나 화상의 미신적인 요소를 배제하고 성경 이야기를 풀어낸 것들이다. 설교단을 중심으로 세워진 조각상과 동상은 로마 교회의 성인들 대신, 당시 종교개혁자들의 조각상이 놓였다. 그렇게 비텐베르크는 마르틴 루터의 도시가 되었고, 그는 루터파 교회묘지에 묻혀 오가는 사람들의 관심과 존경을 받고 있다. 그와 달리 제네바의 칼뱅과 후대 종교개혁자들은 대부분 교회에 묻히는 것을 거절하였다. 특히 장 칼뱅은 죽음을 앞두고 자신을 눈에 띄지 않게 묻어 달라고 유언했다. 그의 유언은 동료들과 제자들에 의해 지켜졌고 제네바의 플랭팔레 공동묘지 한켠에 안장되었다. 비석 하나 없는 무덤은 철제 울타리만이 그의 흔적을 가리킨다. 교회사에 남긴 그의 위대한 공헌에 비해 소박하다 못해 초라하기까지 한 무덤은 '오직 예수 그리스도의 종'이라 여긴 칼뱅의 고백을 증언하는 것처럼 느껴진다.

「아우구스티누스회 수도사로서의 루터」 루카스 크라나흐의 동판화, 1520.

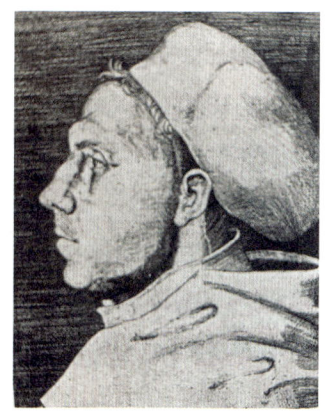

「박사모를 쓴 루터」 루카스 크라나흐의 동판화, 1521.

    그는 진정, 그분이 사랑한 요한이었다. "세상에 목사는 딱 한 분, 예수 그리스도이시다"(채영삼 교수)는 웨스트민스터 신앙고백의 정신이 깃든 이 말이 아주 명료해지는 순간이다. 인간은, 예수 그리스도보다 앞장 서기를 좋아하고, 인간을 그분보다 앞에 세우는 일에 열광하는 존재이다. 마르틴 루터가 등장하기까지 얼마나 많은 하나님의 사람들이 삶으로, 기도로, 교회의 회복Revival을 위하여, 바른 신앙을 지키기 위하여 분투했는가! 그런데도 우리는 주류 종교개혁자들에게 시선을 집중하고 시대마다 등장하는 영향력 있는 하나님의 스피커들에 대하여 과몰입하는 경향에서 벗어나지 못하고 있다. 구약, 신약성경 속 인물들, 즉 인류 역사에 등장하는 수많은 영웅들은 역사의 전면에서 하나님이 사용하신 인물들로써 우리에게 생명의 길을 가리키는 이정표였다. 동방교회와 서방교회가 성상·화상·성인 등과 같은 미신적인 오류에 빠진 것은 이정표에 더 집중했기 때문이다. 그러나 성경은 단 하나의 대상, 성부·성자·성령 곧 삼위일체이신 창조주만을 가리키고 있다. 그러므로 그리스도인이라면 오직 하나님만 집중해야 한다. 아울러 하나님의 선하신 뜻을 좇아 충성했던 분들에 대한 최고의 존경은, 우리 각자에게 주어진 삶을 성실하게 살아내는 데에 있다. 그것이야말로 믿음의 선진들을 올바르게 예우하는 태도이다. 존경을 넘어 자신들이 하나님보다 더 자주 인용되고 불리워지는 것에 대하여 옛 선진들은 끔찍하게 생

「로렌초 데 메디치의 초상」 브론치노, 1560, 우피치미술관. 코시모 데 메디치의 손자인 로렌초는 자신의 아들 조반니를 레오 10세로 만들고, 동생의 사생아를 아들처럼 키워 교황 클레멘스 7세로 만들었다. 미켈란젤로를 후원했던 인물이다.

「두 추기경과 함께 있는 교황 레오 10세」 라파엘로 산치오, 1518-1519년, 우피치미술관

각할 터이다. 그중에 예수님의 제자 베드로는, 자신의 의지와 상관없이 로마 교회의 초대 교황 자리에 앉혀져서 그의 적통 후계자를 자처하는 교회의 군주 교황들에 의하여, 세세토록 불려지게 되었으니 송구스러움에 손사래를 쳤을지도 모른다.

"사탄아, 내 뒤로 물러가라. 너는 나에게 걸림돌이다." - 마 16:23 -

예수님께서 이같이 베드로를 크게 책망하셨다. 그러한 베드로를 초대 교황으로 삼고 자신들을 하나님의 대리자로 결정한 교황주의들에게 합당한 말씀이 뒤따른다.

"너는 하나님의 일을 생각하지 않고 사람의 일만 생각하는구나." - 마 16:23 새번역 -

한편, 야코프 푸거Jakob Fugger 가문의 돈은 16세기 종교개혁의 불씨를 제공한 요소 중 하나였다. 르네상스 교황 레오 10세가 사망한 1521년이 되어서야 교회가 가진 심각성을 인식한 추기경들은, 카를 5세의 옛 스승이자 청렴한 신학자였던 63세의 하드리아누스 6세Hadrianus VI를 선출하였다. 그는 중세 이래 최초의 북유럽 출신 교황이자 절제된 생활과 도덕적인 개혁 성향을 가진 인물로 널리 알려져 있었다. 그러나 이와 같은 교황의 등장은 화려함과 향락에 익숙한 로마 시민들과 귀족들에게는 달갑지 않았다. 일부 추기경들은 앞으로 예상되는 신임 교황의 성직개혁을 피하여 로마를 떠나거나 비협조적인 태도를 취했다. 하드리아누스 6세는 메디치 가문의 레오 10세와 정반대의 인물로 르네상스 교황들과도 달랐다. 고전과 예술에 대한 관심이 전혀 없었다. 도리어 인문주의자들과 담을 쌓고 지냈다. 그는 로마 교황청에 만연해 있는 부패와 악습을 타파하기 위해 점진적인 개혁을 시도해 나갔다. 전임 교황들이 사랑했던 예술가들과 포도주의 달큰한 향기는 사라지고, 교황청이 수도원으로 전락했다는 푸념이 여기저기에서 들려왔다. 게다가 시간은 노회한 그에게 관대하지 않았다. 로마에 온 지 13개월 만에 그의 단호한 개혁의 열망은 찾아온 죽음과 함께 파묻히고 말았다.

1523년 가을, 그의 후임은 또다시 메디치 가문의 클레멘스 7세가 교황으로 선출되었다. 그는 레오 10세와 함께 어린 시절을 보낸 사촌동생으로, 가문의 전형적인 외교·예술중심 노선을 계승하였다. 그러나 그는 카를 5세와 프랑수아 1세 사이에서 외교적으로 줄타기를 하다가 '로마의 약탈'을 겪으며 교황권의 권위를 실추시키고, 루터파 제후들이 12년 넘게 요청한 종교회의 소집 약속을 끝내 이행하지 않고 사망하였다(1534). 그 이후로도 많은 성직자들과 귀족들 그리고 수도원들이 교회 갱신을 요구하는 목소리를 내고 행동하였지만, 그들에게는 강고한 교황제를 포기할 용기는 없었다. 대가 없는 양심을 따르기에는 포기할 수 없는 것들이 너무 많았기 때문이다. 그들에게는 안정된 삶, 직책, 성직록 등이 신앙보다 더 중요했던 것이다. 참된 그리스도인의 신앙 정체성은 성경의 가르침, 교회의 역사적 전통과 건실한 신학적 토대 위에 세워진다. 역사의 갈림길마다, 너무 많은 것을 가진 이들은 어느 길목에 주저앉아 결국 길을 포기했지만 어느 것 하나 보장되지 않은 길을 오직 말씀에 의지하여 걸어간 사람들이 있었다. 그들은 아브라함처럼 유목민의 길을 택했고, 전면에 나서기보다 드러나지 않은 자리에서 하나님의 무대를 채웠다. 그들의 발자취 덕분에 오늘날 우리의 신앙 정체성이 확인된다. 그러므로 우리 역시 바른 신앙을 다음 세대에게 유산으로 물려 주는 일을 게을리해서는 안 될 것이다

B. 과녁을 벗어난 운동

1. 독일 농민전쟁(Deutscher Bauernkrieg, 1524-1525)

마르틴 루터의 정치·경제·사회문제에 대한 보수적인 입장은 사회변혁을 꿈꾸는 급진적인 사람들의 불만을 고조시켰다. 특히 루터가 독일 '농민전쟁' 과정에서 보여 준 태도는, 보다 빠른 개혁을 바라는 이들과의 간극을 더욱 벌어지게 하였다. 1524년 여름, 독일 남부를 중심으로 시작된 농민들의 봉기는 1525년 북쪽 슈바벤Overschwaben과 보덴호Bodensee 인근에서 절정에 이르렀다. 농민 봉기는 농민들만이 아니라 점차 도시민, 하층 성직자, 일부 개혁적인 귀족들로 확대되었다.

"모든 그리스도인은 하나님 앞에서 자유로운 존재이며 모두가 만인제사장이다"라는 루터의 복음적 선언은 억압받던 농민들에게 해방의 메시지로 받아들여졌다. 이처럼 루터의 종교개혁사상이 촉발한 복음의 자유는 튀링겐을 시작으로 독일 전역의 농민들에게 강력한 동기부여가 되었다. 그들은 교회뿐 아니라 봉건 권력으로부터의 해방도 갈망하였다. 이로써 루터가 시작한 종교개혁은 그의 의도와는 달리, 사회개혁과 연결된 거대한 농민운동으로 확산되었다. 그러나 농민들의 봉기는 자유인의 삶을 얻기도 전에 봉건 제후들의 용병군에 의해 무참히 진압되고 학살되었다.

독일 농민들의 불만은 이미 15세기 중엽부터 꾸준히 제기되었다. 지역 봉건 영주들이 관례를 무시하고 토지소유권을 확대하고 개정함으로써 농민들의 생존이 위협받았다. 신성로마제국 황제 지기스문트Sigismund가 즉위하자 농민들은 황제의 자비를 기대했지만 어림도 없는 일이었다.

한 세기가 흘러 1523년 작센 선제후 현공(賢公) 프리드리히 3세가 마르틴 루터를 보호하며 종교개혁에 유연한 태도를 보이는 것 같았다. 하지만 그는 루터를 보호하는 일 외에 농민들의 삶에 대해서는 그다지 관심을 갖지 않았다. 1525년 초반까지 농민들은 봉건 제후들에게 《12개 조항》$^{Zwölf\ Artikel}$ 을 제시하고 사회개혁을 요구하였다.

1. 목사는 회중에 의하여 선택되어야 한다.
2. 곡물의 십일조는 정부에 낼 수 있지만 가축의 십일조제도는 폐지되어야 한다. 곡물의 십일조는 목사와 다른 공동체를 위하여 사용되어야 한다.
3. 복음 정신과 기독교인의 자유사상에 배치되는 농노제도는 폐지되어야 한다. "그리스도는 자신의 정결한 보혈을 흘려 높은 자나 낮은 자나 할 것 없이 모든 자들을 구원하셨다. 따라서 성경은 우리가 자유하며, 자유하여야 한다고 계속하여 언급하지만 성경이 말하는 자유는 권위를 무시하는 절대적 자유를 의미하지는 않는다. 육체적 욕심을 따라 무질서한 삶을 살지 말고 우리 주 하나님과 우리 이웃을 사랑해야 한다.
4. 농노는 그리스도에 의하여 구속된 자유인들이므로 더 이상 소유물처럼 취급되어서는 안 된다.
5. 귀족들이 약탈해 간 수렵권, 어획권, 벌목권을 농민들에게 되돌리도록 법이 개정되어야 한다.
6. 봉건제도 아래서 매겼던 과도한 세금제도는 폐지되어야 한다.
7. 봉건제도 아래서 농노에게 부과되었던 강제노역은 폐지되어야 한다. 정당하게 보수로 지불되어야 한다.
8. 과도한 소작료는 폐지되어야 한다.
9. 귀족들에 의한 새로운 법 제정을 반대하며, 공정한 법의 집행과 성문화된 독일의 법으로 환원되어야 한다.
10. 영주들이 돈을 지불하지 않고 소유한 모든 공유지는 영주와 농민이

공동으로 소유해야 한다.

11. 과부와 고아를 불의하게 억압하는 상속세와 사망세는 폐지되어야 한다.

12. 위의 요구 가운데 하나님의 말씀에 저촉되는 것은 무엇이든지 철회되어야 한다.

1525년 3월 슈바벤 농민들이 제시한 《12개 조항》$^{Zwölf\,Artikel}$은 독일 '농민전쟁'의 사상적 기반이자, 농민들의 사회적 요구를 체계적으로 문서화한 중요한 정치문서였다. 이 문서는 메밍겐^{Memmingen}시의 가죽공예 장인이자 토지 관리인 제바스티안 로처$^{Sebastian\,Lotzer}$가 초안을 작성하였다. 여기에 마르틴 교회 목사 크리스토프 샤펠러$^{Christoph\,Schappeler}$가 덧붙인 서문에는 〈모든 조항의 근거는 복음을 듣고 복음에 따라서 사는 데 있다〉와 같은 핵심적인 선언이 담겨 있었다. 농민들은 이 조항들이 마르틴 루터가 주장한 '만인제사장론'의 복음과 일치한다고 믿었으며, 루터의 개혁사상이 자신들의 삶을 개선해 줄 것이라는 기대를 품고 있었다. 예를 들어, 11번 조항에서 "농노가 사망하면 유족에게 부당하게 징수되는 세금을 폐지해 달라"고 요구한 것은 봉건 제후나 수도원에 예속된 농노들의 처지가 더 이상 인간다운 삶을 영위할 수 없는 지경에 이르렀다는 사실을 단적으로 보여 준다. 그들의 요구는 정치적 반란이 아니라, 가난과 예속의 악순환을 끊고 최소한의 인간다운 삶을 영위하고자 하는 절박한 호소였다.

당시 바이에른의 프랑코니아^{Franconia}에서는 일부 귀족들이 농민운동을 지지하였다. 그러나 시간이 흐르면서 농민운동은 폭력적인 양상으로 전개되었고, 오스트리아에서는 가이스마이어와 같은 과격한 혁명가들에 의해 다수의 귀족들이 화형에 처해지는 일이 벌어졌다. 알자스와 로레인에서는 지주의 허락없이 토지를 공동분배하는 등의 혼란도 발생하였다. 결국 그 해 봄, 무장한 농민들은 프랑켄하우젠에서 봉건 제후들의 군대에 의해 무참히 진압되었고 수많은 희생자를 낳았다. 토마스 뮌처는 "주님의 말씀은 영원히 남는다"라는 이사야 선지자의 말을 인용한(사 40:8) 구호를 앞세워 농민들을 이끌었지만, 끝내 체포되어 고문당하고 처형되었다.

2. 토마스 뮌처

토마스 뮌처Thomas Müntzer는 독일 튀링겐의 슈톨베르크Stolberg 출신으로 라이프치히, 프랑크푸르트, 비텐베르크 등 여러 대학에서 인문주의 교육을 받고 로마 교회에서 사제 서품을 받은 성직자였다. 그는 중세의 신비주의와 교부철학에 능통한 신학박사로서, 1519년 라이프치히 논쟁Leipziger Disputation에 참여하면서 루터의 개혁사상에 깊은 감명을 받았다. 뮌처는 한때 루터의 제자와 같은 위치에서 그의 추천으로 작센 동부의 츠비카우 목사로 부임하여 그곳에서 초기 교회개혁운동을 이끌었다. 그러나 그의 개혁사상은 점차 급진적 색채를 띠기 시작했다. 특히 재세례파적 경향성을 드러냈는데 신비주의적 영지주의와 개인의 계시 중심인 신령주의에 심취하면서 루터의 개혁사상을 거부하기 시작했다. 그는 유아세례를 거부하고 성인의 세례만을 인정, 전통 교회의 권위를 부정하였다. 결국 그는 루터와 결별하는 길로 성큼 나아갔다.

그에게 루터의 개혁은 봉건 제후와 타협하고 약자들을 억압하는 것으로 이해되었다. 또 '오직 성경' 원칙에 대해서도 "교회는 성령이 중심이 되어야 한다. 루터의 개혁은 성경 중심이므로 그의 개혁은 잘못"이라고 비판하였다. 그는 한발 더 나아가 1524년 〈독일 교회예식서〉Deutsches Kirchenamt를 만들어 사용하였다. 그는 이듬해 뮐하우젠에서 재세례파 공동체의 목사이자 농민회의 간부로 선출되었다. 그는 설교를 통해 하나님의 정의로운 시대를 앞당기기 위해서는 백성이 악한 통치자들로부터 해방된 신정정치를 수립해야 하며, 이를 위해서 종교와 사회 전반을 개혁해야 한다고 주장하였다. 토마스 뮌처의 신령주의에 경도된 설교는, 순진하다 못해 무지한 농민들을 선동하여, 무장도 제대로 하지 못한 상태에서 폭력적인 반란에 나서도록 부추겼다. "백성이 자유를 누리는 것이 하나님의 뜻"이라며, 봉건 제후에 대한 무력 저항을 정당화한 뮌처의 설교와 주장은 농민들을 방화와 약탈 등의 폭력적인 행동으로 치닫게 하였다.

당시 봉건 귀족들과 수도원이 행한 농민 착취는 극에 달하고 있었다. 농민들은 정기 토지세뿐 아니라 보호세·사망세·인두세(人頭稅) 등 각종 부과금에 시달렸으며, 일부 지역에서는 수확물의 대부분을 상납해야 했다. 더구나 귀족과 수도원들이 고리대금업까지 겸했기 때문에 농민들은 세습적으로 빈곤에 얽매어 살아야 했다. 이런 극심한 사회적 불평등과 구조적 빈곤을 말세적 징조로 해석한 토마스 뮌처에게 있어서 왜곡된 세상은 바꿔야 할 이유가 되었고 천지개벽의 시기였다. 종말이 오기 전에 참된 신자들을 하나님께 이끌어야 할 사명이 자신에게 주어졌다고 확신하였다.

1525년 4월 마르틴 루터는 영주들과 농민들을 화해시키려고 「슈바벤 농민들의 12개 조항에 대한 답변인 평화를 위한 권고」 *An Exhortation to Peace in Reply to the Twelve Articles of the Swabian* 에서 과도한 세금과 농민 수탈에 관해서 농민들의 요구가 정당하다고 변호하는 한편, 자신의 개혁사상의 주장이었음에도 목회자 선임권과 노예 해방에 대한 농민들의 요구를 거부함으로써, 만인이 제사장이라던 기존의 입장과 다른 태도를 취하였다. 역사의 흐름을 바꾼 종교개혁의 주역 루터였으나 그의 세계관은 중세적 한계에 갇혀 있는 모습을 보여 주었다. 5월이 되자, 농민들은 토마스 뮌처의 설교에 선동되어 더욱 폭력적으로 변했다. 극렬한 농민들이 일부 귀족을 잔인한 방법으로 살해한 사건으로 인하여 루터의 분노가 폭발하였다. 「강도와 살인을 저지르는 농민 폭도에 대항함」*Against Robbing and Murderous Peasants Bands*이라는 팸플릿을 통하여 농민들의 행위를 반란으로 규정하고 농민 봉기를 강력하게 진압해야 한다고 주장하였다. 이로써 무력으로 농민들을 진압하려고 벼르고 있던 봉건 제후들의 양심에 면죄부를 주었다. 마르틴 루터는 토마스 뮌처의 선동을 칼슈타트와 같은 맥락에서 이해했기 때문에 무장에 의한 개혁운동을 반대하였다. 그가 언제나 그랬듯이 급진적인 개혁을 원하는 사람들로 인해 교회개혁에 파열음이 생기는 것을 염려한 나머지, 자신과 다른 신학적 입장을 가진 사람들을 설득하기보다 그들에게서 야멸차게 등을 돌렸다.

1525년 당시 봉건 제후들은 루터가 농민 봉기를 폭력으로 규정하고 무력 진압을 허용한 것으로 받아들였다. 그리하여 농민들의 반란을 진압할 명분을 얻은 제후들이 행동에 나섰다. 마침 그 무렵, 카를 5세의 황제군은 파비아 전투에서 프랑수아 1세를 패퇴시킨 직후였으므로 일부 병력이 곧바로 '독일 농민전쟁'에 합류할 수 있었다. 이런 가운데 작센의 게오르그 Georg von Sachsen와 헤센의 필립이 마지막으로 농민들에게 기회를 주었다. 토마스 뮌처를 넘겨주면 목숨은 살려주겠다고 제안하였지만 격앙된 농민들은 제후들의 제안을 단호히 거부하였다.

그해 5월 11일, 뮌처가 이끄는 농민군은 인근 교구에서 봉기한 농민들과 합세하여 무력 투쟁에 나섰다. 하지만 싸움에 나선 농민군을 보라. 호미와 곡괭이로 농사를 짓던 농민 8천 명이라 한들, 제대로 싸워 본 적이 없는 그들의 상대는 헤센과 작센 그리고 브라운슈바이크-볼펜뷔텔 공국의 하인리히 5세 등, 노련한 제후들의 연합군이었다. 며칠 있으면 척박한 땅에도 보라색 감자꽃이 필 것이었다. 곧 평화를 찾으면 가족과 오붓한 일상을 되찾으리라는 기대를 가진 농민들, 그러나 프랑켄하우젠에서 벌어진 전투$^{\text{Battle of Frankenhausen}}$는 오래가지 않았다. 농민 6천여 명이 일순간 낫에 풀이 베이듯 나뒹굴었다.

대를 잇는 착취의 굴레에서 벗어나 자유인으로 살고자 했던 소작농민들과 무장 봉기에 참여했던 사람들은 자신들의 요구가 담긴 《12개 조항》이 작성될 당시 이와 같은 끔찍한 결말을 예상한 이는 아무도 없었다. 그들은 마르틴 루터의 종교개혁사상에서 희망을 발견했다. 권력자들은 그들을 가축과 같은 존재로, 노동하는 짐승쯤으로 여겼으나, 자신들은 진정한 자유인이요 선택된 백성이라는 새로운 이해가 있었기 때문이다. 이러한 농민들의 이해는 급진적인 지도자들의 이상주의와 버무려져 천년왕국이 도래할 것 같은 종말론적 열망으로 타올랐다. 그러나 기존 질서와 권위를 부정하는 토마스 뮌처의 선동에 휘둘린 농민들은 끝내 분별력을 잃었고, 그들 앞에 놓인 현실은 결코 자비롭지 않았다. 천년 동안 억눌려 있던 기독교세계에 비친 종교개혁사상은 그들에게 해방의 빛이었다. 그러나 세속권력과 교회권력이 행한 것은 성경의 공의와 정의와는 거리가 멀었다. 어쩌면 농민들의 과오는 '만인제사장'이라는 복음을 너무도 순수하게, 곧이곧대로 믿었다는 데 있었는지도 모른다.

토마스 뮌처는 교회의 전통적 권위와 봉건 제후들의 통치권, 그리고 당시 영지 중심으로 발전하던 세속적 질서를 모두 거부하였다. 그는 봉건적 질서 아래에서 인간의 자유가 훼손되고 있다고 믿었기 때문에 자신이 생각하는 이상적인 공동체를 꿈꿨다. 'Omnia sunt communia' 즉, '모든 것은 공동의 것이다'라는 슬로건을 내건 그의 개혁은 단순히 사회문제를 해결하려는 현실적 시도가 아니라, 중세를 지배하던 교회권력과 세속권력에 대한 근본적 개혁으로 이는 급진적인 그의 기독교 세계관에 근거한 행동이었다. 그는 튀링겐의 뮐하우젠을 거점으로 지역마다 뿌리내린 배타적 의식과 분열을 극복하고 하나의 공동체를 이루려고 했다. 하지만 이상보다 현실의 문제가 더 시급했던 농민들은 그의 신학과 사상을 제대로 이해하지 못했다. 이런 동상이몽 속에서 그는 급진적이고 비현실적인 혁명을 시도하였으나, 1525년 5월 프랑켄하우젠에서 농민군이 궤멸된 뒤 도주하다 붙잡혔다. 그의 천년 왕국의 꿈은 사형대 위에서 사라졌다. 분노한 제후들은 반란에 대한 본보기로 그의 시신을 사지 절단하여 머리와 몸통을 말뚝에 박아 전시하였다.

"모든 것은 공동의 것이 되어야 하며 각자의 필요에 따라 분배되어야 한다. 이것을 거부하는 왕자, 백작, 영주에 대해서 처음에는 경고를 하고 동일한 악행을 반복하면, 참수하거나 교수형에 처해야 한다." - 토마스 뮌처 -

토마스 뮌처의 설익은 꿈은 20세기 동유럽 공산주의자들이 계승하여 그것을 잘 익히기 위해 열심히 군불을 지폈다. 그를 인민의 영웅으로 추켜세우고 뮌처의 이름을 딴 도로들을 만들어 군불을 지폈으나 애꿎게도 인민들은 더욱 허기졌고, 그 어디에도 그들이 원하는 낙원을 만들 수는 없었다. 토마스 뮌처의 급진적인 개혁사상이 신비주의적인 요소와 하층계급에 뿌리를 두고 있다는 점에서 일부 신학자들은 그를 재세례파 창시자로 분류하기도 한다. 반면에 당시의 종교개혁자들은 토마스 뮌처에 대하여 신비적이고 영적인 것만을 중요시한 급진적인 이단이라고 간주하였다. 성령께서 역사하시는 교회, 초대교회 사도들의 가르침이 풍성했던 시대에 성도들이 누린 교제와 돌봄이 단회적인 기적에 불과한 것인가? 만일 초대 교회 공동체에 일어난 일이 단회적인 기적에 불과하다면, 오늘을 살아가는 우리에게는 더 이상 소망이 없다. 그러나 성령의 시대를 살고 있는 우리의 소망은, 하나님의 마음에 합한 사람들을 통해 일하고 계시는 하나님께 있다. 초대교회에 나타났던 그 은혜의 역사는 언제든지 부어질 하나님의 은혜라는 사실을 믿기 때문에 그분의 선하시고 기쁘신 뜻이 우리를 통해 오늘도 이뤄지고 있음을 믿고 고백한다. 안타깝게도 초대교회에 나타난 기적이 단회적이라고 말하는 이들이 있다. 만일 교회공동체에 성경적인 '**코이노니아**'(κοινωνία)가 다시 없다면, 그것은 우리의 불신앙과 무자비 때문일 것이다.

> "이미 있던 것이 훗날에 다시 있을 것이며, 이미 일어났던 일이 훗날에 다시 일어날 것이다. 이 세상에는 새 것이란 없다." - 전 1:9 -

종말이 2천년이나 유예되고 있는 것은 그분의 식언이 아니라 그분의 자비때문이다. 성령의 역사는 특정 시대에만 일어나는 신비한 사건이 아니다. 어느 때, 어느 곳에서든 하나님은 그분의 백성들을 통해 자비로운 은혜를 이루어 가신다. 그리고 이 은혜는 주님 다시 오시는 그날까지 계속될 것이다. 만일 우리가 초대교회가 행했던 일들을 우리의 삶 속에서 실천한다면, 인간 위에 인간이 군림하는 이 세상의 악행과 오류를 더디게 하거나, 멈추게 할 수 있을 것이다. 오늘날 현대의 기독교인들은 성경에 대한 지식은 많으나 정작 하나님을 아는 참된 지식에 대해서는 무지하다. 그리하여 믿음의 선진들이 그토록 갈망한 회복의 길과 하나님의 마음에 합한 길이 아닌, 옛 로마 교회가 행한 오류의 길로 미끌어져 가고 있다.

모(Meaux)의 마른강변의 '자크리의 난'에 대한 안내판.

14-15세기 유럽에서는 농민들의 봉기가 잇따라 발생하였다. 그 이유는 십자군 원정 이후, 영지가 해체될 위기에 직면한 봉건 영주들이 봉건제도를 더욱 강화하려 했기 때문이다. 이러한 조치로 농민들은 이전보다 훨씬 더 가혹한 상황으로 내몰렸고, 생존을 위한 저항에 나설 수밖에 없었다. 실례로 1323년에서 1328년에 걸쳐 네덜란드의 브뤼헤·이프르·카셀 등에서는 농민뿐 아니라, 노동자와 하층 도시민까지 합세해 봉기를 일으켰다. 이는 토지임대료를 새로 무겁게 부과한 것에 대한 반발이었다. 한편, 프랑스는 푸아티에 전투(1356)에서 장 2세^{Jean II le Bon}가 잉글랜드의 포로가 되면서 사실상 무정부 상태에 빠졌다. 왕권의 부재 속에서 농민들은 과중한 세금과 전쟁의 폐해에 시달렸다. 그들은 귀족과 관리의 저택을 습격하기 시작했다. 이른바 '자크리의 난'^{Jacquerie}이라 불린 이 반란은 프랑스 전역으로 번져나갔다. 1358년 6월, 파리의 부르주아 지도자 에티엔 마르셀^{Étienne Marcel}이 농민군과 연합하여 모^{Meaux}를 포위하였다. 이 도시는 당시 왕세자 샤를과 왕족들이 피신해 있던 곳으로 반란군의 표적이 되었다. 그러나 나바르의 샤를 2세와 가스통 드 푸아^{Gaston III de Foix}가 이끄는 귀족군이 모 시내를 불태우고 시민들을 학살하며 반란군을 무너뜨렸다. 모에서 패배한 농민군은 멜로^{Mello} 전투에서도 패함으로써 농민군의 기욤 칼레^{Guillaume Cale}는 클레르몽^{Clermont}에서 잔혹한 고문 끝에 처형되었다.

1381년, 잉글랜드에서는 과중한 인두세 부과에 반발하여 '와트 타일러의 난'^{Wat Tyler's Rebellion}이 일어났다. 농민과 도시 하층민이 연합한 이 대규모 봉기는 켄트와 에식스에서 시작되어 순식간에 런던까지 휩쓸며, 농노제 폐지, 인두세 철폐, 토지 임대료 인하 등을 요구하였다. 이에 소년 왕 리처드 2세가 그들의 요구를 들어주겠다고 했으나, 협상 중에 와트 타일러는 살해되었고 봉기는 곧 진압되었다. 왕은 모든 약속을 철회하였다.

    1524년 독일 남부와 중부에 걸쳐 일어난 농민들의 봉기로 약 10만 명 이상의 농민들이 제후연합군에 잔혹하게 죽임당하였고, 러시아를 비롯한 유라시아 대륙에서도 농민운동이 18세기까지 광범위하게 일어났다. 이러한 역사적 사실은 세속 군주들이 자신들의 왕권 강화에만 힘쓰고 교회가 교황권과 성직주의에 매몰되어 있는 동안, 농민과 하층민의 기본 생존권마저 위협받고 있었다는 것을 대변해 준다.

> "내가 진정으로 너희에게 말한다. 너희가 여기 내 형제자매 가운데 지극히 보잘 것 없는 사람 하나에게 한 것이 곧 내게 한 것이다." - 마 25:40 -

각 나라마다 반복되는 투쟁의 역사는, 부익부 빈익빈의 극대화로 사회문제가 심화되고 있는 오늘날 우리가 생각해 봐야 할 문제가 아닐 수 없다. '능력대로', '일한 만큼'과 같은 말은 결코 성경적이지 않다. 인간의 능력은 자신이 수고하고 노력해서 얻은 부분보다 태어날 때 이미 유전적·환경적으로 부여받은 토대 위에서 출발하기 때문이다. 성경은 평등을 말하지 않지만 토기장이 하나님의 주권적인 공평에 대해 증언하고 있다. 많은 것을 위임을 받았든, 적은 것을 위임을 받았든, 그분은 각자에게 합당한 책임을 요구하실 것이다. 그분을 믿고 성경의 가르침을 신뢰한다면, 그리스도인은 사회현상과 사회문제에 무관심할 수 없다. 그러므로 하나님의 형상을 따라 지음 받은 이웃의 문제와 아픔을 모른 척 외면해서는 안 된다. 하나님에게는 열손가락 깨물어서 안 아픈 자식이 없기 때문이다.

제4장 종교개혁 그리고 정치

1. 신성로마제국 카를 5세

신성로마제국 황제는 '금인칙서'Golden Bull, 1356-1806에 의하여 선출된다. 제국의 후계자 문제는 언제나 논란을 일으켰고 전쟁의 빌미가 되었다. 그래서 1356년 프라하의 카를 4세(룩셈부르크 가문)가 이러한 논란을 잠재우고 안정된 왕권과 제국의 평화를 위하여 성문화된 '금인칙서'를 반포했다. 이후 선제후(選帝侯)의 특권을 명시한 '금인칙서'에 따라 성직 선제후인 마인츠·트리어·쾰른, 그리고 세속 선제후인 보헤미아 왕국·작센 공작·팔츠 백작·브란덴부르크 변경백이 제국선거단에 속해 있었다. 이와 같이 총 일곱 명의 선제후가 신성로마제국 황제를 선출할 권리를 갖게 되었다.

합스부르크 가문의 막시밀리안 1세Maximilian I, 1459-1519는 3대에 걸친 정략결혼과 전쟁을 통해 자신의 가문을 유럽 최강의 가문으로 만들었다. 그는 경건한 로마 가톨릭 신앙의 소유자이면서도 교황의 수위권을 인정하지 않는 신성로마제국 황제였다. 1509년 막시밀리안 1세가 종교회의를 소집하자, 교황 율리우스 2세가 제5차 라테란 종교회의를 소집하여 '교황수위권'을 재확인하며 황제의 '공의회수위권'을 정죄하였다. 이와 같은 세속권력과 교회권력의 수위권에 대한 오랜 샅바 싸움은 머잖은 훗날 '로마의 약탈'에서 그의 손자 카를 5세에 의하여 교황의 수위권이 응징된다.

막시밀리안 황제의 손자 카를 5세는 1500년 네덜란드 중심 겐트Ghent에서 태어났다. 1504년 이사벨 여왕이 죽자, 왕위 계승권을 가진 이사벨의 둘째 딸 후아나와 펠리페 1세가 아라곤으로 떠나고 섭정 마르가레타가 어린 조카 카를 5세를 정성을 다해 길렀다. 성년이 된 카를 5세는 브뤼셀의 쿠덴베르크Coudenberg 궁전에서 고모 마르가레타로부터 부르고뉴 공작위를 인수받고 현재의 네덜란드-벨기에 통치자가 되었다(1515). 그로부터 4년 뒤, 통풍에 시달리던 막시밀리안 1세가 죽자(1519) 차기 신성로마제국 황제를 선출하기 위하여 선제후들이 프랑크푸르트 암마인으로 소집되었다. 1519년 1월 12일, 카를 5세가 조부 막시밀리안 1세의 뒤를 잇기 위하여 제국 선거에 입후보하였다. 그러자 카를 5세를 양육한 네덜란드 총독 마르가레타는 황제직이 프랑스로 넘어가지 않도록 가문과 조카를 위하여 발벗고 나섰다. 그녀는 푸거 가문으로부터 100만 굴덴이라는 거액을 대출 받아 선제후들에게 통큰 뇌물을 제공하였다. 이로써 1519년 6월 28일, 합스부르크 가문의 카를 5세가 신성로마제국황제로 선출되었다. 반면에 카를 5세와 사사건건 맞붙어 전쟁을 치루게 될 발루아 가문의 프랑수아 1세는 30만 굴덴을 뇌물로 사용하였다. 그의 작은 배포(?) 덕분에 신성로마제국 황제의 왕관은 카를 5세에게 돌아갔다.

전쟁과 혼맥을 통해 막강한 가문을 일군 막시밀리안 1세의 손자 카를 5세는 부친 펠리페 1세에게서 네덜란드를 물려받고, 외조부 페르난도^{Fernando} $^{de\ Aragón}$로부터 스페인과 신대륙까지 상속받았다. 거대한 제국의 영토를 물려받아 합스부르크 가문의 전성기를 구가하게 될 19세의 이 청년은 샤를마뉴 이후 최대의 영토를 소유한 중세 시대 마지막 신성로마제국의 황제요 근대 최초의 황제로서 역사의 전면에 등장하였다.

2. 보름스 제국의회(1521)

그러나 카를 5세 앞에는 광활한 영토만큼이나 산적한 문제와 현안들이 쌓여 있었다. 당시 논란의 핵심이었던 마르틴 루터의 문제를 해결해야 했다. 젊은 황제는 작센 선제후 현공(賢公) 프리드리히 3세$^{Friedrich\ III}$로부터 루터의 신변 안전에 대한 우려를 듣고 그에 대한 안전을 약속한 다음, 보름스 제국의회에 소환하였다. 선제후와 그의 친구들은 1415년 콘스탄츠 종교회의에서 군주의 배신을 겪었던 얀 후스의 선례(先例)를 들어 루터를 만류했다. 그러나 이미 결심을 굳힌 루터는 이러한 우려를 떨치고 4월 2일 비텐베르크를 출발했다. 그는 에르푸르트Erfurt, 고타Gotha, 아이제나흐Eisenach 도시를 지나, 4월 16일 하이델베르크 인근 도시 보름스에 도착하기까지 시민들로부터 뜨거운 환영과 지지를 받았다. 이는 당시 이탈리아 중심의 교황청 지배에 불만을 품은 독일인들에게 루터의 독일어 신약성경과 종교개혁은 민족적 자긍심 회복으로 받아들여졌음을 방증한다.

한편, 날이 밝으면 전개될 제국회의, 황제와 강고한 교회 권력자들 앞에서 자신의 신학적 입장을 밝혀야 하는 루터는 엄습하는 두려움에 자신도 모르게 파르르 몸이 떨렸다. 그는 벽을 향해 기도의 무릎을 꿇었다. 1521년 4월 17일, 역사적인 날이 밝았다. 갓 스물을 넘긴, 그러나 제국의 황제다운 풍모의 카를 5세가 남루한 행색의 루터를 흘깃 쳐다보았다. '저 자가 교황의 뒷목을 잡게 만들고 제국을 통치하기에도 바쁜 나를 이 자리까지 불러낸 자란 말인가?' 이내 황제의 눈길이 탁자 위에 쌓여 있는 책더미로 쏠리자, 황제 대리인으로 나선 요한 폰 데어 에켄Johann von der Ecken이 "이 모든 책들은 그대가 쓴 것인가? 그렇다면 그 오류들을 철회하겠는가?" 라틴어와 독일어로 물었다. 탁자 위에 놓여 있는 책은 《95개조 논제》와 1520년에 작성한 3대 논문 등, 총 25종이었다. 이에 루터가 "제가 쓴 책이 맞습니다"하고 자신의 입장을 정리할 시간을 좀 달라고 요청하였다. 회의장은 잠깐 술렁거렸지만 그의 요구대로 다음날 속개하기로 했다. 루터는 4월 18일 오후 4시경 소환되었으나, 황제의 일정으로 심문이 두 시간 지연되었다. 어둑해진 홀에는 햇불이 켜졌고, 결연한 표정의 루터가 황제 앞에 섰다. 폰 데어 에켄이 그에게 "그대는 저술을 철회할 것인가"하고 물었다.

"성경의 증거와 보통의 이성에 반하지 않는 한 저는 아무것도 철회하지 않을 것이며 철회할 수도 없습니다. 양심을 거스르는 것은 안전하지 않고 옳지 않기 때문입니다."

마르틴 루터는 자신을 죽일 수 있는 신성로마제국 황제와 교회의 권력자들을 두려워하기보다, 옳고 그름에 대하여 오직 하나님의 판단에 자신을 맡겼다. 황제가 루터의 변론을 잘 알아듣지 못하여 몸을 비스듬히 기울이며 옆에 있는 교황특사Legatus에게 물었다. "공의회가 틀렸다고 말하는 것인가?" 교회 수호자를 자임하는 황제 앞에서 일개 교수가 로마 교회와 정면으로 충돌하는 신학적 입장을 추호의 망설임없이 밝히는 것을 보고 황제는 내심 충격을 받았다. 신앙의 확신에 찬 수도사를 무엇으로도 설득할 수 없다는 것이 분명해졌다. 그런데 황제는 무슨 이유에서인지 루터에 대하여 즉각 조치를 취하지 않았다. 그러다가 대뜸 교황특사 제롬 알레안더Girolamo Aleandro에게 포고령 작성을 지시하였다. 이에 따라 제롬 알레안더가 〈루터에게 호의를 베푼 사람은 엄벌에 처할 것이며, 그의 모든 저서를 금지하고 제국에서 루터를 추방한다〉는 문서를 작성하였고, 이에 황제가 서명하자 독일 제국의회는 1521년 5월 26일 '보름스 칙령'을 공포하였다.

16세기 초, 유럽 하늘에는 두 개의 태양이 떠 있었다. 하나는 합스부르크 가문의 신성로마제국 황제 카를 5세였고, 다른 하나는 프랑스 발루아 가문의 프랑수아 1세였다. 특히 밀라노를 둘러싼 두 사람의 쟁탈전은 전략 요충지를 두고 벌어진 사생결단의 승부였다. 프랑수아 1세로서는 북부 이탈리아가 황제에게 넘어갈 경우, 이미 합스부르크 가문이 장악한 나폴리 왕국과 더불어 이탈리아 전역이 제국의 지배 아래 놓이는 것을 막을 방법이 없었기 때문에 프랑스로서는 결코 물러설 수 없었다.

1525년 2월 24일, 프랑수아 1세가 파비아 전투에서 참패하고 마드리드 성에 11개월간이나 억류되어 굴욕적인 조약을 강요받았다. 이에 놀란 교황 클레멘스 7세(r. 1523-1534)는 프랑스와의 동맹을 서둘러 파기하고, 황제의 나폴리 총독 샤를과 평화조약(1525)을 체결함으로써 위기를 모면했다. 밀라노와 나폴리, 플랑드르의 종주권과 부르고뉴에 대한 권리를 포기한다는 마드리드 조약Treaty of Madrid, 1526.1에 서명하고 어린 두 아들을 볼모로 잡힌 채 프랑스로 돌아온 프랑수아 1세는 '마드리드 조약'이 무효라고 주장하였다. 이어서 그는 1536년 합스부르크 가문에 대항하기 위해 무슬림인 술레이만 1세Suleiman I와 프랑스-오스만 동맹Alliance franco-ottomane을 맺었다. 이 사실이 알려지면서 기독교세계가 경악을 금치 못하였다. 이는 베오그라드에 이어 위대한 헝가리군마저 모하치 전투Battle of Mohács, 1526에서 술레이만 1세의 오스만 제국군에 패했기 때문에 더욱 그러하였다. 한편, 기독교세계의 유럽은 교회권력과 세속권력의 충돌 뿐만 아니라, 패권을 거머쥐기 위한 군주들의 치열한 경쟁이 가열되었다. 이러한 중세 후기의 상황 속에서 권력과 뗄래야 뗄 수 없는 메디치 가문과 푸거 가문의 막대한 돈이 권력의 향방을 좇아 움직였다. 15세기 이후 3백 년 가까이 서유럽의 권력 실세로 군림한 피렌체 공화국의 메디치 가문은 금융업으로 쌓은 부를 바탕으로 4명의 교황과 프랑스 왕비 두 명을 배출한 가문이다. 레오나르도 다빈치와 미켈란젤로 등 수많은 예술가를 후원하며 르네상스 시대를 여는 데 기여하였다. 반면에 야코프 푸거Jakob Fugger 가문은 16세기 중부 유럽의 권력 실세로, 면벌부 판매대금을 로마로 운송하고 고리대금업으로 부를 쌓았다. 또 합스부르크 가문의 막시밀리안 1세와의 정경유착을 통해 광산개발권을 독점하여 유럽의 금과 은의 최대 공급자가 되었다. 합스부르크 가문의 영토 확장과 전쟁 배후에 야코프 푸거 가문이 있었다고 해도 과언이 아니다.

3. 제5차 이탈리아 전쟁(1526-1530) - 로마의 약탈

교황 클레멘스 7세는 잠시, 신성로마제국 황제의 유럽이라는 사실을 망각하였다. 프랑수아 1세가 '마드리드 조약'에 사인한 잉크가 마르기도 전에 카를 5세를 견제하기 위해서 세력 규합에 나서 1526년 5월 22일, 교황청과 프랑스·잉글랜드·밀라노·베네치아와 반-합스부르크 진영이 프랑스 코냑에서 동맹을 체결하고 20대의 혈기왕성한 황제에 맞섰다. 사촌형 레오 10세 시절에 교황청 제2인자로서 외교와 정치실무에서 제법 성과를 보였던, 자신만만한 피렌체 공화국의 율리오 드 메디치 시절로 돌아간 것일까? 카를 5세는 교황 클레멘스 7세가 반-합스부르크 동맹을 맺었다는 소식에 머리끝까지 치솟은 분노를 억누르고 먼저 '농민전쟁'을 수습하였다.

그는 헝가리를 정령했던 술레이만 1세 군대가 퇴각하자 이탈리아 공격을 개시하였다. 1526년 9월, 카를 5세는 교황이 지난 3년간 저지른 비위들을 조목조목 제시하며 '교회의 수호자' 역할을 철회하고, 조부 막시밀리안 1세가 하사해 준 교황령으로 진격함으로써 세속 군주와 교회 군주 사이에 전례 없는 전쟁이 벌어졌다. 카를 5세는 로마 가톨릭교회를 수호할 각오가 되어 있는 철저한 가톨릭교도였지만 그는 자신에게 대항하는 교황을 도저히 용납할 수 없는 신성로마제국의 황제였던 것이다.

당시 스페인에 머물고 있던 카를 5세는 밀라노에 있던 샤를 3세 공작이 이끄는 스페인 군대와 황제의 란츠크네히트^{Landsknecht}를 동원하여 1527년 5월, 로마를 공격하게 하였다. 란츠크네히트는 막시밀리아 1세가 스위스 용병을 대항하기 위해 조직한 독일인 용병들로 게오르그 폰 프룬츠베르크$^{Georg\ von\ Frundsberg}$ 장군이 창설한 황제 근위대였다.

한편, 아직 파비아 전투의 충격에서 벗어나지 못한 프랑수아 1세와 합스부르크 세력이 확대되는 것을 막기 위해 뛰어든 잉글랜드가 역할분담이 되지 않아 난맥상을 보인 코냑 동맹(1526-1530)이 지리멸렬하면서 교황의 로마는 속수무책으로 황제군에 당할 수밖에 없었다.

한편 신성로마제국 황제편에서 싸운 프랑스인 샤를 3세 공작$^{\text{Charles III, Duke of Bourbon, 1490-1527}}$이 공성전을 치루다 죽고, 카를 5세로부터 용병지불금을 제대로 받지 못한 프룬츠베르크 장군 휘하의 독일 용병들이 로마를 약탈하였다. 여드레 동안 찬란한 도시 로마의 교회를 비롯한 건물들이 약탈당하고 르네상스 건축물과 예술품들이 무차별적으로 파괴되었고 수많은 사람들이 살해당하였다. 이런 상황에서 클레멘스 7세는 어떠한 조치도 취하지 않고 천사의 성이라고 하는 산탄젤로 성$^{\text{Castel Sant'Angelo}}$으로 도주하였다. 그는 그곳에서 7개월 여를 사실상 감금된 상태로 지내야 했다.

그해 성탄절이 다가오기 전, 하인으로 변장한 교황은 로마를 빠져나와 누추한 오르비에토 성^{Orvieto}으로 피신하였다. 결국 1528년 클레멘스 7세는 제국에 대한 모든 저항을 접고 카를 5세에게 굴복하였다. 해가 바뀌자 황제는 교황이 로마로 돌아가는 것을 허락하였다. 그러나 교황이 귀환해 마주한 로마는 가옥 80%가 빈집으로 버려진 폐허 도시였다. 황제군에 약탈당한 로마는 도시 기능을 상실했을 정도로 파괴되었다.

'로마의 약탈'로 기록된 이 사건은 '교회의 수호자' 황제에게 교황궁이 있는 로마가 짓밟히고 교황이 유폐당하는 굴욕적인 사건이었다. 이로써 교황수위권에 대하여 세속권력인 황제의 우위가 완전히 확립되었다. 황제 하인리히 4세가 겪었던 '카노사의 굴욕'이 교황 클레멘스 7세의 '로마의 굴욕'으로 앙갚음되었다. 이제 르네상스가 대단원의 막을 내렸다. 그 르네상스 끝자락에서 기독교제국의 교황 클레멘스 7세가 세속 통치자들 사이를 오가며 줄타기 외교를 하다 로마를 쑥대밭으로 만들어 버렸다. 그런 그의 곤궁한 처지를 애석하게 여기는 사람은 아무도 없었다.

나폴리 공성전(攻城戰. 1528)에서 패한 프랑수아 1세가 그제야 코냑 동맹에서 탈퇴하였다. 당시 튀르키예를 중심으로 강대국으로 팽창하고 있는 술레이만 1세의 군대가 합스부르크 가문의 목전에서 오스트리아 빈을 위협하고 있었다(1529). 파죽지세로 유럽을 위협하는 오스만 제국은 분열을 거듭하고 있는 서방 기독교세계를 뒤덮는 공포의 먹구름이었다. 종말이 금세 닥칠 것 같은 사회적 불안이 가중되는 상황에

「술탄 술레이만 1세의 초상」 티치아노. 1530년대. 빈 미술사박물관. 오스트리아

서 카를 5세와 프랑수아 1세의 대립을 끝내기 위해 프랑수아의 모친 루이즈 드 사부아와 카를의 고모 마르가레타가 막후 협상에 나섰다. 이에 따라 프랑수아는 이탈리아·네덜란드·아르투아·아라스·투르네에 대한 프랑스의 영유권 주장을 철회하고 이탈리아 내 프랑스 동맹국들의 처분도 카를에게 일임하였다. 나아가 그는 카를 5세의 과부 누이와의 결혼까지 수락하였다. 이에 카를 5세는 볼모로 잡고 있던 프랑수아 1세의 두 아들(훗날 요절한 장남과 앙리 2세)을 막대한 몸값을 받고 석방해 주었다(1530. 3). 귀부인들의 평화Paix des Dames로 일컬어지는 1529년 8월 3일의 '캉브레 조약'으로 두 사람의 싸움은 일단락되었다.

4. 제2차 슈파이어 제국의회(1529)

1529년 4월 19일, 독일 서남부 슈파이어에서 제2차 제국의회가 열렸다. 제국의회는 신성로마제국의 주요 의사결정 기구였다. 1526년 제1차 슈파이어 제국의회에서 루터파가 일시적으로 종교적 관용을 인정받았던 것과 달리, 이번 회의에서는 카를 5세가 동생 페르디난트 1세를 대리로 보내어

강경한 결정을 내렸다. 그는 로마 가톨릭교회만이 합법적이며, 가톨릭 신앙이 제국 내 유일한 신앙임을 천명하고 루터파에게 로마 교회로 복귀할 것을 명령하였다. 이와 같이 1526년의 결정을 뒤집은 일방적인 황제의 명령에 가톨릭 진영은 크게 환영하였으나 루터파는 즉각 반발했다. 이에 따라 루터파의 리더격인 헤센의 필립과 작센 선제후 확고부동한 요한을 비롯하여 브란덴부르크의 게오르그, 브라운슈바이크의 에른스트와 프란츠, 안할트 공작 볼프강이 '항의서'Protestation를 제출하기에 이르렀다. 카를 5세는 루터파 제후들의 집단적 저항에 내심 분노했지만 당장 이를

「개를 데리고 있는 카를 5세」 티치아노 베텔리오, 1533년, 마드리드 프라도미술관.

제압할 방법은 없었다. 오스만 제국의 술레이만 1세가 오스트리아 국경을 위협하며 빈을 공격할 태세였기 때문에 제국 내전보다는 오스만 제국과의 전쟁에 집중해야 했다. 스페인, 이탈리아, 부르고뉴 등, 유럽 대륙 곳곳에 흩어져 있는 광활한 신성로마제국을 통치하는 카를 5세는 당시 유럽을 압박하던 술레이만 1세Suleiman I와도 끊임없이 싸웠다. 오스만 제국은 지중해 연안에서 세력을 급격히 확대하며 합스부르크 가문의 영토와 기독교세계가 장악한 무역 질서를 크게 위협하고 있었다.

우리가 '프로테스탄트'Protestant라고 일컫는 용어는 제2차 슈파이어 제국의

회$^{\text{Reichstag zu Speyer}}$에서 카를 5세가 내린 결정에 대하여, 또 강압적인 조치에 대하여, 위에 언급된 루터파 제후 6명과 14개 도시들이 항의한 데서 유래했다. 이후 '항의하는 사람들'이란 용어가 개혁된 교회 전체를 통칭하는 말로 정의되었으나 1529년 4월 이전에는 '프로테스탄트'라는 용어를 사용하지 않았기 때문에 구분해서 이해할 필요가 있다.

'캉브레 조약'$^{\text{Peace of Cambrai}}$으로 프랑수아 1세에게 카운터 펀치를 날린 카를 5세는 1529년 9월 빈을 침공해 온 오스만 군대를 막아내고 늦은 가을, 황제대관식을 치르기 위해 처음 이탈리아 땅에 발을 디뎠다. 이듬해인 1530년 2월 24일, 이탈리아 볼로냐에서 카를 5세의 황제대관식이 열릴 예정이었기 때문이다. 이 대관식은 합스부르크 가문의 황제가 교황에게서 왕관을 받는 마지막 신성로마제국 황제의 대관식이었다. 카를의 대관식은 프랑수아 1세와 동맹을 맺고 황제의 권력을 견제하려다 굴욕만 당하고 혼쭐이 난, 교황 클레멘스 7세의 주재로 화려하고 장엄하게 거행되었다. 황제대관식을 계기로 카를 5세와 클레멘스 7세가 공식적으로 화해한 셈이었다. 이후로 합스부르크 가문의 황제들은 프랑크푸르트 대성당에서 독일 선제후들이 주관한 대관식을 치렀다. 막시밀리안 1세때부터 합스부르크 가문의 황제들은 실질적으로 '로마인의 황제'라기보다 '독일 황제'였다.

카를 5세는 동생 페르디난트 1세에게 제후들과 자유도시 대표들이 참여한 아우크스부르크 제국의회 소집을 명령하였다. 황제는 가톨릭[15]교회와 루터파 사이의 종교적 차이점을 논의하고 조율하여 제국 안에서의 교회 일치를 이룰 심산이었다. 한편, 합스부르크 가문과 발루아 가문의 경쟁은 카를 5세와 프랑수아 1세가 통치하는 내내 계속되었다.

---

15 우기가 가톨릭으로 표기하는 카톨릭(Catholicus)의 어원은 '보편적인', '공적으로 인정된'이라는 뜻의 라틴어 형용사로서 만민의 종교라는 의미가 담겨 있다.

5. 아우크스부르크 신앙고백서(Augsburg Confession, 1530)

루터파 대표 신학자 필립 멜란히톤Philip Melanchthon, 1497-1560은 1497년 독일 브레텐에서 태어났다. 아버지를 일찍 여의고 외가의 돌봄 속에서 자랐다. 본래 필립 슈바르체르트Philip Schwartzerdt였던 그에게 헬라식 멜란히톤이라는 이름을 지어 준 사람이 그 유명한 인문주의 학자 요하네스 로이힐린Johannes Reuchlin, 1455-1522이었다. 로이힐린의 여동생이 그의 외할머니였던 것이다. 그러한 주변 환경의 영향 덕분이었을까, 멜란히톤도 인문학자로서 뛰어난 능력을 발휘하였다. 루터와 달리 신학을 체계화하는 일에 탁월한 재능을 가진 그는 스무 살에 이미 비텐베르크 대학교수가 되었다. 그가 저술한 『신학 총론』Loci Communes, 1521은 유럽 곳곳에서 18세기까지 신학 교과서로 사용된 유명한 책이다. 이후 필립 멜란히톤은 세상을 떠날 때까지 루터파 좌장으로서 종교개혁이라는 격랑의 바다에서 회복된 교회를 위한 소임을 다하였다. 비록 순수-루터파로부터 난타를 당하기도 했지만 말이다.

루터파 신학을 집약한 《아우크스부르크 신앙고백서》는 멜란히톤이 라틴어와 독일어로 작성한 28개 조항의 문서이다. 이 신앙고백서는 하나님, 원죄, 이신칭의, 교회의 본질, 성경의 권위, 교회의 직분, 성찬과 세례, 성직자의 독신제도와 수도원 서약의 폐지 등, 루터의 복음주의 신학을 체계적으로 표현하였다. 그러나 교회 일치를 바라는 멜란히톤은 완곡한 표현으로 로마 가톨릭교회를 자극하지 않는 범위 내에서 서로의 공통점을 강조하고자 했다. 이에 따라 교황수위권, 성인숭배, 연옥설, 화체설, 만인제사장설 등, 논쟁이 격화될 주제들을 의도적으로 배제하였다. 이러한 멜란히톤의 유화적인 태도는 일부 루터파 제후들의 불만을 샀으나 작센 선제후 확고부동한(the Steadfast) 요한, 헤센의 필립, 브란덴부르크의 게오르그, 브라운슈바이크-뤼네부르크 공작 에른스트, 안할트-쾨텐 공작 볼프강 그리고 로이틀링겐Reutlingen의 시장과 시의회 등이 이 신앙고백서에 서명하고, 멜란히톤이 이끄는 루터파 대표단이 1530년 아우크스부르크 제국의회에 이 문서를 제출하였다. 《아우크스부르크 신앙고백서》는 프로테스탄트 진영의 신앙고백서들 중에 가장 먼저 발표된 문서로써 루터파의 신학적 입장을 공적으로 천명한 최초의 문서가 되었다.

성례론 차이로 루터파와 갈라선 스위스 개혁파 칸톤(취리히, 바젤, 베른 등)은 제국의회에 공식 사절단을 보내지 않았다. 대신 1530년 7월 8일 츠빙글리가 자신의 신앙고백서인 《피데이 라티오》Fidei ratio를 황제에게 별도로 제출하였다. 루터파의 신앙고백서에 서명하지 않은 독일 남부 개혁도시(스트라스부르·콘스탄츠·메밍겐·린다우)는 《4개 도시 신앙고백서》Confessio Tetrapolitana를 스트라스부르의 유명 정치인 야콥 슈투름이 대표로 제출하였다. 마르틴 부처와 볼프강 카피토가 개혁도시 대표들과 함께 작성한 이 신앙고백서는 비록 제국의회에서 낭독되지 않았지만 독일 영토 안에 있는 개혁된 교회의 신앙고백으로서, 루터파와 츠빙글리파 사이를 중재하려는 목적에서 작성된 중요한 문서로 평가된다.

1536년, 스위스 개혁파 신학자들이 바젤에 모여 작성한 《제1 스위스 신앙고백서》First Helvetic Confession와 1563년에 잉글랜드 교회가 작성한 《39개조 신앙고백서》, 1566년 하인리히 불링거가 작성한 《제2 스위스 신앙고백서》, 1618년 네덜란드 칼뱅파 목사였던 귀도 드 브레가 작성한 《벨직 신앙고백서》를 발표하고, 1646년 런던 웨스트민스터 총회에서 《웨스트민스터 신앙고백서》Westminster Confession를 발표하기에 이른다.

1530년 6월 25일, 공식적인 회의장이 아닌 황제의 접견실에서 작센 선제후 고문 크리스티안 바이어Christian Beyer가 2시간에 걸쳐 《아우크스부르크 신앙고백서》를 독일어로 낭독했다. 루터파 교리를 온건하게 정리한 이 신앙고백서를 황제를 비롯한 가톨릭 진영이 즉시 거부하였다. 이에 가톨릭 신학자 에크Johann Maier von Eck, 파베르Faber, 코클레우스Cochlaeus는 황제가 명령한대로 두달 만에 교황측 반박문을 작성하였다. 그리하여 제국의회는 《콘푸타티오》Confutatio Pontificia를 로마 가톨릭교회의 공적문서로 승인하고, 1521년 보름스에서 루터를 이단으로 정죄했던 결정을 다시금 확인하였다.

카를 5세가 루터파 제후들에게 최후통첩을 보냈다. 1531년 4월 15일까지 회답하지 않으면 무력으로 응징하겠다고 경고한 것이다. 이러한 조치로 종교적 갈등이 군사적 충돌로 비화될 조짐을 보였다. 대응에 나선 작센의 확고부동한 요한과 헤센의 필립 주도로 1531년 2월 27일, 루터파 도시들이 슈말칼덴 동맹을 맺고(안할트·마그데부르크·브레멘·포메른·아우크스부르크·하노버·함부르크·프랑크푸르트·켐프텐·뷔르템베르크·슈트라스부르크(현. 스트라스부르) 상호 군사원조를 약속하자, 카를 5세는 위협을 느끼고 한발 물러섰다. 당시 술레이만 대제가 빈까지 다시 진격해 오는 상황에서 제후들과 군사적 단결이 절실했던 황제는 루터파와의 정면충돌을 피하기 위해, 1532년 7월 23일 뉘른베르크 평화조약The Peace of Nuremberg을 체결했다.

1535년 튀니스(현. 튀니지) 원정에서 승리를 얻은 카를 5세가 나폴리에서 겨울을 나고 있었다. 그는 이탈리아 내에서의 프랑스의 영향력을 차단하기 위해 펠리페 2세에게 밀라노를 물려주려고 했다. 이에 격분한 프랑수아 1세가 술레이만 대제의 오스만 제국과 동맹을 맺고, 1536년 3월 사부아 공국을 침공해 토리노를 비롯하여 대부분 지역을 점령하였다. 이에 카를 5세가 즉각 응징에 나서 액상프로방스까지 진격하였으나 두 숙적이 맞붙은 합스부르크-발루아 가문의 제6차 이탈리아 전쟁은 교착 상태에 빠졌고, 결국 교황 파울루스 3세가 중재에 나섰다. 그 결과 프랑수아 1세는 밀라노에 대한 야심을 포기하고, 대신 사부아와 피에몬테 점령을 유지하는 선에서 '니스 평화조약'(1538)에 서명하였다. 하지만 두 숙적에게는 곧 깨질 평화였다. 프랑수아 1세가 오스만 제국과 동맹을 한층 강화하여(1542) 기독교세계를 다시 한 번 경악시켰다. 이같이 제7차 이탈리아 전쟁이 발발하자 카를 5세는 프랑스를 완전히 분쇄할 결심을 한듯, 헨리 8세와도 손을 잡고 맹렬한 기세로 프랑스 북부 수아송을 점령함으로써 프랑스-오스만 동맹Alliance franco-ottomane이 니스를 탈환했음에도 프랑수아 1세는 끝내 밀라노로 진격하지 못했다. 결국 1544년 프랑수아 1세는 카를 5세와 '크레피 조약'Treaty of Crépy을 맺고 네덜란드·아르투아 등에 대한 영유권 주장을 사실상 철회하는 정전에 합의하였다. 그가 그렇게 얻고자 했던 이탈리아에서 프랑스의 영향력은 노쇠해진 그의 육체만큼이나 급속히 약화되었다. 반면에 신성로마제국으로서는 다행스러운 일이었다. 루터파 제후들과의 내전이 임박한 상황에서 전선이 확대되는 것은 카를 5세에게 상당한 부담이었다. 이처럼 그는 '크레피 조약'을 바탕으로 장기화된 프랑스와의 이탈리아 전쟁을 종결하고, 슈말칼덴 전쟁에 자원을 집중할 수 있게 되었다.

한편, 루터파 제후들은 오스만 제국과의 전쟁을 위해 황제가 요청한 군비 지출안에 종종 반대표를 던졌다. 이것은 단순히 재정적 이유만이 아니었다. 일부 제후들은 오스만 군대가 중부 유럽으로 깊숙이 진격할수록 교황과 황제의 결속이 약화되어 교황의 영향력을 견제할 수 있으리라, 기대했기 때문이다. 이와 같이 루터파 제후들은 외적으로는 오스만의 위협을 정치적 지렛대로 활용하면서도 내부적으로는 자신들의 법적 지위를 위태롭게 할 수 있는 칼뱅파를 배척하는 이중적 태도를 취하였다. 이는 신학적 정체성과 정치적 이해가 얽혀 있는 16세기 기독교 유럽의 현실을 보여주는 것으로서, 동맹 관계나 갈등이 언제든지 상황에 따라 변할 수 있음을 잘 드러낸다.

제5장 반종교개혁-재가톨릭화

1. 반종교개혁 - 트리엔트 종교회의(1545-1563)

16세기 종교개혁은 독일과 스위스에서 거의 동시에 시작되었다. 이는 로마 가톨릭교회에게 전례 없는 위기를 가져왔다. 종교개혁자들은 구원에 필수적인 은총의 통로라는 7성사를 비롯하여 성체성사의 핵심 교리인 화체설, 교황제, 성직자 독신제 등을 비성경적이라고 비판하며, "오직 성경", "오직 은혜", "오직 믿음"이라는 원리를 강조함으로써 가톨릭교회의 권위와 구원론 전체에 근본적 의문을 제기하였다. 특히 마르틴 루터의 '만인제사장설'은 성직자 중심의 로마 가톨릭교회의 체제를 뿌리부터 흔들었다.

이러한 상황에서 로마 가톨릭교회는 두 가지 선택에 직면했다. 종교개혁자들의 비판을 수용하여 교회를 성경적으로 개혁하거나, 전통적 교황제도를 강화하여 종교개혁 운동에 맞서는 것이었다. 안타깝게도 로마 가톨릭교회는 후자를 택했다. 교황 파울루스 3세가 1545년 12월 13일, 북이탈리아 트리엔트에서 제19차 종교회의를 소집한 목적은 분명했다. 첫째, 개혁신앙의 확산을 저지하고 가톨릭교회의 교리적 정통성을 재확인하는 것이었다. 둘째, 가톨릭교회 내부의 부패와 무질서를 개혁하여 도덕적 권위를 회복하는 것이었다. 셋째, 교회 분열을 막고 교황제 중심의 통일된 체제를 구축하는 것이었다. 그에 따라서 1564년 1월 26일 교황 비오 4세는 트리엔트 종교회의의 내용을 승인하는 교황 칙서를 발표해 《트리엔트 신앙고백》이라는 교리 요약집을 배포하였다.

1545년부터 1563년까지 18년간 세 차례 진행된 종교회의의 가장 큰 특징은 종교개혁자들의 주장들을 조목조목 반박하며, 그들이 비판한 모든 제도들을 체계적으로 옹호하고 재확인했다. 특히 '오직 성경'만을 최고의 권위라고 주장한 그들에 맞서, '교회 전통'을 성경과 함께 신적 계시의 동등한 원천으로 인정하고, 성경 해석의 권위를 오직 교회에 둠으로써 개인의 자율적 성경 해석을 제도적으로 부정하였다. 나아가 구원론에서도 '오직 믿음으로 의롭다 함을 받는다'는 이신칭의 교리를 배척하고 구원은 믿음과 선행을 통해 이루어지며, 하나님의 은총은 7개의 성사(세례, 견진, 성체, 고해, 병자, 혼인, 성품聖品)를 통해서만 전달된다고 규정했다. 그리고 평신도에게는 성찬의 빵만을 허용하고, 성직자에게는 빵과 포도주를 모두 허락함으로써 성직자와 평신도 사이의 위계적 구분을 분명히 하였다.

트리엔트 종교회의의 결정들을 실행하는 데 가장 큰 역할을 한 것은 1540년에 승인된 예수회였다. 이냐시오 데 로욜라Ignacio de Loyola가 창설한 예수회의 가장 큰 특징은 교황에 대한 절대순종 서약이었다. '시체와 같은 순종'의 맹세는 교황의 명령이라면 무엇이든 무조건 따른다는 것이다. '교황의 친위대'라고 불린 예수회는 종교재판, 금서 목록 작성, 검열 업무를 담당했으며, 개혁된 지역에 대한 재가톨릭화 작업을 주도하며 반종교개혁의 모든 영역에서 첨병 역할을 하였다. 전 유럽에 수많은 대학과 학교를 설립하여 개혁사상을 철저히 배제하는 반종교개혁적인 교육을 통해 가톨릭 지도자들을 양성해 냈다.

이밖에 해외 선교에서 프란치스코 하비에르는 인도와 일본에서, 마테오 리치는 중국에서 가톨릭 선교의 새로운 지평을 열었으며, 이는 가톨릭 세력 확장이라는 정치적 의도를 실현하였다. 한편, 성상과 성화 사용이 재확인되면서 바로크 예술은 크게 발전했다. 카라바조의 극적인 빛과 어둠의 대비, 로렌초 베르니니의 역동적인 조각들은 가톨릭 신앙을 시각적으로 힘있게 옹호하는 선전물로 기능하였다. 이처럼 로마 가톨릭교회는 예수회의 공헌으로 재가톨릭화에 성공하며 휘청이던 교회를 제자리로 돌려

놓았다. 트리엔트 종교회의는 위기를 수습하고 내부 결속을 강화하며 개혁신앙의 확산을 저지시키는 데는 성공을 거두었으나, 그 이면에는 종교개혁자들이 제기한 성경적 비판에 대해 진지하게 성찰하고 개혁할 기회를 잃어버린 대가가 따랐다. 이처럼 로마 가톨릭교회는 비성경적 제도들을 더욱 교리화하고 체계화함으로써 복음의 본질에서 더욱 멀어져 갔다. 그 결과 개혁된 교회와의 화해 가능성도 원천적으로 차단되었다.

유럽 기독교의 분열을 더욱 가속화시킨 《트리엔트 신앙고백》은 이후 400년 이상 가톨릭교회의 공식적인 신앙 기준이 되었다. 주목할 점은 성경과 사도적 가르침을 따랐던 16세기 종교개혁자들은 로마 교회 체제 안에서 태어나 교황에게 복종을 맹세한 로마 교회의 충직한 사제들이었다는 사실이다. 그들이 스스로 교회의 문을 박차고 나간 것이 아니라, 타락한 교회를 개혁하고 성경과 사도적 가르침으로 돌아가자고 외치다가 쫓겨났다. 이는 마치 초기 유대-기독교인이 유대교로부터 이단으로 정죄되었던 어두운 역사가 되풀이된 것 같다.

2. 슈말칼덴 전쟁(Schmalkaldic War, 1546-1547)

종교개혁의 불이 독일은 물론 잉글랜드·프랑스·스위스·네덜란드 등 유럽으로 들불처럼 번져 갔다. 한편 교회와 제국의 일치를 바라는 카를 5세는 루터파로 인하여 자신의 제국이 분열되는 것을 원치 않았기 때문에 루터파 제후들을 군사적으로 제압하기로 마음먹었다. '뉘른베르크 평화조약' 따위는 휴지조각에 지나지 않았다.

하나님의 나라와 세상의 나라를 구분하는 '두 왕국론'을 주장한 마르틴 루터는 세상의 질서는 하나님께서 세우신 것이므로 백성이 폭력으로 저항해서는 안 된다고 보았다. 그래서 독일 '농민전쟁'에서 백성들이 권력에 저항하는 것은 하나님의 질서에 대한 도전이라고 비판했던 것이다. 그러나 막상 황제가 무력을 사용할 것이라는 우려가 커진 가운데, 1531년 작센 선제후 확고부동한 요한$^{Johann\ der\ Beständige,\ 1468-1532}$과 헤센의 필립이 주도하여 결성한 루터파 슈말칼덴 동맹$^{Schmalkaldic\ League,\ 1531}$에 대해서 루터는 묵인하였다. 이것은 명백히 그가 반대했던 〈방어를 위한 무력사용은 정당하다〉는 논리, 즉 헤센의 필립과 츠빙글리가 공유했던 입장에 타협한 셈이었다.

그로부터 15년 뒤, 만스펠트 백작들의 광산 소득 분쟁을 중재하기 위해 고향을 방문한 그는 안드레아스 교회$^{St.\ Andreas\ Kirche}$에서의 설교를 마지막으로 1546년 2월 18일, 63세를 일기로 세상을 떠났다.

그해 7월 작센(드레스덴·라이프치히 일대, 엘베강 유역) 선제후 요한 프리드리히 1세$^{Johann\ Friedrich\ I.\ von\ Sachsen,\ r.\ 1532-1547}$의 친척인 모리츠 공작이 선제후 지위와 작센의 영토를 주겠다는 황제 카를 5세의 회유에 넘어갔다. 루터파인 그가 황제편에 가담했다는 소식은 루터파 제후들을 큰 충격에 빠뜨렸다. 이런 상황에서 1547년 4월 24일 슈말칼덴 동맹군은 엘베강 인근 뮐베르크에서 카를 5세와 알바 공작이 지휘하는 황제연합군에 맞섰다. 그러나 지도자들의 안일한 대응과 전략의 부재로 궤멸되고 말았다. 결국 '확고부동한 요한'의 아들 요한 프리드리히 1세가 붙잡히고, 헤센의 필립은 사위 모리츠 공작의 권유에 따라 황제에게 투항하였다.

5월 23일에는 작센의 비텐베르크가 카를 5세가 지휘한 황제군에게 점령당하였다. 의기양양해 있던 카를 5세는 문득, 자신의 손에 칼 한 번 들지 않고도 거대한 제국을 흔들어놓았던 했던 수도사를 떠올렸다. 복잡한 감정이 밀려왔다. 자신이 가진 권력은 광활한 제국의 문제와 끊임없이 투쟁하며 지켜내야 할 권력이었다. 이렇듯 황제라는 이름은 화려하고 찬란했으나 그 왕관의 무게는 견디기 힘든 멍에였다. 그는 심히 고단하였다.

아우크스부르크 잠정안(Augsburg Interim, 1548)

당시 기독교세계에서는 종교적인 문제가 곧 정치적인 문제였다. 슈말칼덴 전쟁에서 루터파 제후들을 제압한 카를 5세는 신성로마제국이 공인한 교회는 로마 가톨릭교회 뿐이라고 천명하였으나 루터파의 반발을 의식하지 않을 수 없었다. 하나된 제국, 하나된 교회를 원했던 그는 아우크스부르크 제국의회에서 〈아우크스부르크 잠정안〉을 공포하였다. 그런데 이 잠정안은 성직자의 결혼, 빵과 포도주(二種配餐, Utraquism)를 한시적으로 허용하였을 뿐, 가톨릭 전례를 복원, 화체설과 7성사를 재확인하고 각 지역 교회는 주교의 사법권과 가톨릭 교리를 수용하라고 명령하였다. 종교 문제를 임시적으로 봉합하고 황제의 권력을 강화하려는 이 잠정안Interim에 대다수 루터파 지역들이 반발하였다. 심지어 슈베비슈 할Schwäbisch Hall의 요하네스 브렌츠Johannes Brenz는 〈아우크스부르크 잠정안〉을 일컬어 '멸망의 가증한 것'이라고 불렀다.

루터파 도시들을 옛 신앙으로 되돌리려는 황제의 일방적 조치로 인해 독일 남부 뷔르템베르크에서는 수백 명의 루터파 목사들이 추방을 당하거나 피신하였다. 이때 뉘른베르크의 안드레아스 오시안더Andreas Osiander 레겐스부르크의 니콜라스 갈루스Nicholas Gallus, 스트라스부르의 마르틴 부처Martin Bucer 파울 파기우스Paul Fagius와 같은 개혁자들도 종교개혁에 박차를 가했던 도시를 떠나야만 했다. 또 뇌르틀링겐Nördlingen과 에슬링겐Esslingen 같은 도시는 이 잠정안을 받아들이지 않았다는 이유로 참혹하게 파괴되었다. 그나마 북부 독일의 뤼벡·함부르크·브레멘·마그데부르크는 황제군의 영향권 밖에 있었기 때문에 이 잠정안에 저항하여 끝내 루터파 신앙을 지켜냈다. 황제의 권력 강화를 경계하는 교황과 제후들이 있는 한, 제국 중심의 질서를 회복하려는 카를 5세의 바람은 결코 이루어질 수 없는 것이었다.

라이프치히 잠정안(Leipzig Interim, 1548. 12) - 루터파 내부의 논쟁

16세기, 하나님의 손에 들린 횃불이 유럽을 불사르는 가운데 마르틴 루터는 무거운 세상 짐을 내려놓고 떠났다(1546). 그러나 출중한 인물이 떠난 빈자리는 언제나 큰 법이었다. 이듬해 4월, 슈말칼덴 동맹이 뮐베르크 전투에서 카를 5세에게 대패함으로써 루터파가 와해되다시피 한 와중에, 마그데부르크와 몇몇 독일 북부 도시들은 저항을 계속하였다. 한편, 슈말칼덴 동맹을 진압하는 데 협력한 대가를 받지 못하고 황제의 약속이 지연되고 있었다. 게다가 장인 헤센의 필립을 약속과 달리 장기간 구금해 두자, 모리츠 공작은 차츰 황제에 대한 불신이 커졌다.

드디어 1548년 2월, 아우크스부르크 제국의회가 마침내 모리츠에게 작센 선제후 지위와 지배권을 확정하였다. 그러나 5월 15일 카를 5세가 루터파와 일시적 화해를 위한 〈아우크스부르크 잠정안〉을 공포하여 가톨릭 전례와 화체설 교리 등의 복원을 지시하였다. 이 잠정안을 따를 수밖에 없는 처지의 모리츠였으나, 그는 작센의 백성들은 철저한 루터파였기 때문에 제국의 요구를 그대로 수용했다가는 자칫 큰 반발에 부딪칠 것을 잘 알았다. 그래서 비텐베르크와 라이프치히의 루터파 신학자들에게 타협안을 의뢰하여 나온 것이 〈라이프치히 잠정안〉^{Leipzig Interim}이다.

멜란히톤이 주도한 〈라이프치히 잠정안〉은 가톨릭교회 전례, 축일, 사제복, 금식 등의 외형적 요소를 허용하면서도 루터파의 칭의와 복음 중심 교리를 유지하는 절충안이었다. 그러나 이 잠정안이 나오자 "루터파에 대한 박해의 상황에서는 어떤 양보도 할 수 없다"는 원칙을 고수한 순수-루터파에서 당장 항의가 빗발쳤다. 루터의 계승자요 독일의 교사로 존경받던 멜란히톤, 본질적인 것과 비본질적인 것에 따라 유연한 신학적 입장을 취한 그에게 신앙의 본질을 흐리는 타협을 했다며, 복음을 왜곡시킨 배신

자라는 비난이 쏟아졌다. 이 사건으로 순수-루터파 Gnesio Lutherans와 멜란히톤 사이에 첨예한 '아디아포라[16]Adiaphora 논쟁이 벌어지고, 멜란히톤에게는 비밀 칼뱅주의자 Crypto Calvinist라는 꼬리표가 따라다니게 된다.

　모리츠 공작의 요구에 의해 작성된 〈라이프치히 잠정안〉은 황제가 요구한 잠정안을 완화한 절충안이었지만, 마그데부르크는 이를 신앙의 타협으로 여겨 단호히 거부하였다. 그리고 1550년경 《마그데부르크 신앙고백서》Confessio Magdeburgica를 작성하여 〈라이프치히 잠정안〉에 반대하는 신학적 입장을 분명히 했다. 이 고백서는 불의한 권력에 대한 저항과 방어권을 종교적으로 정당화한 최초의 주요 문서 중 하나로, 이후 프랑스·네덜란드·잉글랜드에서 칼뱅주의 저항권 이론이 발전하는 데에 영향을 주었다.

　황제 카를 5세가 〈아우크스부르크 잠정안〉을 거부한 마그데부르크를 무력 진압하라고 명령을 내린다. 그러나 작센 선제후 모리츠는 1551년까지 이 도시를 포위만 할 뿐, 전투 없이 항복을 이끌어냈다. 이것은 황제의 전제적 통치와 선제후인 자신의 정치적 자율성을 침해한 것에 대한 반발이었다. 기회를 노리고 있던 모리츠 Maurice of Saxony는 1552년 1월 프랑스 앙리 2세와 '샹보르 조약'Treaty of Chambord을 맺고 브란덴부르크 선제후, 팔츠 백작, 뷔르템베르크 공국 등, 반(反)합스부르크 동맹을 형성해 황제를 반격하였다. 카를 5세는 오스트리아 인스부르크에서 생포될 위기를 간신히 모면하고 알프스를 넘어 도망하였다. 자존심을 구길대로 구긴 황제는 교황의 반대에도 불구하고 8월 2일, 자신의 동생 페르디난트 1세를 보내 '파사우 조약'에 서명하였다. 그 결과 모리츠의 장인 헤센의 필립이 석방되었고 루터파가 일정한 자유를 얻게 되는 계기가 마련되었다.

　한편, 모리츠에게 선제후 지위를 빼앗긴 요한 프리드리히 1세는 '파사

16　헬라어 'Adiaphoros'에서 유래되었다. '아무래도 좋은', '중립적'이라는 의미.

우 조약'이 있기 전, 황제에 의해 조건부로 석방되었다. 종교문제의 일시적 해결책이었던 〈아우크스부르크 잠정안〉은 사실상 폐기되었으며, 효력은 상실되었다. 루터파와의 종교적 갈등에 대한 정치적 해결은 3년 뒤인 1555년, 제국의회로 넘겨져 '아우크스부르크 종교화의'$^{Peace\ of\ Augsburg}$로 결실을 맺게 된다.

이후 30년 동안(1548-1577) 루터파 신학에 대한 최종적인 판단을 담은 《일치 신조》$^{Formula\ of\ Concord,\ 1577}$가 도출되기까지 루터파는 멜란히톤을 지지하는 필립파^{Philippists}와 순수-루터파$^{Gnesio-Lutherans}$ 사이에 치열한 신학 논쟁이 벌어지게 된다. 필립파와 신학 논쟁을 겪은 튀빙겐의 야콥 안드레아$^{Jakob\ Andreae,}$ 브라운슈바이크^{Brunswick}의 마르틴 켐니치$^{Martin\ Chemnitz,}$ 라이프치히의 니콜라스 셀네커$^{Nikolaus\ Selnecker}$가 작성한 1577년의 《일치 신조》는 3대 '에큐메니컬 신앙고백서'[17] 《사도 신경》·《니케아 신경》·《아타나시우스 신경》·《아우크스부르크 신앙고백서》, 1530년 《아우크스부르크 신앙고백 변증서》$^{Apology\ to\ the\ Augsburg\ Confession}$ 그리고 슈말칼트 동맹회의를 위하여 루터가 작성한 1537년 《슈말칼트 신조》·《대소요리문답서》 등과 함께 엮은 모음집이 『일치서』$^{Book\ of\ Concord}$로 1580년 출판되었다. 독일 영주들과 도시 대표자들, 목사들이 승인한 루터파 신앙고백인 『일치서』는 마르틴 루터의 개혁사상에서 좀더 스콜라적인 경향으로 미끌어진 채 루터파 정통주의 시대를 열었다.

필립파에 속한 사람들은 멜란히톤이 세상을 떠난 후(1560), 비밀 칼뱅주의자라는 비난을 받아들이면서 서서히 개혁주의로 흡수되어 흘러 들어갔다. 이것은 '아우크스부르크 종교화의'가 루터파에게 제공하는 법적 지위

---

17 '에큐메니컬 신앙고백서'라고 불리는 3개의 신조, 곧 신경은 전 세계 기독교인들에 의해 하나님의 말씀이 가르치는 것의 올바른 표현으로 받아들여지기 때문에 "에큐메니컬(보편적)"로 일컫는다.

가 박탈되는 것을 의미하였다. 이제 순수-루터파는 스칸디나비아 반도국가들과 독일 공국들의 종교로서 개혁된 교회의 보수적인 한 형태가 됨으로써 루터파가 본래 가졌던 개혁의 역동성은 거의 사라져 버렸다.

3. 아우크스부르크 종교화의(The Peace of Augsburg, 1555)

1555년 아우크스부르크 제국의회에서 체결된 '아우크스부르크 종교화의'는 루터파와 가톨릭 간의 종교 갈등을 일정 부분 봉합하며, 독일 내 제후들이 자신들의 영지에서 종교를 결정할 수 있는 권리를 최초로 인정한 중대한 합의였다. 이처럼 유럽의 기독교세계는 종교개혁이라는 용광로 속에서 녹여지고 섞이면서 새로운 형태를 산출하느라 산통을 겪고 있었다. 로마 가톨릭교회는 유럽 곳곳에서 개혁된 교회의 형제들을 이단으로 정죄하고 화형시키면서 종교개혁이라는 대형산불을 진화하기에도 바빴다.

한편, 종교개혁사상은 교황권과 황제권에 반발하던 루터파 제후들을 결속시켰고 결국 1555년, '아우크스부르크 종교화의'를 통해 각 제후가 자기 영지의 종교를 결정할 수 있는 권리를 공식적으로 인정받게 되었다. 이는 제국 전체의 종교를 황제가 결정하던 시대를 벗어나 지역 주권과 신앙 자유의 원리가 제도적으로 확립된 순간이었다. '한 명의 통치자가 있는 곳에는 하나의 종교만 존재한다'ubi unus dominus, ibi una sit religio라는 진술과 '군주의 종교가 그 지역의 종교'Cuius regio, eius religio라는 원칙이 공식적으로 결정되었다. 이로써 각 지방의 군주에게 종교를 선택할 권리가 주어짐으로써 그 군주가 선택한 종교가 그 지방의 종교가 되었다.

이제 루터파와 로마 가톨릭교회의 싸움이 끝났다. 아우크스부르크 신앙고백을 따르는 루터파는 신앙의 자유와 법적인 보호를 받게 되었다. 비록 루터파Lutheran 내부의 긴장관계는 해소하지 못했지만 루터파와 로마 가톨릭교회 사이에 있었던 63년 동안의 다툼이 해결된 것이다. 그러나 '아우크스부르크 종교화의'는 오직 루터파에게만 신앙의 자유를 주었을 뿐, 스위스 종교개혁자들과 재세례파는 신앙의 자유는 고사하고 법적으로 인정받지 못한 '이단'이었다. 그나마 불행 중 다행이라면, 사람들에게 자신의 종교가 허용되는 지역으로 이주할 수 있는 권리가 주어졌다는 점이다. 그럼에도 '아우크스부르크 종교화의'는 어디까지나 군주제의 승리였을 뿐, 개인의 신앙에 대한 자유가 주어진 것이 아니었다. 이러한 조치로 법적 인정을 받지 못한 사람들과 군주의 신앙을 따를 수 없는 이들은 끊임없이 양심과 현실 사이에서 갈등해야 했다.

만약 로마 가톨릭교회를 따르던 귀족이나 시민이 개혁신앙으로 전향하고자 한다면, 자신이 가진 모든 공적 지위와 영지 그리고 재산을 포기해야 했다. 또한 당시 대부분의 사람들이 채무에 얽매인 생활을 하고 있었기 때문에 자유롭게 이주하거나 종교적 양심에 따라 신앙공동체를 옮기는 것은 현실적으로 불가능했다. 이러한 제약은 개혁된 교회뿐만 아니라 옛 신앙을 유지하고자 했던 가톨릭교도에게도 동일하게 작용하였다. 이러한 현실은 비밀-개혁주의 또는 비밀-가톨릭주의 현상으로 나타났다.

40년 영욕의 세월을 살아낸 신성로마제국 황제 카를 5세, 그는 부친 펠리페 1세의 죽음 이후 정신이상 증세를 보인 모친 후아나를 대신해 자신을 돌봐 준 고모 마르가레타와 위트레흐트^{Utrecht} 출신 교황 하드리아누스 6세를 스승으로 둔 복이 많은 군주였다. 그러나 그의 통치기간 내내 프랑수아 1세와 끊임없이 대결하고, 오스만 제국의 위협을 막아내면서 종교개혁의 불길 속에서 신성로마제국의 일치를 이루려고 부단히 애를 썼지만 물거품이 되었다. '교회의 수호자'를 자임해 온 카를 5세라도 백성들 다수가 개혁교도로 바뀐 광활한 제국의 종교적·정치적인 문제를 근본적으로 해결할 수 없었다. 또한 그가 겪고 있는 통풍과 만성질환은, 유럽 전역에 걸쳐 있는 나라와 제후들과 얽히고설킨 문제만큼이나 그를 괴롭히는 것이어서, 더욱이 제국 내 지배력마저 약화된 그는 왕관의 무게를 더는 지탱하고 싶지 않았다. 1555년 10월 25일 브뤼셀 쿠덴베르크궁Palace of Coudenberg 퇴위식에서 그는 부르고뉴 영지의 제후·귀족·의회의 승인을 거쳐 아들 펠리페 2세에게 네덜란드 통치권을 이양했다. 스페인·나폴리·시칠리아의 왕위는 1556년 1월에야 넘겨주었다. 이어서 1556년 9월, 조부 막시밀리안 1세에게서 물려받은 신성로마제국 황제의 지위를 동생 페르디난트 1세에게 양위한다고 선언함으로써 합스부르크 가문의 분할을 마무리하였다. 이로써 유럽을 호령하던 합스부르크 가문은 스페인 합스부르크와 오스트리아 합스부르크로 나뉘었고, 하나의 왕관 아래 유럽을 통합하려던 카를 5세의 야심찬 꿈은 물거품이 되었다.

    1557년 2월 3일, 스페인 왕 카를로스 1세이자 신성로마제국 황제 카를 5세는 카세레스Cáceres의 유스테 수도원San Jerónimo de Yuste에 들어갔다. 그리고 1558년 9월 21일, 그는 짐상에 누워 자신을 찾아온 죽음을 맞이하는 순간 감정이 북받쳤다. 스페인을 통치하던 외조부 페르난도 2세가 후아나를 제쳐 두고 외손자인 그를 통일 에스파냐 왕국의 후계자로 선언하면서, 수녀원에 유폐되다시피 했던 가엾은 모친, 몇 해 전(1555) 세상을 떠난 후아나Juana I of Castile가 눈앞에 어른거렸기 때문이다.

"스스로 신성로마제국이라 칭하였고 아직도 칭하고 있는 이 나라는 딱히 신성하지도 않고 로마도 아니며 제국도 아니다." - 볼테르 -

1540-1560년대까지 오스트리아와 남부 독일을 비롯해 중부 유럽 여러 지

역에서 루터파와 개혁파 신앙이 빠르게 확산되자, 일부 가톨릭교회 성직자들이 빵과 포도주를 분병하는 성찬식을 하고, 성직자의 결혼을 허용해 달라고 교구와 교황청에 요청하기도 하였다. 그러나 예수회를 중심으로 재가톨릭화^{Recatholicization}가 본격화되면서 1580년 중반에는 다시 로마 가톨릭교회로 주도권이 넘어갔다. 독일의 중부, 남부 지역과 오스트리아 등지에서는 반종교개혁에 따른 교육과 행정, 제도들을 통해 재가톨릭화가 추진되었다. 이렇듯 로마 가톨릭교회는 트리엔트 종교회의의 반종교개혁 결의에 따라 내부 개혁과 신앙교육 강화 등, 자체적인 개혁에 박차를 가하였다.

바이에른 공국의 알브레히트 5세를 비롯해 밤베르크^{Bamberg}와 파더보른^{Paderborn}의 주교들, 그리고 가톨릭 제후들도 빠르게 확산되고 있는 루터파와 개혁파의 영향을 차단하기 위해 적극적으로 행동에 나섰다. 특히 파더보른 주교가 자신의 영지 내에서 옛 신앙으로 회심을 종용하고, 이를 거부하는 사람들은 추방하면서 예수회 대학의 설립에도 크게 기여하였다. 예수회 학교들과 잉골슈타트 대학은 청년들에게 가톨릭 신앙의 우월성을 강조하고, 광범위한 인문주의 교육과 로욜라의 영신수련을 바탕으로 한 엄격한 정신수련및 도덕교육을 실시하였다. 이와 같이 기존 학교의 예수회 운영 전환은 루터파 도시들을 재가톨릭화하는 효과적인 묘안이었다.

반면에 개혁된 교회 내부에서는 초기 열정이 점차 형식주의로 기울며 새로운 교리적 엄격함에 짓눌렸다. 특히 루터파 내에서는 필립파와 순수-루터파로 나뉘어 분열을 겪으면서 칼뱅주의와는 더욱 멀어져 갔다. 여기에 보태어 루터파 제후들은 단지 루터파가 아니라는 이유만으로, 칼뱅의 종교개혁사상이 확산되도록 돕기는커녕 내쫓거나 방관하는 태도를 보였다. 이는 프로테스탄트 진영 전체에 심각한 내상을 입힘으로써, 로마 가톨릭교회의 반종교개혁에 대응하는 데 있어 큰 걸림돌이 되었다.

4. 30년 종교전쟁(The Thirty Years' War, 1618-1648)

문맹에 가까웠던 독일인들이 마르틴 루터의 독일어 성경과 문법체계 확립으로 자국어를 읽고 쓸 수 있게 되자, 루터의 개혁사상이 도시를 중심으로 빠르게 확산되었다. 〈모든 신자는 그리스도 안에서 평등하다〉는 루터의 교리가 농민들에게 사회적·경제적 해방의 언어로 해석되자, 불평등을 해결하려는 그들의 요구는 '독일 농민전쟁'(1524-1525)으로 비화하였다. 이처럼 교회개혁이 이루어져 가는 과정에서 발생한 불협화음으로 민심은 흉흉해지고 도처에서 극단적인 마녀사냥이 일어났다. 종교개혁은 신앙의 자유를 가져왔지만, 동시에 사회적 혼란과 폭력, 그리고 깊은 분열을 초래하며 독일을 뒤흔들었다. 한편 독일 제후들은 신성로마제국으로부터 독립된 정치세력이 되기 위해 황제를 견제하면서 루터파를 지원하였다.

16세기 중반 잉글랜드에서는 변덕스럽기 짝이 없는 군주 헨리 8세[Henry VIII, 1491-1547]가 종교개혁을 통해 잉글랜드 교회를 수립하고 정치적 중앙집권화에 성공을 거두었다. 또 세속 군주들 사이에서 시소게임을 하다 카를 5세에게 굴복한 교황 클레멘스 7세가 끝내 승인하지 않았지만 아라곤 캐서린(카탈리나) 왕비와의 이혼으로 잉글랜드 국가교회가 탄생하는 계기가 되었다. 헨리 8세가 로마 교황청과 단절해야 했던 가장 큰 이유는 종교개혁에 대한 신념 때문이 아니라, 잉글랜드 전역에 산재해 있는 교회와 수도원이 소유하고 있는 엄청난 규모의 토지와 재산, 곧 교회재산을 몰수하여 자신의 왕권을 강화할 수 있었기 때문이었다. 스코틀랜드와의 전쟁으로 재정적인 어려움을 겪고 있던 헨리 8세에게 잉글랜드의 종교개혁은 왕권 강화의 마중물이 되어 준 셈이다. 반면, 교황이 헨리 8세의 이혼을 승인할 수 없었던 이유는 캐서린이 황제 카를 5세의 이모라는 점, 헨리 8세가 독실한 가톨릭교도 캐서린 왕비와 이혼할 경우 로마 교황청[Curia Romana]

의 품에서 멀리 달아날 것을 알았기 때문이다. 16-17세기를 거치면서 유럽 곳곳에서 본격적인 종교적 충돌이 발생하였다. 엘리자베스Elizabeth I, 1533-1603, r. 1558 튜더가 로마 교황청에 영원한 이별을 고하였다. 이제 엘리자베스 1세는 세속정치와 교회를 다스리는 명실상부한 잉글랜드 여왕이 되었다. 반면에 이탈리아는 종교적 권위를 상실하면서 경제적인 우위에서 밀려나고, 카를 5세의 '로마의 약탈'과 교황 클레멘스 7세의 감금으로 종말이 목전에

「최후의 심판」 부오나로티 미켈란젤로, 1541년 10월 31일, 작품 낙성식을 갖자마자 로마 시민들의 경악과 찬탄이 이어졌다. 작품 속의 모든 인물은 나체로 표현되었다. 그러나 1564년 1월 트리엔트 종교회의에서 "저속한 부분은 모두 가려야 한다"는 칙령을 공포하여 생식기 부분에 덧그림을 그려야 했다. 천장화 중앙에는 창세기의 천지창조부터 포도주에 취한 노아의 모습까지 아홉 장면이 그려져 있다.

이른 것 같은 위기감이 고조된 가운데, 더 이상 교회 이탈을 허용할 수 없다고 판단한 로마 교황청은 안팎으로 반종교개혁$^{Counter\ Reformation}$을 더욱 엄격하게 진행하였다. 그러한 반종교개혁 선봉에는 로마 교황청의 믿음직한 돌격대 예수회가 있었다. 스페인 팜플로나 출신 이냐시오 데 로욜라가 창설한 예수회는 종교개혁으로 크게 내상을 입은 로마 가톨릭교회를 보호하기 위해 재가톨릭화하는 일에 충성을 다하였다.

한편으로 스페인은 이단 종교재판소(1478-1834)를 설치하고 가혹한 고문과 화형을 자행하였다. 종교개혁은 로마 교회를 훼손하는 사탄의 운동이었고, 그 주동자들은 박멸시켜야 할 이단이었다. 이러한 혼란과 음울한 광기의 시대를 살았던 화가, 메디치 가문의 피렌체를 떠나(1534) 교황의 로마에서 살다 로마에 묻힌 미켈란젤로는 교황궁과 대성당 좌우에 1천 개가 넘는 방이 있는 사도궁$^{Palazzo\ Apostolico}$ 안에 있는 시스티나 예배당$^{Cappella\ Sistina}$ 제단 벽면을 장식한 「최후의 심판」 벽화를 1541년에 완성하였다. 이 프레스코화는 종말의 날, 살아 있는 자와 죽은 자에 대한 하나님의 심판 장면을 묘사하여 암울한 현실을 고스란히 증거하였다.

비텐베르크에서 마르틴 루터의 종교개혁이 시작된 후, 유럽의 정치적 지형은 급격히 요동치기 시작했다. 신성로마제국 영토 내에서는 로마 교황청이 재가톨릭화에 온 힘을 쏟아부었고, 세속 군주들은 각자 왕권 강화와 자국 이익을 추구하며 갈등의 불씨를 키웠다. 이로 인해 억압된 종교적, 정치적 긴장은 언제든 폭발할 듯 팽팽하게 고조되어 가고 있었다.

17세기 초, '아우크스부르크 종교화의' 이후 가라앉아 있던 종교 갈등이 재점화되며 팔츠 선제후 프리드리히 4세$^{Friedrich\ IV.\ von\ der\ Pfalz}$가 주도한 '프로테스탄트 연맹'$^{Protestant\ Union,\ 1608}$과 '가톨릭 동맹'$^{Catholic\ League,\ 1609}$이 맞섰다. 그러나 1619년 제국 선거에서 캐스팅보트를 쥔 루터파 작센의 요한 게오르

그 1세는 칼뱅파 프리드리히 5세와의 연합을 거부하고, 다른 루터파 제후들과 함께 페르디난트 2세를 황제로 선출시키는 데 한 표를 행사하였다. 칼뱅파를 엄밀하고 분파적이라고 경계한 그의 이러한 선택은 개혁교도들이 많은 보헤미아를 재가톨릭화의 위기로 몰아넣는 결과를 초래하였다.

이에 보헤미아 개혁파 귀족들이 대규모 반란을 일으키면서 유럽 대륙은 종교 내전으로 인한 학살과 피난의 악순환에 휘말리게 된다. 결국 이 과정에서 종교개혁은 교회의 울타리를 벗어나 세속적 이해관계와 복잡하게 얽히면서 '유럽의 30년 전쟁'이라는 거대한 소용돌이 속으로 빨려 들어갔다. 이 전쟁은 종교적 측면에서는 프로테스탄트와 로마 가톨릭교회 사이의 대립이었고, 정치적 측면에서는 전제 군주제와 봉건제도 간의 대결이었다. 그런데 종교 갈등으로 시작된 이 전쟁은 점차 합스부르크 가문과 발루아 가문의 패권 경쟁으로 발전했다. 이 과정에서 반종교개혁을 지지하는 가톨릭 군주들과 개혁신앙을 가진 군주들의 이해관계가 복잡하게 얽히면서 무차별적 살상이 자행되었다. 그 결과 사상자가 최대 8백만 명에 이른 것으로 추산되는 '유럽의 30년 전쟁'은 유럽사 뿐만 아니라 인류 전쟁 역사상 가장 참혹한 전쟁 중 하나로 기록되었다. 더욱이 수많은 도시와 농촌이 파괴되고 토지가 황폐화되면서 경제적·사회적 기반이 붕괴되었다. 이로 인해 유럽 인구가 급감하는 등, 유럽인의 삶은 극도의 혼란과 고통에 빠져들었다.

30년 전쟁의 단초 보헤미아 전쟁

보헤미아 왕이자 신성로마제국 황제였던 전설적인 카를 4세(r. 1346-1378) 통치 아래 프라하는 중세 유럽에서 로마와 콘스탄티노플에 이어 제국의 심장으로 불릴 만큼 위엄을 갖춘 대도시로 성장하였다. 그러나 보헤미아 왕국은 얀 후스 화형 이후, 로마 가톨릭교회와 심각하게 대립한다. 1526년 헝가리·보헤미아의 왕 라요시 2세$^{루트비히 2세, Lajos II, Ludwig II}$가 모하치 전투에서 전사한 이후, 보헤미아 왕국은 합스부르크 가문의 통치를 받게 된다. 한편, 1568년 트란실바니아 의회는 '토르다 관용령'을 채택하여 가톨릭·루터파·개혁파 등의 공존을 법으로 명문화하였다. 이것은 유럽 최초로 종교적 관용을 명문화한 법령으로, 제네바 '종교개혁의 벽'에도 반영되어 있다.

1576년 페르디난트 1세의 손자 루돌프 2세$^{Kaiser Rudolf II. r. 1576-1612}$는 정치적 역량은 너무 부족하고 예술적 소양은 너무나 풍부한 인물이었다. 종교문제에 좀더 관대했던 부친 막시밀리안 2세와 달리 개혁파에 우호적이지 않았다. 그럼에도 숫자적으로 우세한 개혁파 백성들과 공존하려고 나름 애는 썼다. 그러나 그의 모친과 반종교개혁의 조언자들 때문에 보헤미아와 헝가리에서 재가톨릭화정책을 세게 밀어붙이다 개혁파 귀족들로부터 반발을 샀고, 그의 재가톨릭화 종교정책들은 보헤미아와 헝가리에서 개혁신앙의 확산을 차단하려다 반란만 초래하였다. 게다가 1583년에 황실 거처를 빈에서 프라하로 옮기면서 백성들 대부분이 개혁교도인 보헤미아인들과 긴장관계를 이어 갔다. 유럽을 쑥대밭으로 만들어 버린 '30년 전쟁'의 발단은 이처럼 보헤미아 왕국에서 싹트고 있었다.

1601년 루돌프 2세 군대가 오스만 제국의 봉신국(封臣國) 칼뱅파의 트란실바니아(헝가리)로 쳐들어가 재가톨릭화를 시도하였다. 그러자 오스만 제국으로부터 왕자 지위를 인정받은 보츠카이$^{István Bocskai}$가 대규모 반란을 일으켰다(1604-1606). 이에 화들짝 놀란 황제는 1606년 6월 23일, '비엔나 조약$^{Treaty of Vienna}$을 통해 개혁파와 헝가리인들의 권리와 신앙을 보장하였다. 이 조약은 헝가리 지트바토로크에서 술탄 아메드 1세와 마티아스 사이에 체결된 '지트바토로크 평화조약'으로 평화가 더욱 확립되었다.

「베르툼누스로서의 루돌프 2세」 1591, 주세페 아르침볼도(Giuseppe Arcimboldo), 스코클로스테르성 소장, 스웨덴. 예술에는 나름 조예가 깊었으나 정치는 무능했던 루돌프 황제. 그는 이 초상화를 보고 매우 만족했다고 알려졌다.

신성로마제국의 도나우뵈르트는 슈바벤 지역의 중심에 있는 자유도시로, 종교개혁 이후 루터파 개혁교도들이 대다수를 차지하고 있었다. 그러나 여전히 베네딕트회 수도원과 소수의 가톨릭교도들이 도시에 거주하고 있었고, 그들은 매년 4월 25일, 전례의 하나로 거행되는 '마르쿠스 축일' 시가행진을 이어 가고 있었다.

1606년 4월 25일, 도나우뵈르트 시의회는 공공질서 유지를 이유로 가톨릭 전례에 따른 시가행진을 금지하였다. 그러나 베네딕트회 수도사들은 아랑곳하지 않고 깃발을 높이 들고 성가를 부르며 시내 중심가를 가로질러 행진을 강행하였다. 이에 루터파 시민들이 격렬하게 반발했고, 그들의 행진을 저지하는 과정에서 폭력 사태가 벌어졌다. 사건은 곧 제국의 문제로 비화하였다. 황제는 제국법 위반을 이유로 특사를 도나우뵈르트^{Donauwörth}에 파견했고, 시의회는 다음 해인 1607년, '깃발을 사용하지 않고 성가를 부르지 않는다'는 조건 아래 행진을 허용하였다. 그러나 수도사들은 다시 가톨릭 전례를 따랐고 양측의 충돌은 재차 폭력으로 번졌다. 결국 시의회가 황제 특사를 퇴출하겠다고 으름장을 놓았고, 루돌프 2세가 '제국 파면^{Reichsacht}'을 선포했다. 이로써 도시는 제국의 보호를 상실했고, 바이에른 공작 막시밀리안 1세는 그 틈을 놓치지 않았다. 그는 군을 이끌고 도나우뵈르트를 점령한 뒤, 철저한 재가톨릭화 조치를 단행하였다. 역사적으로 오버팔츠와 맞닿아 있는 바이에른과 선제후 지위를 놓고 경쟁해 온 칼뱅파 팔츠 선제후 프리드리히 4세[Friedrich IV, r. 1583-1610]는 이 사태에 위협을 느끼고, 1608년 5월 도나우뵈르트 사태와 반종교개혁에 대응하기 위해 하일브론, 뉘른베르크, 울름 등 루터파와 칼뱅파 자유도시 및 제후들을 규합하여 프로테스탄트 연맹[Protestant Union, 1608-1621]을 결성하였다.

한편, 실권을 잃어가던 루돌프 2세는 자신의 정치적 입지를 회복하기 위해 야심이 많은 동생 마티아스를 보헤미아 왕위계승자로 인정해야만 했다. 그의 판단은 곧 예상하지 못한 반발에 직면하게 된다. 개혁파 귀족들이 점차 조직적인 행동에 나섰기 때문이다. 1609년, 보헤미아 귀족들은 종교문제를 다룰 하위[consistory] 법원 통제권과 프라하 대학에서 비가톨릭 세력의 역할 허용, 그리고 '신앙 수호자'[Defensor]들을 통해 종교 자유의 보장 및 감시 기능 확보 등을 요구하였다. 이에 루돌프가 모호한 태도로 일관하며 사태를 무마하려 하자, 하인리히 마티아스 폰 투른[Heinrich Matthias von Thurn] 백작을 비롯한 개혁파 귀족들은 모임을 갖고 실력 행사에 나섰다. 다급해진 것은 황제 루돌프였다. 그는 헝가리에 이어 보헤미아마저 동생 마티아스의 손에 넘어갈 것을 두려워한 나머지, 7월 9일 일부 그들의 요구를 수용한 '황제의 칙서'[Letter of Majesty]를 공포하여 개혁파 귀족들의 요구에 부응(副應)하였다. 이 칙서는 개혁파에게 종교의 자유를 허용하고 그 합의가 지켜지도록 감시할 '신앙 수호자'를 설치하도록 규정하였다. 그러나 황제의 권위와 정치적 입지는 이미 크게 흔들린 뒤였다.

1. 보헤미아에서 개혁교회는 가톨릭교회와 동일하게 인정한다.
2. 모든 개혁교회는 보호되며 귀족령, 기사령, 그리고 자유도시에서는 새로운 교회 예배당 설립을 허가한다.
3. 신앙의 자유를 보호할 '자유 수호자'를 선출할 권한을 부여한다.

이 칙서는 우트라퀴스트^{Utraquist} 등 다양한 신앙공동체의 권리도 일부분 보장하였다. 이러한 황제의 정책에 반기를 든 헝가리, 오스트리아가 황제의 동생 마티아스$^{Kaiser\ Matthias,\ r.\ 1612-1619}$에게 충성을 맹세하자 루돌프 2세는 마지막 보루인 보헤미아 왕국으로 피하였다. 제국을 통치할 능력보다 과학과 예술에 더 관심이 많았던 그는 결국 마티아스에게 황제관을 넘겨주었다.

한편, 1608년 칼뱅파 팔츠의 프리드리히 4세가 주도한 프로테스탄트 연맹$^{Protestantische\ Union}$은 스페인과 12년간의 휴전(1609)을 맺은 네덜란드와 합스부르크 가문을 견제하려는 잉글랜드 제임스 1세로부터 외교적·재정적 지지를 받았다. 1609년 3월 25일, 서유럽과 동유럽을 연결하는 교통로서 군사적 방어 요충지인 율리히-클레베-베르크 공국의 요한 빌헬름이 후계자 없이 사망하였다. 이로써 라인강 중하류에 있는 이곳의 소유권을 놓고 양 진영이 대립하면서 프랑스 앙리 4세가 프로테스탄트 진영을 지원하였다. 이는 종교적 신념보다 현실정치적 판단을 따른 것으로써 반(反)합스부르크 동맹을 강화하여 유럽의 세력 균형을 프랑스에 유리하게 바꾸려 한 것이다. 그러나 그가 암살당함으로써 그의 지원 계획은 무산되었다. 한편 프로테스탄트 연맹은 총사령관 안할트-베른부르크 공 크리스티안 1세 휘하에 6000명을 모집했다. 네덜란드 빌럼 1세의 차남 마우리츠^{Mauritz} 공작과 잉글랜드 제임스 1세도 지원에 나서 세력이 크게 늘었다.

1617년 삼촌 마티아스$^{Matthias,\ r.\ 1612-1619}$ 황제로부터 보헤미아 왕으로 지명된 페르디난트 2세$^{Ferdinand\ II}$는 오스트리아 합스부르크 가문의 영토를 상속받았다. 보헤미아의 개혁파 귀족들은 후스파 전쟁을 떠올리게 하는 정세에 내심 불안을 느꼈다. 만일 페르디난트 2세가 보헤미아 왕국에 이어 신성로마제국 황제로 즉위하게 되면, 곧바로 개혁파에 대한 탄압이 뒤따를 것은 분명한 사실이었다. 그것은 괜한 기우가 아니었다. 페르디난트 1세의 손자 페르디난트 2세는 잉골슈타트 대학에서 4년간 뼛속 깊이 교회와 신앙을 수호할 가톨릭 군주로 훈련받은 인물이었기 때문이다. 불길한 예감은 피해 가는 법이 없었다.

그가 보헤미아 왕으로 즉위하자마자 브라우모프Broumov와 흐로브Hrob에서 건축 중이던 개혁파 예배당을 폐쇄하고 옛 신앙을 강요하면서 갈등이 커졌다. '황제의 칙서'가 보장한 권리를 침해 받은 보헤미아 개혁파 귀족들이 반발하고 일어났다. 급기야 1618년 5월 23일 페르디난트 2세의 강압적인 통치에 반발한 개혁파 귀족들이 시내를 행진하고 프라하 성의 왕실행정청Bohemian Chancellery에 모여 보헤미아 왕의 섭정관 보르지타Jaroslav Bořita와 슬라바타Wilhelm Slavata 그리고 서기 파브리키우스를 17m 높이의 창밖으로 던져 버렸다. 다행히 해자(垓子)에 쌓여 있는 거름더미에 떨어진 그들은 옷만 더럽혔을 뿐, 목숨에는 지장이 없었다.

'제2차 프라하 창밖 투척사건'Defenestration of Prague은 보헤미아에서의 종교적 긴장과 정치권력의 재편을 촉발했고, 결국 더 큰 분쟁으로 번졌다. 하인리히 마티아스 폰 투른 등 개혁파 귀족들은 실질적인 '신앙 수호자' 체제를 가동하고 황제 권위에 도전하였다. 곧바로 개혁파 귀족들이 보헤미아 과도정부를 선택하고 투른Jindřich Matyáš Thurn 백작 휘하 군대로 반란을 일으켰다. 그러자 오스트리아 합스부르크 가문과 사이가 좋지 않은 에른스트 폰 만스펠트Ernst von Mansfeld 백작이 자신 휘하에 있는 용병부대를 제공하였다. 그가 보헤미아를 도운 이유는 정치적·경제적 이익이 종교적 신념보다 우선했기 때문이다. 이에 맞서 보헤미아 반란에 대응하기 위하여 합스부르크 가문이 일치단결하였다. 스페인의 펠리페 3세가 보헤미아·헝가리 왕 페르디난트 2세를 돕기 위해 플랑드르에 있는 자국 군대를 보냈다. 그러나 합스부르크 연합군은 보헤미아군의 투른Thurn 백작에게 밀려 부데요비체Budejovice

로 퇴각하였고, 만스펠트가 이끄는 용병부대가 11월 21일 가톨릭 도시 필젠Pilsen을 점령함으로써 전쟁은 일시적으로 우위를 차지하였다.

    1619년 봄, 실레지아, 루사티아, 모라비아에서 온 지원군 덕분에 보헤미아의 반란은 순탄하게 진행되는 것처럼 보였다. 그러나 전세(戰勢)는 보헤미아군이 낙관할 수 없는 방향으로 흘러가고 있었다. 6월 10일 태양을 머금은 포플러 이파리들이 찰랑찰랑 금빛으로 빛나는 오후, 투른 백작의 군대가 오스트리아 빈 외곽에 진을 치고 있을때, 보헤미아에 투입된 만스펠트의 용병부대는 부데요비체로 진격했고 일부 고지와 진지를 점령하였다. 그러나 자블라트 인근에서는 기병을 앞세운 합스부르크 연합군을 만나 패하고 말았다. '자블라트 전투'에서 승리한 합스부르크 연합군이 여세를 몰아 프라하로 진격해 오고 있었다.

    다급해진 개혁파 귀족들은 페르디난트 2세를 보헤미아 왕위에서 폐위시키고, 대신 팔츠 선제후 프리드리히 5세Friedrich V, 1610-1632에게 보헤미아의 왕위를 제안하였다. 그러자 정무감각보다 신앙심과 정의감이 넘친 프리드리히 5세는 장인 잉글랜드 제임스 1세James I가 나서 만류했음에도 불구하고 덜컥 수락하고 말았다(1619. 8. 26). 자신의 결정이 몰고 올 후폭풍은 전혀 예상하지 못했다. 더구나 그가 루터파 제후가 아닌 제국법의 보호를 받을 수 없는 칼뱅파 선제후라는 것이 문제라면 문제였다.

    1619년 8월 28일, 프랑크푸르트 암 마인에서 열린 황제 선거에서 페르디난트 2세Ferdinand II, r. 1619-1637가 신성로마제국의 황제로 선출되었다. 그는 그해 3월에 사망한 삼촌 마티아스의 뒤를 이은 인물이었다. 가톨릭 성직 선제후들과, 칼뱅파의 세력 확장을 달가워하지 않았던 루터파 선제후들의 표가 결국 그의 손을 들어 주었다. 그러나 1613년에 루터파에서 칼뱅파로 개종한 브란덴부르크 변경백만 페르디난트를 지지하지 않았을 뿐이다.

신성로마제국 황제대관식을 치른 페르디난트 2세에게 보헤미아 왕국의 폐위 소식이 날아들었다. 이에 그는 의회의 승인을 받지 않고, 곧장 팔츠(하이델베르크 중심)와 군사비용까지 주겠다며 바이에른 공국의 막시밀리안 1세Maximilian I, 1573-1651를 회유하였다. 노련한 전사 막시밀리안 1세는 돈도 들지 않고 팔츠까지 얻을 수 있다는데 황제의 제안을 거절할 이유가 없었다.

이처럼 페르디난트 2세와 보헤미아 개혁파 귀족들은 한발도 물러설 수 없는 팽팽한 대치를 이어 가며 '유럽의 30년 전쟁'이라는 미궁으로 미끌어져 가고 있었다. 1620년 11월, 안개가 짙게 드리운 빌라 호라 언덕의 땅은 질척거렸고 습하고 차가운 바람은 매섭게 온몸을 파고들었다. 더구나 방어선을 제대로 구축하지 못한 보헤미아-팔츠 연합군 진영은 어수선하였다. 그러나 훈련된 군인들과 기병을 앞세운 가톨릭 동맹Catholic League, 1609-1635군은 일사분란하였다. 빌라 호라 전투Battle of White Mountain는 불과 두 시간 만에 끝나버렸다. 안할트-베른부르크의 크리스티안 1세가 지휘한 보헤미아-팔츠 전쟁Bohemian-Palatinate phase, 1618-1625은 내부 분열과 외교적 고립으로 오스트리아 합스부르크에 무릎을 꿇었고 프로테스탄트 연맹도 해산되었다. 그 결과 1621년 6월 21일, 개혁파 귀족 27명이 프라하 광장에서 참수형을 당하고 20명의 머리는 쇠꼬챙이에 꽂혀 매달렸다. 이것은 보헤미아에 닥칠 기나긴 고난의 가시밭길을 예고하는 것이었다.

한편, 네덜란드로 망명했던 '겨울 왕' 프리드리히 5세는 루터파 제후들에게 지원을 요청하고 절치부심(切齒腐心)하였으나, 하이델베르크가 점령당함으로써(1622. 9) 그의 선제후 자격은 박탈되고(1623) 팔츠는 바이에른의 막시밀리안 1세에게 넘어갔다. 결국 프리드리히 5세는 스웨덴 국왕 구스타브 2세가 독일 남부로 진격한다는 소식을 듣고 귀국을 모색하다가 마인츠에서 지병으로 사망하였다(1632. 11. 19).

종교적 신념과 상관없이 로마 교황청과 유럽 강국들의 복잡한 이해관계 속에서 보헤미아 전쟁은 패권을 다투는 국제전으로 비화했고, 덴마크가 그 첫 번째 주자가 되었다. 1625년의 덴마크 전쟁$^{\text{Danish phase, 1625-1629}}$에는 잉글랜드와 덴마크-노르웨이 그리고 네덜란드가 참전하였다. 방탕아로 소문난 덴마크의 크리스티안 4세$^{\text{Christian IV}}$가 개혁교도의 양심을 회복하여 1629년까지 프로테스탄트 진영의 대들보 역할을 하였다. 실제로 개혁신앙 수호를 명분으로 전쟁에 뛰어 들었지만, 북부 독일 영토 확장에 더 관심을 가졌기 때문에 그의 참전은 전쟁을 치를 자금이 충분했을 때만 발휘될 힘이었다.

제네바, 아우크스부르크, 암스테르담의 금융가들은 양 진영 모두에게 대출을 제공했다. 전쟁에서 정의나 종교적 신념 따위는 실로 무의미했다. 가톨릭교도 프랑수아 1세가 합스부르크 가문과 충돌할 때마다 프로테스탄트 진영을 도와 싸운 것이 이를 증명한다. 신앙과 이익 사이에서 현실의 이익이 최우선했기 때문이다. 재물과 힘이 곧 정의였다.

페르디난트 2세는 '복원 칙령'$^{\text{Edict of Restitution, 1629}}$을 공포해 루터파를 제외한 모든 개혁파의 권리를 박탈하고 통제하였다. 그 일환으로 개혁파의 주요 인물들을 처형하고 보헤미아 전역에서 개혁교도들의 재산을 몰수하였다. 특히 '아우크스부르크 종교화의'에서 법적으로 인정받지 못한 보헤미아의 재세례파는 더욱 큰 환란에 처해졌다. 당시 황제군에 의해 자행된 만행은 차마 인간으로서는 할 수 없는 끔찍한 일이었다. 황제연합군은 여성들 뿐만 아니라, 어린 소녀소년들을 성적으로 유린한 것도 모자라 잔인한 방법으로 살해하였다. 남자들은 달궈진 인두로 태워 죽이고 두 눈을 도려내었으며, 상처난 부위에 화약을 집어넣고 불을 붙이는 등, 섬뜩할 정도의 잔혹성을 『후터파 연대기』$^{\text{Hutterite Chronicle}}$ 저자는 다음과 같이 기록하고 있다.

"…… 그러한 만행은 자신들이 최고의 기독교인이라고 믿는 황제군에 의해 공개적으로 행해졌다."(Such things were openly practiced by the imperial soldiery who believed themselves to be the best of Christians.)

10만 명의 보헤미아 개혁교도들은 자신들이 살던 땅에서 추방되었고 프라하 대학교는 예수회로 넘어갔다. 페르디난트 2세는 몰수한 개혁파 귀족들의 영지를 자신의 추종 세력들에게 하사하고, 후스파 전쟁 이후 손실을 입은 수도원들과 성직자들에게도 분배해 주었다. 보헤미아에서 재가톨릭화가 2년 이상 지속되면서 장기적으로 사회구조에도 큰 변화가 일어났다.

1630년 7월, 지면에 난반사된 햇빛에 저절로 실눈이 떠지는 여름, 루터파 구스타브 2세 아돌프 Gustav II Adolf가 프로테스탄트 진영의 주도권과 스웨덴의 안전을 도모하기 위해 독일 해안을 소규모로 공략했다.

1631년 1월, 프랑스 리슐리외 추기경이 '베르발데 조약'Treaty of Bärwalde에 의해 자금을 지원함으로써 덴마크 전쟁Danish-phase은 이제 스웨덴 전쟁Swedish-phase, 1630-1635으로 게임체인저되었다. 당시 루터파 브란덴부르크-프로이센과 작센은 스웨덴과의 연합을 주저하고 있었다. 이때 프로테스탄트 진영에 경각심을 준 사건이 벌어졌다. 그해 3월, 틸리와 파펜하임의 황제군이 루터파 도시 마그데부르크를 점령하고 두 달에 걸쳐 이 끝에서 저 끝까지 불지르고 약탈하였다. 공포에 휩싸인 많은 개혁교도들이 살기 위하여 황제군에 가담하였으나 황제군에 의해 제일 먼저 죽임을 당하였고, 요한 교회St.Johannis Kirche로 달아나 예배당에 몸을 숨긴 사람들은 교회와 함께 불태워졌다. '마그데부르크 약탈'Sack of Magdeburg로 시민 3만 명 중에 생존자는 약 5천 여명에 불과했고 도시는 잿더미로 변했다. 스웨덴 의회에 제출된 기록에 의하면, 재가톨릭화의 선봉에 선 예수회 요한 체르클라스 폰 틸리

Johann Tserclaes Graf von Tilly와 파펜하임Gottfried Heinrich Graf zu Pappenheim 장군의 왈론Walloon·크로아티아Croatia 군대가 마그데부르크에서 행한 잔혹한 만행은 이루 다 말할 수 없다.

그동안 소극적이던 브란덴부르크-프로이센에 이어서 작센, 브라운슈바이크-뤼네부르크와 헤센-카셀 등 북부 루터파 제후들이 황제군의 잔인한 마그데부르크 만행 이후, 차례로 스웨덴과 연합해 싸웠다. 그 결과 9월 17일 브라이텐펠트 전투Battle of Breitenfeld에서 구스타브 2세가 틸리의 황제군을 무찌르고 마인츠를 점령, 전세를 뒤집었다. 이듬해 봄에 벌어진 라이너 전투에서 '마그데부르크의 도살자' 틸리 백작은 치명상을 입고 사망하였다. 이에 페르디난트 2세는 두 해 전 해임했던 알브레히트 폰 발렌슈타인을 다시 불러 들여 제국군을 재편하였으나 11월 6일 루첸 전투Battle of Lützen, 1632에서 프로테스탄트 진영의 스웨덴-작센 연합군에게 패하고 말았다.

스웨덴은 이 과정에서 구스타브 2세 아돌프가 전사하고 어린 크리스티나 공주가 즉위하였다. 국왕의 죽음과 장기화된 전쟁에 화력을 쏟아부어 국력이 약화된 상황에서 재상 옥센셰르나가 외교력을 발휘해 프랑스의 자금 지원을 받았다. 1633년 4월 23일, 결성된 하일브론 동맹Heilbronn League, 1633을 옥센셰르나가 이끌며 승리를 이어 갔다. 그러나 오래 가지 못하고 이듬해 여름, 슈바벤의 뇌르틀링겐 전투에서 황제군에게 참패하고 말았다. 전쟁의 주도권을 잃은 스웨덴은 1635년 보헤미아의 프라하에서 '프라하 평화조약'에 서명하였다. 이로써 하일브론 동맹은 해체되었다. 이렇게 전쟁은 황제군의 승리로 끝날 것 같은 어두운 전망만이 우세하였다.

이때 프랑스의 명장군 튀렌Vicomte de Turenne 자작과 프롱드Fronde파의 콩데Duc d'Enghien Condé를 앞세운 프랑스가 오스만 제국과 동맹을 맺고 합류함으로써 반(反)합스부르크 4단계 전쟁Franco-Swedish phase, 1635-1648은 프랑스와 합스부르크 가문의 전쟁으로 전환되었다. 이와 같이 신성로마제국 황제의 권력이 확대되는 것을 경계한 로마 교황청과 프랑스, 그리고 제국에서 독립하려는 스위스와 네덜란드 등, 강력한 중앙집권 세력의 등장을 원하지 않는 유럽 국가들의 견제로부터 신성로마제국과 합스부르크 가문은 포위되어 있었다. 한편, 구스타브 2세^{Gustav II Adolf}의 죽음 이후 방어전으로 일관하던 스웨덴이 브란덴부르크 북부 비트슈토크^{Battle of Wittstock, 1636. 10}에서 황제군을 무찌르고 독일을 침공하였다.

1637년에 이르러 네덜란드는 빌럼 1세의 막내아들 프레데리크 헨드리크^{Frederik Hendrik, 1584-1647}가 이복형 마우리치의 사망 이후(1625) 독립저항군을 지휘하여 펠리페 4세의 스페인군을 격파하고 전략 요충지 브레다 요새를 탈환하였다. 프랑스 위그노 지도자 가스파르 드 콜리니 제독의 외손자이기도 한 그는, 네덜란드 독립을 위해 나사우 가문의 후예답게 싸우다가 유럽의 30년 전쟁이 끝나기 직전인 1647년에 사망하였다.

1637년 황제 페르디난트 2세가 죽고 그의 유능한 아들 페르디난트 3세^{Ferdinand III}가 신성로마제국 황제가 되었다. 한때 그는 발렌슈타인이 암살당한 후(1634) 총지휘관으로서 역량을 보여 주었으나, 막상 황위에 오른 뒤 치른 전투에서는 번번히 반(反)합스부르크 동맹인 프랑스-스웨덴 연합군에게 참패를 당했다. 1640년 이후 합스부르크 가문의 위세가 크게 꺾이기 시작했다. 결국 1648년 황제군이 연속적으로 패전하면서, 양 진영이 오스나브뤼크와 뮌스터에서 '베스트팔렌 평화조약'에 서명하기에 이르렀다. 그에 따라 황제권은 약화되고 오스트리아 합스부르크 가문의 위세는 중부 유럽으로 쪼그라 들었으나, 프랑스는 유럽의 강자로 부상하게 된다.

유럽의 각국 경쟁자들이 의도했던 궤도를 벗어나 통제불능의 블랙홀로 빨려 들어간 30년 동안 대략 450만-800만 명의 유럽인이 희생되었다. 이

전쟁으로 루터파 독일은 재기불능에 가까운 최대 피해국이 되었다. 전쟁은 그럴듯한 여러 가지 명분을 내세우지만 철저하게 권력자들과 그 집단의 유불리에 따라 발생한다. 권력 또는 체제 유지를 위한 희생제물은 언제나 티끌같이 힘없는 사람들이다. 수천 명 아니, 수백만 명이 죽더라도 통치자들에게는 크게 상관할 바 아니었다. 게다가 알량한 동맹관계는 언제든지 친구에서 원수로, 원수에서 친구로 돌아설 가벼운 것이었다.

5. 베스트팔렌 평화조약(Peace of Westfalen, 1648)

유럽을 초토화시킨 참혹한 전쟁은 1648년 10월 24일, '베스트팔렌 평화조약'을 체결하면서 마침내 종결되었다. 오스나브뤼크^{Osnabrück}에서 체결된 이 조약을 통해 '아우크스부르크 종교화의'에서 제외되었던 칼뱅파, 츠빙글리파가 공식적으로 인정을 받았으며 이제 누구나 종교를 자신의 자유의지로 결정할 수 있게 되었다. 이처럼 종교의 자유가 확대되면서 자연스럽게 교황권이 약화되었다. 따라서 더 이상 정치적인 문제에서 교회 행정가들과 신학자들의 자문을 구하지 않고도 세속권력이 독자적으로 해결할 수 있게 되었기 때문에 교황권은 정치적 문제에 효과적으로 개입할 수 없게 되었다. '베스트팔렌 조약' 이후 스위스는 신성로마제국으로부터 독립하였고, 훗날 '아라우 조약'(1712. 8. 11)으로 스위스 칸톤들이 자신의 종교를 선택할 수 있는 권리를 얻음으로써 가톨릭 세력의 우위도 종식되었다.

마찬가지로 네덜란드 역시 스페인으로부터 80년 만에 독립을 이뤄냈고, 신성로마제국의 제후들은 황제나 교황의 간섭 없이 독립적인 주권을 행사할 수 있게 되었다. 그에 따라 중세를 이끌어 온 로마 가톨릭교회 중심의 질서가 무너지게 되었으며, 지치고 쇠퇴한 신성로마제국과 합스부르크 가문이 마지막 악장을 힘겹게 넘기고 있었다.

'베스트팔렌 평화조약'은 세속 군주들의 권력이 더욱 강화되고 견고해 졌음을 확인해 주었으며, 가톨릭, 루터파, 개혁파가 공존하는 질서를 확립했다. 이제 유럽은 교회의 권위에서 벗어나 스스로를 컨트롤하는 시대로 접어들었다. 한편, 프랑스는 메츠·툴·베르됭(三主敎領)을 귀속받아 라인으로 뻗는 법적·외교적 교두보를 확보하고 유럽 패권을 노렸으나, 루이 14세는 '퐁텐블로 칙령'을 공포해 종교의 다양성과 공존이 아닌, 하나의 신앙과 하나의 왕권만을 허용하는 절대주의에 힘을 쏟아부음으로써 위그노의 망명을 촉발해 유럽 패권의 꿈을 좌절시키는 길로 나아갔다.

폭주하는 기관차처럼 달리던 유럽의 30년 전쟁은 오스나브뤼크 Osnabrück

프라하의 비셰흐라드 성으로 들어가는 레오폴드 문을 지나면 11세기에 건축된 로툰다 마르틴 교회(Rotunda of St. Martin)를 마주하게 된다. 이 원형건축물은 직경 6.5m로 프라하에서 가장 큰 로툰다(원형) 건축물로도 꼽힌다. 그리고 예배당 내부가 알폰소 무하의 그림으로 장식된 베드로&바울 성당(Basilica of St. Peter and St. Paul), 교회에 딸린 비셰흐라드 공원묘지(Vysehrad Cemetery)는 체코의 자랑인 안토닌 드보르자크(Antonin Dvorak)와 알폰소 무하(Alfons Mucha), 베드르지흐 스메타나(Bedrich Smetana) 등 6백여 명의 체코 명사들이 안장되어 있다. 19세기 후반에 조성된 묘지 입구의 배치도를 참고하면 안장된 위치를 쉽게 찾을 수 있다.

에서 체결된 '베스트팔렌 평화조약'에 따라 마침내 멈춰 섰다. 이 조약은 단순히 전쟁을 끝낸 것이 아니라, 유럽 국가 간의 국제법적 질서와 주권 개념의 기초를 확립한 분기점이 되었다. 아울러 종교적 관용 원칙에 따라 기독교 분파가 법적 지위를 인정받음으로써 지리적으로 북유럽과 서유럽은 루터파와 칼뱅주의로 대변되는 개혁교회가, 남유럽과 동유럽은 로마 가톨릭교회의 영향력이 여전히 견고하게 유지되었다. 이러한 분포는 훗날 유럽 국가들의 경제적인 영향과 근대로 나아가기 위한 국가발전에도 결정적인 영향을 끼쳤다. 잉글랜드와 스웨덴이 많은 영토를 확보했고 프랑스는 서유럽의 강자가 되었다. 반면에 17세기 후반의 신성로마제국은 중앙집권 국가로 발전할 기회를 잃은, 수평선에 걸쳐 있는 태양이었다. 곧 해는 질 터이다.

종교개혁은 종결된 것이 아니다. 주님이 다시 오실 때까지 교회는 개혁되어야 하고, 교회의 개혁은 현재진행형이다. 교회개혁은 지나간 역사의 사건이 아니라 현재도 동일한 의미를 주는 계승된 역사로 이해해야 한다. 지상의 가시적 교회는 하나님이 세우신 제도이다. 하지만 가시적 교회는 완전하지 않고 부패하고 타락할 가능성을 항상 가지고 있다. 그러므로 성령의 조명을 통하여 성찰하고 스스로를 개혁하지 않으면 로마 교회가 행한 오류와 타락을 피할 수 없다. 〈개혁된 교회는 항상 개혁되어야 한다〉는 말은 그리스도의 재림에 이르기까지 유효한 모토이다. 한 곳에 고인 물은 반드시 오염될 수밖에 없다. 아브라함에게는 정착민으로 살기에 적당히 안온하고 안정된 생활터전이 하란에 있었다. 그런데 하나님께서 "떠나라" 명령하시자 그대로 실행하였다. 그것은 보장된 길이 아니었다. 그와 같이 "가라"하시면 가고, "멈추라"하시면 멈추는 믿음의 선진들, 교회개혁 역사에서 죽음을 불사하고 충성했던 사람들, 드러나지 않는 데에서 새 역사의 문이 열리기까지 각자 자신의 몫을 감당하며 하나님의 무대를 채웠던 사람들은 모두가 유목민의 삶을 받아들였고, 그렇게 살기로 작정한 사람들이었다. 그들은 언제나 성경과 사도적 가르침을 따랐고, 교회의 회복을 위하여 전심으로 봉사하였다. 이제 우리는 그들이 건네준 바톤이 우리의 손에 들려 있다는 사실을 무겁게 받아들여야 한다.

6. 경건주의 발흥

현대 복음주의의 원천인 경건주의는 무엇인가? 신앙생활이 종교적인 외적 행위로 흐르고 복음의 전파보다 교회 질서를 유지하는 것에 만족하는 사람들에 의하여 개혁된 교회들이 흘러가고 있을 때, 경건주의는 공인된 종교 루터파 내부에서 기독교인들의 헌신에서 시작되었다. 이러한 움직임은 개인적인 갱신, 생활의 성결과 성장, 실제적인 체험, 곧 성령 체험을 강조하는 형태로 나타났다.

요한 아른트$^{Johann\ Arndt}$ 이후에 1635년 1월 13일, 독일 경건주의^{Pietism}의 개척자로 불리는 야콥 슈페너가 태어났다. 순수-루터파 귀족 가문에서 태어난 야콥 슈페너$^{Philipp\ Jakob\ Spener}$는 박사학위를 받은 후 프랑크푸르트의 루터파 파울스키르헤^{Paulskirche}에서 목회를 시작하였다. 당시 목회자들은 국가의 지원을 받으면서부터 설교와 성찬식 집례에 대부분 만족하였다. 하지만 슈페너는 교구민들의 신앙교육도 목회에 포함된다고 생각했기 때문에 '경건의 모임'이라 부른 성경공부와 경건회를 시작하였다. 이후 그 결과는 5년 뒤 저서 『경건한 열망』으로 산출되었다. 그의 주요 작품인 『경건한 열망』$^{Pious\ Desires}$은 당면한 시대의 풍조를 거부하는 반작용이었다. 즉 맹목적인 지성주의^{Intellectualism}와 종교개혁과 반종교개혁 시기의 신조주의^{Confessionalism}에 반대하는 반작용이었다. 계몽주의운동이 낳은 피상적 지성주의를 경계하며, 오직 성령과 성경의 권위에 호소하였다. 곧 실천적인 믿음을 추구하였다. 당시 다른 개혁교도들이 로마 교회를 요한계시록에서 말하는 바벨론의 음녀로 간주했듯이 야콥 슈페너도 로마 교회를 바벨론의 음녀로 동일시하였다. 경건주의의 반지성주의와 같은 관심사들을 반영하기 위하여 1694년 할레 대학이 설립되었고, 할레 대학은 순식간에 주요 중심지가 되었다. 야콥 슈페너가 이해하는 설교란 신자들에게 하나님의 말씀에 순종하도록 촉구하기 위한 것이기 때문에 지나치게 학구적이거나 논쟁적인 어조를 피할 것을 권고하였다. 또 슈페너는 만인제사장설을 견지하고 칭의와 성화를 강조한 점에서 볼 때, 칼뱅주의에 가까운 가르침이었다. 또 요한계시록의 예언이 성취되고 있으며 종말이 가깝다고 보았다. 그는 할레Halle 대학에서 철저한 회개와 은총, 그리고 중생을 강조한 엄격한 경건주의 훈련을 실시하여 할레 대학은 경건주의의 본산이 되었고 유럽의 명문대학이 되었다.

야콥 슈페너의 가장 뛰어난 후계자는 아우구스트 헤르만 프랑케August Hermann Francke, 1663-1727였다. 프랑케는 슈페너의 계시록 해석에 관해서는 이견이 있었지만 그의 가르침에는 전적으로 동의하였고, 기독교인의 삶의 기쁨과 거듭남의 경험을 강조한 경건주의자였다. 그는 독일 동북부 할레 근교 게오르그 교회St. Georgenkirche 목사로(1691), 또 할레 대학 철학부에서 헬라어와 고대 근동어학 교수로 36여 년을 봉사하였다. 그러나 그의 우선순위는 언제나 목회와 목회현장에 있었다. 프랑케도 경건주의 선배들이 강조하였듯이 학문적 지식보다 예수 그리스도를 바로 아는 지식이 더 중요함을 강조하였다. 이와 같은 경건주의운동이 기독교 역사에서 가장 크게 기여한 분야는 선교였다. 당시에는 복음 전파의 명령이 사도들에게 국한된 것으로 이해하는 수준이었다. 초기 경건주의자들도 고아와 가난한 사람을 위한 학

「Ecce Homo. 이 사람을 보라(요 19:5)」 도메니코 페티, 바이에른 국립박물관, 뮌헨.

교와 보육원 등을 세워 신자들의 궁핍함을 돕는 구제에 힘썼다. 당시 해외 선교에는 미처 관심을 두지 못하고 있었을 때였다.

1707년 경건주의자들을 존경했던 덴마크 프레데리크 4세^{Frederik IV}가 식민지 인도에 선교사를 파송하기 위해 할레 대학의 프랑케에게 도움을 요청하였다. 프랑케는 바르톨로매우스 지겐발크^{Bartholomäus Ziegenbalg, 1683-1719}와 하인리히 플뤼차우^{Heinrich Plütschau} 두 명의 제자를 인도 타밀 지방에 파송하여 타랑감바디^{Tharangambadi, 옛 타란케바르} 선교사무소를 세웠다. 파송된 선교사들이 독일로 선교편지와 선교보고서를 보냈고 그들의 활동은 경건주의자들의 관심을 불러 일으켰다. 금세 할레 대학은 선교사 훈련의 중심지가 되었다. 당시 독일은 '30년 전쟁'으로 유럽 어느 나라보다 큰 어려움을 겪던 시기였음에도 불구하고, 절망하거나 낙담하지 않고 교회의 부흥을 주도하면서 교육을 통해 독일을 변화시키고 해외 선교의 장을 본격적으로 열었다. 덴마크에서도 왕의 지원과 경건주의 지도자들의 인도 아래 라플란드와 그린란드에 파송될 선교사들을 훈련하기 위한 선교학교가 설립되었다. 이와 같이 프랑케는 스승 슈페너의 경건주의 이론을 학교와 생활에서 실천적으로 구현하여 경건주의를 완성시킨 인물로 평가받는다.

헤르만 프랑케의 제자 중에서 니콜라우스 루트비히 폰 진젠도르프 백작Nikolaus Ludwig von Zinzendorf, 1700-1760은 경건주의가 널리 확산되는 일에서, 또 해외 선교에서 중요한 역할을 하였다. 오스트리아 혈통의 귀족 가문에서 태어난(1700) 그는 부친이 일찍 사망하고 모친의 재혼으로 인해 독실한 경건주의자 외할머니 헨리에타 슬하에서 자랐다. 유럽을 초토화시킨 30년 전쟁이 종식되자 17세기 중반부터 젊은 귀족들을 위한 '그랜드 투어'가 등장하였다. 이 여행은 장기간 유럽을 순회하는 여행으로서 당시 젊은 귀족들이 통과의례처럼 또는 기분전환을 위하여, 또는 교양을 고취하기 위한 여행이었다.

할레 대학 프랑케 밑에서 수학한 청년 진젠도르프 백작도 여느 귀족 청년들처럼 1719-1720년까지 그랜드 투어를 떠났다. 뒤셀도르프 미술관 작품을 둘러보던 진젠도르프 백작이 한 그림 앞에서 눈을 떼지 못하고 얼어붙은 듯 꼼짝않고 서 있었다. 도메니코 페티Domenico Feti의 작품이었다. 「에케 호모」Ecce Homo는 로마 총독 빌라도가 가시면류관을 쓴 채 자신 앞에 끌려 나온 예수 그리스도를 가리키며 했던 말이다.

"나는 너를 위하여 이것을 이루었다. 그런데 너는 나를 위하여 무엇을 했느냐"(Ego pro te haec passus sum. Tu vero quid fecisti pro me.)

그에게 들린 이 음성으로 인하여 그의 전 생애는 섬김 받는 귀족에서, 섬기는 선교사적 삶으로 완전히 뒤바뀌게 된다. 그는 평생 예수의 십자가와 동행하는 삶을 살기로 다짐하였다. 그랜드 투어에서 돌아온 진젠도르프 백작은 피난민들을 만나게 되는데, 그들은 박해를 피해 고향 모라비아를 떠나온 신앙난민 후스파였다. 진젠도르프는 그들을 위하여 자신의 영토 베르텔스도르프Berthelsdorf를 피난처로 제공해 주고, 1722년 6월 17일 '주님이 보호하시는 곳'을 의미하는 헤른후트Herrnhut 공동체를 세웠다. 그는 2백여 명의 모라비아 신앙난민들과 공동체 생활을 하면서 신앙난민들을 계속 받아들였다. 1728년 5월 3일, 그는 그들에게 정착지를 제공하는 것에 그치지 않고 신앙훈련과 경건한 공동체 생활을 할 수 있도록 찬양 모임에 나온 사람들에게 처음으로 내일을 위한 말씀을 건네주었다. 이때부터 저녁마다 짧은 성경구설과 잔송이 선택되었고, 다음 날 아침이 되면 헤른후트 형제단에 의해 집집마다 전해졌다. 비록 짧은 말씀이었지만 영적 전쟁에서 헤른후트 공동체가 승리하기를 바라면서 매일 말씀묵상 훈련을 시작하였다. 이런 과정을 통해 탄생한 『로중』Die Losungen은 개신교 전통에서 가장 널리 활용해 온 묵상집이 된다. 1939년 여름, 디트리히 본회퍼Dietrich Bonhoeffer는 "헤른후트 로중은 단순한 성경말씀의 구절에 그치지 않고 매일 주어지는 말씀이 우리로 하여금 앞으로 나갈 길을 결정할 수 있게 한다"고 자신의 일기장에 썼다. 독일 히틀러 암살기도 혐의로 2년 동안 감옥생활을 하고 교수형을 받은 본회퍼 목사의 고백처럼, 『로중』은 단순한 묵상집이 아니라 영의 양식으로서 결코 부족하지 않은 묵상집이었다.

1731년 진젠도르프 백작은 코펜하겐에서 열린 크리스티안 6세$^{Christian\,VI}$의 즉위식에 참석했다. 이때 만난 서인도 제도 출신 노예 앤서니 울리히 $^{Anthony\,Ulrich}$가 자신들에게 선교사를 보내 달라고 간청하였다. 진젠도르프는 그와의 약속을 지키기 위하여 귀국 즉시, 선교열에 불타는 모라비안 레오나르도 도버$^{Leonard\,Dober}$와 다비드 니쉬만$^{David\,Nitchmann}$을 최초 선교사로 서인도 제도에 파송하였다(1732. 8. 21). 또 루터파 한스 에게데$^{Hans\,Egede}$에 의해 기독교로 개종한 그린란드 이누이트(에스키모인)를 크리스티안 6세 즉위식에서 만나고 진젠도르프는 여생을 결정지을 선교적 열망에 사로잡히게 되어 크리스티안 다비드$^{Christian\,David}$와 마티아스 슈토흐$^{Mattias\,Stach}$ 그리고 그의 사촌 크리스티안 슈토흐를 그린란드로 파송하였다(1733). 이와 같이 서인도 제도를 시작으로 아프리카, 그린란드, 아메리카까지 선교를 확장하였다. 이 사역이 이어지는 몇십 년 동안, 헤른후트는 선교사들의 지칠 줄 모르는 헌신을 증언하였다. 그들은 북아메리카 인디언들을 복음화하고 펜실베이니아와 노스캐롤라이나에 공동체를 세웠다. 200명의 모라비아 신앙난민으로 시작된 이 운동은, 20년이 채 되지 않아서 100명 이상의 해외 선교사를 파송하였다. 이것은 16세기 종교개혁 이후 프로테스탄트 진영이 파송한 선교사보다 더 많은 선교사 파송이었고, '현대 선교의 아버지'로 불리는 윌리엄 캐리$^{William\,Carey}$보다 60년을 앞선 것이었다.

진젠도르프 백작은 여성의 설교와 안수를 허용함으로써 신랄한 비판을 받았는데, "만일 성령께서 모든 사람들에게 동일하게 확신을 주시고 말씀하시고 영감을 주신다면, 여성이 교회를 지도하는 일에서 왜 배제되어야 합니까?"하고 여성도 교회에서 남성과 동등한 협력자가 되어야 한다고 확신하였다. 이와 같이 경건주의는 교리보다 종교적 체험과 경건 훈련을 추구하였고, 거듭남의 필요성을 강조함에 있어서는 진정으로 최초의 복음주의 Proto Evangelicalism였다. 28년에 걸쳐 226명의 선교사를 파송한 진젠도르프 백작은 전 재산을 선교와 학교 설립에 사용하였다. 그는 자신에게 주어졌던 모든 소유를 오롯이 그분의 선하신 뜻을 위하여 사용하고, 1760년 5월 9일 60세를 2주 앞두고 헤른후트 Herrnhut에서 잠들었다.

마인강변의 바르톨로메우스 대성당은 1562년부터 1792년까지 아헨을 대신하여 신성로마제국 황제들의 대관식이 거행된 카이저돔으로, 『젊은 베르테르의 슬픔』과 『파우스트』의 저자 괴테가 어린 시절 이곳에서 성가를 불렀다고 알려지기도 했다. 한편, 뢰머 광장 건너편에는 루터파 야콥 슈페너가 목회했던 파울스키르헤 Paulskirche가 있다. 하지만 건물 외벽에 그의 기념동판만 있을 뿐, 이 건물은 1948년 독일 국민의회 100주년을 맞아 복원되었고 프랑크푸르트 시당국의 행사장과 같은 공간으로 탈바꿈했다. 이것이 현재 유럽 교회의 현실이다.

뢰머 광장에서 베트만(Bethmann) 거리를 가로 질러 바울 광장이 있다. 이 광장에는 야콥 슈페너가 목회했던 붉은 벽돌로 된 옛 바울교회가 있다. 야콥 슈페너의 기념동판(상)과 출입문 위의 부조(하). 통일 기념비(Einheitsdenkmal)(우)

제Ⅲ부
유럽의 종교개혁

스위스 종교개혁

1. 울리히 츠빙글리(1484-1531): 취리히 종교개혁자. '67개 조항' 발표, 미사 폐지, 성찬 도입, 연속강해 설교.

2. 기욤 파렐(1489-1565): 스위스 개혁주의 확산에 기여. 발도파 총회 샹포랑(Chanforans) 회의에서 개혁주의 원리를 설명. 뇌샤텔 개혁.

3. 장 칼뱅(1509-1564): 『기독교 강요』 집필, 제네바 종교개혁.

4. 피에르 비레(1511-1571): 로잔에서 설교와 교육을 통해 개혁신학 확립에 기여. 테오도르 드 베즈와 함께 로잔을 학문적 중심지로 발전시키며 개혁신학 교육체계 확립.

5. 테오도르 드 베즈(1519-1605): 제네바 아카데미, 칼뱅의 후계자.

주요 논쟁 및 사건

1. 취리히 논쟁(1523): 울리히 츠빙글리가 가톨릭 교리를 공개적으로 비판하며 개혁 추진.
2. 베른 논쟁(1528): 가톨릭과 개혁교회의 신학적 대립. 베른이 개혁교회로 전환된 계기가 되다.
3. 제2차 카펠 전투(1531): 스위스 내 가톨릭 칸톤과 개혁교회 칸톤 사이에 군사적 충돌, 이 전투에서 츠빙글리가 사망하면서 스위스 개혁교회 진영이 큰 타격을 입었다.

제1장 취리히 종교개혁

A. 취리히

독일 슈투트가르트 중앙역Stuttgart Hbf을 출발한 국제선 기차는 어느덧 취리히 중앙역Zürich HB에 도착하였다. 또다시 낯선 도시에 발을 내딛는다고 생각하니 플랫폼에 내리는 순간, 뇌 버퍼링이 일어났다. 잠시 후 트래블 엔젤의 안내를 받아 숙소행 기차로 갈아탔다. 그러나 숙소를 지척에 두고 종종 겪는 지도앱과의 길찾기 씨름이 취리히라고 해서 다를까. 이미 체력은 바닥이 난 채, 같은 길을 두세 번이나 빙빙 돌아서야 겨우 숙소에 도착해 배낭을 던져 놓고는 다시 센트럴로 가는 트램을 탔다.

이번 일정은 종교개혁지 탐방이라, 모든 개인적인 관심사를 뒷전으로

반호프 거리를 따라 걸으면 리마트 강을 가로지른 콰이-브뤼케(Quai-brucke)를 만나게 된다. 이 다리 위에서 주요 교회들을 한눈에 조망해 볼 수 있다.

미루고 오로지 걷고 그 시대를 사색하는 데 집중하다보니 여행지에서 누릴 수 있는 낭만은 전혀 없다. 굳이 그래야 할 이유가 없는데도 말이다.

한창 공사 중인 중앙역을 등지고 명품매장이 즐비한 반호프 보행자 도로를 따라 걸었다. 비슷비슷해 보이는 유럽의 도시 풍경은 이제 익숙함 속의 권태가 주는 피로, 그러나 낯선 길 위에서 긴장은 풀리지 않는다. 어느새 잔잔한 물결 위로 햇살이 내려앉은 푸른 호수가 나타났다. 관광유람선들이 물보라를 일으키며 선착장으로부터 멀어지자 은빛 알프스 정상과 어우러진 코발트빛 맑은 호수가 한 폭의 그림처럼 눈앞에 펼쳐졌다.

취리히·장크트갈렌(생갈렌) 등, 세 개의 칸톤에 걸쳐 있는 취리히 호수는 알프스 빙하가 깎아낸 골짜기에 맑은 물이 고여 형성된, 도시와 설산을 동시에 비추는 초승달 모양의 호수이다. 19세기 초 에셔 운하와 린트 운하가 건설되면서 발렌 호수에서 흘러내린 린트강의 물줄기가 취리히 호수로 유입되도록 바뀌었다. 도심 북쪽 끝 콰이-브뤼케^{Quaibrücke} 아래에서 물길을 터뜨려 리마트강으로 흘러나가는 호수 동쪽의 상부는 오버제^{Obersee}이고, 북서쪽의 넓고 얕은 부분은 운터세^{Untersee}라 불린다. 호수 서쪽에는 뤼첼나우^{Lützelau}와 우페나우^{Ufenau}와 같은 작은 섬들이 자리하고 있다.

스위스는 사계절 내내 하얀 만년설로 덮인 알프스 산맥 아래 푸른 초원이 펼쳐진 목가적인 풍경을 상상하며 읽었던 『알프스의 하이디』와 옛 스위스인들의 독립의지를 엿볼 수 있었던 프리드리히 쉴러$^{Friedrich\ Schiller}$의 『빌헬름 텔$^{Wilhelm\ Tell}$』의 사과를 떠올리게 한다. 더 나아가 교회사적으로는 울리히 츠빙글리와 미완의 취리히 종교개혁을 마무리한 하인리히 불링거, 제네바의 2세대 종교개혁자 장 칼뱅, 그리고 신학적 견해가 달랐던 재세례파와의 첨예한 논쟁이 있었다. 그렇다면 75%가 산으로 이뤄진 스위스에는 언제부터 교회가 있었을까? 스위스의 교회는 3-4세기 무렵, 로마 제국의 변방 곧 프랑스와 사부아Savoie에 접경한 제네바에 두 명의 주교에 의해 교회가 시작된 이후, 오랫동안 로마 교구에 속해 있었다고 알려져 있다. 1291년, 우어칸톤Urkantone 즉, 슈비츠Schwyz, 우리Uri, 운터발덴Unterwalden 3개의 삼림칸톤이 '영원한 맹약'에 의해 창설되었다. 15세기에 이르러서는 신성로마제국 막시밀리안 1세와 맞서 싸운 슈바벤 전쟁에서 스위스 연방이 승리함으로써 루체른·취리히·글라루스·추크·베른·프라이부르크·솔로투른·바젤·샤프하우젠·아펜첼이 가입하였다. 이렇듯 16세기 종교개혁 당시에 13개의 칸톤이 스위스 연방을 구성하고 있었으나 유럽 국가들 중에서 별다른 영향력을 행사하지는 못하였다. 그러나 독일에서 시작된 종교개혁의 횃불은 잇달아 스위스에서도 타올랐고, 취리히는 독일 비텐베르크와 함께 16세기 종교개혁의 출발지가 되었다. 당시 스위스의 교회는 개혁이 불가피할 정도로 로마 교회 성직자들의 무지함과 부도덕함이 만연한 데다 미신적이기까지 하였다. 당시 성직자들은 독신제도에도 불구하고 첩을 두었고, 심지어 창녀들을 데리고 사는 것도 공공연한 비밀이었다.

한편, 사람들은 라이슬로펀Reislaufen으로 불리는 용병 수출로 수입을 올리며 사회전반이 총체적으로 부패하고 타락해 있었다. 유럽의 군주들과 교황들은 스위스 출신 용병들을 확보하기 위하여 서로 경쟁하였고, 그 틈에서 그들은 자신의 동족을 살육하는 참극을 벌였다. 용감무쌍하기로 소문난 스위스 용병 '라이슬로이퍼'Reisläufer의 명성은 거저 얻어진 것이 아니라, 돈을 얻기 위해 인간의 도덕성을 잃어버린 대가로 얻어진 것이었다.

1. 울리히 츠빙글리

16세기 종교개혁의 선구자 중에 한 사람은 스위스 취리히의 울리히 츠빙글리Ulrich Zwingli, 1484-1531였다. 그는 독일의 마르틴 루터와 거의 동시대에 태어났으며, 알프스 산간 마을 빌트하우스에서 지역 관리의 아들로 성장하였다. 어린 시절 베젠의 학장이었던 삼촌 바르톨로뮤$^{Bartholomäus\ Zwingli}$의 보호를 받았고, 인문주의 학자들의 영향을 받으며 교육을 받았다. 바젤과 빈에서 학문을 이어 가던 츠빙글리는 고전과 스콜라 철학에 깊이 몰두했으나, 바젤 대학 시절에 만난 토마스 비텐바흐$^{Thomas\ Wyttenbach}$로부터 새로운 방향을 발견하게 된다. 비텐바흐는 사도들의 가르침과 복음으로 돌아가야 한다고 가르치며, 바울서신 강해에서 하나님의 은혜와 믿음으로 의롭다 함을 얻는 교리를 강조하고 수도원 서약과 성직매매를 비판하였다. 이런 그의 가르침은 젊은 츠빙글리에게 깊은 인상을 남겨 주었다. 이로써 츠빙글리는 점차 성경의 권위와 교회개혁의 필요성을 깨닫게 되었다.

1506년 9월, 스물두 살의 나이로 글라루스 교구 사제로 서품된 츠빙글리는 여전히 로마 교회와 교황에게 충성되고 열정적인 사제였다. 그러나 1515년 교황 레오 10세가 밀라노를 둘러싼 정치적 이해관계 때문에 스위스 용병들을 동원하면서 그도 군종사제로 차출되어 프랑수아 1세의 프랑스군과 맞서게 된다. 이 마리냐노 전투에서 수많은 용병들이 학살되는 광경을 목격한 그는, 스위스 사회 전반에 걸친 도덕적 해이를 깨닫고 로마 교회와 교황 권위에 대한 회의로 이어졌다. 그러나 스위스는 용병제도를 통해 들어오는 막대한 수입을 쉽게 포기하지 못했고, 용병제도를 비판한 츠빙글리는 글라루스의 친프랑스파에게 눈엣가시일 뿐이었다. 결국 그는 글라루스에서 퇴출되다시피 하여 1516년 가톨릭 슈비츠 칸톤의 아인지델른^{Einsiedeln} 수도원으로 옮겨 성경 중심의 설교를 시작하였다. 이때 그의 개혁사상은 더 확고해졌고 취리히 종교개혁의 시간이 다가오고 있었다.

때마침 그해, 바젤에서 에라스무스의 『헬라어 신약성경』$^{Novum\ Instrumentum\ omne,\ 1516}$ 초판이 출판되었다. 츠빙글리는 이를 구입하여 바울서신을 필사하고 암송하며 성경 원어(헬라어와 히브리어) 연구에 몰두하였다. 그는 직접 바젤을 찾아가 인문주의 학자 에라스무스를 만나 교제하고 자신이 몸담고 있는 로마 교회에 대한 성찰이 깊어졌다. 아울러 학문적 관점도 아리스토텔레스 철학과 라틴 고전들로부터 멀어지면서 성경을 삶과 신앙의 기준으로 삼는 방향으로 옮겨갔다. 같은 시기에 독일 비텐베르크에서는 마르틴 루터가 《95개조 논제》를 성 교회문에 게시하고, 부패하고 타락한 로마 교회의 실상을 공론화하면서 종교개혁의 바람이 일어나고 있었다.

2. 개혁의 요람 - 그로스뮌스터 교회

취리히 구시가지의 랜드마크는 그로스뮌스터Grossmünster, 프라우뮌스터키르헤Fraumunster-Kirche 성모교회, 프레디거키르헤Prediger-Kirche 사도교회, 장크트페터스키르헤St.-Peters-Kirche와 같은 4개의 주요 교회가 있다. 독일어로 교회는 '키르헤'Kirche로써 '주께 속한다'는 헬라어 '키리아케'Kyriake에서 유래되었다. 그중에 츠빙

뮌스터 다리(Münster-brücke)에 서서 바라본 그로스뮌스터 교회와 건물 외부에 세워진 츠빙글리에 이어 취리히 종교개혁을 완성한 하인리히 불링거의 부조.

글리 광장에 위치한 그로스뮌스터 교회는 1090년 로마네스크 양식으로 건축하기 시작하여 1230년에 대부분 완공된 건물이다. 전설에 따르면 펠릭스·레굴라·엑수페란티우스 등, 취리히 순교자들의 무덤이 발견된 장소에 샤를마뉴가 교회를 세웠다고 알려져 있다. '그로스뮌스터'라는 이름은 1322년부터 쓰이기 시작하였다. 이곳은 울리히 츠빙글리가 1519년에 부임하여 제2차 카펠 전투에서 생을 마칠 때까지 목회와 설교를 이어간, 취리히 종교개혁의 요람이다. 본래는 로마 가톨릭교회였으나, 츠빙글리의 개혁을 거치며 개혁교회로 자리 잡았고, 오늘날에는 취리히에 있는 로마네스크 양식의 대표적 교회로 알려져 있다. 1524년에는 개혁정신을 반영해 교회 안의 오르간과 성상, 제단화가 철거되었다. 단순하고 절제된 외관은 로마네스크 특유의 쌍둥이 탑이 특징인데, 초기에는 목재 첨탑이 있었으나 1781년 화재로 소실되었고, 19세기말에 이르러 신고딕 양식의 붉은 첨탑으로 다시 세워졌다. 교회 내부는 개혁교회의 전통에 따라 소박하고 금

그로스뮌스터 예배당 내부, 세례반 위에 『취리히 성경』(1531)이 놓여 있다. 개혁교회에서 가장 먼저 독일어로 번역된 『취리히 성경』은 마르틴 루터의 성경보다 3년 앞서 출판되었다.

욕적인 분위기를 띠며, 평일에는 일반인에게 개방된다. 교회 지하실^{Crypt}에는 금관을 쓴 샤를마뉴 황제의 동상이 있는데, 황제가 타던 말이 무릎을 꿇은 자리에 교회가 세워졌다는 전설과 연결되어 있다. 카를탑은 187개의 계단으로 이어져 있으며, 꼭대기에 오르면 취리히 시내와 호수를 한눈에 내려다볼 수 있다. 교회의 남쪽문에는 츠빙글리의 종교개혁사상과 신학적 특징, 그리고 취리히 종교개혁과 관련된 역사적 사건과 인물들이 24개의 패널에 생생하게 표현되어 있다. 이 문은 츠빙글리 출생 455주년과 그로스뮌스터 교회에서의 설교 420주년을 기념하기 위해 제작된 것으로, 제2차 세계대전 중에도 후원자들의 헌신적인 기금 마련에 힘입어 1939년 마이센 출신 오토 뮝히$^{Ott\ to\ Münch}$가 공사 3년 만에 완성하였다. 이밖에도 츠빙글리의 후계자 하인리히 불링거(1504-1575)의 부조가 교회 북쪽 파사드에 자리하고 있다. 부조 아래에는 다음과 같은 독일어 비문이 있다. "그로스뮌스터의 수석 목사, 츠빙글리 사후 취리히 교회의 현명한 지도자, 모든 개혁교회들의 조언자, 제2 스위스 신앙고백서의 작성자, 박해받는 신앙인들의 아버지 같은 보호자이자 위로자"

교회 음악

뛰어난 음악적 재능으로 작사작곡가로 활동했던 츠빙글리가 종교개혁을 하면서 예배에서 음악 사용을 금지한 것은 '예배는 말씀이 중심이 되어야 한다'는 그의 생각을 잘 반영한 조치였다. 기존의 교회음악이 가톨릭 교회의 전례에는 맞지만, 말씀이 중심이 되는 개혁교회의 예배 형식$^{Worship\ service}$에 부합하지 않다고 생각했기 때문이다. 츠빙글리 자신이 훌륭한 음악가였음에도 불구하고 성경에는 음악이나 악기를 사용하라는 구절이 없고 예배에 외형적인 것을 강화하면 인간의 손에서 좌우된다는 목회적 통찰을 통하여 예배에서 음악을 배제하였던 것이다. 〈유한이 무한을 포함할 수 없다〉며 하나님의 초월성을 강조한 츠빙글리를 비롯한 종교개혁자들은 교회 안에서 예술적인 요소들을 되도록 제거하고, 말씀이 중심이 되는 단순하고 정결한 예배를 위하여 노력하였다. 반면에 독일의 루터는 음악이나 악기를 사용하지 말라는 성경구절이 없고 〈유한이 무한을 포함한다〉며 자신의 신학적 기초에 근거하여 자연과 예술도 복음을 전달하는 통로로 사용될 수 있다고 보았다. 그리하여 루터는 예배를 위해 음악을 사용하고 또 음악을 사랑하였으며, 그의 후예인 루터파도 음악 영역에서 뛰어난 능력을 발휘하였다. 그 중심인물로 요한 제바스티안 바흐$^{Johann\ Sebastian\ Bach}$를 꼽을 수 있다. 1565년, 교회음악에 관심을 기울인 교황 마르켈루스 2세가 재위 3주 만에 사망하자, 가톨릭교회 음악가 팔레스트리나$^{Giovanni\ Pierluigi\ da\ Palestrina}$는 자신의 미사곡에 「교황 마르켈루스를 위한 미사」$^{Missa\ Papae\ Marcelli}$라는 이름을 붙였다(1567). 이 미사곡은 전통적인 5악장 체계로 구성되어 있으며, 그중 4악장 상크투스^{sanctus}는 "거룩할진저, 거룩할진저" 조용하고 맑게 호산나를 합창한다. 이는 트리엔트 종교회의 이후 로마 교회가 지향한 경건하고 규율된 예배음악의 표본이 되었다.

190여 년이 흐른 뒤, 루터파 요한 제바스티안 바흐$^{J.S.\ Bach}$는 신앙고백에 가까운 「B단조 미사」$^{Mass\ in\ B\ Minor,\ BWV\ 232}$를 작곡하였다. 이 곡은 바로크 음악의 진수라고 평가받는다. 바흐는 라이프치히의 장크트토마스 교회 음악감독으로 있으면서 평생을 교회음악에 헌신하였다. 두 개의 음악을 통해서 한 뿌리에서 나온 두 교회 전통의 정서와 신학의 차이를 생생하게 체험할 수 있는데, 바흐의 4부 「호산나」^{Osanna}는 단지 합창의 기쁨만이 아니라 율법과 공로에 의존하던 구원의 무게에서 해방된 영혼이 누리는 자유와 기쁨을 음악으로 표현해 낸 작품이다.

로마서 1장 17절의 말씀을 붙든 16세기 종교개혁은 단순히 타락하고 부패한 교회로부터의 분리이거나 사도적 가르침으로의 회복만을 의미하지 않는다. 하나님의 형상대로 지음 받은 존재가 인간 또는 인간이 만든 전통과 형식에 예속되지 않도록 하나님께서 종교개혁을 위한 일꾼들을 세우셔서 진리가 자유하게 하는 길로 우리들을 옮겨 주신 것이므로 세상의 어떤 것으로든 다시 자신을 옭아매는 어리석은 길을 가서는 안 된다.

"그리스도께서 우리를 해방시켜 주셔서 자유를 누리게 하셨습니다. 그러므로 굳게 서서 다시는 종살이의 멍에를 메지 마십시오."(갈 5:1 새번역)

3. 그로스뮌스터 교회 츠빙글리문

취리히의 문장 AD 300년 로마 황제 디오클레티아누스의 기독교인 박해가 막바지에 이르렀을 때였다. 디오클레티아누스는 기독교 공동체가 발견되었다는 보고를 받고 테베의 군대를 갈리엔으로

보냈다. 마우리티우스가 군대를 이끌고 스위스 남부 발레Valais의 아가우눔Agaunum에 도착하였다. 황제가 기독교인들을 색출하여 죽이라는 명령을 내리자 이미 기독교인이 된 로마 병사들은 비무장 상태의 주민들을 무력으로 진압하기를 완강히 거부하였다. 막시미아누스가 '명령 불복종은 죽음'이라고 엄포를 놨지만 병사들은 꿈쩍도 하지 않았다. 그러자 명령을 따를 때까지 병사들의 십분의 일씩 죽이기 시작하였다. 이때 지휘관 마우리티우스Mauritius는 사람들이 도망칠 수 있도록 도와주었다. 그 덕분에 펠릭스와 레굴라 남매도 도망하여 목숨을 구할 수 있었다. 엑수페란티우스는 그들과 동반한 하인이었거나 가솔이었음이 13세기에 들어와서 알려지게 되

었다. 이들은 호수 끝자락 투리쿰에 로마 부대가 주둔하고 있는 곳에 이르러 금식하고 기도하고 설교하면서 악령을 퇴치하여 사람들을 치료해 주었다. 그런데 박해자들은 이곳에도 찾아들었다. 그들은 자신들의 신앙을 지킨 결과, 리마트강의 한 바위 곁에서 참수형을 당하였다. 목이 잘린 그들이 자신의 목을 하늘 높이 들어올렸다고 전해지는 전설은 아주 다양한 형태로 전승되었고 취리히는 순례지가 되었다. 청동문 1번 패널은 취리히의 성인이 된 펠릭스, 레굴라, 엑수페란티우스를 표현한 것이다. 그러나 츠빙글리는 취리히 종교개혁을 하면서 이 같은 교회 안팎의 미신적이고 우상적인 모든 요소를 제거하였다.

소년 츠빙글리의 음악 수업 울리히 츠빙글리는 누구인가? 그는 마르틴 루터와 동시대를 살면서 스위스 종교개혁을 이끈 인물이다. 츠빙글리의 조부와 부친은 토겐부르크 공국 빌트하우스Wildhaus에서 선출된 지도자로 활동할 만큼 부유한 농민이었다. 그의 부친은 음악적 재능이 탁월한 아들을 위해, 다섯 살의 츠빙글리를 베젠Weesen에 있는 자신의 동생 바르톨로뮤에게 보내 음악수업을 받게 하였다. 당시 노래는 라틴어와 함께 주요 과목이었기 때문에 바젤에서도 음악수업을 받았다. 그는 현악기, 관악기 등 다른 악기도 잘 다루었고 심지어 작사작곡도 하였다. 도미니크회가 영민한 츠빙글리를 재빨리 영입하여 잠시 견습 수도사로 있었지만, 베젠의 학장이며 사제였던 바르톨로뮤Bartholomeu는 츠빙글리를 수도원에 보내지 않기 위해 집으로 데리고 왔다. 청동문 2번 패널의 장면은 14세가 된 츠빙글리가 수도원 앞 대기석에 앉아 류트Laute를 연주하면서 노래하고 있는 장면이다. 수도사들을 능가한 그의 실력은 수도사들로 하여금 그를 영입하고 싶도록 만들었으나, 울리히 츠빙글리가 가야 할 길은 수도사의 길이 아니었다.

마리냐노 전투 전 설교   1515년 9월 초, 글라루스에는 1백여 명의 군인들이 스위스 용병들과 함께 전투에 앞서 집결해 있었다. 글라루스에서 9년간 사제로 지냈던 츠빙글리는 군종사제로서 이 전쟁에 참전하였다. 이제 막 즉위한 프랑수아 1세의 프랑스군과 교황군이 밀라노와

롬바르디아 지역을 놓고 맞서는 이 전장에서 양측이 동원한 군인들은 대다수가 스위스 용병들이었다. 몬자Monza에 도착한 교황군 사이에서 소란이 일어났다. 특히 베른 출신들은 자신들과 상관없는 롬바르디아 때문에 전쟁할 필요가 없다며 귀향하려고 했다. 교황군의 약화를 우려한 츠빙글리는 신앙과 명예를 위해 함께 싸우자고 호소하였다. 하지만 이미 전투 의지를 잃은 병사들은 그의 말에 따르지 않았다. 결국 교황군은 9월 13-14일 마리냐노 전투[1]에서 프랑스군에 대패하고 말았다. 이 전투는 츠빙글리로 하여금 용병제도의 비극성과 교황권의 한계를 깊이 인식하게 만든 사건이었다. 훗날 그의 종교개혁사상의 형성에 결정적 영향을 준 경험이었다.

츠빙글리가 상점 앞에서 설교하는 장면으로 구성된 청동문 3번 패널은 당시의 상황을 생생하게 보여 준다. 설교를 듣는 일부 군인들의 표정에

---

1   마리냐노 전투는 1515년 9월 13일과 14일, 이탈리아 밀라노 남동쪽 약 16km 떨어진 오늘날의 멜레냐노(Melegnano) 근처에서 벌어진 전투로, 캉브레 동맹 전쟁(1508-1516)의 결정적 전투였다. 프랑수아 1세가 이끄는 프랑스군과 스위스 용병이 주축인 밀라노 공국과 교황군이 맞붙어 교황군이 대패함으로써 프랑스 역사에 중요한 전환점이 된 전투였다.

서는 설교에 동의하거나 반대하는 그들의 태도가 드러난다. 밑에서는 두 사람이 주사위 놀이를 하고 있고, 츠빙글리 뒤로는 술잔을 든 용병이 비웃는 표정으로 기둥에 기대어 서 있다. 무기를 들어야 할 용병의 손에 들린 술잔은 당시 교황군의 기강이 얼마나 해이했는지 여실히 보여 준다. 성경을 들고 있는 츠빙글리, 중앙으로 뻗은 그의 오른손은 곧 닥칠 불행을 경고하고 있다. 전쟁의 야만성에 꺾인 스위스 용병들, 그 젊은 용병들을 이용해 이익을 챙기는 사람들, 마리냐노Marignano 전투에서 참혹하게 죽어간 스위스 용병들을 목격하며 츠빙글리의 인생은 대전환을 맞았다. 교황의 군종사제로 참전했던 그에게 이 경험은 종교개혁자로 거듭나는 출발점이 되었다.

한편, 인문학자 에라스무스에게서 적지 않은 영향을 받은 츠빙글리는 에라스무스의 『헬라어 신약성경』을 3년 동안 집중적으로 공부하였다. 이 과정에서 그의 복음적 신앙이 형성되기 시작하였다. 츠빙글리의 종교개혁 방향은 자기 민족의 죄와 그로부터 파생된 문제와의 씨름에서 비롯되었다. 그의 복음적 신앙은 교회 현실에 대한 절서한 반성의 결과였다. 츠빙글리는 인문주의자들의 방법론을 통한 성경 연구와 함께, 당시 성행하던 미신에 대한 비판과 성직자들의 타락, 그리고 용병제도에 대한 성찰을 통해 개혁의 필요성을 인식하였다. 이런 점에서 그는 비텐베르크의 루터와는 결이 달랐다. 루터가 개인의 구원문제에서 출발했다면, 츠빙글리는 사회·도덕적 측면에서 종교개혁의 필요성을 깨달았던 것이다.

그로스뮌스터 교구 문장 그로스뮌스터 교회 남쪽 탑 3층에는 황금왕관을 쓴 샤를마뉴가 무릎에 검을 올려놓은 자세로 수백 년 동안 취리히를 내려다보고 있다. 로마의 황제들이 기독교인을 박해하기 위해 검을 필

요로 했다면, 샤를마뉴는 기독교인들과 교회를 수호하기 위하여 검을 필요로 하였다. 왕의 권좌는 재판관의 자리이기도 했기에 세속적 심판관으로서 샤를마뉴는 취리히가 황제의 이름으로 법을 말하고 정의를 존중할 수 있도록 질서를 잡았다. 샤를마뉴 자신은 거의 문맹에 가까운 통치자였지만, 그로스뮌스터 교회를 세우고 학교를 설립하도록 지원하였다. 교육에 있어서는 왕국의 지원을 아끼지 않았다. 법과 질서를 수호하는 것과 함께 교육 진흥은 취리히시가 추구하는 가치이기도 하다. 샤를마뉴가 사망하자 이 도시는 교회를 수호하고 법과 질서 속에 이 도시가 성장할 수 있게 한 황제를 기념하게 되었다. 수백 년의 세월이 흐르는 동안 황제에 대한 전설과 전승들이 생겨났다. 1165년 샤를마뉴(카롤루스. 카를)가 성인 반열에 오르자, 1233년 이 도시로 황제의 유품들을 옮겨와 그를 기념하였다. 이후 그로스뮌스터 대주교는 샤를마뉴가 들어간 문장seal of the deanery of Grossmünster을 만들게 하였고, 그로스뮌스터 교회는 황제와 관련된 전승들을 이어 가고 있다. 청동문 패널 4번은 그로스뮌스터 교구 문장을 나타낸다. 취리히의 수호성인으로 일컫는 펠릭스, 레굴라, 엑수페란티우스Exuperantius가 취리히 시의 문장에 남아 있는 것처럼, 샤를마뉴가 그로스뮌스터 교회탑에서 취리히를 수호하듯 내려다보고 있다.

새해 첫 설교하는 츠빙글리 1519년, 츠빙글리는 취리히 시의회에 의해 사제로 부름받아 취리히로 왔다. 정치적으로는 프랑스와의 군사동맹 반대자였고, 지적인 인문주의자요 뛰어난 음악가였던 그를 시의회는 환영하였다. 그는 취리히 시의회를 설득하고 타협하여 취리히 종교개혁을 할 수 있는 기반을 만들었다. 그의 예배모범은 루터보다 훨씬 간결했고, 종교개혁은 더 실제적이었다. 1519년 1월 1일, 자신의 서른여섯 번째 생일날, 그로스뮌스터 교회에서 설교를 시작하였다. 그리스도의 족보에 관한 설교를 시작으로 매주 마태복음부터 사도행전, 바울서신, 공동서신 순으로 신약성경을 직접 해설하는 강해설교를 하였다. 그의 연속강해 설교는 기록된 원고를 낭독하는 당시의 설교 관행과 확연히 달랐다. 특히 회중들이 이해할 수 있도록 독일어로 설교하여 1519년부터 1526년 사이에 신약성경 전체를 강해하였다. 이런 성경 중심의 목회 활동을 통해 그는 로마 가톨릭교회의 신앙적 오류와 종교적 남용을 비판하였다.

그로스뮌스터 교회의 평일과 주일 예배는 언제나 설교 중심이었다. 청동문 5번 패널은 회중의 많고 적음이 아니라 설교를 듣는 사람들의 태도를 보여 주고 싶어한다. 사람들은 지금껏 들어보지 못한 새로운 설교에 대한 놀라움을 감추지 못했다. 종을 만드는 한스 퓌슬리Hans Fussli는 청각에 이상이 있어 귀가 잘 들리지 않았기 때문에 항상 설교단 아래 제일 가까운 자리에서 귀를 쫑긋 세우고 경청하였다. 이것은 설교를 들으려는 예배자의 갈망과 태도를 잘 나타낸다. 뒤에 있는 여성들도 모두 예배의 청중이 아닌 예배를 드리는 사람으로서의 자세를 보여 준다. 설교자 츠빙글리의 한 손은 성경에, 다른 한 손은 교회에 속한 일원들을 향하고 있다.

1531년 신약과 구약 『취리히 성경』이 독일어로 완역되어 출간되었다. 종교개혁 당시에는 모두가 한자리에서 하나님의 말씀을 들어야 했으나, 『취리히 성경』 이후로는 개인이 토착어인 독일어로 성경을 읽을 수 있게 되었다. 울리히 츠빙글리는 12년 동안 약 1천여 편의 설교를 하였으나, 현재 그의 설교 자료들이 남아 있지 않은 것은 안타까운 일이 아닐 수 없다.

2007년 『취리히 성경』이 새롭게 출판되었다. 이는 원어(히브리어, 헬라어) 성경을 21세기 독일어로 번역한 것으로, 〈개혁된 교회는 항상 개혁되어야 한다〉ecclesia reformata, semper reformanda는 종교개혁의 정신을 되새기고 있다. 그로스뮌스터 교회는 지금도 『취리히 성경』을 예배 성경으로 사용하고 있으며, 전통에 따라 주일마다 말씀을 강해하고 선포한다. 예배당 세례반 위에 놓인 『취리히 성경』은 마치 취리히 종교개혁자들이 타락한 교회에 맞서 오직 성경을 붙들었던 결연한 소명을 웅변하고 있는 듯하다.

이팅겐 수도원 파괴 스위스 연방은 당시 신성로마제국의 일부였다. 그러나 1499년 황제 막시밀리안 1세의 제국군과 맞붙은 슈바벤 전쟁에서 승리하였다. 그 결과 9월 22일 '바젤 조약'이 체결되면서 스위스는 13개의 칸톤으로 구성된 실질적인 독립국가가 되었다.

다만 스위스의 완전한 독립과 중립국의 법적 지위는 1648년에 가서야 '베스트팔렌 평화조약'으로 보장되고 확정받게 된다.

취리히가 단행한 종교개혁은 가톨릭 칸톤들을 자극하였다. 가톨릭주의자들에게 있어서 매우 중요한 금식·고해성사·미사·순례·성화들과 같은 거룩한 전통을 종교개혁사상이 형편없이 망가뜨렸기 때문이다. 가톨릭 칸톤동맹은 단호하게 결의하였다. "올바른 신앙을 지키기 위하여 루터, 츠빙글리, 얀 후스적인 교리들을 가능한 한 우리 지역에서 근절시키기 위하여 처벌하고 탄압해야 한다." 용병제도는 스위스에서 돈이 되는 사업이었기 때문에 츠빙글리가 주장한 용병제도 철폐는 큰 경제적 손실을 의미하였다. 종교적 갈등에 경제적 이해관계까지 얽히면서 대립은 더욱 격화되었다. 더 이상 신학적인 토론 따위로 시간을 낭비하지 않겠다는 듯, 곧장 가톨릭 지역에서 개혁적인 성향의 설교자들을 쫓아냈다. 개혁신앙을 받아들인 지역과 경계에 있는 가톨릭 도시들은 설교자들을 무력으로 위협하였다.

1524년 7월 17일, 프라우엔펠트의 가톨릭 귀족 암베르크Amberg는 개혁파 목사 왹슬리Oechsli를 체포하기 위해 기습을 단행하였다. 왹슬리는 목사관 창밖으로 몸을 내밀어 도움을 청했고, 곧 이 소식은 타인암라인SteinamRhein, 스탐하임, 누스바우멘Nussbaumen등 인근 지역으로 퍼져나가 경보가 울리며 큰 소동이 벌어졌다. 가톨릭 세력은 왹슬리를 붙잡아 트루강 건너편 프라우엔펠트로 압송하고 그중 일부는 이팅겐Ittingen에 머물렀다. 이 소식을 들은 주민들이 사방에서 몰려들어 3천여 명에 이르렀으나 프라우엔펠트로 건너갈 배가 없어 발이 묶였다. 시간은 흘렀고 일부는 수도원 문 앞에서 아침을 얻어 먹을 수 있었으나, 굶주림을 견디지 못한 다수는 결국 이팅겐 수도원으로 몰려가 음식과 물품을 강제로 가져가고 내부를 불태웠다. 그 과정에서 순교자 라우렌티우스의 동상도 파괴되었다. 무엇보다 불길 속에서 드러난 이자문서들은 충격적이었다. 문서가 수도원 소유라는 사실이 알려지면서 지역행정관Vogt들과 수도원의 부패와 착취가 낱낱이 드러난 것이다. 이 문서들이 보여 주듯 당시 투르가우 주민들은 수도원에 예속된 삶을 살고 있었고, 그들 사이에는 이미 오랫동안 불만이 고조되어 있었다. 따라서 이 지역 사람들이 수도원 방화에 깊이 관여했을 것으로 추정되었다. 청동문 6번 패널에는 불타는 수도원을 바라보며 망연자실한 수도사들의 모습이 묘사되어 있다. 이팅겐 수도원 방화 사건 후 종교재판소는 세 명에게 책임을 물어 참수형을 선고하였다. 그리고 수도원 문 위에 쓰인 1524와 1983은 각각 이팅겐 수도원 방화사건이 일어난 해와 수도원이 복원된 해를 기록하고 있다.

한스 뷔르트의 순교   귀족 암베르크와 가톨릭 지역 주민들은 이팅겐 수도원Kartause Ittingen 방화 사건의 손실보상과 방화범 처벌을 요구했고 4명이 재판에 회부되었다. 그러나 취리히 하급법원에서 처리할 사안이 아니었기 때문에 연방법원이 있는 바덴Baden으로 송치되었다. 방화사건의 주범이 밝혀지지 않은 상태에서 주범으로 지목된 부감독관Unter vog 한스 뷔르트Hans Wirth와 스탐하임Stammheim의 설교자인 두 아들 요하네스 뷔르트, 아드리안 뷔르트 그리고 누스바우멘Nussbaumen의 운터복트인 부르크하르트 로이티만Burkhart Reutimann이 소환되었다. 츠빙글리의 개혁사상을 가르치는 사람들을 아주 싫어했던 암베르크는 기어코 이들을 법정에 세웠다. 혐의가 입증되지 않은 이러한 일방적인 재판에 대하여 츠빙글리가 강력히 항의하였지만, 가톨릭 칸톤동맹은 전쟁도 불사하겠다며 부당한 재판을 강행하였다. 끝내 한스 뷔르트의 막내아들 아드리안 뷔르트Adrian Wirth만 석방되고 부르크하르트 로이티만은 참수형을 당하였다.

청동문 7번 패널은 뒷배경의 재판정과 침대가 놓인 감옥, 그리고 판결장소인 앞부분을 나타내고 있다. 고문을 당해 몸과 마음이 만신창이가 된 운터복트(부감독관) 한스 뷔르트가 손이 뒤로 묶인 채 머리를 꼿꼿이 들고 처형을 기다리고 있는 가운데, 칼을 든 망나니와 구경꾼들, 그리고 수도사가 묵주를 들고 고해성사를 받으려고 서 있다.

1525년 부활절 성찬식 금요일과 부활절 예배, 그로스뮌스터 교회의 첫 성찬식이 시행되는 예배당에는 사람들로 가득 찼다. 로마 가톨릭교회의 미사는 라틴어로 진행되는 희생제사로서 일반 회중들은 라틴어를 거의 알아듣지 못하였다. 반면에 츠빙글리가 이해하는 성찬은 희생제사가 아니  었다. 성찬식을 치를 때 그리스도 예수를 믿는 사람은 아무 생각없이 빵과 포도주를 받는 것이 아니라, 예수의 수난과 죽음이 우리 자신을 위하여 무엇을 의미하는지 구원의 은혜를 돌아보는 것이었다.

청동문 8번 패널은 성찬을 시행하는 장면이다. 고딕양식의 성가대 의자가 있고 중간에 제단이 아닌 단순한 책상에 하얀 천이 덮여 있으며, 접시에는 빵덩어리가 담겨 있다. 츠빙글리가 공동체의 잔을 들어 올리고 축사한 다음에 4명의 교회 집사 또는 사역자들에게 분병하는 모습이다. 그들은 분병받은 것을 회중들에게 분잔한다. 츠빙글리는 금속제가 아닌 목기로 성찬 그릇을 만들도록 하였고, 성찬식은 간단했지만 성경 본문을 충실하게 따랐다. 츠빙글리가 이해하는 성찬은 공동체를 위한 것이었다. 이같은 츠빙글리의 성찬방식은 가톨릭 칸톤들의 분노를 불러일으켰고, 취리히 의회가 연방에서 탈퇴하든지 전통적인 가톨릭 미사를 다시 행하라고 강하게 요구했지만, 취리히는 가톨릭교회 전통이나 전승의 옷을 벗고 오직 성경에 근거한 예배모범을 확립하는 쪽을 선택하였다.

바덴 논쟁 중 비밀 서신 전달 1526년 6월 가톨릭 칸톤에서 반종교개혁 Counter Reformation의 전주곡이 시작되었다. 교황 클레멘스 7세로부터 용병 지불금을 받아오는 임무를 맡았던 가톨릭교도인 취리히 시의회 서기관 암그뤼트Amgrut는 츠빙글리를 정치적으로 탄핵하고 취리히 종교개혁을 근본적으로 좌절시키려는 논쟁을 조장하였으나, 정작 용병 지불금도 받지 못하고 빈손으로 돌아온 그는 자신이 꾸민 계략이 실패로 돌아가면서 서기관직을 내려놓아야 했다. 취리히의 종교개혁을 악의적으로 훼
방하려던 암그뤼트는 취리히를 떠나자마자 사망하였다. 그러나 암그뤼트가 던진 갈등의 불씨는 곧 발화하였다.

1526년 5월 21일, 스위스 연방의회는 종교문제를 본격적으로 논의하기 위해 아르가우Aargau의 바덴에서 약 4주간에 걸쳐 종교 회담, 즉 역사적인 바덴 논쟁을 개최하였다. 이는 가톨릭 칸톤들의 주도로, 그들이 우세한 바덴을 논쟁 장소로 택하였다. 바젤, 쿠르, 자유도시 콘스탄츠, 사부아령 로잔의 대표들, 그리고 독일 잉골슈타트 대학교수로 루터와의 라이프치히 논쟁으로 이미 명성을 얻은 요하네스 에크와 요하네스 파베르Johannes Faber. 프란체스코 수도회의 뛰어난 논객 토마스 무르너Thomas Mürner가 가톨릭 측 인사로 참석하였다. 취리히 시의회는 츠빙글리의 신변 안전을 우려하여 그의 참석을 불허하고 그를 대신하여 바젤 대학 성경신학 교수이자 마르틴 교회 외콜람파디우스와 베른의 신학자 베르톨트 할러Berthold Haller를 개혁교회 대표로 파견하였다. 외콜람파디우스가 소수의 동료들과 함께 바덴 종교 회담에 참석한 반면, 가톨릭 측의 요하네스 에크는 대규모 수행단을 이끌고 나타나 압도적인 위세를 한껏 뽐냈다. 정작 가톨릭 측은 종교 회담이 진행된 기간에 양측에서 논의된 내용에 대하여 개혁교회 측에는 기록하지 못하도록 금지하고, 취리히의 츠빙글리와 어떠한 서신도 주고받는 것을 극도로 엄격하게 제한하고 감시했다. 청동문 9번 패널은 바덴 당국의 강력한 제지에도 불구하고 닭장수로 위장한 한 남자가 바덴 성문을 빠져나가려 하자, 전혀 의심하지 못한 문지기가 그를 통과시키는 장면을 보여 준다. 이 용감한 닭장수는 바덴과 취리히를 은밀히 오가는 전령 토마스 플라터Thomas Platter였다. 그는 바젤 대학생 요하네스 케스텔리Johannes Kessler가 몰래 받아쓴 기록을 츠빙글리에게 전달하는 임무를 수행했는데, 겉보기에는 평온해 보이지만 발각되면 즉시 목숨을 잃을 수 있는 매우 위험한 일이었다.

성찬과 원죄·연옥·성상·성인숭배 등 핵심적인 신학문제들을 다뤘던 바덴 논쟁에서 가톨릭 칸톤이 정치적·형식적 승리를 거둔 결과, 스위스 연방 내 개혁파 칸톤들에 대한 재가톨릭화 압력이 강화되자, 취리히, 베른, 바젤, 샤프하우젠 등 개혁파 칸톤들Reformed Cantons은 츠빙글리를 제거하려는 악의적인 움직임에 대응하여 개혁교회의 연대를 강화하였다. 1527년 2월 바젤에서와 3월 콘스탄츠에서 열린 중요한 신학 논쟁에서 개혁파 칸톤들Reformed Cantons이 우세한 결과를 얻었다. 또한 1528년 1월부터 무려 3주간 치열하게 이어진 베른 논쟁에서는 베른 의회 대표와 성직자 외에 스트라스부르·콘스탄츠·린다우·메밍엔Memmingen 등 독일 남부 자유도시 대표들이 참석하여 개혁교회의 교리적 승리와 정치적 전환점을 이끌어냄으로써 베른은 취리히와 더불어 개혁파의 중심 칸톤으로 지위를 확보하게 되었다.

츠빙글리의 가족 독신제도가 비성경적임을 강하게 비판한 츠빙글리는 1522년 7월, 10여 명의 동료 사제들과 함께 시의회와 콘스탄츠 주교에게 복음에 대한 자유로운 설교를 보장해 줄 것과 성직자의 결혼 허용을 정식으로 요청하였다. 청원은 단칼에 거절되었다. 그럼

에도 츠빙글리는 사별한 33세의 안나 라인하르트$^{\text{Anna Reinhart}}$와 비밀리에 결혼하고 1524년에 가서야 결혼소식을 공개하였다. 청동문 10번 패널에는 울리히 츠빙글리의 가족이 새겨져 있다. 츠빙글리는 중앙에 서 있으며 그의 오른쪽에는 아내 안나 라인하르트가 훌드리히^{Huldrych}를 품에 안고 있다. 왼쪽에는 큰딸 레굴라와 빌헬름이 앉아 있고, 요람에는 막내딸 안나가 누워 있다. 그 앞줄에는 안나가 전 남편에게서 낳은 마르가레타^{Margaretha}와 게롤트 마이어$^{\text{Gerold Meyer}}$가 자리하고 있다. 헬퍼라이^{Helferei}라 불린 츠빙글리 집에는 늘 손님들과 제자들로 북적였다. 안나는 빠듯한 살림살이에도 정성껏 식탁을 차렸고, 집으로 찾아오는 손님들과 제자들에게 따뜻한 대접을 아끼지 않았다. 츠빙글리는 『젊은이의 교육에 관하여』$^{\textit{De liberis recte instituendis}}$와 같은 젊은이들에 대한 교육적인 책을 집필했는데 게롤트 마이어를 염두에 둔 것으로 알려졌다. 그들의 따뜻한 일상은 제2차 카펠 전투로 참혹하게 무너졌다. 하인리히 불링거가 츠빙글리의 남은 가족을 돌보았다. 그러나 츠빙글리와 큰 아들 게롤트 마이어가 전사하고 자녀들마저 차례로 흑사병으로 죽은 슬픔 속에서도 꿋꿋하게 삶을 이어 가던 안나 라인하르트는 오래 견디지 못하고 7년 뒤, 세상을 떠났다.

성경 번역 작업   취리히 시의회는 울리히 츠빙글리가 복음을 공적으로 선포할 권한을 그에게 부여하였다. 이로써 스위스 종교개혁을 위한 기틀이 마련되었다. 이 모든 변화는 시의회와의 치열한 협의 속에서 이루어진 것이다. 츠빙글리는 겸손하게, 때로는 강하게 설득하며, 한 걸음씩 개혁을 추진하는 가운데 시의회에 요청했던 신학교육기관 '프로페짜이'^{Prophezei}[2]

---

2 '프로페짜이'(Propehrzei): 울리히 츠빙글리가 1520년부터 이끌어 오던 목회자 설교연구모임을 1525년 취리히 시의회가 정식으로 설립을 인가하여 신학교로 출범한다.

가 설립되었다. 이 명칭은 "하나님의 말씀을 예언자처럼 선포한다"는 뜻에서 유래한 명칭으로 말씀해석의 책임성과 명료함을 강조하는 개혁정신을 담고 있었다. 이곳에서 성경을 깊이 연구하기 위해서는 히브리어와 헬라어 등, 성경 원어 교육이 필수적이었기 때문에 탁월한 학자들을 초빙하였다. 야콥 세포린Jakob Ceporin과 프란체스코회 콘라드 펠리칸Konrad Pellikan 그리고 요한 야콥 암만Johann Jakob Ammann, 루돌프 암뷜Rudolf Ambuehl, 콜리누스Collinus 등 다양한 언어학자들이 참여하였다.

청동문 11번 패널 중앙에는 언어학자가 원어 성경을 들고 서 있고 그 곁에서 츠빙글리가 라틴어 성경을 정독하고 있다. 장크트페터스 교회 목사이자 츠빙글리의 동역자인 레오 유드도 함께 있다. 이들은 여름이면 그로스뮌스터에서, 겨울이면 목회자실에서 수년간 번역에 몰두했다. 그 결실이 바로 『취리히 성경』이었다. 이 성경의 특기할 만한 점은 구약 번역이 루터의 번역보다 먼저 완성되었다는 것이다. 신약은 루터가 번역한 것을 참조하였다. 인쇄업자의 이름을 따라 『프로샤우어 성경』으로 불린 이 성경에는 한스 홀바인Hans Holbeind의 삽화가 더해져 더욱 풍성해졌다. 츠빙글리는 제2차 카펠 전투 몇 달 전, 이 판본을 읽고 의미 깊은 서문을 남겼다.

"이 성경을 열심히 읽기를 여러분께 권면합니다. 그리하여 그리스도의 나라가 어디에든 임하고 확장되어지며, 세상이 더 좋아지고 경건하게 되기를 바랍니다. 아멘."

우페나우 섬의 울리히 폰 후텐 울리히 폰 후텐Ulrich von Hutten, 1488-1523은 1517

년 독일 막시밀리안 1세로부터 인정받은 독일 인문주의 계관시인이자 용맹한 신성로마제국 기사였다. 에라스무스와 친분이 있는 후텐은 루터의 종교개혁을 지지하였으며, 1522년 기사들의 반란Ritterkrieg에 참여하였다가 스위스로 망명하게 된다. 또 『우매한 사람들의 편지』

의 저자이기도 하고, 크로터스 루비아누스(1480-1539)와 함께 『무명인의 편지』를 펴내 로마 가톨릭교회와 교황 레오 10세를 신랄하게 풍자하고 거친 비판도 서슴지 않은 인물이다.

팔츠 기사들의 반란으로 불리는 '기사 전쟁'(騎士戰爭)은 제국의 기사 프란츠 폰 지킹겐Franz von Sickingen을 필두로 한 루터파와 인문주의 독일 기사들이 1522년경 로마 교회와 신성로마제국을 상대로 일으킨 반란이다. 기사들의 반란은 1524-1525년에 발생한 '독일 농민전쟁'의 단초를 제공하였다. 신성로마제국의 마지막 기사 프란츠 폰 지킹겐은 종교개혁 초기부터 마르틴 루터를 지지하였다. 선제후들의 영향력이 막강해진 가운데 제국 영토에서 카를 5세의 실질적인 힘이 약화되었고, 용병과 포병 중심의 근대화된 군대에서 기사들은 자신들의 역할을 거의 상실하였다. 이런 시대적 상황 속에서 인쇄술 발명에 힘입어 쏟아져 나온 루터의 저술의 영향력은 핵폭탄급이었다. 지킹겐 남작과 같은 기사계급의 쇠퇴와 농민들의 피폐한 삶이 이어졌지만, 성직자들만은 세속권력을 능가한 부와 권력을 누리는 현실에서 당연히 하급귀족들과 기사들의 불만이 고조될 수밖에 없었다. 더구나 기사 가문의 몰락을 겪은 지킹겐으로서는 더욱 그러하였다. 자신의 요새가 있는 에베른부르크Ebernburg가 제국의 영토 중에서 세 번째 루터파 도시로 탈바꿈하면서 그는 스트라스부르의 마르틴 부처와 같은 종교개혁자들이 올 수 있도록 피난처를 제공하기도 하였다. 1521년에는 미사를 폐지하고 주일에 회중이 모여 함께 드리는 예배를 시작하였는데, 이때 면벌부 판매와 성직자들을 싸잡아 비판했다는 이유로 로마 교회의 표적이 된 후텐도 같이 하였다. 로마 교회가 루터에게 내린 파문 교서에는 후텐의 명단도 들어 있었다. 후텐을 죽이든지, 산 채로 잡아오든, 로마로 끌고 오라고 엄명을 내리는 바람에 후텐은 에베른부르크에 은신해 있었다.

제국기사 프란츠 폰 지킹겐 남작이 7천여 명의 보병과 수백 명의 기마병을 이끌고 "교회재산 몰수"를 구호로 트리어의 대주교 리하르트 폰 그라이펜클라우의 영지를 공격하면서 시작된 1522년 '기사 전쟁'은 헤센의 필립과 팔츠 선제후 루트비히 5세(r. 1508-1544) 그리고 트리어 주교군과 황제군이 1523년 4월 난슈타인 성Burg Nanstein을 공격해 8일 만에 진압했다. 이때 부상을 입은 지킹겐 남작이 한달 뒤에 사망하였는데, 그의 죽음은 기사 계급의 몰락을 예고하였다. 종교개혁에 동조하여 교회의 부패와 권력에 맞서 싸운 지킹겐과 달리 그때만 해도 아직 가톨릭교도였던 헤센의 필립은 교회를 수호하는 신념으로 제국에 충성했던 기사들을 단호하게 응징하였다.

1524년 여름, 헤센의 필립은 교부들의 저술과 성경, 교회사 연구를 통해 확신을 갖게 되면서 루터파로 전향하였다. 그의 신학적 입장은 츠빙글리와 부처에 가까웠다. 1531년 2월 27일 헤센의 필립은 작센 선제후 확고부동한 요한(1525-1532)과 함께 루터파의 신앙과 권리를 방어하기 위해 군사·정치적 연합체인 슈말칼덴 동맹을 결성하였다. 또한 1534년에는 황제 카를 5세에 의해 축출되었던 뷔르템베르크 공작 울리히를 복위시키면서 뷔르템베르크는 루터파에 합류하였다. 그러나 바이에른 공국, 오스트리아 합스부르크 등, 독일 남부와 중부 제후들은 로마 가톨릭교회를 지지하며, 옛 신앙을 수호하는 재가톨릭화에 앞장섰다.

한편, 1523년초 계관시인 울리히 폰 후텐은 '기사 전쟁'을 피하여 친분이 있는 바젤의 에라스무스를 찾아갔으나, 그는 후텐이 부탁한 은신처 제공을 거절하였다. 그의 바젤 방문은 에라스무스와의 관계만 단절시키는 결과를 낳았다. 후텐은 취리히로 가서 츠빙글리와 친교를 맺고 그의 마지막 거처가 될 우페나우 섬으로 갔다.

청동문 12번 패널에 생생하게 드러난 후텐은 병으로 쇠약해진 모습이고, 그의 자랑스러운 검과 명예의 상징인 월계수 가지, 곧 기사의 문장들이 초라하게 땅바닥에 놓여 있다. 그의 등 뒤로는 베드로&바울 교회가 우뚝 서 있고, 묘지를 가리키는 십자가가 세워져 있다. 한때는 신성로마제국의 충성스러운 기사였으나, 부패한 교황권에 맞서 루터의 종교개혁을 옹호했던 지성인 울리히 폰 후텐은 1523년 8월 외딴 우페나우 섬에서 병과 외로움 속에 생을 마감하였다. 불과 서른다섯의 나이였다.

1517년 3월, 루터가 "에라스무스는 하나님보다도 사람들을 더 두려워한다"고 비난했던 것처럼, 신적인 것보다 인간적인 것이 더 강한 에라스무스는 스스로의 신중함을 핑계로 도움을 요청한 후텐의 손을 뿌리쳤다. 그토록 인간에 대한 애틋함을 노래한 그가 죽음으로 내몰린 후텐을 뿌리친 그 순간 그의 마음은 편했을까? 16세기 종교개혁의 격랑 속에서 동일한 신앙으로 분투한 사람들이 하나둘 결별하였다. 루터는 츠빙글리와 성례론의 차이를 극복하지 못하고 돌아섰고, 인문주의의 대부 에라스무스와도 자유의지를 둘러싼 논쟁을 거친 뒤 완전히 갈라섰다. 마찬가지로, 에라스무스도 후텐의 절박한 손을 끝내 붙들어 주지 않았다. 그들은 시대의 거장들이었다. 그러나 인간관계에서는 위대한 지성조차도 연약한 인간에 불과했다. 로테르담의 에라스무스를 존경했던 멜란히톤에게 두 사람의 결별은 큰 고통이었다. 어쩌면 그 시대가 짊어진 상처와도 같은 일이었다.

새로운 자선 규정 'Mushafen'   16세기 초만 해도 스위스 연방은 매우 가난하였다. 농사지을 땅이 부족했던 것이 아니라 젊은이들이 돈을 벌기 위해 용병으로 전쟁에 나갔기 때문이다. 스위스 용병들은 용맹하기로 소문이 나서 전투에서 인기가 많았지만 타국

의 전쟁에서 죽거나 부상을 입고 돌아왔기 때문에 농사지을 인력이 부족할 수밖에 없었다. 도시에는 걸인조합이 생겼고 패륜적인 부모는 자녀를 장애로 만들어 이용하였다. 교회는 구제를 가치 있는 사역으로 여기고 부단히 애를 썼지만, 이미 사회 전반에 만연한 부패한 정신상태를 단순히 빵만으로 교화하거나 교정할 수 없었다. 츠빙글리는 걸인들 중에서 노동이 가능한 사람들로 하여금 유휴경작지를 경작하게 하고, 취리히 시의회와 함께 자선정책을 펴 나갔다(1525). 우선적으로 시의회가 교회의 재산으로 재정을 지불하고 관리할 감독관을 임명하였다. 이런 정책이 가능했던 것은 교회재산이 취리히 시의회 재산으로 귀속되어 있었기 때문이다.

청동문 13번 패널은 매일 아침, 종이 울리면 옛 도미니크회 수도원 앞에 줄을 서 기다리고 있는 사람들을 보여 준다. 프라우뮌스터의 카타리나 폰 짐머른 Katharina von Zimmern이 수도원과 모든 재산을 시의회에 양도하면서 해 오던 구제사업을 내려놓자 시의회가 이 구제사업을 이어 갔다. 오트밀과 보리죽이 가득 담긴 '무샤펜'Mushafen의 죽은 두 명의 목사가 맡아 나누어 주었다. 노인의 뒤로는 배고픔에 지친 이들이 묵묵히 순서를 기다리고 있고 한 여성은 어린아이를 안은 채 서 있다. 또 다른 모퉁이에는 빈 접시를 든 고아가 서 있는데, 이 고아의 모습은 훗날 스위스 개혁교회 구호단체 (HEKS)가 오랫동안 자선 편지의 상징으로 사용하였다.

당시 취리히 시의회는 먹을 양식과 옷, 의약품, 병자에 대한 간호조치와 잠자리 제공은 물론이고, 때로는 돈까지 제공해 주었다. 이러한 지원을 받은 사람들의 이름은 기록으로 남아 있으며, 츠빙글리 사후에도 이 제도는 사라지지 않고 지속되었다. 이것은 일시적인 구제가 아니라 종교개혁된 도시 취리히가 신앙의 실천을 하고 있음을 보여 준다

베른으로 향하는 츠빙글리 1528년 1월 6일부터 26일까지 베른 시의 바퓌서 교회에서 논쟁 Disputation of Bern이 시작되었다. 츠빙글리 신학에 영향을 받은 뮌스터 교회 베르톨트 할러Berthold Haller와 프란츠 콜브Franz Kolb는 새 정부에 종교개혁의 정당성을 논의할 공개 논쟁을 제안하였다. 논쟁  에 앞서 개혁교회 입장을 요약한 〈결의서〉Schlussreden를 작성하고 츠빙글리를 논쟁에 참석하도록 정중히 초대하였다. 이 인쇄물은 콘스탄츠, 바젤, 지텐Sitten 그리고 사부아에 속한 로잔의 주교들에게도 발송되었다. 이들의 참여가 기대되었으나 끝내 아무도 참석하지 않았다. 또 베른과 모든 칸톤의 성직자들과 정치인들에게도 참여를 요청하였다. 혹 불참하거나 불응한 이들은 면직되거나 추방되었다. 약 2백 명의 무장한 군인들과 함께 취리히를 출발한 츠빙글리, 로이스트Roist 시장을 비롯하여 저명한 설교자들과 신학자들이 포함되어 있었다. 이들은 츠빙글리와 함께 말을 타고 베른으로 향하였다. 청동문 14번 패널은 무장된 기병대의 호위를 받고 있는 장면이지만 적대적인 가톨릭 측의 암살 위협으로부터 자유롭지 않았다. 국가적인 이 행렬이 아르가우를 통과하는 일은 암살의 위험을 감수한 일이었다. 바덴을 지나고 하이터스베르크Heitersberg 멜링겐Mellingen을 거쳐 베른 지역의 렌

츠부르크Lenzburg에 당도하였다. 바뀌서 교회에서 시작된 논쟁은 앞서 준비한 결의서 10개 조항을 다루었다. 교회의 개념, 성찬, 결혼의 자유가 가장 많이 논의된 명제였다. 츠빙글리는 뮌스터에서 두 번의 설교를 통하여 인간이 어떻게 하나님을 인식하는지에 대하여, 또 참석자들에게 교회개혁을 지속적으로 할 것과 신앙적 분파분리가 아닌 스위스 연방에 속한 사람으로서 서로를 존중하자고 권면하였다. 이 논쟁에서 베른 지도자들은 종교개혁에 찬성하며 종교개혁의 길에 동참할 것을 선언하게 된다. 하지만 츠빙글리의 바람과 달리 교회개혁에 대한 실제상황은 전혀 달랐다.

카펠의 우유죽 취리히는 야콥 카이저 목사의 화형으로 인하여 들끓고 있었다. 그런데 오스트리아 합스부르크와 함께한 가톨릭 칸톤동맹(1524)으로부터 위협이 시작되었다. 내지칸톤에서는 종종 취리히 상징물을 교수대에 매달면서 증오심을 나타냈다. 6천 명의 용병을 지원하
기로 한 합스부르크 약속에 용기를 얻은 가톨릭 칸톤은 전쟁을 결심하였다. 본래 양 진영은 방어적인 행군만 염두에 두었는데 점차 무력 대결의 방향으로 흐르고 있었다. 시간과 숫자적인 면에서 취리히가 우위에 있었기 때문에 츠빙글리는 적의를 가진 지도자들 몇 명을 제거하면 문제가 해결되리라 생각하였다. 그러나 가톨릭 칸톤동맹 추크·루체른·우리·슈비츠·운터발덴 사람들은 도시민들과 달리 중세적 로마 교회의 전통에 예속되어 있다는 사실과 용병으로 돈벌이를 하는 연금수령자들의 속내를 츠빙글리가 읽지 못했거나 간과하였다. 더구나 루체른의 프란체스코 수도회 토마스 무르너Thomas Murner는 츠빙글리를 미워하고 종교개혁을 거부한 사람이었다. 1529년 6월 10일, 공격 명령이 떨어졌다. 그러나 공격은 2주간이나 지연되고 있었다. 그러는 동안 전방에 있는 양 진영의 군초소 여기저기에서 사람들이 만나 서로 이야기를 나누었다. 그들이 속한 진영은 달랐지만 친척들이거나 친구들이었기 때문에 전투를 앞두고 누설되지 않아야 할 이야기들이 오갔다. 이렇게 야콥 카이저로 촉발된 제1차 카펠 전투는 실제 전투를 치르지 않고 마무리되었다.

청동문 15번 패널은 카펠의 우유죽 즉 우유스프Kappeler Milchsuppe 이야기를 담고 있다. 군대 깃발에 의하여 양 진영이 구분되고 대각선으로 경계선을 이루고 있다. 그 가운데 우유로 가득 채워진 가마솥이 보인다. 슈비츠 사람들이 웃고 있는 반면, 취리히 사람들은 아주 진지한 표정을 짓고 있다. 누워 있는 군인과 개가 상징하는 것은 진지함과 농담 그리고 긴장과 해이함이다. 취리히 사람들은 전투 없는 행군에서 돌아와 잠시 미봉된 불안정한 평화를 기념하기 위하여 린덴호프에서 축포를 쏘며 자축하였다. 축포에 리마트강 건너의 창문이 부숴지고 문짝 경첩이 떨어져 나가기도 하였다. 이것은 마치 2년 뒤에 드리워질 불행을 예고하는 징조와 같았다.

마르부르크(1529) 회담의 츠빙글리와 루터   성찬에 대한 논쟁은 9세기와 11세기 두 번에 걸쳐 기독교세계의 쟁점이 되었다. 9세기의 동방정교회東方正敎會, Eastern Orthodoxy와 서방교회가 성찬에서 빵에 누룩을 넣을 것인가? 뺄 것인가? 하는 문제로 갈라졌다.

16세기에 재현된 성만찬 논쟁에서 종교개혁자들은 한 목소리로 로마 가톨릭교회의 화체설에 대하여는 거부하고 배격하였다. 1527–1528년에 이르러 성만찬에 대한 논쟁은 절정에 달하였다. 그리스도가 육체로 임재하시는 것인가? 또는 영적으로 임재하시는가?에 관하여 불일치하였다. 따라서 성례론은 루터파와 츠빙글리파 사이의 논쟁으로 시작해, 종교개혁 2세대 순수-루터파와 필립파, 그리고 칼뱅파 사이의 논쟁으로 번졌다. 이 논쟁의 최종 귀결은 루터의 '공재설'과 칼뱅의 '영적 임재설'로 정리가 되었다. 이로써 성례론은 끝내 일치하지 못한 대표적 교리적 차이가 되었다.

1529년 4월, 제2차 슈파이어 제국의회에서 카를 5세는 로마 가톨릭교회만을 인정하였다. 그리고 6월이 되자 '로마의 약탈' 이후 앙금을 털고 교황과 '바르셀로나 조약'Treaty of Barcelona으로 화해하고, 이어서 프랑수아 1세와 '캉브레 조약'을 맺었다. 한숨을 돌린 그는 '항의서'를 제출한 루터파 제후들에게 본때를 보여 줄 시기를 저울질하고 있었다.

그럼에도 루터와 그의 후계자 멜란히톤은 현실의 정치적 상황은 아랑곳하지 않고 스위스를 중심으로 한 개혁파와의 연합Union을 반대하였다. 그들과의 연합이 황제를 자극할까 염려했기 때문이다. 이런 정치적 동기에서 개혁파와의 연합을 반대하면서 종교개혁이 반드시 승리할 것을 확신하였다. 그러나 교황제 중심의 교회권력이 세속권력을 세우기도 하고 무너뜨릴 수도 있는 현실에서 16세기 종교개혁이 세속권력의 도움 없이는 성공할 수 없음을 루터파는 간과한 것이다. 마르틴 루터 본인의 종교개혁이 작센 선제후의 강력한 지지와 후원 없이는 불가능했다는 사실을 정녕 몰랐던 것일까? 종교개혁(교회개혁)의 배후에서 세속 정치권력을 통해서도 일하고 계시는 하나님의 열심을 잠시 잊었던 것일까?

'기사 전쟁' 이후에 루터파로 전향한 헤센의 필립Philip of Hesse은 츠빙글리의 개혁사상에 대해 내심 동조하고 있었다. 그래서 종교개혁자들을 마르부르크의 자기 성으로 초청하였던 것이다. 이와 관련하여 취리히 시장은 적진의 영토 깊숙이 들어가야 하는 츠빙글리의 여정을 반대하였다. 그러나 1529년 9월 3일, 친구 한 명과 함께 말을 타고 출발한 츠빙글리는 바젤의 외콜람파디우스를 만나 스트라스부르로 향하였다. 스트라스부르에서 체류하는 동안 오전 예배는 츠빙글리가 맡고, 오후 예배는 외콜람파디우스가 설교를 하였다. 열하루 만에 스트라스부르를 떠난 마르틴 부처, 헤디오, 시장 야콥 슈투름은 무장한 5인으로부터 경호를 받으며 헤센 접경지역에 이르렀다. 기병대 40명이 영접을 나와 그들을 안내하였다.

마침내 9월 27일, 마르부르크 성에 당도하였다. 이때 헤센의 젊은 영주 필립이 직접 마중을 나와 츠빙글리 일행을 환영하였다. 40대 초반의 츠빙글리와 25세의 헤센의 필립 영주는 정치적·신학적인 부분에서 공감대를 가지고 있었다. 츠빙글리는 1527년에 이미 스위스 개혁파 도시들의 기독동맹Christliches Burgrecht을 결성했고 나아가 루터파와 연합이 필요하다고 생각하였다. 헤센의 필립은 제2차 슈파이어 제국의회가 옛 신앙만 강요한 것에 반발해 루터파 제후들과 '항의서'를 제출할 당시 프로테스탄트 진영의 연합을 절실히 깨달은 터라 츠빙글리의 계획에 전적으로 동감한 두 사람이 마르부르크 회담 전후로 많은 의견을 주고받았을 것으로 보인다.

루터파와 츠빙글리파의 첫 번째 토론이 열릴 마르부르크 성Castle Marburg은 고풍스러운 시내와 아름다운 란 계곡이 내려다보이는 높은 위치에 있었다. 루터파와 츠빙글리파의 마르부르크 회담은 1529년 10월 1일부터 4일까지 대접견실에서 시작되었다. 영주 헤센의 필립이 자리한 가운데 루터파 의석에는 맨 앞자리에 멜란히톤, 그 뒤로 비텐베르크의 요나스Justus Jonas, 크루치거Caspar Cruciger, 작센 고타의 미코니우스Friedrich Myconius, 뉘른베르크의 오시안더, 아우크스부르크의 슈테판 아그리콜라Stephan Agricola, 슈베비슈 할의 브렌츠Johannes Brenz가 앉았다. 츠빙글리파 의석에는 츠빙글리와 외콜람파디우스가 앞에 앉았고 그 뒤로 스트라스부르의 부처와 헤디오가 앉았다. 마르부르크 성의 주인 헤센의 필립에 의해 역사적인 종교 회담Marburg Colloguy

제1장 취리히 종교개혁 219

멀리 언덕 위의 마르부르크 성.

이 마르부르크 성 교회에서 예배를 드리는 것으로 시작되었다. 마르부르크 대학의 유리키우스 코르두스Euricius Cordus 의학부 교수가 한껏 고무된 표정으로, "… 순수한 열정으로 이 문제를 다루어 주십시오. 그리고 마침내 세상이 성령께서 친히 말씀하셨다고 인정할 만한 결론을 이끌어 주시기를 바랍니다." 하고 라틴어 운율에 맞춰 정중하게 인사하였다.

"… 슬프게도 저희는 서로 다툴 때 주님께서 저희 모두에게 요구하시는 바 거룩함을 얻기 위한 노력을 너무나 자주 잊어버리나이다. 저희에게 권력이 있다고 함부로 휘두르지 못하도록 지켜 주시고, 거룩함을 증진하기 위해서 최선을 다하여 그 권력을 사용할 수 있게 하여 주옵소서!"

이와 같이 츠빙글리가 회담에 앞서 매우 감동적인 설교로 시작하였다. 아울러 회담을 공개적으로 진행하고 회의록 작성을 위한 서기를 고용해 달라고 요청하였다. 그러나 루터는 츠빙글리의 요구를 모두 거부하고 방청석에 있는 사람들에게까지 회담 중 논의되는 내용의 기록을 허용하지 않았다. 회담에 참여한 사람들은 제후들과 귀족들, 학자들, 아비뇽의 랑베르도 참석하였다. 이 회담에서 츠빙글리가 성경을 근거로 제시한 교리들과 신학적인 입장은 루터파에 속했던 아비뇽의 랑베르Francis Lambert, 1486-1530를 츠빙글리의 개혁사상에 동조하게 만들었을 정도로 실제적인 것이었다.

"이것은 내 몸이니라, Hoc est corpus Meum" 루터가 칠판에 큼직하게 쓰자, 외콜람파디우스가 "육은 무익하니라" 요한복음 6장 63절을 인용해 예수님의 살을 인간의 입으로 먹는다는 생각을 불식시키면서, "주님께서 주의 만찬을 그런 방식으로 받는 것을 의미하지 않으셨을 것"이라고 말하였다. 이에 맞서 루터는 "성찬은 영적 행위이지만 입으로 먹는 것"이라고 주장하였다. 츠빙글리는 자신이 필사한 헬라어 성경을 천천히 펼친 뒤, "이 사람이 어찌 능히 자기 살을 우리에게 주어 먹게 하겠느냐" 요한복음 6장 52절을 읽고 이어서 6장 63절을 읽었다. 그러자 미간을 찡그린 루터가 말하였다. "헬라어로 말하지 말고 독일어나 라틴어로 읽어 주시오." 이에 츠빙글리는 '살리는 것은 영이니 육은 무익하니라'(요 6:63)라는 말씀을 들어 "그리스도는 영적으로 임재하신다"고 자신의 성례론을 피력하였다. 이렇듯 열띤 논쟁 끝에 루터와 츠빙글리는 14개 조항에 합의·서명하였다. 하지만 마지막 하나, 루터파와 츠빙글리파는 성만찬에서 끝내 합의를 도출해 내지 못함으로써 정치적·신학적인 연합도 기대할 수 없게 되어 버렸다. 이에 스위스 개혁파와 독일 루터파의 동맹을 구축하려고 회담을 주선했던 헤센의 필립은 난감하였다. 그는 츠빙글리파와 루터파의 일치를 위해 뭐라도 하려고 했으나 유럽에 창궐하고 있는 흑사병이 마르부르크 성에서도 발병하자 회담 참석자들의 안전문제가 대두되었고, 결국 그는 참석자들의 안전을 고려해 회담을 서둘러 종결해야만 했다.

마르틴 루터는 공식적·역사적으로 자신이 등장한 장면에서 그동안 어떤 태도를 보였을까? 한때 풋내기였던 루터는 라이프치히에서 잉골슈타트 신학교수인 요하네스 에크와 논쟁하면서 고군분투하였다. 또 보름스 제국의회에 소환되었을 때, "내가 여기 서 있나이다. 나는 달리할 수 없습니다!"하고 죽음을 각오한 용기로 시퍼런 권력들 앞에 서 있었다. 그러나 정작 동일한 한 목적, 곧 종교개혁이라는 시대적 소명 앞에서 분투하고 있는 종교개혁자들을 완고한 태도로 대하였다. 세속권력의 전폭적인 지원을 받으며 종교개혁을 하는 루터는 이미 보수적인 인물이 되어 있었다. 다른 종교개혁자들을 존중하기는커녕, 자신과 다른 신학적인 입장을 가졌다고 해서 몹시 무례한 태도로 대했다. 심지어 그는 취리히의 종교개혁자 츠빙글리가 제2차 카펠 전투에서 전사했다는 소식을 듣고, "하나님께서 내리신 공의로운 심판의 결과"라고 말했을 정도였다. 마치 가톨릭 주교가 츠빙글리의 죽음에 대하여 일말의 동정심 없이 내뱉는 말과 별반 다르지 않았다.

청동문 16번 패널 속 루터의 모습은 자신의 공재설을 확신한 나머지 다소 거만해 보이기까지 한다. 공격적으로 느껴지는 그의 시선은 츠빙글리를 향하여 지적하려는 자세를 취하고 있다. 오른손은 책상을 움켜쥐고 왼손은 치열하게 논쟁했던 성경구절을 가리키고 있다. 루터의 뒤에는 루터파의 최고 학자 멜란히톤이 서 있다. 츠빙글리는 루터의 맞은 편에 꼿꼿하게 서서 시선은 성경에 두고 한손으로는 루터의 손을 잡으려 하고 있다. 츠빙글리의 뒤에는 외콜람파디우스가 있었다. 루터는 처음부터 마르부르크 회담에 큰 기대를 갖지 않았다. 스위스 신학자들이나 종교개혁자들에 대하여 위험한 이단으로 간주하였기 때문에 자신의 공재설을 받아들이는 조건이 아니라면, 아예 그들과 협상할 의지가 없었다. 그런 이유에서 마르부르크 회담에 초대받았을 때 그다지 달가워하지 않았던 것이다. 그러나 헤센의 필립을 거스르고 싶지 않았던 작센 선제후 확고부동한 요한Johann, Elector of Saxony, r. 1525-1532의 명령에 따라 루터는 마지못해 참석하였다.

 루터는 츠빙글리 일행보다 3일이나 늦게 마르부르크에 도착하였다. 필립 멜란히톤 역시 츠빙글리파의 개혁사상을 이단시했던 루터와 마찬가지로 마르부르크 회담에 참여한 스위스 종교개혁자들을 한 신앙 안에서의 형제로 받아들이지 못하였다. 루터파를 대표하는 멜란히톤은 에라스무스로부터 격찬을 받을 만큼 학문적 조예가 깊었던 인물이었다. 그는 훗날, 마르부르크 회담에서 츠빙글리에게 보였던 태도에서 벗어나, 비록 개혁사상에서는 츠빙글리와 일치하지 않았지만 츠빙글리 신학에 대한 부정적인 입장을 누그러뜨렸다.

 루터파 헤센의 필립은, 츠빙글리가 마르부르크로 옮겨 헤센의 교회조직을 맡아 주었으면 하고 내심 바랐지만 취리히로 돌아간 츠빙글리는 헤센의 필립과 서신을 교환하면서 취리히 종교개혁에 힘썼다. 그러나 제2차 카펠 전투에서 츠빙글리가 사망함으로써 서신왕래가 이어지지 못하였고, 루터파와 츠빙글리파를 연합하려던 계획도 무산되었다. 헤센의 필립은 임종 직전에 "츠빙글리가 마르부르크에서 나에게 확신을 심어 주었다"[3]고 고백하였다. 마르부르크 회담은 양측에 중대한 결과를 초래하였다. 루터파와 츠빙글리파가 성례론에서 일치를 보지 못하고 정치적으로도 연합하지 못함으로써 루터를 중심으로 한 개혁은 독일 지역의 루터파Lutheran로, 츠빙글리를 중심으로 한 스위스에서의 종교개혁은, 그의 후계자 하인리히 불링거가 제네바의 칼뱅과 연합하여 개혁파Reformed를 형성, 유럽 전역으로 2세대 종교개혁을 이어 갔다. 루터는 자신의 신학과 다른 입장을 가진 사람들을 모두 적으로 돌렸다. 이와 같이 루터파와 츠빙글리파의 성례론의 불일치로 인해 개혁된 교회는 분파된 교회로 고착되는 결과를 낳았다.

야콥 카이저의 화형 베른이 스위스 종교개혁에 참여했고, 뒤이어 바젤·샤프하우젠·장크트갈렌이 동참하였다. 1527년 10월, 이들 개혁파 칸톤의 도시들과 남부 독일 콘스탄츠와 기독 동맹Christliches Burgrecht을 맺자, 이에 맞서 가톨릭 내지칸톤은 오스트리아 합스부르크의 지원을 받아 기독 연합Christliche Vereinigung을 결성하였다. 그 결과 본래 방어를 위한 결속이었지만, 분쟁이 일어날 때마다 공동지배 지역에서의 긴장을 오히려 고조시키는 역할을 하였다. 양측은 자신들이 임명한 지방행정관Landvogt을 통해 행정과 사법을 장악하려고 했고 종교개혁을 지원하거나 억압하였다. 브렘가르텐Bremgartens 위쪽 로이스Reuss 지역의 프라이암트Freiamt 그리고 발렌 호수와 취리히 호수 상부지역 사이에 베젠Weesen을 중심으로 가스터란트를 둘러싼 논쟁

---

3 헤센의 필립이 츠빙글리에게 보낸 10통의 서신과 츠빙글리가 헤센의 필립에게 보낸 3통의 편지가 남아 있으며, 뷔르템베르크의 공작 울리히가 츠빙글리에게 보낸 4통의 편지가 남아 있다. 슈파이어 제국의회 회기 중(1529. 4. 22)의 편지가 첫 번째 날짜였고 마지막 편지는 츠빙글리 사망 11일 전인 1531년 9월 30일자였다. 회담 전에는 신앙의 문제를 다뤘고, 회담 후에는 정치적인 문제를 다뤘는데 헤센의 필립은 편지 머리말에 "친애하는 울리히 선생님" 또는 "친애하는 츠빙글리"와 같은 칭호를 사용하였다.

이 벌어졌다. 다수결에 의해 개혁된 지역 베젠^{Weesen}은, 가톨릭 진영의 슈비츠 칸톤(州)의 위협 때문에 옛 신앙으로 돌아가야 할 형편이었다. 그러나 슈비츠는 당장 힘을 행사하지는 못했다. 왜냐하면 개혁파 취리히가 베젠을 돕기로 약속했기 때문이다. 한편, 베젠 출신 야콥 카이저$^{Jakob\ Kaiser}$는 종교개혁에 대한 확고함을 가진 청년으로 장크트갈렌 가스터란트^{Gasterland} 지역의 중심지 중 하나인 우츠나하^{Uznach}에서 목사로 봉사하였다. 그는 종려주일 행렬을 위하여 마련된 나귀를 땔감 운반에 사용했다는 이유로 분노를 샀다. 게다가 설교를 통해 가톨릭교회의 문제들을 비판하여 가톨릭교도들로부터 원성을 샀다. 그를 못마땅하게 여긴 지도자들에 의해 취리히 호수 북쪽 슈베르첸바흐^{Schwerzenbach}로 발령을 받은 그는 여전히 개혁적인 일을 활발하게 하였다. 이밖에도 동료들의 개혁교회 형식의 결혼식 주례도 맡고 자신이 목회하는 교회에서 성화들을 치웠다. 그해에 장크트갈렌 칸톤이지만 여전히 옛 신앙이 우세한 칼트부른^{Kaltbrunn}의 오버키르히^{Oberkirch}에서 야콥 카이저를 청빙하였다. 종교개혁사상이 확고했던 그는 슈비츠 칸톤의 반대에도 불구하고 오버키르히의 요청을 받아들였다. 그는 아직 부임하기 전인데도 주말에는 그곳에서 예배를 인도하였다. 그의 목사 청빙은 기정사실이었다. 개혁교회 목사의 부임이 확실해지자 슈비츠 칸톤에서는 그를 체포할 계획을 세웠다.

1529년 5월의 어느날, 새순이 들판을 채우고 봄바람이 알프스 골짜기를 타고 불어오던 때, 카이저는 취리히 칸톤인 슈베르첸바흐로부터 가스터란트로 돌아가는 도중에 체포되었고 슈비츠로 끌려갔다. 너무나 급작

스레 일어난 일에 취리히와 글라루스가 나서 중재를 해 봤지만 소용이 없었다. 그는 일주일 만에 재판에 회부되어 이단이라는 죄목으로 화형을 선고받았다. 이어 그에 대한 형집행은 아주 신속하게 이뤄졌다.

청동문 17번 패널은 야콥 카이저의 화형을 다루고 있다. 십자가 옆에 통곡하는 미리아와 요한과는 대조적으로 벽 앞에 있는 사제는 기도서를 손에 들고 꼼짝하지 않고 서 있다. 단지 화형을 집행하는 두 청년만이 역동적인 움직임을 보이고 있다. 그들은 정당하고 옳은 일을 하고 있다는 신념에 가득 차 있는 모습이다. 기록에 의하면, 화형에 쓰인 나무들은 마른 장작이 아니었다. 나무가 천천히 타면서 화형 당하는 사람에게 최대한의 고통을 주려고 생나무를 꺾어서 사용한 것이다. 카이저가 심장을 거머쥐고 고통스러워하는데 사람들은 목을 길게 빼고 구경하고 있다. 온몸이 불에 타는 고통으로 신음하고 있는 야콥 카이저는 왼쪽 상단에 걸려 있는 십자가의 예수를 상기시킨다. 하인리히 불링거의 보고서는 그에 대하여 다음과 같이 전하고 있다.

> "야콥 카이저는 평소에 말솜씨가 좋고 용감한 사람이었는데 화형에 대한 두려움과 무서움 때문에 울었다. 이같이 처음에는 매우 약한 모습을 보이기도 하였으나 화형이 선고되자 하나님께서 그에게 힘을 주셔서 변화되고 위로를 받은 모습이었다. 그리고 죽음을 담담하게 맞았으며 불길 속에서도 그는 자유로웠고 죽는 순간까지 예수 그리스도의 이름 앞에 성실하게 임하였다."

쿠어, 베른, 콘스탄츠 개혁교회의 선구자들   청동문 18번 패널에는 요하네스 코만더Johannes Comander, 1482-1557, 베르톨트 할러와 암브로시우스 블라우러가 있다. 이들은 츠빙글리와 동시대를 살면서 자신들의 지역에서 종교개혁을 위하여 힘쓰면서 카펠 전투에도 함께한 인물들이다. 코만더는 마이엔펠트Maifenfeld 출신으로 츠빙글리와 같은 시대에 바젤 대학에서 공부하고 에숄츠마트Escholzmatt에서 사제로 처음 목회  활동을 하였다. 무책임하고 무능력한 쿠어 주교를 대신하여 1523년 쿠어 의회가 코만더를 마르틴 교회Martins kirche 목사로 청빙한 것이다. 그에게는 가톨릭교도들보다 다른 지역에서 추방되어 온 급진적인 재세례파 사람들이 더 큰 적수였다. 이주해 온 그들은 도시를 혼란에 빠뜨렸다. 이런 상황에서 츠빙글리의 죽음은 그를 더 힘들게 했다. 그럼에도 불구하고 츠빙글리를 잃은 상실감을 견딜 수 있게 한 것은 종교개혁에 대한 그의 내적 확신이었다. 그는 소녀소년들이 공부를 위해 어린 나이에 집을 떠나지 않도록 라틴어 학교를 설립하였다. 또 교회질서를 위하여 당회를 구성하고 신앙고백서 초안을 작성하였으며 신앙난민들을 관대하게 수용하였다. 그러나 1550년 쿠어 지역을 휩쓴 흑사병이 코만더의 가족들을 덮쳤다. 그는 1557년 2월 사망할 때까지 목사관에 머물렀고 그의 무덤은 알려지지 않았다.

베른 종교개혁의 주요 인물은 독일 태생의 목사 베르톨트 할러Berthold Haller, 1492-1536이다. 20대 후반에 뮌스터의 설교자로 선출되었다. 베른은 정치적으로나 군사적으로 아주 강력한 장소로서 교회에 관계된 것은 우선순위가 아니었다. 할러가 교회개혁의 영향으로 복음을 선포하기도 전에 가톨릭 정당은 그에게 강한 적대감을 드러내었고, 할러가 그 도시를 떠나려고 할 때 츠빙글리는 서신을 보내 그를 권면하고 격려하였다. 그리하여 할러는 평생을 베른에서 소명을 감당하였다. 1526년 바덴 논쟁에서 교회개혁의 중요한 수호자 역할을 했고, 1528년 베른 논쟁$^{Disputation of Bern}$에서도 종교개혁의 대변인 역할을 감당하였다. 그러나 위기도 뒤따랐다. 1530년 여름, 솔로투른^{Soloturn}에서 설교하다 죽임 당할 고비를 넘겼다. 게다가 코만더 목사가 겪었듯이 그도 츠빙글리의 죽음을 받아들여야 하는 현실이 너무 고통스러웠지만 그로스뮌스터 교회의 하인리히 불링거와 지속적인 서신 교환을 통하여 힘을 얻었다. 많은 어려움 속에서도 종교개혁을 위하여 힘쓰던 베르톨트 할러는 43세의 일기로 하늘의 부름을 받았다.

독일 콘스탄츠 귀족가문에서 태어난 암브로시우스 블라우러^{Ambrosius} $^{Blaurer, 1492-1564}$는 슈바르츠발트^{Schwarzwald}에 있는 알피르스바흐의 베네딕트회 수도원에서 수도원장의 대리자가 될 때까지 큰 변화없이 지내다가 마르틴 루터의 저술들을 읽고 수도원을 떠날 결심을 하게 된다. 이미 종교개혁의 영향을 받고 있던 콘스탄츠는 그를 세인트스테판 교회$^{St. Stephan}$로 청빙하였다. 가톨릭교회 주교는 도시를 떠났고 콘스탄츠는 점차 개혁되어 갔다. 그의 개혁활동은 성공적으로 진행되었다. 블라우러는 베른 논쟁에도 참여하고 뮌스터에서 개회 예배 설교를 히면서 츠빙글리와도 교류하였다. 그러나 츠빙글리의 죽음 이후에는 어려움이 많아졌다. 재세례파와 루터파는 츠빙글리와 관계된 모든 것을 비판하였다. 더구나 카를 5세가 슈말칼덴 전쟁에서 승리함으로써 콘스탄츠도 가톨릭교회에 굴복하였다.

황제의 '살생부'^{Blutbuch}에 오른 블라우러는 콘스탄츠를 떠났다. 비일^{Biel}에서 9년을 지내는 동안 장 칼뱅을 알게 되고, 이후 그는 빈터투어^{Winterthur}로 옮겨 여러 지역을 여행하였다. 그는 교회정치보다 말씀 전하는 것을 더 좋아했기 때문이다. 그는 개혁교회 공동체를 위하여 작사도 하였다. 그가 만든 노래와 더불어 교회공동체를 이뤄가던 기간에 만들어진 곡 중, 20여 곡이 오늘날까지 남아 있다.

츠빙글리와 함께한 바젤과 장크트갈렌의 종교개혁자들

츠빙글리와 외콜람파디우스, 바디안(바디아누스)은 독일어권 스위스 연방의 종교개혁사에서 매우 중요한 지도자들이다. 그중 요하네스 외콜람파디우스는 알토 뮌스터 수도원Kloster Altomünster에서 고해성사에 대한 비판적 설교를 했다는 이유로 교회의 압박을 받자 바젤로 피신하였다. 그는 9년 동안 책 인쇄 보조자로 일하면서 에라스무스와 만나게 된다. 특히 츠빙글리에게 자신도 기꺼이 종교개혁에 함께하고 싶다는 중요한 서신을 교환하였고, 츠빙글리는 흔쾌히 그의 개혁활동을 지원하였다. 외콜람파디우스는 바젤 대학교수가 되었고 성 마르틴 교회St. Martin Church 설교자가 되었다. 그는 대다수의 시민들과 의회로부터 지지를 받은 반면, 옛 신앙을 가진 사람들에게는 몹시 껄끄러운 인물이었다. 수년 동안 바젤 시민들은 뮌스터에서 로마 가톨릭교회와 정반대되는 외콜람파디우스의 설교를 들을 수 있었고 1529년까지 바젤 교회개혁은 완성되었다.

외콜람파디우스는 바젤 교회개혁의 요소들을 구성하고 활동하면서 베른 논쟁과 마르부르크 회담에서와 같이 중요한 종교개혁의 무대에 등장하였다. 마르부르크 회담Marburg Colloquy에 츠빙글리와 동행하여 무려 3시간씩 이어진 논쟁에서 투박하고 거친 토론의 상대 마르틴 루터에 밀리지 않고 취리히 종교개혁을 피력했던 그는 취리히 시의회로부터 츠빙글리 후임으로 그로스뮌스터 교회를 맡아줄 것을 권유받았으나 정중히 거절하였다. 종교개혁을 함께했던 동역자 츠빙글리의 죽음으로 큰 충격을 받고 상심이 컸던 그는 1531년 11월 23일, 눈을 감았다. 그의 절친한 동역자 츠빙글리가 떠난 지 한 달 만이었다.

바디안(요아힘 폰 바트Joachim von Watt, 1484-1551)은 종교개혁자 중 의사요 역사, 지리학자라는 이력을 갖고 있었다. 울리히 폰 후텐과 마찬가지로 신성로마제국 황제 막시밀리안 1세로부터 월계관을 받은 시인이기도 했던 바디안은 30세에 빈Wien 대학의 총장이 되어 유럽의 중요한 인물들과 교류하였다. 그러나 모든 이력을 뒤로하고 고향 장크트갈렌으로 돌아와 시장을 지냈던 그는 라우렌첸Laurenzen 교회에서 설교하였다. 그러나 재세례파인 처남과 그 무리들이 몰려와 그의 사역에 어려움을 주었다. 그럼에도 굴하지 않고 점진적으로 교회개혁을 추진하여 갈루스 수도원을 해체하는 데에 까지 나갔다. 현실의 상황은 녹록치 않았지만 그는 꾸준히 도시 안에서 개혁주의 신앙을 강화해 갔다.

청동문[4] 18번-19번 패널에는 화살형 문양 사이에 마태복음서의 천사, 마가복음서의 사자, 누가복음서의 황소, 요한복음서의 독수리가 있다. 패널 속 6명의 종교개혁자들은 요하네스 코만더·베르톨트 할러·암브로시우스 블라우러·외콜람파디우스·바디안(요아힘 폰 바트Joachim von Watt, 1484-1551)이다. 종교개혁자들은 한 손에 성경을 들었다. 그들 중 다섯 명의 종교개혁자들이 한 손을 펼치고 있는 반면, 츠빙글리의 오른손에 들려진 검의 끝은 땅을 향하고 있다. 다섯 명의 종교개혁자들과 달리 츠빙글리는 발 하나를 앞으로 내민 자세로 서 있는 모습이다.

검을 든 목사 츠빙글리라니, 고개가 갸웃해질 만하다. 마르부르크 회담 이후에 더욱 멀어진 루터가 제2차 카펠 전투에서 죽음을 맞이한 츠빙글리에 대하여 맹비난했던 것에서 볼 수 있듯, 일부에서는 그를 전쟁광으로 폄하하기도 한다. 그러나 종교개혁과 자신의 조국 사회에 만연한 문제를 해결

---

[4] 그로스뮌스터 교회 청동문 이야기는 『츠빙글리의 종교개혁 이야기』 정미현 옮김, 한국장로교출판사와 『Das Zwingliportal am Grossmunster in Zurich』 Robert Heinrich Oehninger의 저서를 인용하여 작성하였다. 청동문 하단 패널부터 번호를 매겨 설명하였다.

하기 위해 밤낮없이 씨름했던 그의 진심을 이해하지 못한 데서 비롯된 편견이라 할 수 있다. 단편적인 사건과 행위만으로 한 인물을 평가하는 것은 온당치 않다. 특히 16세기 종교개혁의 한가운데를 살아간 이들이 감당해야 했던 눈물과 고난을 어찌 다 헤아릴 수 있을 것인가. 오직 성경만을 최고의 권위로 붙잡고 타락한 교회의 권력에 맞서 누군가는 그 길 위에서 목숨을 잃었고, 누군가는 신앙을 지키기 위해 고향을 떠나 낯선 도시와 먼 대륙으로 신앙난민의 길을 택하였다. 그 격동의 시대를 온 몸으로 살아낸 그들의 발자취는 오늘을 사는 우리에게 신앙이란 무엇이며, 하나님께서 원하시는 삶이 무엇인지, 우리의 신앙을 깊이 성찰하게 한다. 우리는 그들의 삶을 기억하며, 하나님의 선하신 뜻이 어디에 있는지 분별하는 지혜를 배워야 할 것이다.

제2차 카펠 전투에서 츠빙글리의 죽음

16세기 종교개혁이 진행되던 당시의 스위스는 개혁파 칸톤과 가톨릭 전통을 견지하는 내지칸톤으로 나뉘어 있었다. 중앙집권적이고 진보적인 개혁파 칸톤Reformed cantons의 도시들과는 반대로 농촌의 보수적·배타적 성향의 가톨릭 칸톤Reformed cantons 사이에는 긴장이 팽팽했다. 취리히 시의회와 츠빙글리는 가톨릭 내지칸톤들을 압박하기 위해 밀, 소금, 포도주, 철 등의 거래를 금지하는 경제 봉쇄령Handelssperre을 내렸다. 그러나 이 조치는 오히려 갈등을 격화시켰고, 결국 1531년 10월 11일, 가톨릭 칸톤들은 군사를 일으켜 취리히를 공격했다. 베른의 니클라우스 마누엘Niklaus Manuel이 전쟁이 아닌 평화와 일치를 츠빙글리에게 권고했지만 그는 그 조언을 따르지 않았다. 이는 뼈아픈 오판이었다. 취리히는 급박한 상황 속에서 군대를 소집하지 못했다.

경제 봉쇄령을 둘러싼 논쟁으로 시의회는 분열되어 지도력을 잃었고 겨우 골들리Goldli 장군 휘하의 1200명이 카펠로 향했다. 뒤이어 츠빙글리가 라바터Lavater장군과 700명의 병력을 이끌고 알비스Albis를 넘어 합류했으나 카펠 들판에는 9천 명의 가톨릭 군사들이 진을 치고 있었다. 츠빙글리와 병사들은 지쳐 있었고 앞서 도착한 취리히 병사들도 긴장이 풀린 채 들판에 널브러져 있었다. 오후 4시가 지나면서 취리히는 더 이상 지원을 기대할 수 없는 상황이었다. 이에 반해 가톨릭 병사들은 경제 봉쇄령에 대한 응전(應戰)의 각오가 되어 있었다. 결국 압도적인 가톨릭 진영의 공격에 순식간에 무너진 취리히 진영에서는 400명 이상의 전사자가 발생하였다. 그중에는 취리히 시의회 의원 26명과 목사 25명이 포함되어 있었다.

청동문 20번 패널은 제2차 카펠 전투의 현장을 묘사하고 있다. 전사한 병사들과 나무 밑둥에 기댄 채, 최후의 순간을 맞는 츠빙글리의 모습을 보여 준다. 가톨릭 병사들이 츠빙글리에게 "마리아에게 기도하라"고 조롱하자 그는 단호히 거절했다. 운터발덴 출신 푸킹어Fuckinger 사령관의 명령에 따라 가톨릭 병사들이 그의 사지를 절단하고 불태웠다. 그들은 츠빙글리의 화형식에 그치지 않고 그의 추종자들이 성물로 삼지 못하도록 츠빙글리의 유골을 돼지똥에 섞어 버렸다.

가톨릭 칸톤에 패한 취리히는 휴전에 들어갔다. 이때 불리한 조건으로 체결된 제2차 카펠 평화조약The Second Peace of Kappel, 1531은 개혁신앙의 확산을 가로막았다. 기존 개혁교회가 있던 지역에서는 가톨릭 라틴어 미사를 허용해야 했다. 반면에 가톨릭 지역의 개혁교도들은 예배 드릴 자유조차 허락되지 않았다. 제2차 카펠 전투는 스위스 연방 안에서 개혁교회와 로마 가톨릭교회가 무력으로 충돌한 첫 사건이자, 종교개혁의 이상이 전쟁이라는 현실의 벽에 부딪힌 사건이었다.

취리히의 상징 청동문 21번 패널 가운데 중요한 것은 바로 사자가 높이 들고 있는 왕관이다. 높이 들려 있는 왕관이 상징하는 것은 취리히는 제국으로부터 자유롭고 귀족들에게 종속되지 않으며, 오직 황제에게만 속해 있다는 것을 말해 주는 취리히 시의 상징물이다. 이 도시는  시토 수도원 설립자이자 십자군 원정 설교가인 클레르보의 베르나르Bernard of Clairvaux, 1090-1153가 머물렀던 곳으로써 콘스탄츠 교구에 속한 도시 중 하나였으며, 신성로마제국 황제는 멀리 있었기 때문에 취리히는 시의회를 구성하고 재판과 행정을 독립적으로 행사할 수 있었다. 상징물 하단에 각인된 라틴어 문구는 제2차 십자군 원정에서 황제 콘라드 3세를 수행한 12세기 주교 오토 폰 프라이싱이 취리히에 머물면서 남긴 말이다.

"고귀한 취리히여, 풍부한 자산의 보물창고여! *Nobile Turbqum Multarum Copia rerum*"

츠빙글리의 후계자 하인리히 불링거 스위스 가톨릭 칸톤Catholic Cantons 지도부의 압력에 의하여 '제2차 카펠 평화조약'이 체결되었다. 이 조약은 가톨릭 칸톤에게 정치적 우위를 안겨주었으며, 일정 지역에서는 영토의 확장을 가져다주었다. 이로써 개혁신앙은 더 이상 독일어권 스위스에서 확산하지 못하고 개혁파 칸톤의 도시들이 옛 신앙으로 돌아갔다. 1529년에 자발적으로 개혁신앙을 수용했던 도시 브렘가르텐이 '제2차 카펠 평화조약'을 구실로 옛 신앙으로 돌아서자, 그곳에 신앙난민들이 발생하였다. 당시 알비스의 카펠 수도원 학교 교사였던 스물일곱 살의 하인리히 불링거도 고

향을 떠나 취리히로 갔다. 한편, 취리히는 '마일렌 협정'Meilener Vorkommnisses을 맺었다. 이 협정은 취리히 내 개혁교회 목사들이 정부에 대하여 어떠한 정치적 권리도 행사할 수 없도록 전면 금지하였다. 그에 따라 취리히는 외곽 지역을 넘어서 전쟁을 일으킬 수 없고 목사들은 국가적인 일에 관여할 수 없으며, 오직 복음 전하는 일만 허락되었다.

1531년 12월 9일, 취리히 시의회는 두 가지 중요한 의제를 두고 회의를 소집하였다. 그중 하나는 마일렌 협정에 대한 논의였고, 다른 하나는 카펠 전투에서 전사한 츠빙글리 이후 공석으로 있는 그로스뮌스터 교회에 하인리히 불링거Heinrich Bullinger를 선출할 것인가, 하는 문제였다.

청동문 22번 패널은 취리히 시의회 본회의장의 모습을 보여 주고 있다. 오른쪽에는 시의회 의원들이 앉아 있고, 왼쪽에는 모자를 쓰고 설교자 가운을 입은 장크트페터스 교회의 레오 유드가 서 있다. 그 건너편에는 츠빙글리 입장에 반대하고 가톨릭 칸톤과 협상을 했던 한스 에셔Hans Escher와 바젤과 베른에서 청빙을 받은 여행자 복장의 하인리히 불링거가 있다. 시의회는 4시간에 걸친 줄다리기 협의를 거친 끝에 브렘가르텐Bremgarten 출신의 하인리히 불링거를 그로스뮌스터 교회 후임 목사로 결정하였다. 취리히 종교개혁이 좌초될 위기에서 하인리히 불링거Heinrich Bullingerr, 1504-1575는 츠빙글리가 못다 이룬 개혁을 완수하기 위해 취리히뿐만 아니라 제네바의 장 칼뱅과 긴밀히 협력하였다. 그리하여 스위스 2세대 종교개혁자로서 자신에게 부여된 사명을 잘 감당하였다. 이렇듯 취리히 종교개혁은 하인리히 불링거와 레오 유드에 의해 계승되었고, 스위스 종교개혁은 하인리히 불링거와 제네바의 장 칼뱅Jean Calvin에 의해 활짝 꽃을 피우게 된다.

스위스 연방은 '유럽의 30년 전쟁'이 이어지는 동안 중립을 유지하며 유럽 대륙을 휩쓴 전쟁의 참화를 피해 갔다. 그렇다고 해서 스위스 연방이 평화를 누린 것은 아니었다. 60년 동안 동일한 지역에서만 두 차례의 종교 전쟁을 치렀다.

1656년 겨울, 가톨릭 지배 지역 내에 있는 개혁교도들의 상황을 개선하려던 취리히의 시도는 제1차 빌메르겐Villmergen 전투를 불러왔다. 그러나 이 전투는 개혁파 취리히에게 패배를 안겨 주었다. 한편, 장크트갈렌 수도원의 지배 아래 있는 토겐부르크Toggenburg 지역은 주민들 대다수가 개혁교도였다. 그런데 수도원의 정치적·종교적 간섭이 심화되자 개혁교도들이 반발하면서 갈등이 격화되고 있었다. 그뿐 아니라 가톨릭 내지칸톤middle Cantons들이 독일 남부 및 밀라노 방면의 도로를 통제하면서 그동안 쌓인 감정이 폭발, 결국 1712년 7월 제2차 빌메르겐 전투가 벌어졌다. 이에 개혁파 베른과 취리히가 토겐부르크를 지원함으로써 8월 11일에 '아라우 평화조약'Peace of Aarau을 이끌어냈다. 이로써 1531년 제2차 카펠 평화조약 체결 후 유지되어 오던 공동지배 지역에서의 가톨릭 칸톤의 패권은 종식되었다.

로카르노의 신앙난민들 로카르노의 교회 개혁은 제2차 카펠 전투가 있고 10년이 지난 뒤, 특이하게도 이탈리아로부터 비롯되었다. 인문주의 영향을 받은 이탈리아 교수들과 학생들은 종교개혁자들의 문서들을 읽었다. 그들 중 한 사람, 지오반니 베카리아Giovanni  Beccaria, 1508-1580는 로카르노Locarno로 건너가 개혁공동체를 세웠다(1540). 그는 미사를 이끌던 사제였다. 그리고 프란체스코회 수도원 학교에서 라틴어

교사로 활동했던 인물이다. 그는 하인리히 불링거와 서신을 주고받으며 개혁신앙으로 전향하였다. 특히 로카르노의 사제들이 형편없었기 때문에 종교개혁 사상은 시민들로부터 호응을 얻으며 확산되었다. 하지만 연방의 가톨릭 지역의 훼방도 극렬해졌다. '제2차 카펠 평화조약'에 따라 개혁공동체를 만들어서는 안되기 때문이었다. 그런 이유에서 베른과 바젤조차 로카르노의 신앙난민들 문제에 개입하는 것을 원치 않았다.

지오반니 베카리아는 결국 로카르노에서 쫓겨나 인근 미소크로 옮겨 아이들을 가르치며 공동체를 만들고, 하인리히 불링거의 저술들을 통하여 신학적인 공급을 받았다. 개혁신앙의 로카르노 사람들은 자녀들을 미소크에 보내 수업을 받게 하였고, 베카리아를 대신하여 유력 가문의 청년들이 기꺼이 교회를 이끌어 주었다. 그들은 마르티노 무랄토$^{Martino\ Muralto}$, 타데오 두노$^{Taddeo\ Duno}$와 로도비코 론코$^{Lodovico\ Ronco}$였다. 다른 사람들도 개혁공동체를 돕기 위해 힘을 모았다. 미소크에서의 개혁공동체는 불링거의 설교와 저술들을 통해 개혁신앙을 고취시켰다.

그러나 1554년 겨울 초입, 바덴 의회가 특단의 조치로 이듬해 3월 3일까지 개혁신앙을 가진 사람들은 도시를 떠나라고 명령하였다. 매서운 추위가 기승을 부리는 가운데 개혁신앙을 지키려는 98명의 사람들이 그렇게 자신들의 고향을 떠나야 했다. 아내와 어린아이들을 데리고 눈길을 걸어서, 또는 말을 타고 로카르노를 떠나온 이들이 그라우뷘덴^{Graubünden} 로베레도에 머물고 있었다. 하지만 로카르노 신앙난민을 받아 주겠다는 도시는 취리히뿐이었다. 5월 초, 그들은 또다시 눈 덮인 2066m 고도의 베르나르디노$^{Passo\ del\ San\ Bernardino}$를 지나고 '악마의 길' 곧 비아 말라$^{Via\ Mala}$를 가로질러 걷고, 또 걸어서 열흘 만에야 취리히 호수 상류에 당도하였다. 청동문 23번 패널은 5월 12일 취리히의 한 선착장에 배가 도착하는 장면을 보여 주고 있다. 로카르노 신앙난민을 받아 줄 것을 결정한 시의회가 있는 시청을 뒷배경으로 그들을 환영하는 시민들, 그리고 불링거가 있었다. 알아듣지 못하는 언어로 환영하는 시민들을 보며, 로카르노의 신앙난민들은 안도감과 불안감이 교차한 가운데 고향을 등진 슬픔으로 눈물을 터뜨리는 이들도 있었다. 리마트강의 잔잔한 물결은 낯선 땅에 정착한 로카르노 신앙난민들의 미래를 말해 주고 있다. 이들은 하인리히 불링거의 도움으로 이탈리아인 교회를 조직하였다. 한편, 아우구스티누스회 사제였던 피터 마터 버미글리Peter Martyr Vermigli, 1499-1562는 이탈리아 신앙난민 중 눈에 띄는 인물이었다. 블러드 메리 1세 즉위 후, 스트라스부르를 거쳐 취리히로 건너와 (1555) 히브리어 교수가 된 그는 불링거와 교제하며 스위스 종교개혁을 위해 힘썼다. 또한 장 칼뱅이 『기독교 강요』를 집필하면서 자문을 구했을 정도로 버미글리는 스위스 종교개혁에 준비된 인물이었다.

취리히 교회협의회 문장 청동문 24번 패널 취리히 교회협의회 문장은 취리히의 문장과 연관지어 만들었다. 두 마리 사자가 취리히 상징물을 쥐고 있다. 왕관 대신 검과 종려나무 가지를 들어 올리고 있는 것이다. 검은 모든 것에 함께 하시는 하나님의 말씀과 생각, 그리고 마음

의 심판자로 이해할 수 있고(히 4:12, 엡 6:17), 종려나무 가지는 예수님의 예루살렘 입성을 상징한다. 이는 기쁜 소식, 곧 복음에 대한 상징이고 복음과 함께 새로운 시대가 시작되었다는 것을 나타낸다.

또 츠빙글리가 프랑수아 1세에게 헌정한 〈신앙의 주해〉의 문장이 적혀 있다. "우리의 주가 교회의 보호자가 되신다" 츠빙글리는 〈신앙의 주해〉를

통해서 그가 종교개혁을 이해하기를 기대했는지도 모른다. 하지만 '신앙의 수호자' 프랑수아 1세는 자신의 왕국과 가톨릭 신앙으로 일치만을 고집하였고, 자신의 왕권에 위협이 되는 모든 것을 불관용하는 절대군주였다.

한편, 16세기 종교개혁 이전에 유럽의 교구들처럼 취리히를 찾아온 순례자들에게 면벌부를 판매했던 이 도시가 비텐베르크와 다르게 독자적인 종교개혁을 이뤄냈다는 것은 놀라운 일이다. 당시 유럽 여느 도시와 다를 바 없이 타성에 젖어 미신적이었던 취리히가 교회의 개혁과 사회의 개혁을 이뤄낼 수 있었던 것은 충성된 종교개혁자들을 통해 일하신 하나님의 섭리가 아니고 무엇이랴!

"너희 안에서 행하시는 이는 하나님이시니 자기의 기쁘신 뜻을 위하여 너희에게 소원을 두고 행하게 하시나니"(빌 2:13)

4. 취리히 종교개혁의 명암
검과 성경을 든 츠빙글리 동상

리마트강변Limmat River에 자리한 바서 교회는 그로스뮌스터 교회 맞은편, 트램이 다니는 도로를 사이에 두고 마주하고 있다. 교회 앞 광장에서 몇 걸음 떨어진 곳에는 츠빙글리의 기념동상이 있다. 그는 오른손에 성경을, 왼손에는 칼자루를 쥔 채 칼끝을 아래로 향하게 한 자세로 서 있다.

〈울리히 츠빙글리 1484-1531, 취리히 종교개혁자, 인문주의자, 성경 번역자, 취리히 교회의 지도자, 1484년 1월1일 빌트하우스에서 태어났고 글라루스와 아인지델른의 목사였다. 1519년부터 그로스뮌스터의 설교 목사였고 1524년 안나 라인하르트와 결혼했으며, 1531년 8

월 11일 제2차 카펠 전투에서 사망하였다.〉(Huldrych Zwingli 1484–1531, Zuricher Reformator, Humanist, Bibelubersetzer, Vorstecher der Zurcherkirche, geboren am 1. Januar 1484 in Wildhaus. Pfarrer in Glarus und Einsiedeln. ab 1519 Leutpriester am Grossmunster. 1524 Eheschliessung mit Anna Reinhard. gefallen am 11. Oktober 1531 in zweiten Kappelerkrieg.)

마르부르크 회담Marburg Colloquy에서 성만찬에 대한 이견으로 프로테스탄트 진영의 연합이 무산된 이후, 마르틴 루터는 츠빙글리에 대하여 신학적으로 강한 불만을 품고 결별을 선언하였다. 또 츠빙글리의 죽음을 두고는 "칼을 잡는 자는 칼로 망한다"며, 연민보다는 혹독한 비판을 가했다. 이것은 '독일 농민전쟁' 당시, 무장 봉기한 농민들을 단죄했던 것과 같은 논리였다.

그러나 츠빙글리는 평소 "나는 신학적 확신과 공동체적 책임의 근거 위에서 검을 들었다"고 주장하며, 교회가 타락할 경우 복음을 회복하기 위해 투쟁은 불가피하다는 입장이었다. 그에게 무장은 정치적 수단이 아니라 복음을 수호하기 위한 최후의 방편이었다. 그는 취리히 종교개혁을 추진하면서 교회문제와 사회문제를 분리하지 않고 의식의 변화를 꾀했다.

가톨릭 내지칸톤이 공격해 오자, 민족주의가 강했던 츠빙글리는 무방비 상태인 취리히 시민들을 전투에 보내고 예배당에 남아 기도만 하고 있을 수 없었다. 그는 이미 마리냐노 전투에서 군주들의 권력놀음에 젊은이들이 희생되는 장면을 목도하였기 때문에 그는 검을 들어야 했다.

당시 유럽 군주들에게 최고의 용병으로 정평이 난 스위스 청년들, 그 목숨의 대가로 돈을 벌어들인 용병제도는 스위스의 고질적인 사회악이었으나 츠빙글리는 용병제도를 근절하고 취리히 종교개혁을 위해 기꺼이 자신의 삶을 내려놓았다. 그는 언제, 어디서에든 자신에게 맡겨진 양 떼가 있는 곳이 곧 자신이 있어야 할 자리라는 것을 알았던 참 목자였다. 그는 말이 아니라 삶과 죽음으로 자신의 복음에 대한 책임을 증명하였다. 그러므로 그가 검을 들고 전투에 임했다고 비난하는 것은 부당하다. 유명하다거나 뛰어나다고 해서 그가, 그것이, 다 옳은 것은 아니다.

5. 소시지 사건(Affair of the Sausages, 1522)

서방교회에서 사순절 기간 중 육식을 금지한 전통은 2-4세기 사이에 교부들에 의해 형성되었다가 교황 그레고리우스 1세때 제도화되었다. 이 관습은 금욕과 절제, 회개의 실천을 강조한 교부들과 수도원 전통에 기반한 것이다. 이와 관련하여 1522년 스위스 종교개혁을 공론의 장으로 끌어올

뮌스터 다리와 연결된 바서 교회는 청록빛 맑은 강바닥이 환히 보이는 리마트 강에 잇닿아 있고, 곁에 나무에 가려진 츠빙글리 청동상이 있다. 길 건너편에는 빨간 첨탑의 그로스뮌스터 교회가 있다.

린 신학적·사회적 전환점이 된 사건이 발생하였다. 『취리히 성경』(1525)을 출판한 크리스토프 프로샤우어Christoph Froschauer를 비롯한 몇몇 사람들이 모여 소시지를 먹었다. 그러자 콘스탄츠 교구에서 소시지 식사를 한 사람들에 대해 강력한 처벌을 요구하였고 당사자들은 벌금형을 받았다. 이에 그 식사 자리에 있었던 츠빙글리가 그들을 변호하면서 시작된 논쟁은 신학적·사회적 쟁점으로 발전하였다. 1523년 1월 29일, 취리히 시의회, 목사, 평신도, 그리고 가톨릭 측의 요하네스 파베르Johann Faber 사이에 벌어진 제1차 논쟁에서 츠빙글리는 "사순절 기간에 육식을 금지하는 전통은 성경적인 근거가 없으며, 하나님이 주신 음식은 무엇이든지 자유롭게 먹을 수 있다"고 주장하였다. 아울러 교회와 사회 전반에 관한 〈67개 조항〉Zwinglis 67 Artikel, 1523의 독일어 개혁안도 제시하였다. 시의회는 제1-2차 논쟁을 거친 뒤 "사제들은 반드시 성경에 근거해 설교하라"며, 개혁의 권한을 츠빙글리에게 부여해 주었다. 그가 꿈꾼 개혁은 성경을 유일한 권위로 삼아 교회와 사회를 동시에 개혁하려는, 신학적이고 공적인 것이었다. 즉 성경 중심, 신자의 자유, 공동체적인 삶, 스위스인들의 구원에 대한 것으로부터 출발했다고 할 수 있다. 첨예한 논쟁을 촉발한 '소시지 사건'은 취리히 종교개혁의 출발점이자 상징적 사건이 되었다.

취리히 바서 교회에 세워진 츠빙글리 청동상은 1884년 츠빙글리 출생 400주년에 맞춰 만들어졌다.

6. 레오 유드와 장크트페터스 교회

바서 교회를 나와 뮌스터 다리Münster-brücke를 건너면 왼쪽으로 프라우뮌스터 교회가 있고, 오른쪽으로 접어들면 장크트페터스 교회가 자리하고 있다. 이 교회는 1700년경 새롭게 건축되었으며 유럽에서 가장 큰 종탑 시계를 가진 곳으로 유명하다. 예배당 중앙 벽면에는 2층 높이의 설교단이 설치되어 있고 그 상단에는 〈너는 주 너희 하나님께 경배하고 다만 그를 섬기라〉(마 4:10)는 말씀이 새겨져 있다. 이곳은 츠리히 종교개혁의 동역자였던 레오 유드Leo Jud가 1523-1524년까지 목회했던 교회이기도 하다. 그는 우상숭배를 단호히 거부하며 예배당에 남아 있던 성화와 성상을 철거하였다. 이 사건은 제2차 취리히 논쟁으로 이어졌고, 결국 취리히 시의회가 공적으로 성상 철거를 명령하는 계기가 되었다. 장크트페터스 교회에서 촉발된 성상 철폐운동은 주변 도시들로 확대되면서 콘스탄츠·바젤·스트라스부르·울름·뮌스터까지 영향을 미쳤다. 그것은 단지 성상 제거에 그치는 것이 아니라, 신앙의 본질을 묻는 신학적 충돌이었다.

역사적인 린덴호프Lindenhof 언덕에 올라가기 전에 리마트강변의 역사적인 골목길을 따라 걸었다. 길 위에는 과거 종교개혁의 이상을 품고 함께 걷다 각자 다른 길을 가야 했던 이들의 고뇌와 분열, 그리고 신앙의 상처가 스며 있었다. 오늘날에도 여전히 신학적인 논쟁이 되고 있는 여러 요소들을 떠올리니 숨이 턱 막힌다.

7. 재세례파 첫 순교자 펠릭스 만츠

1529년 헤센의 필립 영주가 주선한 마르부르크 회담Marburg Colloquy에서 루터와 츠빙글리는 끝내 신앙고백과 군사적 동맹에 있어서 합의를 이루지 못하고 루터파와 개혁파로 결별하였다. 그리고 1년 후 아우크스부르크 제국의회에서 루터파는 단독으로 《아우크스부르크 신앙고백서》를 발표하기에 이른다.

　루터와 츠빙글리가 성례론에서 결별한 것처럼, 취리히 종교개혁에서 첨예한 세례 논쟁(1525)은 츠빙글리와 재세례파를 갈라놓았다. 재세례와 빠른 개혁을 요구하며 유아세례를 거부한 사람들이 츠빙글리와 갈등을 빚는 가운데, 취리히 시의회는 유아에게 세례를 주도록 명령하고 이를 어길 경우에 추방하겠다고 선언하였다. 이것은 세속권력과 논의하는 츠빙글리의 개혁방식에 불만을 가진 사람들에게는 받아들이기 힘든 제재였다. 츠빙글리와 교회개혁을 함께한 이들은 주로 젊은 인문주의자들이었다. 곧 츠빙글리의 지도 아래 성경 원어를 공부하는 예언 모임 곧 '프로페짜이'에 속해 있던 사람들이었다.

　특히 예언 모임에 속해 있으면서 신속한 개혁을 요구했던 콘라드 그레벨과 펠릭스 만츠Felix Manz, 1498-1527 등이 츠빙글리와 결별하게 된 주요 원인은, 교회개혁을 추진하는 데 있어서 국가 곧 세속권력의 역할에 대한 교회론의 차이에 있었다. 츠빙글리는 교회개혁에 있어 취리히 시의회와 함께 하는 개혁을 주장하였다. 반

린덴호프 언덕에서 내려오면 정면으로 바라보이는 장크트페터 교회 시계탑.

그로스뮌스터 교회, 시청, 스위스 연방과 학연구소 등, 구시가지를 전망할 수 있는 린덴호프 언덕은 9세기 카롤링거 시대에 로마성이 세워지고, 1798년 헬베틱 헌법 선서가 있었던 역사유적지이다. 헤드윅브룬넨Hedwigbrunen 분수와 투구 쓴 여전사 동상은 1292년 합스부르크에 대항한 취리히 공성전에서 싸운 여전사들을 기렸다.

면에 그레벨과 만츠 등은 종교개혁에 있어서 국가권력의 개입을 반대하였다. 둘 사이의 더 근본적인 쟁점은 유아세례였다. 이와 같은 견해 차이를 극복하지 못하고 '스위스 형제회'의 콘라드 그레벨, 펠릭스 만츠 등은 츠빙글리와 결별하고, 보다 급진적인 개혁운동을 시작하였다. 시야를 가릴만큼 펑펑 눈이 내리는 길을 헤치고 몇몇 사람들이 노이스타트^{Neustadt} 거리에 있는 펠릭스 만츠의 집에 모였다. 그 자리에서 콘라드 그레벨이 게오르그 블라우록에게 재세례를 시행하였고 게오르그 블라우록이 다른 사람들에게 재세례를 시행하였다.

우리가 게오르그 블라우록^{Georg Blaurock, 1492-1529}으로 알고 있는 요르크 카야코그^{Jorg Cajakog}가 블라우록으로 불린 것은 그가 평소에 푸른색의 외투를 즐겨 입었기 때문에 붙여진 별명이다. 그는 스위스 쿠어^{Chur}의 사제로 있다

샤갈의 스테인드글라스로 유명한 프라우뮌스터 교회(좌), 장크트페터 교회(우). 츠빙글리와 함께 종교개혁 운동에 참여했던 미코니우스(Oswald Myconius)가 프라우뮌스터 대성당 학교에서 라틴어를 가르치기도 하였다.

가 1523년 이전에 츠빙글리의 설교에 감동을 받아 취리히로 건너왔다. 그런데 블라우록은 신앙고백을 스스로 할 수 없는 유아의 세례를 반대하는 입장이었다. 이것은 츠빙글리와 견해가 다른 것이었다. 그러는 동안 동일한 신학적 견해를 가진 사람들을 만나게 되는데 그들이 바로 콘라드 그레벨Conrad Girebel, 1418-1526과 펠릭스 만츠가 이끌고 있는 그룹이었다. 이들은 유아세례를 반대하고 자유교회 설립을 주장하였기 때문에 보통 재세례파Ana Baptist라고 부른다. 콘라드 그레벨 등이 함께한 스위스 형제회Swiss Brethren에서 급진적이고 과격한 사람들이 거리로 나와 목청을 높여 외쳤다.

"취리히여, 너에게 화, 화가 있을지어다!"

그들은 시가행진을 마친 뒤, 로마 교회에서 받은 세례를 무효화하고 다시 세례를 받았다. 이렇게 '재세례파'는 개혁된 교회의 분파로서 역사의 무대에 등장하게 된다. 1525년이 시작되면서부터 츠빙글리의 종교개혁에 동의할 수 없었던 급진적인 사람들이 스위스, 남부 독일, 오스트리아, 보헤미아로 급속히 확산되었다. 그들은 기존의 교회론이 아닌 자신들의 교회론에 따라 회심한 회중으로만 교회를 구성하고, 그 신자들에게 세례를 주고 실천하였다.

평행선을 달리던 개혁교회와 로마 가톨릭교회가 반종교개혁 이후 일치를 본 사례가 재세례파를 박해하는 일에 있어서 연합하는 것이었다. 취리히 시의회가 재세례파를 처벌하기 위해 발벗고 나섰다. 1526년 3월 취리히 시의회는 "그들이 진정 원한다면 다시 침례를 받게 해 주겠다"며 재세례파 지도자들을 수장시키라고 명령하였다. 콘라드 그레벨은 동료들에 대한 수장형이 집행되기 이전에 흑사병으로 죽고 말았다.

1527년 1월 5일, 살을 에이는 혹한의 추위 속에서 취리히 시내를 가로지르는 리마트 에는 평상시보다 더한 냉기가 돌았다. 펠릭스 만츠는 나무막대기에 손과 발이 한꺼번에 묶인 채 차가운 물 속으로 던져졌다. 교회는 개혁되어야 한다는 동일한 입장에 섰던 사람들에 의하여, 교회가 개혁되기를 조금 더 급하게 요구하고, 성경에 기록되지 않은 것을 행하지 않으려던 사람들이 순교를 당한 첫 번째 사건이다. 리마트강 기슭에 서서 이 광경을 지켜보던 사람들은 펠릭스 만츠가 요동하지 않고 숙연히 수장을 받아들이자 큰 충격에 빠졌다. 곧이어 재세례파 3명도 리마트강에 수장되었다. 이들은 재세례파 첫 번째 순교자 명부에 오른 사람들이었다.

이밖에도 게오르그 블라우록은 상반신이 벗겨지고 팔이 묶인 채 계속해서 매질을 당하며 추운 취리히의 거리를 끌려다녔다. 취리히로 돌아오지 않겠다는 서약을 하면 석방시켜 주겠다는 제안을 거절한 그는, 취리히로부터 추방되어 중부 유럽 곳곳을 다니며 순회전도자로 일하였다. 하지만 로마 가톨릭교회로부터도 박해가 계속되었고, 1529년 9월 6일, 끝내 이단이라는 죄목으로 디롤^{Tirol}에서 화형을 당하게 된다.

그 당시 재세례파가 유아세례를 부정한 것은 로마 가톨릭교회에서 받았던 세례를 무효화시키는 것이다. 이것은 교회 전통에서 이단으로 규정한 죄목이다. 온건한 재세례파든 급진적인 재세례파든 이들은 개혁된 교회와 로마 가톨릭교회 양측으로부터 혹독한 박해를 받았다. 그들은 박해를 피하여 산속으로 숨어들거나 보헤미아의 모라비아^{Moravia} 또는 프랑스 알자스^{Alsace} 지방으로 도망쳤다. 존 폭스의 순교자 열전에 버금가는 네덜란드의 틸레만 판 브라이트$^{Thieleman\ J.\ van\ Braght}$의 **『순교자의 거울』**$^{Martyrs\ Mirror\ 1659}$은 박해받은 재세례파의 순교사를 생생하게 기록하였다. 이 책은 지금도 그들의 후예들에게 경건하게 읽혀지고 있다.

2004년, 당국은 취리히 중앙역과 시청 사이, 시프페Schipfe 지구의 강변 제방벽에는 펠릭스 만츠와 재세례파 지도자들을 추모하는 현무암-basalt 명판이 설치되어 역사적 사실과 과오를 상기시켜 주고 있다.

"종교개혁 시기인 1527부터 1532년까지 펠릭스 만츠와 다른 다섯 명의 재세례파가 리마트강 가운데 수장되었다. 취리히에서 1614년 마지막으로 처형된 재세례파는 한스 랜디스이다."(*Hier wurden mitten in der Limmat von einer Fischerplattform aus Felix Manz und fünf weitere Täufer in der Reformationszeit zwischen 1527 und 1532 ertränkt. Als letzter Täufer wurde in Zürich Hans Landis 1614 hingerichtet.*)

B. 종교개혁자들과 도시들
1. 로잔 – 피에르 비레

로잔Lausanne은 레만 호수 북쪽에 위치한 보Pays de Vaud의 중심도시이다. 피에르 비레는 서부 스위스 개혁자들 가운데 유일하게 스위스 오르브Orbe 출신이었다. 다른 모든 개혁자들은 프랑스에서 온 망명자들이었다. 16세의 비레는 에라스무스와 칼뱅, 그리고 로욜라가 공부했던 파리 콜레주 드 몽테규로 유학을 갔다가 1530년 오르브로 귀향하였다. 그러나 1528년 2월 7일에 취리히의 종교개혁을 받아들인 베른과 옛 신앙을 고수하는 프리부르의 공동지배 아래 있는 오르브는 갈등과 혼란이 계속되고 있었다. 이때 기욤 파렐이 스무 살의 비레Pierre Viret에게 강력하게 권고하여, 그는 개혁교도와 가톨릭교도가 공존하는 고향에서 설교를 시작하였다(1531). 피에르 비레는 작고 허약해 보이는 체구에도 불구하고 강한 정신력으로 베른 의회가 파견한 제네바에서 파렐과 앙투안 프로망과 함께 열정적으로 종교개혁을 위해 봉사하였다. 극렬한 가톨릭교도에 의한 독살 시도에도 살아남은 그는, 1536년 25세에 로잔의 목사로 임명되어 교회를 섬기면서 1540년 프랑스어로 진행하는 로잔 아카데미(로잔 대학)에서 가르쳤다. 테오도르 드 베즈도 비레의 추천에 의해 두 번째 헬라어 교수로 임명되어 로잔의 전반적인 개혁에 힘을 보탰다(1549). 당시 피에르 비레Pierre Viret는 여러 목사들과 교수들의 합의 아래 당회Consistoire를 설립하고, 성만찬 참여 여부를 교회가 결정하는 권징 제도를 시행하고자 하였다. 그러나 비록 종교개혁을 수용했을지라도 세속 권력이 교회를 통제하는 체제를 원했던 베른 당국은 그의 계획을 단호히 거부했다. 그 결과 로잔의 종교개혁은 정치권력의 벽에 부딪혀 난항을 겪게 되었고, 마침내 1559년 1월, 비레는 22년의 사역을 마치고 도시에서 추방당했다. 가족을 부양해야 했던 테오도르 드 베즈Théodore de Bèze는 새로 설립된 제네바 아카데미에서 교장 겸 헬라어 교수로 봉직하게 되었다. 베즈가 떠난 도시에 어느덧 겨울이 왔다. 마침내 비레도 목사들과 교수진과 함께 제네바로 향하였고, 이에 제네바 의회는 그에게 목회의 직임을 맡기며, 그해 12월 칼뱅과 함께 시민권을 부여하였다.

피에르 비레는 16세기 스위스 개혁교회의 기초를 세운 인물 가운데 한 사람으로, 로잔을 중심으로 약 25년 동안 보 칸톤과 제네바 일대에서 사역했다. 그의 종교개혁은 논쟁보다 설득에, 강압보다 관용에 뿌리를 두고 있었다. 비레의 온화한 성품과 모범적인 삶은 그 자체가 복음의 증거였으며, 그는 언제나 진리를 말하되 사람을 꺾지 않는 방식으로 복음을 전했다. 이러한 그의 태도는 개혁교회는 물론, 심지어 가톨릭 진영에서도 존경을 받게 했다. 그가 남긴 영향은 단순히 교리의 영역이 아니라, 신앙이 인간의 품성과 사회를 변화시킬 수 있다는 믿음의 증언이었다.

1561년, 쉰 살의 나이에 이른 비레는 쇠약해진 몸으로 제네바를 떠났다. 보다 온화한 기후를 찾아 남프랑스로 내려간 그는 님^{Nîmes}, 몽펠리에 ^{Montpellier}, 리옹^{Lyon} 등지를 다니며 복음 전도와 설교자로서 개혁의 불씨를 이어 갔다. 1563년에는 프랑스 개혁교회 제4차 총회의 의장으로 선출되어 교회의 질서와 신학적 정립에 힘을 기울였고, 1566년에는 나바르 왕국의 여왕 잔 달브레$^{Jeanne\ d'Albret}$의 초청으로 베아른^{Béarn} 지방으로 옮겨 교회법령 제정과 시편찬송 편찬에 힘썼다. 그곳 오르테즈 아카데미에서 신학교육을 담당하며 나바르를 개혁주의로 바꾸는 일에 힘을 다한 그는 1571년 5월 4일, 오르테즈^{Orthez}에서 생을 마감하였다.

기욤 파렐, 장 칼뱅과 더불어 프랑스어권 제네바 종교개혁의 삼총사로 불린 그는 로잔을 비롯해 스위스 전역에 복음의 씨앗을 뿌렸다. 그 배경 아래 훗날 반종교개혁의 무도함을 피하여 로잔으로 피난 온 프랑스 위그

2023년 방문했을 때 보수공사 중인 로잔 대성당. 예배당에는 1536.10.1–8일까지 이곳에서 이어졌던 '로잔 논쟁' 기념 스테인드글라스가 있다. 장 칼뱅까지 참여한 로잔 논쟁 이후 로잔은 개혁신앙의 도시임을 천명하였다. 개혁교회 로잔 대성당 마당에서 멀리 레만 호수까지 내다볼 수 있다(좌). 피에르 비레가 목회했던 프랑수아 광장의 프랑수아 교회 내부(St. François Church).

제1장 취리히 종교개혁   249

노들의 흔적을 로잔에서도 찾아볼 수 있다. 1718년 취리히에서 목사 안수를 받은 앙투안 쿠르Antoine Court, 1695-1760는 1729년부터 로잔에 머물면서 뱅자맹 뒤플랑Benjamin Duplan과 함께 위그노 신학교를 세워 지도자들을 양성하였다. 그들은 비록 망명하여 나그네로 살고 있었지만 교육의 중요성을 잘 알았던 사람들이었다. 그런 까닭에 지도자들을 길러내어 프랑스로 돌려보내는 일에 최선을 다하였다. 이 학교에 온 학생들도 일사각오(一死覺悟)의 정신으로 입학하였다. 로잔에서 개혁 신학으로 훈련을 받은 이들은, 위그노를 박멸하기 위해 왕권 절대주의 칼날을 휘두르고 있는 엄혹한 조국 프랑스로 돌아가 '광야 시대'를 사도적 가르침에 따라 복음을 전하며 살아냈다.

2. 뇌샤텔 – 기욤 파렐

1489년 프랑스 도피네 지방 가프Gap 근처 레 파로Les Fareaux에서 가난한 귀족가문의 아들로 태어난 기욤 파렐Guillaume Farel, 1489-1565은 장 칼뱅과 피에르 비레와 함께 스위스 종교개혁에 힘쓴 종교개혁자이다. 르페브르 데타플의 개혁사상에 영향을 받았다. 당시 종교개혁사상을 받아들인 노시와 사람들조차 옛 신앙과 개혁신앙의 차이를 잘 이해하지 못했기 때문에 교회가 개혁되어야 하는 이유를 대중적으로 알리는 데 힘썼다.

파렐은 파리 대학에서 수학하고 르무안Le Moine 단과대학에서 강의하던 중, 교회 회복revival의 필요성을 절감히 깨닫게 되었다. 초기에는 루터의 신학 사상에 영향을 받아 교회개혁을 주장하며 파리 의회에 이를 알리고자 했으나, 로마 가톨릭교회의 탄압으로 도피해야 하는 처지에 놓였다. 이후 파리 인근 도시 모Meaux로 피신하여 '모의 다락방'Cénacle de Meaux의 일원이 되었다. 1518년, 대주교 임명을 앞둔 기욤 브리소네Guillaume Briçonnet는 프랑스어로 기도문을 암송하고 성인숭배를 금지하며 간소한 예배 등의 개혁을 추진하였다. 그러나 브리소네가 로마 가톨릭교회의 지속적인 압력에 굴복하여 개혁 노선을 철회함에 따라 모^{Meaux}를 떠나 신앙난민의 길을 택한 기욤 파렐은 스위스로 망명하였다. 스위스에서는 울리히 츠빙글리와 베른의 베르톨트 할러, 바젤의 요하네스 외콜람파디우스가 그를 환영하며 맞아 주었다. 스위스로 옮긴 그는 루터의 개혁사상보다 츠빙글리의 개혁사상에 공감했던 것으로 보인다. 이후 그의 신앙 기조는 훗날 《제네바 신앙고백서》에서 찾아볼 수 있다. 이 신앙고백서는 예배받으실 분은 오직 하나님이시며, 중보자는 오직 예수 그리스도뿐이라는 것을 밝히고 있다. 그는 하나님을 믿는 신앙의 실천을 강조했으며, 그의 교회개혁은 독선적이지 않고 항상 믿음의 형제들을 세우는 일에 열심이었다. 피에르 비레가 온화한 성품으로 묵묵히 종교개혁을 추진해 갔다면, 기욤 파렐은 설교자로서 자신을 필요로 하는 곳이면 어디든 달려가 설교를 하는 광폭 행보를 이어 갔다. 1524년 여름부터 1525년 봄까지 기욤 파렐은 몽벨리아르 백작 게오르그 1세의 초청으로 몽벨리아르에 머물면서 그들에게 종교개혁의 필요성과 개혁사상에 대해 설교하였다. 전승에 따르면 그가 설교했다고 전해지는 몽벨리아르 당페르^{Denfert}광장의 석회암 석판인 생선 판매대$^{Fish\ Stone}$는 1922년 11월 9일 법령으로 보호받는 기념물이 되었다.

또 다른 한편으로 로마 교회의 박해를 피해 파리에 머물다 고향 오르브로 돌아온 젊은 피에르 비레를 격려하여 그가 종교개혁자로서의 활동을 시작하도록 도왔다. 1532년부터는 비레와 함께 로잔과 뇌샤텔 등에서 복음 전파에 힘썼다. 이후 1536년 제네바가 교회개혁을 수용하면서 파렐은 비레와 함께 제네바 종교개혁에 힘쓰게 된다. 때마침 『기독교 강요』의 저자가 제네바에 있다는 소식을 듣게 된 파렐은 장 칼뱅이 묵고 있는 여관으로 한달음에 달려갔다. 공교롭게도 젊은 장 칼뱅은 합스부르크와 발루아 가문의 제3차 계승전쟁으로 스트라스부르로 가는 길이 막히자 제네바를 우회하려고 하룻밤을 여관에 묵게 된 것이다. 그때 붉은 머리칼, 긴 수염의 기욤 파렐이 떡하니 나타났다. 그는 샌님 같은 칼뱅에게 제네바 종교개혁에 함께하자고 설득하였다. 칼뱅이 자신은 그럴 만한 사람이 아니라고 한사코 거절하자 파렐이 벌떡 일어나 호통을 쳤다. "만일 그대가 교회개혁이 시급한 데 돕지 않고 무시한다면, 그대가 원하는 은둔과 자유로운 학문 연구에 하나님께서 저주를 내리실 것이오!" 마치 천둥이 내려치는 것 같았다. 칼뱅은 그의 호통에 놀라 한마디 변명도 못하고 제네바에 눌러앉아 그와 더불어 교회개혁을 추진하기로 하였다. 당시 상황을 칼뱅은 다음과 같이 회고하였다.

"기욤 파렐이 나에게 제네바에 머물도록 강권하였다. 그는 상담이나 권면이 아니라 무시무시한 협박이라 할 수 있는 수단을 사용하였다. 그런데 이러한 폭언이 마치 하나님께서 천국으로부터 그의 전능하신 손을 내려뜨려 나를 장중에 붙잡으시는 것처럼 느껴졌다."

1536년 5월 마침내 제네바 공식적으로 종교개혁을 채택하였다. 같은 해 11월 첫날, 당시 보Vaud 칸톤에 대한 베른의 정치적·종교적 통제 아래 로잔Lausanne도 종교개혁을 공식적으로 수용하였다. 이 일은 단지 신앙만의 문제가 아니었다. 베른은 제네바와의 동맹을 통해 사부아 공국과 프랑스 가톨릭 세력이 스위스 서부지역에 다시 영향력을 행사하는 것을 막고자 하였다. 그러나 제네바 종교개혁의 첫 번째 시련이 닥쳐오고 있었다.

파렐이 강권하다시피 눌러 앉힌 칼뱅에게는 도무지 이 도시를 사랑할 수 없는 일이 벌어졌다. 그를 환영했던 사람들은 종교개혁의 본질을 알지 못했고, 칼뱅과 파렐이 제시한 교회 규율은 지나치게 엄격하다며 곧 반발이 터져 나왔다. 1537년 11월, 제네바 시민총회는 두 사람을 추방하기로 결의하였다. 가톨릭 세력과 재세례파, 그리고 정치적 자유를 중시하던 시민들까지 합세하여 두 개혁자가 내세운 단호한 교회개혁에 저항한 것이다.

결정적인 사건은 1538년 부활주일에 벌어졌다. 당시 제네바를 보호하던 베른 시의회가 누룩없는 빵을 사용하라고 규정한 것에 반발하여 그들은 성찬을 시행하지 않았다. 이것은 교회 회중 전부를 출교시킨 것과 다름없는 중대한 사건이었다. 분노한 제네바 시의회는 "3일 이내에 도시를 떠나라"고 그들에게 최후통첩을 내렸다.

기욤 파렐은 제네바에서 추방당한 뒤 착잡한 심정으로 스트라스부르로 향하는 칼뱅과 작별하고 홀로 뇌샤텔^{Neuchâtel}로 발길을 돌렸다. 그는 그곳에서 무려 27년간 머물며 스위스 서부의 종교개혁을 이끈 불꽃이 되었다. 뇌샤텔은 토머스 모어$^{\text{Thomas More}}$의 영향 아래 1530년 10월 23일 교회개혁을 수용하였다. 그 뒤를 이어 1531년 6월 15일, 발랑쟁^{Valangin} 지방도 종교개혁사상을 받아들였다. 평생 가톨릭 신앙 수호에 힘쓴 잉글랜드 사상가 토머스 모어(1478-1535)는 자신의 저서 『유토피아』에서 '세상 어디에도 낙원은 없다'는 사실을 설파하면서 사회의 모순, 부패, 성직매매, 위선 등을 비판하였다. 부패한 로마 교회의 개혁을 바랐던 그도 막상 헨리 8세가 교황청과 결별하려 하자, 교황권을 두둔하다 처형당하고 말았다.

1542년, 당시 신성로마제국에 속한 자유도시 메츠$^{\text{free imperial city}}$의 최고행정관 로베르 드 외$^{\text{Robert de Heu}}$의 초청을 받은 기욤 파렐은, 그의 영지 샤토 드 몽투아$^{\text{Château de Montoy}}$에 머물며 1년간 성경강해와 세례, 성찬식을 인도하며 메츠의 교회공동체 형성에 힘썼다. 로베르 드 외의 가족 대부분이 위그노였던 이곳은 로렌 지방의 종교개혁의 상징적인 장소가 되었다.

같은 해 2월, 파렐은 뇌샤텔 당국에 〈교회규율 조항〉articles de discipline ecclésiastique을 제출하였고, 당국이 이를 승인함으로써 회개와 공개 징계, 목회자 품행 감독 등에 대한 제도적인 기반을 마련하였다. 이어 1543년에는 목회자 정기협의회가 조직되어 매주 목요일마다 모여 교회문제를 협의하였다. 그 해 5월 9일에는 베른과 제네바 개혁교회 지도자들과 회합을 갖고 교회 질서와 교리문제에 대한 연대와 일치를 모색하였다. 1549년 파렐은 칼뱅과 동행하여 취리히를 방문하였다. 그리하여 하인리히 불링거를 비롯한 츠빙글리파 지도자들과 회합을 갖고 《취리히 일치 신조》 작성에 참여하였다.

　이밖에도 1557년 독일을 방문, 프랑스 발도파와 위그노에 대한 관용과 지지를 호소하는 중재에 나섰다. 그러나 미온적인 루터파의 태도로 말미암아 실질적인 성과는 거두지 못하였다. 그때까지 독신으로 지냈던 파렐은 1558년 12월, 칠순을 눈앞에 둔 나이에 프랑스에서 뇌샤텔로 피난 온 열여섯 살의 소녀와 결혼하였다. 주변 동료들과 친구들의 만류에도 진행된 결혼으로 칼뱅과의 관계가 소원해지고 말았다. 그러나 "내가 칼뱅 대신 죽을 수만 있다면!"이라고 말하는[5] 네에서 알 수 있듯이 파렐은 일평생 칼뱅을 아끼고 존경했다. 1564년 5월 2일 칼뱅이 위중하다는 소식을 듣고 제네바로 달려갔다. 그러나 가쁜 숨을 몰아쉬는 친구의 고통스러운 임종을 끝내 지켜볼 수 없었던 노쇠한 파렐은 눈물을 머금고 발길을 돌렸다.

　그의 광폭 행보는 1552년에 프랑스 영토가 된 메츠를 찾아 위그노들에게 설교를 하는 것에서 멈추었다. 자신에게 주어진 소명에 충성했던 기욤 파렐은 1565년 9월 13일, 76세의 일기로 하나님의 부르심을 받았다.

5　1539년 10월 8일과 1540년 1월 16일 장 칼뱅은 자신을 제네바 종교개혁으로 이끈 멘토 파렐에게 보낸 편지에서 자신의 결혼에 대한 생각 등을 허심탄회하게 전하였다. 칼뱅은 20년 연상인 기욤 파렐을 허물없이 'my very dear Brother', 'dearest brother', 'Farewell again, dearest brother'와 같이 형제로 칭하였다. 칼뱅은 제네바 시간으로 1564년 5월 27일 세상을 떠났다.

가파른 언덕 계단을 올라가면 꼭대기에 콜레지알 교회가 있다. 중세의 분위기를 물씬 풍기는 교회 건물은 쥐라 산맥에서 채굴한 황색돌로 건축되었다. 교회 광장 한가운데 있는 기욤 파렐의 동상.

구불구불한 오르막 골목과 계단을 따라 뇌샤텔 성곽 옆을 지나 콜레지알 교회가 있는 언덕에 올랐다. 맑은 하늘 아래 쥐라 산맥의 능선이 또렷이 드러난 가운데 푸른 뇌샤텔 호수^{Neuenburgersee}가 펼쳐졌다. 눈앞에 그림처럼 펼쳐진 풍경의 아름다움은 오르막길 내내 푸념 섞인 한숨을 내쉰 것이 무색해질 정도였다.

12세기부터 바위 절벽 위에 나란히 자리한 뇌샤텔 성과 하늘을 향해 뻗은 첨탑의 콜레지알 교회, 그 광장 중심에는 예배당을 향해 성경책을 높이 치켜든 기욤 파렐의 동상이 있다. 활짝 열린 예배당문에 기대어 동상을 바라보고 있노라니, 금방이라도 그가 뚜벅뚜벅 걸어 들어올 것만 같았다. 고즈넉한 예배당을 나와 회랑벽에 손바닥을 대고 잠시 눈을 감고 걸었다. 16세기 종교개혁의 용광로 속에서 자신에게 주어진 설교에 온 힘을 쏟으며 스위스 종교개혁에 이바지했던 기욤 파렐과 뇌샤텔 개혁교도들의 숨결이 전해져 오는 듯 했다.

회랑을 돌다 안뜰의 푸른 잔디밭에 있는 한 마리의 양 모형과 작은 식수대를 발견하였다. 마침 목이 말랐던 터라 목마름을 달래려 두 손을 모아 물을 받으려는데, 좁다란 수로 바닥에 새겨진 프랑스어 성경 구절이 눈에 들어왔다. 요한복음 4장 13절이었다.

"이 물을 마시는 자마다 다시 목마르려니와"
(*boit de cette eau-ci, aura encore soif.* Jean 4:13)

3. 스트라스부르의 개혁자들

프랑스와 독일의 경계가 되는 라인강 서쪽, 알자스 지방에 자리한 스트라스부르는 17세기까지 신성로마제국 마인츠 교구에 속한 독일 남부 슈트라스부르크strassburg였다. 그러나 30년 전쟁이 합스부르크-프랑스 전쟁으로 비화하면서 프랑스는 이 지역을 신성로마제국으로부터 획득하였다.

이후 알자스-로렌은 프랑스와 독일 사이에서 영토가 교차 변경되는 역사를 거쳐, 현재 스트라스부르는 프랑스의 행정구역 개편에 따라 알자스와 샹파뉴-아르덴Champagne-Ardenne 그리고 로렌Lorraine 세 레지옹이 통합된 그랑데스트 주의 중심 도시로 자리 잡고 있다. 도시를 가로지르는 일강을 따라 약 17km에 걸쳐 이어진 운하는 라인강과 연결되어 있으며, 과거에는 물자와 교역품을 운송하는 중요한 수로였다. 오늘날에는 관광객을 실어 나르는 유람선이 운행되며 도시의 역사와 풍경을 색다른 시선으로 경험하게 한다. 그중에서도 쁘띠 프랑스 지구Le quartier de la Petite France는 알자스 지방 특유의 목조골조 건축물들이 중세의 정취를 고스란히 간직하고 있는 거리이다.

스트라스부르 노트르담 대성당

노트르담 대성당Cathédrale Notre Dame de Strasbourg은 1015년 기초가 놓인 이래,

1190년경부터 1439년까지 수차례의 증축과 개축을 거쳐 오늘의 모습을 갖추게 되었다. 붉은 사암으로 지어진 이 대성당 건축물은 초기의 로마네스크 양식과 이후의 고딕 양식이 조화를 이루며, '노트르담'이라는 이름에 걸맞게 장엄하고 정교한 외관을 자랑한다. 16세기 종교개혁기에 개혁교회 예배당으로 사용되기도 했으나, 17세기말 프랑스의 스트라스부르 병합 이후 로마 가톨릭교회로 반환되었다. 노트르담 대성당은 스트라스부르 종교개혁의 격동기를 간직한 상징적 건축물로 남아 있다.

하늘 높이 솟은 142m의 노트르담 대성당 첨탑은 332개의 가파른 나선형 계단으로 이어져 있다. 첨탑에 오르면 스트라스부르 전경을 한눈에 볼 수 있다고 하여 별 생각 없이 입장권을 끊었다. 그러나 첨탑에 올라가기로 한 결정은 몸의 상태를 전혀 고려하지 않은 결정이었다는 것을 곧 깨닫게 되었다. 보통 체격의 성인 한 사람이 겨우 움직일 수 있는 좁은 계단이지

도시를 감싸고 도는 일강 수로를 한 시간동안 운행하는 바토라마(Batorama)라고 하는 유람선을 이용하면 중세의 목조건물이 자아내는 이국적인 스트라스부르의 풍경을 만끽할 수 있다.

제1장 취리히 종교개혁

만 계단 오를 동안은 부딪힐 사람도 없고 전망대에서 탁 트인 시내 전경을 볼 수 있다는 기대감으로 오르기 시작했다. 그러나 얼마 안 있어 고소공포와 폐쇄공포가 몰려오면서 다리에 힘이 풀리고 어지럼증이 심해졌다. 뒤로 다시 내려갈 수 없는 계단에서 뱅글뱅글 계속 올라가야 한다니, 쉴 수도 없고 올라가는 것도 힘든데 말소리는 점점 가까워졌다. 어떻게든 올라가야 한다는 생각에 걸음을 재촉했다. 그때 등 뒤에서 "천천히 올라가세요"라는 소리가 들림과 동시에 민폐를 끼쳐서는 안 된다는 것이 본능적으로 작동해 안간힘을 쓰고 올라갔다. 통로 끝에서 햇빛이 쏟아졌다. 평평

스트라스부르 노트르담 대성당의 첨탑을 오르기 위해 달팽이관 같은 좁은 계단을 오르면서 교회 상층부 외관을 본 풍경. 유럽의 교회들이 해마다 보수하는 데 드는 막대한 예산 때문에 수백 개의 옛 교회건물이 매물로 나오는 뉴스를 심심찮게 듣게 된다. 유럽 옛 교회를 방문하면 수리하지 않는 곳을 찾아볼 수 없을 정도이다. 마치 기독교의 현 주소를 보는 것 같다.

한 전망대 바닥을 보고서야 숨이 크게 내쉬어졌다. 앞서 간 부부와 뒤따라 올라온 청년들이 내 안색을 살피기 위해 고개를 들이밀었다. 나는 가쁜 숨을 몰아쉬면서도 괜찮다는 시늉을 해 보였고 그제야 그들도 환한 미소를 지었다. 그들이 내려가고 한참을 전망대에 놓인 의자에 앉아 숨을 고른 뒤에야 난간에 섰다. 구시가지의 붉은 지붕들이 빼곡히 펼쳐졌다. 이국적인 중세의 주택들이 쁘띠 프랑스 지구의 운하와 함께 펼쳐져 있고 멀리 라인강 너머로는 독일 국경이 흐릿하게 시야에 들어온다. 조금 익숙해진 덕분인지 생토마스 교회Saint-Thomas Church의 첨탑이 먼저 눈에 띄었다. 회전목마가 느릿하게 돌고 있을 구텐베르크 광장도 보인다. 대성당 앞 광장을 가득 메운 사람들의 웃음띤 대화가 바람을 타고 전망대까지 들려올 듯하다.

노트르담 대성당에는 빼놓을 수 없는 명물이 하나 있는데, 남쪽 벽면을 장식한 천문시계Astronomische Uhr이다. 1842년 장 바티스트 슈빌게Jean Baptiste Schwilgué가 설계하고 조립한 이 시계는, 16세기 고딕 프레임을 그대로 유지한 채 정밀기계기술로 재탄생한 걸작으로 꼽히는데, 스트라스부르의 상징물 중 하나로 남아 있다. 그런데 이 도시에서 500년이라는 세월의 무게가 느껴지는 것은 한때 스트라스부르를 복음으로 살아 있게 한 마르틴 부처와 종교개혁자들의 열정이 이제는 역사 속 이야기가 되어버렸다는 점이다. 종교개혁의 숨결이 살아 숨 쉬던 거리와 교회들은 여전히 그 자리에 있지만, 그들의 개혁 정신과 신앙적 투쟁은 오늘날 이 도시를 찾는 관광객들과는 상관없는 그저 빛바랜 낡은 유산일 뿐이라는 것이다.

구텐베르크 광장

인쇄술 발명은 역사의 지평을 넓히고 16세기 종교개혁을 가능하게 만들었다고 해도 과언이 아닐 것이다. 그 주인공 요하네스 구텐베르크Johannes

Gutenberg, c. 1398?-1468는 마인츠에서 출생하였다. 마인츠에서 추방된 부친이 스트라스부르로 피난해 살다가 사망하자, 마인츠에 남아 있던 가족들이 스트라스부르로 이주하여 생활한 것으로 알려졌다(1433-1444). 이후 이곳에서 직업을 가지고 살던 구텐베르크는 납활자와 포도압착기를 응용한 인쇄방식을 연구하여 고향 마인츠로 돌아가 인쇄소를 운영하였다.

그의 인쇄술은 유럽 전역으로 출판물을 대량으로 빠르게 확산시키며 지식혁명을 일으켰다. 초기에는 주로 면벌부와 실용적인 문서 인쇄에 사용되었으나, 인쇄기술이 점차 발전함에 따라 라틴어 성경 인쇄로 확대되었다. 대표적으로 36행 성경에 이어 1455년경에는 보다 정교한 활자와 배열로 완성된 42행 『구텐베르크 성경』이 출간되었다. 이 성경은 서양 최초 금속활자를 이용한 대량 인쇄본으로, 출판 역사와 서지학적으로 기념비적인 작

일강을 따라 유람선이 물보라를 일으키며 운행 중인 강변의 중세 건물은 동화 속 어딘가를 떠다니는 기분을 북돋운다. 시청사 앞 구텐베르크 광장에는 활자 인쇄술 발명으로 종교개혁에 기여한 구텐베르크 동상이 있다. 독일 마인츠 시의 마르크트 광장에도 구텐베르크의 기념동상이 있다.

품으로 알려져 있다. 훗날 마르틴 루터의 《95개조 논제》는 인쇄되기가 바쁘게 독일과 유럽 각지로 보내져 종교개혁사상의 급속한 전파와 대중적 확산에 결정적인 역할을 하였다. 마르틴 루터가 종교개혁의 햇불을 들어 올린 순간, 마치 16세기 종교개혁을 위해 기다리고 있었다는 듯이 구텐베르크의 인쇄술이 이를 뒷받침해 주었다.

스트라스부르 시청 광장에 있는 구텐베르크 청동상은 그가 새로 개발한 인쇄술로 "그리고 빛이 있었다"$^{Et\ la\ lumière\ fut}$는 성경구절(창 1:3)을 인쇄한 종이를 펼쳐 들고 노트르담 대성당을 향해 서 있는 모습이다. 동상 기단부 사면의 청동부조는 에라스무스와 예술가들, 음악가 모차르트, 노예무역에 반대한 토머스 클락슨$^{Thomas\ Clarkson}$과 윌리엄 윌버포스$^{William\ Wilberforce}$ 그리고 프랑스 대혁명과 관련된 장면들과 벤자민 프랭클린의 모습이 새겨져 있다. 이것은 구텐베르크가 발명한 인쇄술이 인류사에 얼마나 깊은 영향을 끼쳤는지를 상징적으로 보여 준다.

빛을 발견한 사람들

1478년부터 1510년까지 스트라스부르 노트르담 대성당 설교자로 봉사한 요하네스 가일러$^{Johann\ Geiler\ von\ Kaysersberg,\ 1445-1510}$는 당대 인문주의자들이 주로 귀족과 지식인들을 대상으로 글을 썼던 것과 달리, 스트라스부르 시민들을 위한 설교로 널리 알려졌다. 그는 시민들에게 음주, 도박, 우상숭배적 생활방식을 버릴 것을 권면하였다. 아울러 행정관들에게는 도시법을 성경적 정의에 부합하도록 개정하고 교회의 자유를 보장할 것을 요구하였다. 또한 목회자들에게는 세속적인 삶의 방식을 버리고 교회에 헌신할 것을 촉구하였다. 그의 개혁적인 설교는 그가 1508년에 제안한 〈21개 교회개혁 조항〉$^{21\ Artikel\ zur\ Kirchenverbesserung}$에서 잘 나타난다. 가일러는 스트라스부르 전체가 영적·도덕적으로 변화되길 바라며, 예수 그리스도의 말씀을 따르는 삶과 도덕윤리적 실천을 강조하였다. 이는 자유도시 스트라스부르의 특성과 시민의 요구를 깊이 이해한 데에서 비롯된 것이었다. 비록 그는 16세기 종교개혁자로 분류되지 않지만, 교회내 개혁을 위해 중요한 역할을 하였다. 1510년, 가일러가 세상을 떠난 후 스트라스부르는 몇 년 간의 전환기를 거쳐 1520년대 초부터는 마테우스 젤$^{Matthäus Zell, 1477-1548}$이 노트르담 대성당에서 성경 중심의 독일어 설교를 통해 종교개혁을 본격적으로 이끌었다. 그의 아내 카타리나 쉬츠 젤$^{Katharina Schütz Zell}$은 교회개혁 속에서 적극적으로 활동하였으며, 특히 스트라스부르로 피난 온 재세례파에 대해 그들의 교리에 동조는 하지 않았으나 신앙의 자유와 양심의 권리를 옹호해 주었다.

또 다른 인물은 슈말칼덴 동맹에서 스트라스부르를 대표한 야콥 슈투름$^{Jakob Sturm, 1489-1553}$이다. 카피토와 부처가 성경강해를 지속할 수 있도록 지원해 준 그는 1530년, 독일 남부의 스트라스부르·콘스탄츠·린다우·메밍겐을 대표하여 마르틴 부처와 카피토가 작성한 테트라폴리탄 신앙고백, 즉 《4개 도시 신앙고백》$^{Confessio Tetrapolitana, 1530}$을 아우크스부르크 의회에 제출한 개혁적인 스트라스부르 정치인이다.

4. 마르틴 부처

1491년 슐레트슈타트^{Schlettstadt}에서 태어난 마르틴 부처$^{Martin Bucer}$는 고향에서 라틴어 학교를 수학한 뒤, 하이델베르크에서 인문주의적 교육과 헬라어를 익히며 요하네스 브렌츠$^{Johannes Brenz}$ 등과 교류하였다. 1518년 하이델베르크에서 열린 아우구스티누스회 총회에 청중으로 참석한 그는 마르틴 루터가 자신의 신학을 변호하며 전개한 '십자가 신학'에 감명을 받아 수도원 생활을 청산하려고 했으나 수도서원$^{votum monasticum}$이 발목을 잡았다. 그러나 볼프강 카피토Wolfgang Capito로부터 "복음의 자유가 서원보다 우위에 있다"는 설명에 확신을 얻고 몸 담고 있던 수도회를 떠날 수 있었다. 이후 마르틴 부처는 에베른부르크Ebernburg의 프란츠 폰 지킹겐 남작 곁에서 일하였고, 팔츠 선제후 루트비히 5세의 궁정에서 그의 동생 프리드리히의 설교자로 봉사하였다. 1522년 '기사 전쟁' 중에는 지킹겐 남작의 보호 아래 란트슈툴로 거처를 옮겨 사역하였다. 그리고 바이센부르크에서는 성경 중심의 설교로 교회의 타락과 관행적 악습을 정면으로 비판하였다.

1523년경 마테우스 젤의 도움을 받아 성직자와 평신도를 위한 성경 강해를 하면서 울리히 츠빙글리와 요하네스 외콜람파디우스 등, 다른 개혁자들과도 협력하며 신학적 교류를 이어갔다. 그해 3월부터 스트라스부르 교회개혁에 볼프강 카피토와 카스파르 헤디오Caspar Hedio가 참여하였다. 뒤이어서 이 도시에 합류한 마르틴 부처는 '시장 정원사들의 교회'parish of market gardeners로 일컫던 생아우렐리아Sainte-Aurélie 교회에 목사 청빙을 받고, 그해 8월 시의회의 승인 아래 목회를 시작하였다. 그는 부임한 즉시 생아우렐리아 교회의 성유물과 성상을 제거하고, 동료들의 협조를 받아 스트라스부르 교회의 예배모범을 개혁하기에 이르렀다.

한편, 1529년에는 헤센의 필립이 주선한 루터와 츠빙글리 간의 성찬 논쟁, 즉 마르부르크 회담에 헤디오와 함께 도시 대표로 참석하였다. 그는 종교개혁과 도시개혁이 함께 이루어져야 한다는 신념 속에 스트라스부르의 수도원들을 폐쇄하고 교회재산을 구제사업과 교육사업에 활용하도록 조치하였다. 1534년부터 목회자 양성기관을 구상해 온 마르틴 부처는 각 교구마다 초등학교를 설립, 남자 아이들 뿐만 아니라 여자 아이들도 교육의 혜택을 받을 수 있게 했다. 청소년의 신앙교육을 위해서 《교리 문답서》Catechismus를 새로 제작하였다.

1538년, 요하네스 슈투름(1507-1589)은 인문주의 교육과 복음주의 신학을 결합한 김나지움 아카데미쿰Gymnasium Academicum을 설립하였으며, 훗날 스트라스부르 대학의 모태가 된 이곳에서 마르틴 부처는 신학부를 이끌며 학교의 개혁적 방향을 정립하는 데 핵심적 역할을 담당하였다. 당시 스트라스부르에 망명 중이던 장 칼뱅이 3년간(1538-1541) 강의하였고, 부처와 볼프강 카피토는 성경을, 카스파 헤디오는 교회사를 가르쳤다. 1542년 10월 카피토가 사망하자, 그의 후임으로 피터 마터 버미글리Peter Martyr Vermigli, 1499-1562가 임용되었고, 루카 출신의 전 아우구스티누스회 수도사 임마누엘 트레멜리우스Immanuel Tremellius, 1510-1580가 히브리어 교수로 합류하면서, 이 아카데미는 유럽 종교개혁 신학의 중요한 교육 거점으로 자리매김하였다.

종교개혁의 훈풍이 불고 있는 스트라스부르는 당시 유럽에서 재세례파에게 가장 관용적인 도시 중 하나로 알려졌다. 그리하여 16세기의 재세례파는 스트라스부르를 일컬어 '희망의 도시', '의의 피난처'라고 불렀다. 스위스, 네덜란드, 독일 북부와 남부에서 온 재세례파 신앙난민들이 이 도시에서 차별없이 환영을 받았기 때문이다. 그러나 재세례파에게 관용을 베푼 만큼 감내해야 할 것도 많았다. 재세례파 논쟁(1530-1540)이 쉴 새 없이 이어져, 그들에게 호의를 베풀고 관용했던 마르틴 부처마저 논쟁 상대로 만들어 버렸다.

재세례파 논쟁 속에 시의회가 칼을 빼들었다. 《아우크스부르크 신앙고백서》에 불일치하는 모든 것에 대해서 더 이상 관용하지 않겠다는 칙령을 발표하자(1534.3월), 약 2천여 명에 달하는 이들이 시의회의 명령에 반발하며 소요를 일으켰다. 몇년 뒤 참다 못한 시의회는 모든 재세례파에게 스트라스부르를 떠나도록 명령하였다(1538).

한편, 안드레아스 칼슈타트Andreas Karlstadt · 발타자르 후프마이어Balthasar Hubmaier, 한스 뎅크Hans Denck · 카스파르 폰 슈벵크펠트Kaspar von Schwenckfeld · 멜키오르 호프만

Melchior Hofmann, 필그림 마르펙Pilgram Marpeck 등, 당대 유명한 재세례파 대표자들 대부분이 한때 스트라스부르에 체류한 바 있다. 그중 멜키오르 호프만은 1533년에 체포되어 1543년경 스트라스부르 감옥에서 사망하였다.

부클리에 교회(Bouclier Church)

장 칼뱅은 제네바의 종교개혁에 헌신하였다. 원래 학문 연구와 저술에 뜻을 두고 스트라스부르로 가려고 했으나 하룻밤 묵은 제네바에서 기욤 파렐의 강권에 못 이겨 종교개혁에 나섰다. 그러나 두 사람의 수고와 노력에도 불구하고 교회개혁을 제대로 이해하지 못한 제네바 시의회와 시민들의 지지를 받지 못하고, 예배규율 및 교회조직 문제로 갈등을 빚다가 1538년 4월 제네바에서 추방되었다. 뇌샤텔 종교개혁을 위해 가는 파렐과 작별한 장 칼뱅은 1538년 9월 스트라스부르로 옮겨 프랑스 신앙난민들을 위한 교회Französische Gemeinde를 맡게 된다. 이 교회(부클리에 교회)는 프랑스어권 망명자들, 즉 로렌, 리에주, 브라반트, 플랑드르, 에노, 아르덴, 프랑슈콩테 등지에서 이주해 온 사람들의 공동체였다. 칼뱅은 각지에서 온 약 400명의 신앙난민들에게 설교를 하고 교회를 돌보는 동시에, 스트라스부르 아카데미Jean Sturm Gymnasium에서 신약성경을 강의하면서 『로마서 주석』Commentarius in Epistolam ad Romanos, 1539을 집필하였다. 이어서 목회와 교육, 저술 활동도 활발히 하였다.

한편, 칼뱅은 파렐에게 보낸 1539년 5월 19일의 편지에서 결혼에 관한 자신의 생각을 처음으로 밝힌 바 있었다. 그는 마르틴 부처의 적극적인 주선으로 결혼할 상대는 재세례파 리에주 출신 장 스토르더Jean Stordeur of Liege의 미망인 이들레트 드 뷔르Idelette de Bure였다. 그녀와의 결혼으로 칼뱅은 삶에 큰 위로를 받았고 그녀는 헌신적으로 칼뱅을 도왔다. 칼뱅은 이 시기를 자신의 생애 가장 안정되고 소박한 행복을 누린 시기로 회고하였다.

당시 스트라스부르는 칼뱅과 마르틴 부처, 카스파르 헤디오, 슐레트슈타트Schlettstadt 출신의 요하네스 슈투름(1507-1589)이 긴밀히 협력한 가운데 교회개혁의 전성기를 맞이하고 있었다.

스트라스부르에 찬서리가 내리다

1531년 루터파 제후들은 카를 5세가 루터파가 제출한 《아우크스부르크 신앙고백》을 거부하고 무력 진압을 언급하자 위기감을 느꼈다. 이에 따라 2월 27일 작센 선제후 확고부동한 요한(John the Steadfast, 1468-1532 작센 현공 프리드리히 3세의 동생)과 헤센의 필립이 주도하여 튀링겐의 슈말칼덴에서 동맹을 결성하였다. 이 슈말칼덴 동맹은 신성로마제국법과 황제의 권력에 맞서 루터파 제후들이 신앙과 영지를 보호하기 위해 결성한 정치·군사적 연합이

루터파 생토마스 교회는 일강에 맞닿아 있다. 부클리에 교회 골목을 나와 왼쪽으로 돌면 곧장 생토마스 교회가 보인다. 간결한 예배당 안에는 세월을 말해 주듯, 낡고 부숴진 의자들이 더러 눈에 띄었다. 소박하고 간결한 예배당 내부는 다른 개혁교회에서도 볼 수 있듯이 성경이 펼쳐져 있다.

었다. 이처럼 루터파 제후들이 연대하여 기민하게 움직이자, 카를 5세는 빈을 위협하고 있는 오스만 제국의 술레이만 1세에 대응하기 위해서라도 루터파 제후들을 더는 자극해서는 안 되었다. 황제는 뉘른베르크 평화조약Nürnberger Religionsfriede, 1523. 7. 23을 체결, 루터파와 일시적인 화해를 도모하였다.

1540년에 이르러 헤센의 필립이 비밀리에 중혼(重婚)을 감행하여 슈말칼덴 동맹에 도덕적 타격을 입히는 사건이 발생하였다. 이 사건으로 다른 제후들이 동맹회원으로 가입하기를 주저하였다. 왜냐하면 필립의 중혼은 제국법 위반으로, 황제에게 루터파 제후들을 공격할 빌미를 제공한 셈이었기 때문이다. 기회를 엿보고 있던 카를 5세는 1544년 프랑스와 로마 교황청과 차례로 동맹을 맺고 슈말칼덴 동맹을 분쇄할 계획을 세웠다. 한편에서는 교황 파울루스 3세Paulus III, 재위 1534-1549가 트리엔트 종교회의를 소집하였다(1545. 12월). 그러나 종교회의 소집 목적이 가톨릭 교리를 확정짓고 이를 정치적으로 강제하려는 의도가 있다고 의심한 루터파 제후들은 '교황은 참된 교회의 머리가 될 수 없다'는 슈말칼덴 신조(1537)를 들어 트리엔트 종교회의 참석을 거부하였다.

1547년 4월 24일, 황제 카를 5세가 루터파 모리츠 공작을 회유하여 황제편으로 끌어들이고 그 이듬해 전쟁에 나섰다. 황제는 엘베 강변에 도착해 강을 건너 돌진하며 슈말칼덴 동맹군을 기습적으로 공격하였다. 전투는 뮐베르크 근처에서 벌어졌고 작센군은 순식간에 궤멸당했다. 그 과정에서 작센 선제후 요한 프리드리히 1세가 체포되었다. 뮐베르크 전투Schlacht bei Mühlberg 참패로 비텐베르크는 황제의 손에 함락되었다. 이처럼 루터파가 슈말칼덴 전쟁에서 참패한 결과, 일부 루터파 제후들과 도시들은 〈아우크스부르크 잠정안〉을 수용하고 옛 교회로 돌아갔다. 그러나 성직자의 결혼과 성찬의 이종배찬만을 한시적으로 허용한 잠정안을 단호히 거부한 루터파 목사들은 칼뱅파 목사들과 함께 시의회의 압박 속에서 스트라스부르를 떠나야만 했다. 지난날이 주마등처럼 마르틴 부처의 뇌리를 스쳐 지나갔다. 멜란히톤을 파리로 초청하고(1534) 루터와 함께 비텐베르크《일치신조》를 작성하였으며(1536) 레겐스부르크를 필두로(1541) 쾰른의 로마 가톨릭교회 갱신을 위해 노력하는 등(1542), 프로테스탄트 진영과 가톨릭 진영을 오가며 교회의 회복과 일치를 위하여 얼마나 힘썼던가. 그런데 25년간 개혁신앙을 적극 옹호하며 종교개혁 운동을 해 온 스트라스부르를 떠나야 한다는 사실에 그의 마음은 무너져 내렸다. 1549년 마르틴 부처는 동료이자 후배인 파기우스Paul Fagius 교수와 함께 추방되어 잉글랜드 캔터베리 대주교 토머스 크랜머Thomas Cranmer의 초청으로 도버 해협을 건넜다. 마르틴 부처는 케임브리지 대학 신학교수로, 파기우스는 헬라어 교수가 되어 망명지 잉글랜드에서 소임을 다하였다. 그러나 케임브리지에서 죽기 직전까지도 "그리움에 가슴이 저려온다"며 스트라스부르를 떠난 아픔을 털어놓은 마르틴 부처는 잉글랜드에 체류한 지 2년이 되지 않은 1551년 2월 28일, 숨을 거두었다.

일강 수로에 맞닿아 있는 생토마스 교회Église Saint Thomas는 종교개혁의 주요 거점 중 하나였던 교회로 마르틴 부처가 1531년부터 1540년까지 목회한 교회이다. 예배당 내부는 설교단 대신 성경이 펼쳐진 원형강대상이 중심에 놓여 있고 그 옆에는 성찬대가 배치되어 있다. 이것은 말씀과 성례를 교회의 표지로 여기는 개혁된 교회의 신학적 원리를 잘 반영한 구조이다. 생토마스 교회에는 사람들의 관심을 끄는 오르간이 있다. 1741년에 요한 안드레아스 질버만Johann Andreas Silbermann, 1712-1783이 제작해 완성한 이 오르간은 스트라스부르에 체류하게 된 모차르트가 직접 이 오르간을 연주하며(1778년) 찬사를 보낸 악기로써, 한 세기 뒤에는 음악가이자 신학자 알버트 슈

스트라스부르 부클리에(좌) 교회와 교회 참사회가 있다. 칼뱅이 살았던 옛집(우)

바이처가 이 자리에서 바흐를 연주한 것으로도 유명하다. 오늘날에도 여전히 콘서트와 예배의 자리에서 숨쉬는 이 악기는, 어쩌면 16세기 종교개혁의 뜨거운 논쟁보다 더 깊은 감동으로 사람들의 기억 속에 남아 있는지도 모른다. 알자스–로렌 EPCAAL(아우크스부르크 신앙고백 교회)에 속한 생토마스 교회를 나와, 인근에 있는 부클 리에 교회로 향했다.

봄볕에 막 돋은 여린 풀잎을 밟지 않으려 조심조심 앞마당을 지나며, 예배당 문 앞에 다다랐다. 밀어도 보고 당겨도 보았지만 문은 굳게 닫혀 있었다. 나직이 불러보아도 아무런 대답이 없다. 한참을 서성이다 돌아서는데 마치 무언가를 두고 온 듯, 허전함이 자꾸 걸음을 붙잡는다. 16세기 그 시절, 주일 예배를 마친 이들이 이 길모퉁이에서 도란도란 이야기를 나누며 지나갔으리라. 바람처럼 스쳐가는 관광객들이 넘실대는 도시에서 종교개혁자들의 숨결을 찾아보겠다고 나선 게 애초에 터무니없는 꿈이었는지도…….

생니콜라 교회(Église Saint Nicolas)

1182년에 설립된 초기 생니콜라 교회는 한 기사의 후원에 의해 1387–

1454년에 건축되어 막달라 마리아에게 헌정된 교회이다. 고딕 양식의 첨탑은 1585년에 세워졌으며 예배당 내부에는 15세기 벽화와 17세기 개보수의 흔적이 남아 있다. 이곳은 장 칼뱅이 스트라스부르에서 첫 설교를 한 장소로 전해진다.

그가 이 도시에 머문 약 3년 동안 정기적인 설교와 성경 강해뿐 아니라 예배 질서를 정립하고, 교회음악의 방

광장 분수에 있는 알버트 슈바이처 동상.

향을 새롭게 세웠다. 회중의 노래가 오르간 연주보다 더 합당하다고 여긴 그는, 독일어와 프랑스어 시편찬송을 바탕으로 1539년에 새로운 시편찬송집을 편찬하였다. 또한 마르틴 부처의 예배모범을 참조하여 프랑스 난민 교회를 위한 예배형식을 마련하였는데, 이는 훗날 그의 예배신학을 구현하는 제네바 예배모범의 기초가 되었다.

한편, 생니콜라 교회는 알버트 슈바이처가 1900년에서 1913년까지 목회한 교회이기도 하다. 1875년 1월 알버트 슈바이처$^{Albert\ Schweitzer,\ 1875-1965}$는 알퐁스 도데의 『마지막 수업』$^{La\ Dernière\ Classe}$으로 알려진 카이제르베르^{Kaysersberg} 지방에서 태어났다. 양가 대대로 목사인 집안에서 태어난 그는 부친의 발령지인 뮌스테르의 귄스바흐^{Gunsbach}에서 세 명의 누나와 남동생과 함께 행복한 유년기를 보냈다. 음악적 재능이 탁월했던 슈바이처에게 그의 아버지는 피아노와 오르간을 가르쳤는데, 어느 날 교회의 오르간 연주자가 사고로 부재한 상황에서 아홉 살이던 알버트 슈바이처가 대신 오르간을 연주하여 사람들을 놀라게 하였다. 이후 그는 14세 때부터 외젠 뮌히^{Eugène}

Munch로부터 피아노와 파이프 오르간을 사사받기 시작하여 17세에 첫 콘서트를 열었다. 그는 요하네스 브람스의 「독일 레퀴엠」Ein deutsches Requiem, Op. 45을 연주하고 지휘할 정도의 실력을 갖춘 실력자였다. 그러므로 본래 음악가를 꿈꾸던 그에게 '의사 알버트 슈바이처'라는 삶은 처음부터 예정된 길이 아니었다. 그러나 〈제 목숨을 구원하고자 하면 잃을 것이요 제 목숨을 바치고자 하면 구원을 받으리라〉는 말씀이 그를 붙들고 있었다.

알버트 슈바이처는 스트라스부르 대학에 진학하여 철학과 신학을 공부한 다음, 파리로 건너가 오르간의 대가 샤를 마리 비도르Charles-Marie Widor에게 사사받았다. 특히 요한 제바스티안 바흐의 오르간 음악을 깊이 연구하여 바흐 음악의 권위자로 자리매김하였다. 알버트 슈바이처는 철학박사와 신학박사 학위를 취득하고, 모교 스트라스부르 대학 신학부에서 교수로 재직하면서 동시에 생니콜라 교회에서 목사로 봉사하였다. 그러던 중 우연히 아프리카 가봉에 의료 봉사자를 모집한다는 광고를 접하게 되었고, 이를 하나님의 부르심으로 받아들였다. 그분의 부르심이라고 확신한 슈바이처는 서른 살이라는 늦은 나이에도 불구하고 스트라스부르 의과대학에 입학하였다.

1913년 38세가 되던 해, 간호학을 공부한 아내 헬레네 브레슬라우Helene Bresslau와 함께 아프리카로 가는 배에 몸을 실은 그들은 오고우에Ogooué 강을 타고 마침내 가봉 랑바레네Lambaréné에 도착하였다. 그는 그곳에 병원을 짓고 수많은 나병 환자와 열병 환자를 치료하며 헌신적으로 봉사하였다. 그는 아프리카에 30년을 헌신할 수 있기를 바랐다. 그런데 기도했던 것보다 두 배나 더 많은 세월을 아프리카 오지에서 봉사하고, 90세의 일기로 슈바이처는 랑바레네의 병원 묘지에 묻혔다.

프랑스 동부와 독일 국경에 맞닿아 있는 스트라스부르는 인기가 많은 관광도시이자, 16세기에 종교개혁자들이 활동했던 도시이다. 비록 재가톨릭화라는 된서리를 맞았지만, 믿음의 사람들이 스트라스부르를 무대로 종교개혁에 힘썼다는 사실만으로도 꼭 방문하고 싶었던 도시였다. 일찌감치 COVID-19를 종료한 유럽 각지의 도시들이 아직도 팬데믹 이전의 활력을 되찾지 못한 가운데 스트라스부르 역시 마찬가지였다. 에어비앤비Airbnb 축소와 부쩍 오른 물가, 요동치는 환율이 여행자에게는 최악인 반면, 관광객 물결에 휩쓸리지 않고 차분하게 도시를 돌아볼 수 있었다는 점에서는 그나마 다행이라면 다행이었다.

생토마스 교회 광장 분수 난간에 걸터앉아 잠시 내리쬐는 봄햇살에 기대어 눈을 감았다. 다양한 종교적 입장이 빚어낸 갈등 속에서도 관용을 베풀었던 마르틴 부처, 또 스트라스부르의 종교개혁에 힘쓴 사람들이 빛바랜 현실이, 마치 생토마스 교회의 낡고 바스러진 예배당 나무의자와 다름없게 느껴졌다. 이내 봄볕의 따스한 온기는 온 데 간 데 없고 마음이 서걱거렸다.

제네바 종교개혁

장 칼뱅

TULIP

17세기 네덜란드 개혁교회는 도르트 총회(Synod of Dort, 1618-1619)에서 알미니우스주의(Arminianism)에 대항하기 위해 칼뱅의 개혁사상을 다섯가지로 요약하였다.

T : Total Depravity(전적 타락)
인간은 아담의 타락 이후 전적으로 죄에 물들어 스스로 구원을 이룰 수 없으며, 하나님의 은혜 없이는 그분을 찾거나 믿을 수 없다.

U : Unconditional Election(무조건적 선택)
하나님은 구원의 대상이 될 자들을 그들의 자격이나 행위가 아닌, 오직 자신의 주권적 뜻에 따라 미리 선택하셨다.

L : Limited Atonement(제한 속죄)
예수 그리스도의 속죄는 모든 사람을 위한 것이 아니라, 오직 선택된 자들을 위한 유효한 속죄이다.

I : Irresistible Grace(불가항력적 은혜)
하나님이 선택한 자에게 주시는 은혜는 그 누구도 거부할 수 없으며, 그 은혜는 반드시 회심을 이끈다.

P : Perseverance of the Saints(성도의 견인)
참된 신자는 끝까지 믿음을 지키며, 하나님의 능력으로 결국 구원에 이르게 된다.

제2장 제네바 종교개혁

제네바는, 스위스 제네바 주의 주도이자 세계적인 금융과 외교의 중심지로, 프랑스어를 사용하는 현지인들은 '쥬네브'Genève라고 부른다. 이 도시는 로마 제국 말기부터 기독교 도시로 발전하였으며, 4세기경까지는 빈Vienne 대교구의 관할 아래 있었고, 이후 5세기 초에 이르러 제네바에 독자적인 주교좌가 설치되었다. 443년에는 부르군트 왕국의 수도로 기능했고, 그 후 534년에는 프랑크 왕국에 병합되어 메로빙거 왕조의 영향 아래 놓이게 되었다. 중세에는 신성로마제국의 영토에 포함되었는가 하면, 한동안 사부아House of Savoy의 실질적 지배를 받았다. 1602년 12월, 사부아의 카를로 에마누엘레 1세Carlo Emanuele I, Duca di Savoia가 제네바를 점령하기 위해 군사들을 보냈지만 제네바 시민들이 합심하여 도시를 지켜냈다. 이 사건은 제네바 역사에서 매우 중요한 사건으로, 현재까지 12월이 되면 에스칼라드 축제Fête de l'Escalade로 기념하고 있다.

스코틀랜드 신앙난민이었던 존 녹스가 1556년 12월 9일 잉글랜드 개혁교도 앤 로크Anne Locke에게 보낸 서신에서 "저는 제네바가 사도시대 이래로 지상에 있는 그리스도의 가장 완벽한 학교라고 말하는 것을 두려워하거나 부끄러워하지 않습니다. 다른 지역에서도 그리스도가 참되게 선포되고 있다고 고백하지만 삶의 품위와 종교가 그렇게 진지하게 개혁된 것을 나는 아직까지 다른 지역에서는 보지 못했습니다"라고 밝혔다. 이처럼 당시 제네바는 종교적 박해를 피해 조국을 떠나온 신앙난민의 도시로, 그들이 제네바를 피난처로 삼은 이유는 16세기 유럽에서 신앙의 자유와 인간의 존엄이 지켜지는 가장 이상적인 도시였기 때문이었다. 반면에 로마 가톨릭교도들에게 제네바는 '이단들의 안식처'요 '배교자의 도시'로 낙인 찍힌 도시였다.

1. 장 칼뱅

16세기 종교개혁을 이끌었던 대표적인 인물 중에는 마르틴 루터, 울리히 츠빙글리, 그리고 장 칼뱅이 있다. 칼뱅은 스스로를 가리켜 '샌님 학자'라고 말할 정도로 다른 종교개혁자들과는 다른 유형의 인물이었다. 그저 조용히 학문과 연구에 몰두하기를 바랐던 것이다. 우리는 그의 초상화에서 마르고 파리한 낯빛, 그러나 강렬한 눈빛에서 뿜어져 나오는 차가운 이성과 신념을 가진 종교개혁자를 만나게 된다. 그는 방대한 작품을 남긴 것 만큼이나 육체에 가해진 온갖 질병에 시달렸다. 그가 "나의 몸은 여러 질병의 숙소와 같다"고 밝힐 정도로 병약한 상황에서도 글쓰기를 멈추지

제트 분수(Jet d'Eau fountain)에서 하늘 높이 물기둥이 솟구치는 제네바 호수. 제네바역에서 몽블랑 다리를 건너가면 곧장 호숫가의 '영국 정원'으로 연결된다.

않았다. 게다가 그는 책을 집필할 때 여러 차례 다듬고 또 다듬으면서 썼을 정도로 매우 신중한 성격이었다. 필립 샤프는 그를 일컬어 "탁월한 성경 주석가"라고 했으며, 알리스터 맥그래스는 "기독교 사회의 비전을 제시한 인물"로 평가하였다.

한편 마르틴 루터가 비텐베르크의 한 서점에서 칼뱅이 저술한 『신앙의 교훈과 고백』을 구입하여 읽고 나서, "이 사람이야말로 학식과 경건을 겸비한 인물이다. 만일 외콜람파디우스나 츠빙글리가 처음부터 이처럼 명료했더라면 그처럼 좋지 못한 논쟁은 일어나지 않았을 것이다"라고 말하였다. 이것은 루터가 제네바의 종교개혁자에게 보내는 찬사인 동시에, 1529년 마르부르크 회담에서 성례론으로 이견을 보인 츠빙글리와 관계를 회복하지 못하고 결별했던 회한이 묻어나는 표현이었다.

장 칼뱅은 1509년 7월 10일, 파리 북동부 피카르디의 농촌 누아용^{Noyon}에서 장 코뱅$^{Jean\ Cauvin}$으로 태어났다. 칼뱅의 부친 제라르 코뱅은 아들이 성직자가 되기를 원하여 열두 살이던 칼뱅을 파리로 유학을 보냈다. 칼뱅은 열네 살에 파리의 꼴레쥬 드 몽테귀$^{Collège\ de\ Montaigu}$에 입학하였다. 이곳은 인문주의 신학자 에라스무스와 반종교개혁의 선봉에 섰던 이냐시오 데 로욜라의 모교이기도 하다. 칼뱅이 대학에 다닌 지 약 5년 후인 1528년, 그의 부친은 성직보다 법률가의 길이 더 유망하다고 판단하고 칼뱅을 오를레앙 대학교$^{Université\ d'Orléans}$로 보내 법학을 공부하게 하였다. 제네바 종교개혁 당시 장 칼뱅의 행적을 보면, 그가 법을 공부하기에 적합한 성향의 사람이었다는 것을 알 수 있다. 오를레앙에는 인문주의 학자들의 공동체가 있었기 때문에 칼뱅은 르네상스 인문주의의 세계에 발을 담근 오를레앙에서의 생활에 매우 만족하였다. 그의 주변에는 복음적인 사람들이 있었다. 특히 그의 사촌형 피에르 로베르는 밤새워 공부하고 연구하는 사람이었는데, 올리브유 램프 아래서 밤을 새워 공부한 데에서 붙여진 올리베탕 Olivetan이란 별명으로 불렸다. 올리베탕은 발도파의 후원에 힘입어 29세의 나이에 번역한(1535) 프랑스어 성경을 발도파에 헌정하였다.

프랑스의 종교개혁과 박해

1520년 당시 헬라어는 종교개혁의 언어였다. 장 칼뱅이 회심한 시기에 대하여는 알려진 바 없지만 학자로서의 삶을 살기 원했던 그에게 복음의 세계로 인도한 것은 성경의 원어였다. 게다가 헬라어 교수 멜키오르 볼마르는 칼뱅에게 유무형의 깊은 영향을 남겼다. 로마 가톨릭 정통 신학의 요새인 파리 소르본 대학은 헬라어와 히브리어가 자칫 전통 교리를 넘어 이단 사상의 문을 여는 열쇠가 될 수 있음을 직감하고 경계하였다.

프랑수아 1세 치하의 프랑스는 종교개혁이 뿌리내리기에 유리한 듯 보였다. 그는 레오나르도 다 빈치를 초청해 자신의 궁 인근 저택을 제공했을 만큼 예술과 학문에 우호적인 르네상스 군주였다. 이러한 감수성은 종교개혁을 주장하는 이들에 대해 얼마간의 관용을 허용하게 하였다. 또한 그의 곁에는 개혁사상을 이해하고 개혁교도들을 은밀히 보호하던 누나 앙굴렘의 마르그리트 Marguerite d'Angoulême, 1492-1549가 있었다. 그녀는 프랑수아 1세가 마드리드 성에 포로로 있는 동안 섭정의 역할을 수행하며 카를 5세와의 협상에도 나섰다. 그러나 프랑수아가 관용할 수 있는 한계는 로마 교회 정통 교리에서 다소 벗어나더라도 그것이 자신의 통치에 위협이 되지 않는 범위 내에서의 호의였다. 즉 그는 로마 가톨릭교회에 대한 충성은 유지하되, 일정한 신학적 다양성은 허용했던 것이다. 그러나 프랑수아 1세가 개혁교도들에게 보였던 마지막 남은 관용마저 무너뜨린 사건들이 연이어 벌어졌다. 그중 하나는 1528년 파리에서 발생한 충격적인 사건이었다. 마리아와 아기 예수의 조각상이 훼손된 채 발견되었다. 이 사건은 프랑수아 1세에게 큰 충격을 주었다. 그는 거룩한 예식에 따라 참회 행렬을 직접 이끌고 파리 시내를 행진하였다. 그는 해당 사건에 연루된 자들 뿐 아니라, 개혁사상을 지지하거나 숨겨 주는 자들까지 가차없이 처벌하기 시작하였다. 바로 이때, 교황 클레멘스 7세는 프랑수아에게 서신을 보내 프랑스에서 애초에 개혁사상을 뿌리 뽑아야 한다고 협력을 요청하였다.

1533년 11월 1일, 만성절 마튀랭^{Mathurins}교회에서 파리 대학 총장 니콜라 콥이 취임사를 낭독하였다. 그의 취임사를 듣고 있던 고위 성직자들과 소르본 대학 신학교수들의 표정이 점점 일그러졌다. 충격을 받은 이들은 총장 취임사가 루터의 사상이라며 관련자들을 색출하는 데에 혈안이 되었다. 이에 루터의 종교개혁사상을 공공연하게 지지했던 사람들은 검문을 피하여 파리로부터 멀리 달아나야 했다. 몇몇은 붙잡혔고, 장 칼뱅 또한 이름이 거론되면서 1534년 4월 고향 누아용^{Noyon}으로 갔다. 그리고 라 제신느$^{La\ Gesine}$ 채플 성직록을 정리하였다.

그해 10월, 프랑스 전역에서 로마 가톨릭교회의 미사를 정면으로 비난하는 벽보가 일제히 발견되었다. 심지어 프랑수아 1세가 머무는 앙부아즈 성 침실문에까지 이와 같은 벽보가 버젓이 나붙었다. 벽보 내용은 히브리서 7장 27절을 인용하여 "가톨릭 미사는 반복적으로 희생 제사를 드리는 행위이며 이것은 그리스도의 유일한 희생을 모독하는 것"이라고 주장하였다. 프랑스를 발칵 뒤집어 놓은 이 '벽보 사건'$^{L'affaire\ des\ Placards}$으로 인하여 국왕은 또다시 파리 시내를 행진하며 속죄하였다. 이에 그치지 않고 자신이 행진하는 길을 따라 장작더미를 쌓고, 가담자로 추정된 36명을 붙잡아 불태워 죽여 버렸다. 마치 신에게 속죄제물을 바치는 의식을 행하기라도 하듯…….

카를 5세에게 붙잡혀 마드리드 성에 감금되어 있을 때 받았던 영향이 누나 앙굴렘의 마르그리트와의 우애보다 더 커지고 있었다. 확실해졌다. 개혁사상을 가진 자들은 자신의 왕국에 해악을 끼치는 폭도들이었다. 이제 국왕의 위엄을 단호하게 보여 줄 때가 왔다. '신앙의 수호자', 프랑수아 1세의 신앙 DNA가 깨어났다.

한편, 니콜라 콥Nicolas Cop 취임사 작성에 관여하여 앙굴렘으로 도피했던 칼뱅은 니콜라 콥과 사촌 올리베탕이 있는 바젤로 건너가 1535년 8월 23일 『기독교 강요』The Institutes of the Christian Religion 라틴어 초판을 마무리하였다. 이듬해 3월, 바젤의 토마스 플라터가 칼뱅의 『기독교 강요』를 출판하였다. 그는 츠빙글리와 루터파, 가톨릭 신학자들이 맞선 바덴 논쟁(1526년)에서 개혁파 칸톤의 인사들과 츠빙글리 사이에 서신을 몰래 전달했던 인물이다.

칼뱅이 『기독교 강요』 제3권 2장에서 "믿음은 경건한 무식이 아니라 바른 지식에 근거한다"고 밝혔듯이, 종교에 열심이 있는 사람들이 참된 경건의 생활을 이루도록 기초적인 원리를 제공하기 위해, 또 그리스도를 사랑하지만 그리스도에 대한 지식조차 제대로 터득하지 못한 많은 사람들을 위한 복음의 기본 원리로 쓰여진 이 책의 중심은 '경건과 지식'이었다.

한편, 울리히 츠빙글리가 『재세례파 궤변 논박』In catabaptistarum strophas elenchus, 1527으로 재세례파를 논박한 이후, 17년 뒤에 장 칼뱅 역시 재세례파의 오류를 지적하기 위해 『재세례파 논박』(1544)을 썼다. 그들이 분리주의 독자노선을 취하고, 교회와 국가의 질서를 위협하는 것에 대하여 비판한 것이다. 칼뱅은 희생제사인 가톨릭 미사에 대하여 단호히 반대하였다. 하지만 '벽보 사건'Affaire des Placards이나 성상파괴와 같은 폭력적인 행동에는 동의하지 않았다. 특히 신앙의 열정만 가지고 전통적인 로마 교회의 오류와 모순에 대응하여 무분별하게 행동하는 것을 경계하였다. 또한 무력 사용에 대하

장 칼뱅

여 매우 신중한 입장을 견지하였다. 이것은 종교개혁 과정에서 충돌이 발생했을 때, "방어 차원의 무력은 사용할 수 있다"는 츠빙글리의 견해와 다소 차이를 보인 것이다. 이와 같이 종교개혁자들은 성경과 사도적 가르침을 역행하는 인간의 전통들을 갱신하자는 측면에서의 목적은 같았으나 무력 투쟁과 같은 저항은 거부하였다. 군주들의 폭력에 무력 투쟁과 같은 저항으로 대응하는 것은 종교개혁의 목적을 훼손한다는 측면에서, 또 아무리 선한 목적이더라도 모든 방법과 행위가 정당화될 수 없다는 측면에서, 무장 저항에 동의하지 않았다.

그러나 훗날 선으로 악을 이기려는 의도가 얼마나 가볍게 짓밟히는가를 보여 준 사건이 발생하게 된다. '성 바르톨로메오 축일 대학살'로 불리는 1572년 8월 24일, 프랑스의 가톨릭 세력이 위그노들을 무자비하게 학살하였다. 칼뱅 사후 8년이 되던 해 프랑스에서 발생한 대학살에 경악을 금치 못한 개혁교회 지도자들은 합법적인 무장 저항을 주장하지 않을 수 없게 되었다. 이에 따라 제네바의 테오도르 드 베즈는 합법적 저항권을 옹호하는 『통치자의 권리에 관하여』 *Du droit des magistrats sur leurs sujets* 를 발표하고, 재가톨릭화 과정에서 발생한 비인간적인 탄압과 부당한 핍박에 직면해서는 악한 군주와 권력에 대항해 무력 투쟁을 인정하였다. 악한 통치자에 대항하는 것이 합법이라는 칼뱅주의 저항이론의 성경적 이해는 『제네바 성경』의 각주와 해설에서도 확인할 수 있다.

다른 한편에서는 프랑스를 비롯한 잉글랜드의 군주들이 교황의 권위가 약화되자, '왕권신수설' *Divine Right of Kings* 을 주장하며 군주의 절대권력을 강화하였다. 이것은 교황-군주 대신, 군주-교황의 길로 가는 것이었다.

칼뱅은 『기독교 강요』의 라틴어 초판을 마친 뒤, 1536년 7월이 끝나갈 즈음 잠시 파리로 돌아갔다. 그리고 고향 누아용을 방문해 남은 일들을 정리하고 스트라스부르로 가려고 했으나, 하필 합스부르크-발루아(1536-1538) 전쟁으로 길이 막히면서 제네바를 우회해 가야만 했다. 당시 제네바는 앞선 개혁으로 안정을 찾아가고 있는 취리히와 달리, 종교개혁의 파도를 헤쳐가느라 혼란스럽고 어수선한 상황이었다. 제네바 시의회는 가톨릭 미사를 폐지하고 마지막 남은 주교까지 내보냈다. 그리고 "개혁신앙을 받아들일 수 없는 사람은 제네바를 떠나라"고 통보하였다.

한편, 『기독교 강요』의 저자가 제네바에 와 있다는 소식을 들은 기욤 파렐은 그 즉시 칼뱅이 머물고 있는 숙소를 찾아갔다. 그는 칼뱅과 짧은 인사를 마치자마자 제네바의 교회개혁을 위해 함께하자고 권면하였다. 그러나 자신보다 스무 살이나 연상인 파렐의 간곡한 권유에도 칼뱅은 무덤덤한 표정으로, "저는 단지 제네바에 하룻밤 머무는 사람일 뿐, 교회개혁에 적합한 인물이 아닙니다. 날이 밝는 대로 떠나겠습니다." 그 순간 기욤 파렐이 그의 붉은 머리칼만큼이나 강렬한 목소리로 소리쳤다.

"만일 그대가 교회개혁이 시급한 데 돕지 않고 무관심한다면, 그대가 원하는 은둔과 자유로운 학문 연구에 하나님께서 저주를 내리실 것이오."

기욤 파렐이 퍼붓는 저주에 가까운 말보다 그의 우뢰 같은 목소리에 놀라 새가슴이 된 청년 칼뱅은 파렐과 함께 교회개혁에 힘을 보태겠노라, 하고 제네바에 그대로 눌러앉게 되었다. 이같이 기질과 성향이 상반된 두 사람이 신앙고백의 기초를 만들어 제네바의 종교개혁을 시작하였다.

제네바 시의회는 주교를 추방하고 미사를 폐지한 상태에서, 정치적 안정을 위해 시민들에게 《제네바 신앙고백서》(1537)에 서약할 것을 명령함으로써 개혁교회 체제가 제도화되었다. 그러나 서약을 거부한 시민들은 '비서명자'로 분류되어 사회적 갈등 원인이 되었다. 게다가 파렐과 칼뱅이 범죄자들에게 성찬을 제한하겠다고 선언하였다. 그러자 만일 누군가 성찬에서 배제될 경우, 곧 범죄자라는 낙인이 찍히기 때문에 시민들은 두 외국인 지도자에 대해 크게 반발하였다. 이에 시의회는 누구도 성찬에서 배제할 수 없다는 조례를 공포하고, 1538년 부활절 성찬식에서 베른의 전례, 즉 얇고 납작한 성찬용 빵을 사용하도록 하였다. 이에 반발한 파렐과 칼뱅은 성찬 집례를 거부하였다. 그들이 시의회에 불복한 대가는 설교금지였다. 급기야 시의회는 파렐과 칼뱅이 제시한 교회 규율과 성찬 집례 원칙을 거부하고, 그들의 지도권을 박탈하며 제네바에서 추방하기로 결정하였다(1538. 4월). 이것이 세속권력의 지원 없이 교회개혁에 나선 종교개혁자들의 현실이었다. 비텐베르크의 마르틴 루터는 작센 선제후의 전폭적인 지지와 보호 속에서 보름스 제국의회 이후 거침없이 개혁을 이어갈 수 있었고, 그의 방대한 저술은 안정된 정치적 후원 속에서 산출된 열매였다.

그러나 다른 종교개혁자들의 길은 달랐다. 세속권력과 치열하게 협상하고 설득하며, 때로는 갈등과 긴장 속에서 태풍을 뚫고 항해하듯 고된 씨름 끝에 교회개혁의 결실을 맺기도 했으나, 때로는 그 개혁이 좌초되기도 하였다. 16세기 세속권력과 교회권력이라는 두 개의 거대한 권력 아래에서 새로운 세계관으로, 새 문명으로 전이해 가는 과정의 종교개혁은 몇 사람의 열정과 헌신으로 감당할 수 있는 일이 결코 아니었다. 그럼에도 그들은 권력을 힘입었든, 권력의 견제와 갈등 속에 종교개혁을 했든, 16세기 종교개혁의 터널 보링머신이 되었다.

장 칼뱅은 제네바에 정착한 지 채 2년이 되지 않아 기욤 파렐과 함께 시의회에 의해 추방되었다(1538년). 파렐은 뇌샤텔로 향했고, 칼뱅은 스트라스부르로 갔다. 그는 그곳에서 조용히 학문에 전념하며 살고자 했다. 그러나 마르틴 부처가 그를 "소명을 버리고 도망간 요나 같은 사람"이라며 질책하였다. 그가 부처의 권면을 받아들여 프랑스어권 망명자를 위한 교회에서 설교를 시작하고 『로마서 주석』을 집필하기 시작하였다. 1540년에는 재세례파에서 개종한 이들레트 드 뷔르$^{Idelette\ de\ Bure}$와 결혼하였다. 그러나 생후 2주 만에 아들을 잃는 아픔을 겪었다. 그의 곁에는 연이어 상실과 슬픔이 찾아왔다. 이후 제네바 시의회의 요청을 받고 마지못해 돌아간 제네바에서 이들레트마저 전 남편의 두 자녀를 두고 세상을 떠나고 만다(1549).

1539년 3월, 제네바 시의회와 시민들에게 돌아오라는 공개 편지를 보낸 사람이 있었다. 재가톨릭화에 열심이었던 추기경 야코포 사돌레토$^{Jacopo\ Sadoleto}$였다. 그는 "가톨릭교도들은 재판관에게 인정을 받아 영원한 희락으로 들어가는 반면, 개혁교도들은 바깥 어두운 곳으로 내침을 받는다. 왜냐하면 로마 교회는 오류를 범할 수 없는 교회이고, 가톨릭교도들은 그런 교회를 믿기 때문이다. 개혁교도들은 자신의 머리를 믿었기 때문에 어두운 곳으로 내침을 받는다"고 주장하며, 어머니 교회의 품으로 속히 돌아오라는 호소까지 곁들였다. 설상가상으로 시의회 내 친베른파가 6월에 체결한 '베른 갱신조약'$^{Traité\ de\ combourgeoisie\ avec\ Berne}$은 제네바 교회의 안정은커녕 분열과 혼란만 가중시켰다. 이처럼 외국 신앙난민들의 증가로 인한 사회적 갈등에 보태어 베른의 종교적·정치적 간섭이 심해지고 있었다.

이에 제네바는 사돌레토에게 보낼 반박문을 칼뱅에게 요청하였다. 그해 9월, 칼뱅은 『사돌레토에게 보내는 답신』$^{Responsio\ ad\ Sadoletum,\ Reply\ to\ Sadoleto}$을 작성해 제네바 시의회에 보냈다. 정중한 인사말로 시작된 그의 글은 인간의 공로와 교황권을 정면으로 반박하면서 종교개혁의 핵심 교리들을 조목조목 써 내려갔다. 이것은 옛 신앙으로 돌아오라는 로마 가톨릭교회에 보내는 칼뱅의 기독교 변증서요 타락하고 부패한 교회를 향한 예리한 검이었다. 「사돌레토에게 보내는 답신」은 제네바 시의회의 우유부단함에 불만

제네바 레만 호수의 제트 분수에서 용솟음쳐 오르는 물줄기를 감상할 수 있는 알프스 정원의 브라운슈바이크 기념비(Brunswick Monument)는 브라운슈바이크 공작 카를 2세(Charles II, Duke of Brunswick, 1804-1873)가 자신의 기념비를 짓는 대가로 제네바시에 전재산을 헌납하면서 오페라 하우스(Grand Théâtre)까지 만들게 된다. 기념비는 이탈리아 베로나 통치자 스칼리거의 묘지와 동일하게 만들라는 공작의 유언대로 스칼리거 묘지와 거의 흡사하게 만들어졌다. 덕분에 알프스 정원은 시민들의 휴식 공간이 되었다.

이 많았던 시민들 사이에서 큰 반향을 일으켰다. 이에 파렐과 칼뱅을 추방시키는 일에 앞장섰던 친베른파를 탄핵한 제네바 시의회는 칼뱅에게 돌아와 달라고 정중히 청하고 그가 돌아오기만을 기다렸다. 그러나 칼뱅에게 제네바는 돌아가고 싶은 도시가 결코 아니었다. 파렐과 함께 추방당하던 때를 생각하면 두통이 생길 지경이었던 그는, 뇌샤텔의 기욤 파렐과 마르틴 부처가 "제네바로 돌아가 교회개혁을 해야 한다"고 설득하자, "그와 같은 십자가를 지느니 백 번 죽는 게 낫다"며 고개를 절레절레 흔들었다. 그런 그가 1541년 9월, 이들레트와 그녀의 두 자녀를 데리고 마지못해 제네바로 돌아왔다.

가을빛이 한층 서늘해졌다. 옷깃을 여민 그가 생피에르 교회 마당을 지나 예배당에 들어섰다. 가슴 한켠에 뭉클하게 올라오는 것을 느끼며 강단

제네바역을 나와 몽블랑 거리(Rue du Mont-Blanc)와 연결된 몽블랑 다리(Pont du Mont-Blanc)를 건너면 제네바 레만 호수를 따라 1854년에 조성된 정원을 만나게 된다. 제네바 시계산업을 상징하는 지름 5m의 꽃시계의 '영국정원'(Geneve Jardin Anglais)에는 멀리서도 눈에 띄는 대관람차가 있고 바로 옆에는 제네바 공화국을 상징하는 여성과 스위스의 헬베티아를 상징하는 여성이 서로의 허리에 팔을 두르고 있는 동상이 있다.

에 오른 칼뱅은 그가 추방되면서 중단했던 사도행전 본문으로 설교를 시작하였다. 그의 나이 서른두 살이었다.

칼뱅이 돌아오기를 고대했던 제네바 시의회는 여전히 교회 일에 관여했으나 그들의 변덕에 이력이 난 칼뱅은 개의치 않고 교회개혁을 위한 제안서를 제출하였다. 또다시 개혁을 방해한다면 당장에라도 짐을 쌀 각오로 돌아온 그였다. "신자들은 목회자의 심방을 받아야 하고 개혁신앙 요리문답을 배워야 한다. 그리고 신앙 요리문답을 받은 사람만 성찬에 참여할 수 있다"고 강조하고 '치리 위원회' 설치를 요구하였다. 종교개혁에 대한 칼뱅의 결연한 의지를 확인한 제네바 시의회는 그의 제안을 모두 수용하였다. 그 당시 사람들이 생각하는 종교개혁의 의미와 개혁자들이 생각하는 종교개혁은 사뭇 달랐다. 많은 경우 군주나 정치권력이 종교개혁을 지지하는 경우에는 바르고 참된 신앙에 근거하기보다, 절대권력을 유지하기 위함이거나 자신들의 셈법에서 유리할 때만 작동되는 개혁이었다. 일반 백성이라고 별반 다르지 않았다. 자신들의 이해와 이익에 따라 개혁자들을 지지하고 따랐다. 뮌스터의 백성들이, 용병수출로 이익을 보던 취리히 사람들이, 교황제 아래 재가톨릭화에 의해 옛 신앙의 자리로 돌아간 사람들이 바라는 것은 성경과 사도적 가르침으로 돌아가자는 회복, 영적 부흥의 종교개혁사상과 동상이몽일 때가 더 많았다.

어쨌거나 제네바 시민들에게도 종교개혁이 요구하는 거룩한 삶을 사는 것은 너무나 힘든 일이었다. 더구나 칼뱅의 빈틈없이 촘촘한 개혁적인 조항들은 허리를 꽉 졸라매는 코르셋이었다. 그런 가운데에서도 오직 하나님만이 성실과 열심으로 제네바 교회와 제네바 백성들이 바르게 신앙하고 공동체를 경건하게 지켜가도록 돕고 계셨을 뿐이다. 당신이 선택하신 사람들의 순종을 통해서 말이다.

1555년, 장 칼뱅을 지지하는 사람들이 시의회 선거에서 승리하자 제네바는 유럽 각지에서 몰려든 신앙난민들로 한층 더 붐비게 되었다. 박해받는 이들에게 이곳은 분명 안전한 피난처였지만, 정작 제네바 시민들의 불만은 높아지고 외국인에 대한 혐오도 깊어졌다. 그럼에도 불구하고 칼뱅이 학문 연구를 위해 스트라스부르로 향하다 하룻밤 묵었던 제네바는 어느새 인구 1만 명의 국제적인 도시로 성장하고 있었다. 제네바는 종교개혁의 주요 중심지 중 하나로 복음에 합당한 신학 원리가 작동되는 아카데미였으며, 동시에 유럽 신앙난민들이 기댈 수 있는 안전한 피난처였다.

한편, 미카엘 세르베투스Michael Servetus는 칼뱅의 생애에 가장 아린 손가락이었다. 스페인(에스파냐) 출신의 신학자이자 의사인 그는 711년 코르도바 정복 이후 약 800년간 이슬람 지배 아래에서 유대인과 무슬림과 기독교인들이 공존했던 사회적 다양성 속에서 자랐다. 그런 환경은 그로 하여금 신학적 고뇌 끝에 다른 결론에 이르게 했다. 1531년 『삼위일체의 오류』De Trinitatis erroribus libri vii로 논란을 일으킨 그는 1553년 『기독교의 회복』Christianismi Restitutio을 출판하여 삼위일체와 유아세례를 거부하였다. 이것은 로마 가톨릭교회와 개혁교회의 공동의 적이 되는 것을 의미하였다. 유럽 여러 도시에서 이단 혐의로 고발된 그는 결국 1553년 제네바에서 체포되어 재판을 받고 삼위일체를 부정한 것과 유아세례 거부라는 죄목으로 그해 가을, 화형 선고를 받았다.

칼뱅은 그의 형 집행을 앞두고 감옥에서 그와 마주 앉았다. 끝내 자신의 주장을 굽히지 않는 세르베투스를 보면서 칼뱅의 표정은 점점 굳어졌다. 칼뱅은 질린 낯빛으로 소리쳤다. "이것은 네 죗값이다. 고집불통아! 불 속에서 심판을 받을 것이다." 이것이 그들의 마지막 대화였다. 세르베투스는 샹펠Champel 언덕에서 산 채로 화형에 처해졌다. 교회와 국가가 분리되지 않았던 16세기 기독교 사회는 신학적 이견에 대하여 단순한 사상 차이가 아니라 공동체를 뒤흔드는 위협으로 간주하며 그들을 '이단'으로 여겼다. 칼뱅은 '불관용의 상징', '독재자'라는 비난을 받기도 하지만 그의 결정은 스위스 종교개혁자들로부터 지지를 받은 공적 책임자의 위치에서 실행한 것 뿐이다.

그럼에도 오늘 우리는 묻지 않을 수 없다. 설령 시대가 그렇다 할지라도 "살인하지 말라"는 계명을 두고 누가 누구를 정죄하고 죽일 권한을 갖는가? 하는 물음 앞에서는 로마 교회와 개혁된 교회, 그리고 장래의 어떤 교회도 자유로울 수 없을 것이다. 유대인이 기독교인을, 로마 교회가 성경적이고 사도적인 교회를 추구한 개혁교도들을, 그 시대의 잣대로 죽인 것에 대하여 역사가 증언하고 있다. 과연 우리는 어떻게 해야 그러한 끔찍한 오류에서 벗어날 수 있을 것인가? 해법이 없는 자문을 하게 된다.

세르베투스 사후 350년이 지난 1903년 10월 27일, 제네바 칼뱅의 후예들이 그가 화형당한 장소에 속죄비를 세우고 회개하였다.

> "우리들의 위대한 개혁자 칼뱅을 공경하고 감사를 드리며, 그의 제자인 우리들은 그의 시대적 과오를 규탄하는 동시에 거룩한 복음과 종교개혁의 진실된 원리에 입각하여 양심의 자유를 굳게 지키고 여기에 속죄 기념비를 세웁니다."

제네바 성경

우리가 당연하게 생각하고 있는 성경의 장章과 절節의 구분은 성경이 처음 기록될 때 부터 있었던 것이 아니다. 본래 장절이 없던 성경은 13세기 영국 캔터베리 대주교 스티븐 랭턴Stephen Langton에 의해 장으로 나뉘었고,

이어 16세기 인쇄업자 로베르 에스티엔Robert Estienne, 1503-1559에 의해 신약성경에 절이 체계적으로 구분되었다. 그는 1551년 제네바에서 출판한 헬라어 신약성경 제4판에 처음으로 절 번호를 넣었고, 1553년판 프랑스어 성경에서는 장과 절을 본문 전체에 적용하였다.

한편, 피에르 로베르Pierre Robert는 발도파의 후원으로 1535년 프랑스어 성경을 처음 번역·출판하였고, 1546년 개정판에는 사촌동생 장 칼뱅이 서문을 썼다. 이렇게 준비된 토대 위에서 에스티엔Robert Estienne은 제네바에서 올리베탕의 번역 성경을 장과 절로 구분해 인쇄하였다. 이 전통은 잉글랜드 청교도들에게 큰 영향을 미친 『제네바 성경』(1560)으로 이어졌다.

이 성경이 출간되기까지 잉글랜드 신앙난민 교회를 맡아 봉사했던 헬라어 학자 윌리엄 휘팅엄William Whittingham, 1524-1579을 중심으로 크리스토퍼 굿맨Christopher Goodman, 히브리어에 능통했던 앤서니 길비Anthony Gilby, 토머스 샘슨Thomas Sampson, 윌리엄 콜William Cole 등이 번역에 참여했고, 1558년에는 아우구스티누스회 출신으로 이미 영어 성경을 번역했던(1535) 마일스 커버데일Coverdale, 1488-1568도 합류하였다. 이밖에 존 녹스도 1559년 귀국 전까지 이 작업에 관여하였는데, 이들은 메리 튜더 여왕의 박해를 피해 제네바로 망명한 잉글랜드 개혁자들이었다.

이와 같은 1560년판 『제네바 성경』은 영어 성경 중에서 처음으로 에스티엔의 장절 구분을 따라 인쇄되어 엘리자베스 1세에게 헌정되었다. 비록 1575년에 이르러서야 잉글랜드에서 출판될 수 있었지만 청교도들로부터 크게 환영을 받았다.

흥미롭게도 성경의 장과 절을 최초로 구분한 인물들은 모두 스데반(에스티엔, 스티븐)이라는 이름을 가진 사람들이었다. 그들 덕분에 성경은 쉽게 찾아 읽을 수 있는 대중적인 책으로 자리 잡게 되었다.

비슷한 시기 프랑스 위그노는 당시 프랑스 전체 인구의 약 10%에 이르렀고, 귀족계급의 3분의 1가량이 칼뱅의 개혁사상을 지지하여 수백 개의 개혁교회가 세워졌다. 이러한 조국의 개혁교회를 위해 칼뱅은 1559년 5월 파리 비밀 총회에서 채택된 《프랑스 신앙고백서》작성에 관여하였고, 8월에는 『기독교 강요』라틴어 최종판을 출판하였다. 제네바는 로마 가톨릭의 탄압을 피해 유럽 각국에서 몰려든 신앙난민들에게 하나의 등불이었다. 이 도시는 단순한 피난처가 아니라 말씀 위에 세워진 새로운 공동체였고 그 중심에는 장 칼뱅이 있었다. 학문 연구를 꿈꾸었으나 보이지 않는 하나님의 손에 이끌려, 칼 대신 펜을 든 칼뱅은 종교개혁 전사가 되었다. 그 결과 설교와 교육에 헌신함으로써 제네바의 종교개혁은 안정기에 접어들었다.

프랑스에서도 위그노가 빠르게 늘고 있었다. 그런데 1562년 3월 1일, 바시에서 프랑수아 드 기즈 공작의 군인들이 예배 중인 위그노들을 습격하여 수십 명을 학살했다는 끔찍한 소식이 전해졌다. 이에 충격을 받은 칼뱅은 위그노들에게 닥칠 박해를 예감하고 비통함을 감추지 못했다.

제네바 생피에르 교회와 석양의 예배실 풍경 ⇨

1564년 2월 6일, 장 칼뱅은 히브리서 설교를 마지막으로 공식적인 설교를 마쳤다. 여기저기서 새싹이 움트고 봄 기운이 돌았다. 창밖을 내다보며 병상의 칼뱅은 이제 작별을 준비해야 함을 알았다. 4월 28일 제네바 목사회Pasteurs de Genève 동료들을 부른 그는 그 자리에서 "나는 무척 연약한 사람일 뿐인데 하나님께서 도구로 사용하셨다"고 고백하고 그동안 자신이 거칠고 성급하게 행동한 점에 대하여 사과하면서 끝까지 복음과 진리를 굳게 지킬 것을 당부했다. 덧붙여 자신의 무덤에 어떤 기념비도 세우지 말 것과 장례는 검소하고 조용히 치러 달라고 당부하였다. 그리고 5월 27일 저녁 8시, 소명을 다 마친 55세의 장 칼뱅은 석양빛이 드리운 가운데 눈을 감았다. 참된 스승을 잃은 슬픔 속에 그의 장례는 교회법의 절차대로 진행되었다. 제네바 시의회와 테오도르 드 베즈 그리고 그의 동료들은 그의 유언대로 간소하게 장례를 치렀다.

플랭팔레 공동묘지를 찾은 날, 묵직했던 잿빛 하늘은 어느새 맑게 개었다. 가족의 무덤을 찾아온 듯한 몇몇 현지인들이 묘역을 거닐고 있는 한적한 오후, 공동묘지 끝자락 담장 가까운 곳에서 철제 울타리로 둘러싸인 그의 무덤을 찾았다. 칼뱅의 당부대로 위치를 표시하지 않아 매장된 장소는 정확하지 않다. 1999년 제네바 시당국이 'J.C'라는 이니셜을 새긴 작은 기념석을 세워 이마저도 적지 않은 논란을 불러일으켰다. 이 날은 공교

플랭팔레(Plainpalais) 공동묘지의 칼뱅 무덤.

롭게도 장 칼뱅 사후 459년이 된 날이었다. 단정히 손질된 잔디와 무덤을 덮은 연둣빛 이파리들이 봄 햇살을 머금고 반짝이는 순간, 시간을 건너뛰어 그를 마주한 듯한 감회가 밀려왔다.

2. 제네바 아카데미 – 테오도르 드 베즈

테오도르 드 베즈Theodore de Bèze, 1519-1605는 1519년 6월 24일, 부르고뉴 지방 베즐레Vézelay에서 태어났다. 어머니가 세상을 떠나자, 세 살 무렵부터 삼촌의 손에 이끌려 파리에서 자라게 된다. 그가 아홉 살 되던 해, 저명한 헬라어 학자 멜키오르 볼마르Melchior Wolmar 밑에서 수학하기 위해 오를레앙으로 보내졌다. 스승 볼마르는 루터의 개혁사상을 접한 인물로 박해를 피해 독일로 피신하게 되었고(1535년) 베즈도 스승을 따라 독일로 갔다. 그러나 곧 부친의 뜻에 따라 법학 공부를 이어 가기 위해 오를레앙으로 돌아오게 된다. 이 시기의 경험들은 그가 후일 종교개혁자로 성장하는 데 중요한 밑거름이 되었다.

파리로 돌아온 베즈는 법률가로서 안정적인 생활을 시작했다. 하지만 그의 마음은 종교개혁사상으로 기울어 있었다. 결국 결단을 하고 제네바로 향하는 여정 중에 잠시 튀빙겐에 들렀다. 옛 스승 멜키오르 볼마르를 만나 확신을 갖게 된 그는 로잔으로 갔다. 로잔에서 피에르 비레Pierre Viret의 친절한 환대 속에 개혁신앙의 사람들을 만나면서 자신의 소명을 깨달은 베즈는 비레의 권유에 따라 로잔 아카데미 헬라어 교수직을 수락하였다(1549). 이러한 여정은 그를 종교개혁에서 빼놓을 수 없는 소명의 길로 이끌었다.

1550년대 앙리 2세는 피에몬테Piemont의 발도파Waldenser를 소탕하기 위해 종교재판소의 체포와 고문, 화형의 권한을 확대하였다. 1557년 봄, 피에몬테의 주도(州都) 토리노$^{Torino, Turin}$ 의회가 발도파를 이단으로 규정하고 로잔과 제네바에서 파송된 목사들까지 추방하려고 하자, 제네바 목사회가 발도파를 돕기 위해 즉각 대응에 나섰다. 발도파를 변호하고 지원을 모색하기 위해 파송된 베즈와 파렐은 베른·취리히·바젤·샤프하우젠·스트라스부르·몽펠리에·바덴·괴핑겐^{Göppingen}을 순회하며 신앙 연대적인 활동에 최선을 다하였다.

그해 가을, 두 사람은 스트라스부르를 거쳐 종교회담이 열리는 보름스로 향하였다. 루터파 제후들에게 프랑스 내 종교개혁 지지자들의 상황을 알리고 정치적·군사적 지원을 요청하기 위해서였다. 그러나 위그노에 대한 거짓 보고를 받은 독일 제후들은 프랑스와의 외교문제를 고려하여 앙리 2세에게 특사를 보내라는 그들의 요청을 거절하였다. 그러나 베즈는 포기하지 않았다. 다시 기욤 파렐, 장 부다이우스$^{Jean\ Buddaeus}$와 가스파르 카르멜 등과 함께 독일을 재방문하였다. 이번에는 스트라스부르와 프랑크푸르트를 중심으로 제후들의 협력을 끌어내려는 시도였다. 그들은 끈질기게 제후들을 설득하였고 마침내 특사 파견을 성사시켰다.

그러나 테오도르 드 베즈가 로잔으로 돌아왔을 때 그곳 상황은 매우 심각하였다. 교회 권징권, 로잔 아카데미의 인사권 등을 박탈한 베른 당국의 과도한 개입으로 인내심 많은 피에르 비레도 지쳐 있었다. 1559년 5월, 더 이상 로잔에 머무는 것이 현실적으로 불가능한 상황에서 베즈는 칼뱅의 제안을 받아들여 제네바로 건너갔다. 프랑수아$^{Saint\ François}$ 교회를 사임한 피에르 비레도 그해 가을, 로잔을 떠나 제네바로 갔다.

한편, 제네바에 온 테오도르 드 베즈는 짐을 다 풀기도 전에 제네바 아카데미 초대학장으로 취임하였다. 『기독교 강요』 제3권에서 〈믿음은 경건한 무식이 아니라 바른 지식에 근거한다〉고 밝힌 바 있듯이, 칼뱅 개혁사상의 핵심인 '경건과 지식'이라는 바탕 위에 설립된 제네바 아카데미는 곧 유럽 전역에서 피난 온 신앙인들과 학문을 추구하는 이들에게 종교개혁의 산실이 되었다. 제네바 아카데미를 거쳐간 수많은 인물들은 자신의 고향과 나라로 돌아가 교회개혁에 박차를 가하며, 유럽 곳곳에서 새로운 변화를 일으켰다. 옛 제네바 아카데미는 오늘날의 제네바 대학으로 발전하였고 수많은 노벨 수상자들을 배출한 세계적인 학문기관으로 우뚝 섰다. 그 배경에는 종교개혁자들이 품었던 교육에 대한 깊은 관심과 열정, 그리고 신앙과 학문이 하나로 어우러져야 한다는 신념이 자리하고 있었다.

칼뱅이 하늘의 부르심을 받고 세상을 떠났을 때, 그의 제자이자 동역자인 테오도르 드 베즈는 깊은 상실과 슬픔 속에서 『칼뱅의 생애』[Vita Calvin, 1564]를 저술하여 스승의 업적을 기렸다. 그해, 제네바 시의회는 칼뱅의 유지를 받들어 테오도르 드 베즈를 공식 후계자로 선출함에 따라, 그는 칼뱅의 뒤를 이어 제네바 교회를 이끌며 설교와 강의로 개혁의 불씨를 이어갔다. 또한 각국에서 온 신앙난민들을 돌보는 일에도 힘쓴 가운데 제네바는 신앙과 학문의 중심지로 굳건히 자리 잡을 수 있었다.

칼뱅주의와 테오도르 드 베즈

제7차 프랑스 개혁교회 전국총회[Synode de La Rochelle]가 1571년 4월 2일-11일에 걸쳐 라로셸[La Rochelle]에서 열렸다. 라로셸은 개혁사상을 인쇄하여 보급하는 위그노 중심도시였다. 테오도르 드 베즈가 라로셸 총회 의장을 맡았고, 나바르 왕국 잔 달브레[Jeanne d'Albret]와 앙리 드 나바르, 그리고 자르낙 전투에서 사망한 루이 드 콩데의 아들 앙리 1세 드 콩데와 그의 측근들, 콜리니 제독[Gaspard de Coligny]도 평신도 신분으로 참석하였다. 네덜란드 빌럼 1세 오라녜 공의 동생 루이스[Louis Nassau]도 참석한 가운데 칼뱅주의 신학을 바탕으로 한 40개 조항articles을 채택하였다. 베즈는 성찬에서 '그리스도의 몸의 본질'이라는 표현을 써서 칼뱅주의 영적 임재설Spiritual Presence을 재확인하였다. 그리고 '지역 교회와 회중이 목회·교회정치의 결정권을 더 많이 가져야 하며, 목사·장로의 일방적 권징 권한은 축소되어야 한다'는 파리의 장 모렐리Jean Morély 목사의 주장을 비판하였다.

논리학·교육학 분야의 대가, 페트루스 라무스Petrus Ramus는 라로셸 총회에서 있었던 세 가지에 동의할 수 없었다. 첫째, 목사의 권한 강화. 둘째, 교회 치리를 거부한 사람들에 대한 정죄. 셋째, '본질substance'이라는 용어를 사용하지 않은 사람들을 비난한 것이었다. 그는 성례론에서 아리스토텔레스의 논리에 전거(典據)한 테오도르 드 베즈와 충돌하며 갈등을 빚었다.

이것은 베즈와 페트루스 라무스, 그리고 하인리히 불링거 사이에 논쟁을 불러일으킨 문제였다. 이에 따라 베즈는 이듬해에도 모렐리와 라무스가 야기한 논쟁 때문에 님Nimes 전국 총회에 참석하였다. 그러나 '성 바르톨로메오 축일' 파리의 가톨릭교도들이 위그노들을 무차별적으로 살해하던 광기 속에서 페트루스 라무스도 희생되었다. 그의 죽음으로 인해 그와 얽힌 신학적 논쟁도 마침표를 찍었다.

1602년 12월 11일 한겨울 새벽, 사부아 공국 군대가 제네바를 기습하였다. 도시로 들어오는 문을 열기 위해 방어벽을 기어오른 사부아 군인들을 제네바 시민과 민병대가 용감하게 막아냈다. 이 에스칼라드L'Escalade 사건 전후로 건강이 급격히 악화된 베즈는 설교와 강의를 거의 중단한 상태에서 1605년 10월 13일, 자택에서 숨을 거뒀다. 그는 칼뱅의 곁에 묻히고 싶어 했으나, 극렬한 가톨릭교도들이 베즈의 시신을 탈취하려고 위협을 가했기 때문에 제네바 시의회의 지시에 따라 생피에르 교회Saint Pierre에 묻혔다.

3. 바스티옹의 종교개혁의 벽(Mur de la Reformation)

바스티옹 공원Parc des Bastions을 가로지르는 산책로를 사이에 두고 제네바 대학과 마주보고 있는 옛 제네바 성곽 외벽은 '종교개혁의 벽'Mur de la Réformation으로 불린다. 이 기념벽은 제네바가 종교개혁의 중심지였던 역사를 영구적으로 기념하기 위해, 장 칼뱅 출생 400주년과 제네바 대학 설립 350주년을 맞이하던 1917년에 세워졌다. 길이 100미터, 높이 10미터에 이르는 웅장한 석조 부조 형태로 조성된 이 벽에는 종교개혁의 정신을 압축하는 라틴어 문구 '어둠 후에 빛이 있으리라'(POST TENEBRAS LUX)와 예수 그리스도를 상징하는 'ΙΧΘΥΣ'가 새겨져 있다. 또한 벽면 한쪽에는 제네바 시의회가 공식적으로 종교개혁을 받아들였던 1536년 5월 21일이 기록되어 있는데, 이는 제네바가 로마 가톨릭교회에서 개혁교회로 전환한 역사적인 날이다.

유럽 각국의 다양한 신앙난민을 품었던 관용의 도시 제네바는 교육과 신학 훈련을 제공하여 그들이 자신의 조국으로 돌아가 복음의 소명을 감당할 수 있게 하였다. 그 대표적인 인물이 스코틀랜드의 존 녹스이다. 그가 얼마나 이 도시에 깊이 헌신했는지는 오늘날에도 곳곳에서 확인할 수 있다. 1556년부터 1559년까지 그가 이곳에서 설교했다는 기록이 남아 있는 칼뱅 강당은 지금도 '녹스 채플'Knox Chapel로 불리고 있다. 또한 '종교개혁의 벽'에는 기욤 파렐, 장 칼뱅, 테오도르 드 베즈와 함께 그의 모습이 부조로 새겨져 있다. 이들은 신앙난민으로서 종교개혁을 넘어 사회 전반에 걸친 변화를 이끌어내며 도시와 국가를 새롭게 한 개혁자들이었다.

'종교개혁의 벽' 중앙을 기준으로 왼쪽에는 세 인물이 서 있다. 첫 번째는 브란덴부르크 선제후 프리드리히 빌헬름Friedrich Wilhelm von Brandenburg, 1620-1688이다. 그는 1685년, 박해받는 프랑스 신앙난민 위그노들의 망명을 허용하

'종교개혁의 벽'은 바스티옹 공원을 사이에 두고 제네바 대학과 마주해 있다.

프리드리히 빌헬름   오라녜 공 빌럼 1세   가스파르 드 콜리니

로저 윌리엄스   올리버 크롬웰   이슈트반 보츠카이

기 위하여, 이른바 종교 관용칙령인 '포츠담 칙령'을 공포하였다. 그는 이미 1671년에 오스트리아 빈에서 추방된 유대인 50가정을 브란덴부르크로 받아들였던 칼뱅파 군주였다. 그의 관용정책에 힘입어 위그노들은 베를린 경제 부흥에 크게 기여하였으며, 오늘날 베를린에서 가장 오래된 공교육기관인 프랑스 김나지움도 위그노 신앙난민들이 세운 것이다. 두 번째 인물은 빌럼 1세 오라녜 공$^{Willem\ van\ Oranje}$으로, 네덜란드가 스페인으로부터 독립의 첫걸음을 내딛도록 이끈 지도자였다. 그의 활동은 네덜란드가 칼뱅주의 개혁교회의 중심지가 되는 데 밑거름이 되었다. 세 번째 인물은 프랑스 해군제독 가스파르 드 콜리니$^{Gaspard\ de\ Coligny}$이다. 그는 잔 달브레의 아들 앙리 4세가 프랑스 왕위에 오르는 데 중요한 공헌을 했으나, 가톨릭 세력에 의해 '성 바르톨로메오 축일 대학살' 당시 참혹하게 살해당하였다.

오른쪽 첫 번째 인물은 잉글랜드 청교도 목사 로저 윌리엄스$^{Roger\ Williams}$로 신대륙에서 활동한 목사였다. 종교의 자유와 교회와 국가의 분리를 주장한 그의 청교도 개혁사상은 미국 민주주의 발전에 기여했으며, 로드아일랜드 총독이 되어 종교적 박해를 받는 사람들을 받아들였다. 두 번째 올리버 크롬웰$^{Oliver\ Cromwell}$은 '청교도 혁명'으로 잉글랜드 군주제를 폐지하고 잉글랜드 의회를 이끌며 공화정을 탄생시켰다. 세 번째 이슈트반 보츠카이$^{Istvan\ Bocskai}$는 헝가리와 트란실바니아^{Transilvania} 군주로서 신성로마제국 황제에 맞서 싸웠으며, 가장 온건한 칼뱅주의로 헝가리 개혁교회 설립에 기여한 지도자였다.

한편, 바스티옹 공원 양끝에는 계절에 따라 나뭇가지에 가려 잘 보이지 않는 화강암 입석이 있다. 왼쪽 입석에는 리옹의 페트루스 발데스, 그리고 잉글랜드의 존 위클리프, 보헤미아의 얀 후스 이름이 새겨져 있다. 오른쪽 입석에는 울리히 츠빙글리와 마리 당티에르가 새겨져 있다.

마리 당티에르Marie Dentière, 1495-1561는 투르네(현 벨기에) 귀족 가문에서 태어나 아우구스티누스회 수도원에서 수녀생활을 하였다. 그러나 마르틴 루터의 개혁사상을 접하고 개혁주의로 전향하면서 로마 교회로부터 쫓겨났다. 그녀는 첫 번째 결혼을 통해 다섯 자녀를 두었으나, 남편과 사별하고 기욤 파렐의 제자 앙투안 프로망Antoine Froment과 재혼, 1532년 제네바에서 활동하였다. 장 칼뱅은 여성의 설교를 반대하지 않았지만 그녀가 선술집에서 설교를 하거나 길거리에서 설교하는 것에 대해서는 불쾌한 감정을 드러냈다고 알려진다. 하지만 그녀는 이에 굴하지 않고 남성중심의 교권에 의문을 제기하며, 종교개혁과 더불어 여성의 사회적 평등을 강조하였다. 마리 당티에르에 대한 자료는 박효근 저, 『여성, 종교개혁과 통하다』(서강대학교출판부)와 「제네바 여성종교개혁가 마리 당티에르의 개혁사상 연구」라는 장로신학대학원 신학석사 논문을 참고한 내용이다.

제네바 한가운데 자리하고 있는 바스티옹 공원 주변 구시가지에는 뇌브 광장Place de Neuve과 오페라 극장Grand Théâtre그리고 제네바 음악원, 시립미술관Rath Museum이 있다. 트램에서 내려 독립전쟁의 영웅 앙리 뒤푸르Henri Dufour 장군의 동상 앞 공원에 들어서면, 중앙을 곧게 가르는 산책로를 따라 프로테스탄트 신학부와 문학, 인문학부가 있는 제네바 대학Uni Bastions이 있다. 19세기 중반에 새로 지어진 대학건물은 안타깝게도 중앙Central wing을 비롯해 비계로 빙 둘러싸인 채 리노베이션 중이라 접근은 불가능했다.

전날에 이어 종교개혁의 벽을 둘러보고 나서니 어느덧 석양이었다. 공원은 서서히 고요해지고 있었지만 여전히 대형 체스에 몰두한 이들, 음악에 맞춰 춤추는 사람들, 잔디밭에 누워 오후를 만끽하는 이들이 있었다. 발그레한 석양빛이 그들을 감싸 안으며 길게 드리워질 때, 나는 문득 이 풍경 밖에 서 있는 나그네라는 사실을 실감했다.

잉글랜드 종교개혁

청교도

잉글랜드 종교개혁의 주요 사건

1. 수장령(Act of Supremacy, 1534)
교황의 권위를 부정하고 국왕에게 교회개혁 및 통제권을 부여.

2. 수도원 해체(1536-1541)
수도원, 수녀원 등을 해체하고 교회재산을 몰수, 왕실 재정을 강화.

3. 에드워드 6세의 개혁(1547-1553)
라틴어 미사 폐지, 영어 《공동기도서》(Book of Common Prayer) 사용.

4. 메리 1세의 가톨릭주의 복원(1553-1558)
약 300여 명의 개혁교도 처형.

5. 엘리자베스 1세의 중용 정치(1558-1603)
중도적인 주교제 잉글랜드 교회(Church of England) 확립

6. 청교도 혁명(잉글랜드 내전, 1642-1651)
전제정치와 주교제 등을 강요한 찰스 1세에 반발한 의회와 올리버 크롬웰이 찰스 1세를 처형하고 입헌군주제로 전환.

7. 명예혁명(1688-1689)
잉글랜드 의회는 윌리엄 3세(오라녜 공)와 메리 2세를 공동 국왕으로 추대하고 이듬해 권리장전(Bill of Rights)을 승인하였다. 잉글랜드 종교개혁은 신앙체계의 변화뿐 아니라 정치적 중앙집권화, 사회구조 변화, 민족 정체성을 형성하여, 이후 대영제국이 형성되는 데 중요한 기반이 되었다.

제3장 잉글랜드 종교개혁

14세기 잉글랜드에는 존 위클리프의 추종자 롤라드파가 박해 속에서도 생존해 있었다. 그중에서 윌리엄 틴데일$^{William\ Tyndale,\ 1494-1536}$은 라틴어를 읽을 수 없는 사람들에게 성경을 직접 읽을 수 있도록 하기 위해 비밀리에 헬라어 성경을 영어로 번역하였다. 이 성경은 롤라드파가 필사한 성경보다 더 저렴하게 판매되었기 때문에 빠르게 확산되면서 잉글랜드 종교개혁의 길을 차분히 닦고 있었다. 그러나 당시만 해도 잉글랜드의 일반인들에게 루터나 츠빙글리의 종교개혁사상은 큰 영향을 끼치지 않았다. 그럼에도 종교개혁자들의 팸플릿 등이 독일 북부와 무역을 하던 상인들에게 영향을 주어 데번^{Devon}과 콘월^{Cornwall} 지방의 항구에서는 종교개혁사상이 감지되고 있었다. 특히 대학 내에서는 이러한 팸플릿을 통해 마르틴 루터의 개혁사상이 퍼지고 있었다.

옥스퍼드 대학에 퍼진 종교개혁사상이 끼친 영향이 얼마나 중대했는가는 총장 와르함 대주교가 월시 추기경에게 이러한 실태를 보고한 것에서 알 수 있다. 이에 추기경은 케임브리지의 마켓힐과 런던의 세인트폴 대성당에서 종교개혁사상이 담긴 문서와 책들을 불태우도록 명령하고, 가톨릭 주교 존 피셔$^{John\ Fisher,\ 1469-1535}$가 유해한 개혁 교리들에 대하여 격렬하게 성토하는 동안, 자색옷을 입은 월시^{Wolsey} 추기경은 주교들과 수도원장들과 나란히 앉아서 불온한 이단 서적들이 불타는 광경을 지켜보았다.

헨리 8세는 진정 럭비공이었다. 그는 독일인 루터의 개혁사상을 싫어하였다. 아니 만인이 평등하다는 말이 싫었을 터이다. 이 변덕쟁이 잉글랜드 왕은 루터의 1520년 저술 『교회의 바벨론 포로』$^{On\ the\ Babylonian\ Captivity\ of\ the\ Church}$에 대응하여, 라틴어로 『칠성사의 변호』$^{Assertio\ septem\ sacramentorum}$를 저술해 교황에게 헌정하였다. 가톨릭 성례를 옹호한 토머스 모어나 존 피셔와 같은 학자들이 관여했을 것으로 짐작되는 이 저술 덕분에 헨리 8세는 1521년, 교황 레오 10세로부터 영예로운 '신앙의 수호자'Fidei Defensor라는 칭호를 받았다. 이때만 해도 헨리 8세는 프랑수아 1세에 못지않게 로마 가톨릭교회의 충실한 옹호자이자 신앙의 수호자였다.

1. 수장령(Act of Supremacy, 1534)

1520년대 중반, 케임브리지의 한 모퉁이 이름 없는 사람들이 드나들던 화이트호스 여관(白馬旅館), '작은 루터의 집'Little Germany이라 부른 이곳에서 젊은 학자들과 성직자들이 모여 루터의 저작을 돌려 읽고 토론을 했다. 그들은 바로 잉글랜드 최초 순교자 토머스 빌니Thomas Bilney, c. 1495–1531, 존 프리스John Frith, 1503–1533, 로버트 반스Robert Barnes, 1495–1540, 휴 라티머Hugh Latimer, c. 1485–1555와 니콜라스 리들리Nicholas Ridley, c. 1500–1555와 같은 사람들이었다. 이 모임은 단순한 학문적 지향이나 호기심으로 끝나는 것이 아니라 잉글랜드 종교개혁의 불씨가 되었다. 그러나 잉글랜드에서 로마 교회의 권위를 거부하고 개혁신앙을 가진 이들은 헨리 8세의 손에 죽거나, 그의 악명 높은 딸 메리 튜더의 손에 죽거나 할 운명이었다. 훗날 청교도 역사가 존 폭스John Foxe는 『**순교자열전**』Foxe's Book of Martyrs에 그들의 순교를 생생하게 기록하였다.

헨리 8세가 1527년부터 자신의 첫 번째 왕비 캐서린과의 혼인 무효를 받아내기 위해 추기경 토머스 울지를 교황 클레멘스 7세에게 보냈으나 교황은 카를 5세의 눈치를 보며 추인하지 않았다. 이에 헨리 8세는 울지 추기경을 파면시키고 대신 토머스 모어Thomas More를 임명하였다(1529). 한편, 1529년 네덜란드 앤트워프에 망명 중이던 사이먼 피시Simon Fish가 잉글랜드로 들여온 「거지들의 청원」A Supplication for the Beggars과 같은 반성직주의적인 팸플

릿이 사람들에게 읽혀지고 있었고, 옥스퍼드 대학 신학부에도 개혁사상이 확산되고 있는 가운데, 대법관에 오른 토머스 모어는 개혁교도들을 발견하는 즉시 처벌하는 데 열심이었다. 하지만 국왕의 이혼문제에 있어서 중립을 지키고 침묵했던 그가 로마 교황권을 부정하는 헨리 8세와 충돌하면서 결국 1532년 대법관직에서 물러났다.

다방면으로 열정이 과했던 헨리 8세는 하늘 아래 모든 기준을 자신에게 둔, 종교개혁과는 거리가 먼 인물이었다. 임신한 앤 불린$^{Anne\ Boleyn}$과 결혼하기 위해 안달이 난 그는 비밀리에 결혼을 감행하고(1533) 1534년 수장령을 선포하였다. 아울러 '수장령 서약'$^{Oath\ of\ Supremacy}$에 서명을 거부한 죄목으로 수감되었던 『유토피아』의 저자 토머스 모어와 같은 충직한 신하, 교황주의자들을 가차없이 참수하였다(1535). 곧이어 1536년부터 1541년에 걸쳐 잉글랜드·웨일스·아일랜드의 모든 로마 가톨릭 수도원, 수녀원, 수도회를 해산시키고 건물과 유물들을 파괴하였다. 이와 같이 헨리 8세가 군주-교황의 길을 닦을 때는 로마 교회의 원수가 되기도 하였다.

헨리 8세가 사랑했던 세 번째 왕비 제인 시모어$^{Jane\ Seymour}$가 낳은 에드워드 6세$^{Edward\ VI,\ 1537-1553}$의 짧은 통치 기간에 토머스 크랜머$^{Thomas\ Cranmer}$와 같은 장로정치 이론을 가진 개혁자들에 의해 잉글랜드 종교개혁은 진일보하고 있었다. 마르틴 루터의 영향을 받은 크랜머는 1549년 《공동기도서》$^{Book\ of\ Common\ Prayer}$를 영어로 작성하여 라틴어 미사책을 대신하게 함으로써 그의 《공동기도서》는 잉글랜드 교회의 예배 지침서로 사용되었다. 그러나 신앙심이 남달랐던 에드워드 6세가 1553년 7월 6일, 열여섯 살의 나이로 세상을 떠났다. 바로 이때 와신상담하고 있던 메리 튜더와 가톨릭 세력이 득달같이 일어나, 불운한 여왕 제인 그레이를 단 9일 만에 끌어내리고 잉글랜드 왕좌에 올라 피바람을 예고하였다.

2. 메리 튜더 vs 엘리자베스 튜더

잉글랜드 종교개혁을 위한 여정에는 끊임없이 장애물이 나타나 개혁을 바라는 이들의 인내심을 시험했다. 아! 그들이 원치 않는 또 다른 장애물이 나타났다. 헨리 8세의 큰딸 메리 튜더Mary Tudor였다. 가톨릭 세력에 힘입어 여왕으로 즉위한(1553) 그녀는 재가톨릭화의 광풍을 일으켰다. 헨리 8세가 메리를 사생아로 선포하고 공주로서의 지위와 왕위 계승권을 박탈한 20여 년의 세월, 모친 캐서린이 겪은 수모까지 갚아주려는 듯, 잉글랜드와 스페인 가톨릭 세력의 동맹을 강화하기 위해 자신보다 열한 살이나 어린 5촌 펠리페 2세와 결혼하고 개혁교도들을 죽이는 일에도 열심이었다. 가톨릭 맹주 에스파냐의 왕비이자 잉글랜드 여왕이 된 그녀의 손에서 5년 동안 순교한 사람은 무려 300여 명이나 되었다.

그 대표적인 인물로는 런던 주교 니콜라스 리들리Nicholas Ridley와 우스터 주교 휴 래티머Hugh Latimer가 있다. 1555년 10월 16일, 옥스퍼드 밸리올 칼리지Bailiol College 맞은편 공터에 끌려온 래티머는 자신들을 화형시킬 장작더미를 물끄러미 바라보며 말했다. "용기를 내게, 리들리. 남자답게 행동하세. 오늘 우리는 하나님의 은혜로 잉글랜드에 결코 꺼지지 않을 촛불을 밝히게 될 걸세." 래티머와 리들리에 이어, 1556년 3월 21일, 화형을 당한 토머스 크랜머는 한때 변심했다가 개혁신앙을 고백했는데, 신앙철회 각서를 썼던 자신의 오른손을 타오르는 불 속에 먼저 집어넣었다고 전해진다.

약 5년간의 통치 기간(1553. 7–1558. 11) 내내 개혁교도를 박해한 잉글랜드 최초 여왕 메리 1세Mary I, 1516–1558도 죽음 앞에서는 별 수 없었다. 제아무리 한 나라의 군주라 할지라도 창세기의 증언 대로 결국 "~ 해를 살다가 죽다"로 생을 마쳤다. 인간의 삶은 어떻게 살 것인가를 고민하고 그것을 실행할 수 있는 기회가 주어진 것일 뿐, 마음대로 살아도 되는 시간이 아니다.

또 다른 헨리 8세의 딸, 엘리자베스 튜더$^{\text{Elizabeth I, 1533-1603}}$는 여왕으로 즉위한 후(1558) 로마 가톨릭교회의 옷을 벗어 버리고, 주교제 잉글랜드 국가교회 체제를 확고하게 정착시킨 인물이다. 이복언니 메리 1세 못지않게 험난한 시절을 견뎌낸 헨리 8세의 영민한 딸, 엘리자베스 튜더는 그 아버지의 딸답게 로마 교황청의 권위로부터 벗어나 독자적인 길을 걸었다. 그렇다고 해서 개혁된 교회를 택한 것도 아니었다. 메리 1세의 전철(前轍)을 밟지 않기 위해 그녀는 철저하게 중용의 길을 택하였다. 간통죄로 처형당한 앤 불린의 딸로 살아남은 그녀만의 생존전략이 바로 '중용'이었던 것이다.

1559년, 엘리자베스 1세는 '통일령'$^{\text{Act of Uniformity}}$을 제정하여 메리 1세가 복원했던 가톨릭 체제를 공식적으로 폐지하고, 주교제 잉글랜드 교회를 국가교회로 재정립하기 위해 에드워드 6세 시절의 《공동기도서》(1552)를 수정하여 1559년판 《공동기도서》를 만들었다. 그녀는 루터나 칼뱅처럼 급진적 교회개혁을 원하지 않았다. 그 대신 예배 형식과 의식의 아름다움을 유지하면서도 교황의 권위를 철저히 부정하고 자신을 교회의 최고 통치자$^{\text{Supreme Governor}}$로 세웠다. 교리와 신학의 면에서는 종교개혁의 노선을 따르는 체제를 확립하였다. 이른바 '엘리자베스 정착'$^{\text{Elizabethan Settlement}}$이라 불리는 이 정책으로 잉글랜드 교회는 예배 형식과 성직자의 예복 등 가톨릭적 요소를 상당 부분 유지하였다. 이것은 가톨릭 전통과 개혁된 교회의 교리를 절충한 중도적 종교개혁이었다.

3. 청교도

프랑스에 위그노가 있었다면, 잉글랜드에는 청교도^{Puritan}가 있었다. 튜더 왕조의$^{\text{Tudor Dynasty}}$ 엘리자베스 1세가 여왕이 된 직후, 청교도라고 불리는 사람들이 나타났다. 가톨릭교도들의 대척점에는 엄숙주의자들이 있었다.

그들은 자신들을 상대방보다 더 정결하다고 여기는 사람들이었다. 그것만이 아니었다. 이들 가운데는 의견을 달리하며 구원에 대하여 다른 입장을 가진 사람들이 한데 어우러져 있었다. 셰익스피어 이후 가장 위대한 영문학 고전작가 중 한 사람으로 평가받는 존 밀턴John Milton은 확고한 청교도였지만, 삼위일체 하나님을 고백할 수 없는 사람이었다. 그는 생전에 발표하지 않았던 『기독교 교리 체계』De Doctrina Christiana에서 성부 하나님만을 절대적 유일신으로 인정하였다. 그렇다면 삼위일체 하나님을 믿는 청교도들은 누구인가? 독립파 청교도 크롬웰 정부에서 일한 존 밀턴은 청교도들을 가리켜 '종교개혁을 다시 개혁한 사람들'이라 했고, 마틴 로이드 존스Martyn Lioyd Jones는 웨스트민스터 청교도 연구회 강연에서 청교도주의의 본질은 '정신'과 '태도'Attitude라고 말한 바 있다(1971). 이처럼 청교도들은 자신들만이 정결한 사람이라고 생각하지 않았지만, 교회 안의 부패와 혼합된 요소들을 정결하게 만들고 싶어서 안달이 난 사람들이었다. 그들은 교회개혁의 구체적 방법에 있어서는 견해가 달랐지만 〈교회는 개혁되었으므로 항상 개혁되어야 한다〉고 생각하는 무리들이었다.

흔히 '청교도'라 하면 근엄한 얼굴, 칠흑같이 검은 옷, 숨조차 무겁게 내쉴 듯한 분위기를 떠올리지만 이것은 편견에 가까운 이미지이다. 그들은 실제로 주일을 제외한 날에는 형편에 따라 밝은 색의 옷을 즐겨 입었다. 그들은 세상과 담쌓은 사람들이 아니라 삶에서 신앙을 실천한 사람들이었다. 그들의 삶은 밝고 단정했으며, 결코 고집스럽거나 음울하지 않았다. 물론 이는 청교도로 불린 사람들 속에도 신학적 입장과 실천적 다양성이 존재한다는 것을 전제로 할 때의 이야기다. 그럼에도 불구하고 분명한 사실은 그들에게 성경보다 더 중요한 것은 이 세상에 존재하지 않았다는 점이다.

청교도들은 16세기 종교개혁의 유산을 계승하여 국가교회 안에서 더 철저한 개혁과 신앙의 순결을 추구한 공동체였다. 그들은 마르틴 루터보다 장 칼뱅의 개혁사상에 더 깊이 공감했는데, 이는 대륙에서 박해를 피해 잉글랜드로 망명한 개혁파 신학자들과 교회 지도자들이 칼뱅의 종교개혁사상을 전파한 영향이 컸기 때문이다. 실례로 크랜머의 초청으로 케임브리지 대학교수가 된 마르틴 부처와 헬라어 교수 파기우스$^{Paul\ Fagius}$가 있다. 그리고 피터 마터 버미글리$^{Peter\ Martyr\ Vermigli,\ 1499-1562}$는 옥스퍼드 대학의 교수로서 활약했다. 이와 같이 청교도는 유럽 종교개혁자들과의 교류 속에서 형성된 것으로서 칼뱅주의의 중요한 교리들을 계승하였다.

「엘리자베스 1세와 스페인 무적함대」, 조지 고워. 1588년, 스페인령 네덜란드에서 잉글랜드에 패한 에스파냐는 해상권을 서서히 잃은 반면에 잉글랜드는 에스파냐의 무적함대를 상대로 승리함으로써 패권국가로 발돋움하게 된다. 50대 후반의 여왕의 진주는 성모 마리아와 연관되고, 지구본의 신대륙 버지니아에 손가락이 정확히 짚고 있으며, 제국을 상징하는 황실 왕관이 있다. 이 초상화는 다양한 버전이 있다.

구원론에 있어서 청교도의 주류는 종교개혁자들의 핵심교리인 '오직 믿음'Sola Fide, '오직 은혜'Sola Gratia, '오직 성경'Sola Scriptura에 동의하는 열정적인 칼뱅주의자들이었다. 잉글랜드의 청교도들은 루터와 츠빙글리의 개혁을 이어받아 종교개혁을 한 단계 더 발전시킨 2세대 개혁자들, 곧 장 칼뱅, 테오도르 드 베즈, 하인리히 불링거, 마르틴 부처 등과 연대되어 있었다.

　1540년대 이래로 잉글랜드 교회를 철저히 개혁하고자 했던 초기 청교도들은 로마 가톨릭 전례liturgy와 성직제도(聖職制度)를 단호히 거부하고 기독론과 성례론에 있어서 전적으로 칼뱅의 개혁사상을 따랐다. 이에 반해 루터파에 대해서는 비성경적인 전통과 가톨릭 전례 요소들이 여전히 남아 있는 것으로 판단했기 때문에 청교도들에게 있어 루터파의 영향력은 극히 제한적이었다. 이와 같은 특징은 존 오웬의 방대한 저술에서 찾아볼 수 있다. 그의 저술이 마르틴 루터의 저서 인용보다, 거의 대부분 장 칼뱅의 저서를 인용한 것에서 나타난다.

　한편, 잉글랜드 교회 주교들은 잉글랜드 교회의 규칙과 성직복을 거부한 사람들을 일컬어 불경건한 자들, 곧 '퓨리탄'Puritans이라는 경멸적인 용어로 응수했다. 하지만 청교도(淸敎徒)들은 누구보다 성경과 사도적 가르침을 따라 개혁된 교회와 경건을 추구하는 사람들이었다. 그들은 매일 아침과 저녁으로 가정예배를 드리고, 설교 훈련과 토론하는 모임을 갖는 사람들이었다. 청교도의 개혁신앙은 점차 다양한 교리에 대해서 체계적인 해석을 할 수 있을 정도로 발전했으며, 마침내 《웨스트민스터 신앙고백서》를 산출(産出)하기에 이른다.

4. 잉글랜드 장로정치

　1570년, 케임브리지 대학 신학교수로 갓 임명되어 온 토머스 카트라이트Lady Margaret Professor of Divinity at Cambridge는 군주제를 반대하지 않으면서 장로정치를 주장하는 강연을 이어 갔다. 그는 초대교회가 복수의 장로들을 선출하고 장로와 감독의 구분은 교회가 발전하는 과정에서 채택된 결과였다는 사실을 사도행전을 통해 밝히며 장로제의 정당성을 강조하였다. 그러나 부총장 존 위트기프트John Whitgift는 주교제 폐지를 주장한 토머스 카트라이트를 반대하였다. 이러한 상황에서 카트라이트는 장로제의 독립성을 확보하고자 분투하였으나 결코 순탄치 않은 고난이 들이닥쳤다. 그 고난은 교수직을 박탈당하는 것이었다. 그럼에도 불구하고 잉글랜드에는 그의 뒤를 따른 장로회주의자들Presbyterians이 있었다. 토머스 윌콕스Thomas Wilcox, c. 1549?-1608와 존 필드John Field, 1545-1588와 같은 장로회주의자들이 잉글랜드 교회 내부에 있었던 것이다.

1575년 7월 25일, 에드먼드 그린달Edmund Grindal, c. 1519-1583 캔터베리 대주교가 새로 부임했다. 엘리자베스 1세는 비록 중도를 표방했지만 주교제인 잉글랜드 교회로의 일치를 원했기 때문에 별도의 모임을 달가워하지 않았다. 이듬해 여왕은 그린달에게 불법인 '설교 훈련모임'Prophesying1를 중단시키라고 명령하였다. 어쩌나, 에드먼드 그린달은 뼛속까지 프로테스탄트였다. 그는 여왕에게 '설교 훈련 모임'을 옹호하는 장문의 편지를 보냈다. 그 결과 왕권에 대한 불복종의 죄로 그의 직무가 정지되고 대주교 부속 관저인 크로이든Croydon 궁에서 그는 세상을 떠날 때까지 가택연금이라는 대가를 톡톡히 치렀다.

---

1 1520년 여름 이후 울리히 츠빙글리는 동역자들과 함께 연속강해 설교 외에도 사적인 성경공부를 했는데, 고린도전서 14장에서 유래한 프로페짜이(Prophezei)를 통해 성경을 연구하였다. 제네바 역시 취리히와 유사한. 그러나 목사와 성도가 함께 성경지식을 익히는 금요 성경연구회인 콩그레가씨옹(Congrégations)을 이어 갔다. 잉글랜드에도 위의 두 모임과 동일한 청교도의 설교 훈련모임'(Prophesying)는 고린도전서 14장 29절을 근거 구절로 삼았다.

청교도 안에는 비분리파와 분리파가 있었다. 그들 중 대다수 청교도들인 비분리파non-separatist Puritans는 '설령 교회가 타락했더라도 교회의 표지가 남아 있다면, 교회를 분리하지 않고 내부에서 개혁해야 한다'고 주장한 반면, 급진적인 분리주의자로 구분되는 분리파Separatists는 잉글랜드 교회《공동기도서》Book of Common Prayer를 반대하고 결혼식을 가장해 비공식적인 분리 교회를 조직하였다. 곧 교회라는 무대를 박차고 나와 자신들만의 소극장을 차린 것이었다. 그러나 이들은 곧 당국에 발각되어 주동자들은 투옥되었고 강제 해산되었다.

비분리파 청교도 중에서 칼뱅의 개혁사상을 잘 실행한 인물이 윌리엄 퍼킨스William Perkins, 1558-1602이다. '청교도의 아버지'로 불리는 그는 케임브리지 대학 안에 있는 세인트앤드루스 교회 설교자로, 『설교의 기술』The Arte of Prophesying 과 『황금사슬』A Golden Chain 을 통해 잉글랜드 청교도 운동의 신학적 토대를 닦았다. 그의 사상은 경건주의와 존 웨슬리에게도 깊은 영향을 끼쳤다.

16세기 종교개혁이 진행되면서 교황 권이 점차 약화되자, 잉글랜드와 프랑스의 군주들은 제한없는 절대권력을 정당화하기 위해 '왕권신수설'Divine Right of Kings을 주장하고, 교회에 대해서까지 '국왕은 자국 교회에 관하여 최종 권위를 가진다'는 국왕수위권'Royal Supremacy을 주장하였다. 헨리 8세를 비롯한 엘리자베스 1세, 제임스 1세, 그리고 찰스 1세와 같은 절대군주들이었다. 이러한 국왕의 교회 통치권에 반발한 사람들이 있었다. 바로 블러드 메리의 박해를 피해 유럽 대륙으로 망명했던 존 포넷John Ponet, 1516-1556, 크리스토퍼 굿맨Christoper Goodman 존 녹스와 같은 개혁자들이었다.

한편, 엘리자베스 1세는 왕권에 방해가 되는 교황제는 거부했으나 교황제가 주는 권력과 교회의 외적 권위에 대한 유혹은 차마 떨치지 못했던

지, 자신의 예배당Chapel Royal을 로마 가톨릭교회와 매우 흡사하게 꾸몄던 비혼의 엘리자베스 1세가 잉글랜드 교회의 뿌리는 깊게 내려놓고 세상을 떠났다. 이로써 튜더 왕조의 시대가 끝났다. 아이러니하게도 엘리자베스의 계승자는 그녀가 참수시킨 메리 스튜어트의 아들 제임스 6세였다. 그녀의 아들이 잉글랜드와 스코틀랜드를 다스리는 군주가 되어 스튜어트 왕조의 시대를 연 것이다. 운명의 장난이 아닐 수 없었다. 그러나 그는 잉글랜드와 스코틀랜드의 개혁교도들에게는 결코 달가운 통치자가 아니었다. 이 군주에게는 스승 조지 뷰캐넌의 개혁적인 가르침보다, 프랑스 기즈 가문의 혈통 메리의 유전자가 더 크게 작용했기 때문이다.

스코틀랜드 출신의 군주에 대하여 나름 기대를 가진 잉글랜드 청교도들은 제임스 1세에게 '천인의 청원'Millenary Petition을 제출하였다(1603). 이듬해 햄튼 코트 회의Hampton Court Conference에서 이 청원이 논의되었으나 결국 제임스는 엘리자베스 1세의 종교정책을 그대로 고수하기로 결정하였다. 청교도들은 뜻밖의 결과에 실망하였다. 그나마 청교도 대표 존 레이놀즈John Rainolds가 건의한 새로운 번역 성경의 필요성을 제임스 1세가 받아들여 1611년에 『킹제임스 성경』King James Version, KJV이 세상에 나왔다. 그러나 그 내용은 엘리자베스 시대 공예배에서 사용되던 『주교 성경』Bishops' Bible, 1568과 크게 다르지 않았다. 이에 청교도들은 왕정주의자들이 싫어하는, 곧 왕권과 교황권을 비판한 칼뱅주의 주석이 달린 『제네바 성경』Geneva Bible, 1560을 사용하였다.

1617년 제임스 국왕은 랭커셔Lancashire를 방문한 이후, 주일에도 스포츠와 오락을 허용하는 '왕의 선언'The Book of Sports을 공표하였다. 이는 주일성수를 강조하며 상업 행위, 오락, 스포츠 활동을 모두 금해야 한다고 주장한 청교도들의 신학적 이상과 충돌하였다. 엘리자베스 1세를 도와 스페인 무적함대를 무찌르는데 누구보다 앞장섰던 충성된 백성 청교도들은 이제 적당히 타협하고 살거나, 잉글랜드를 떠나거나, 둘 중 하나를 선택해야 하는 현실에 직면하였다. 이 같은 상황에서 조금 더 엄격한 소수의 청교도들이 조국을 떠나 네덜란드에 정착하고, 또 일부는 1620년에 잉글랜드 플리머스Plymouth 항구에서 신대륙으로 가는 메이플라워호에 몸을 싣고 조국에 눈물 젖은 굿바이 키스를 하며 대서양을 건넜다.

제임스 1세는 잉글랜드 의회의 특권과 관행을 무시하고 사사건건 의회와 대립하며 긴장된 관계를 이어 갔다. 그는 자신의 모친 메리 스튜어트만큼이나 콧대가 높은 왕권신수설에 합당한 군주였다. 그나마 자신의 백성인 위그노들을 학살한 프랑스 왕들보다 훨씬 덜 포악했던 제임스 1세는 잉글랜드와 스코틀랜드에서 정치적으로는 정무감각이 있고 나름 괜찮은 왕이었다. 그러나 종교문제에 있어서는 가톨릭교도들과 청교도들을 억압하고 잉글랜드 교회의 주교제를 강요하였다. 제임스 1세도 여느 군주들처럼 바람 잘 날 없는, 바람을 일으키는 군주였다.

25세에 왕위를 물려받은 찰스 1세는 자신의 부친보다 무엇이든 한발 더 나갔다. 좋지 않은 선택에서 말이다. 그는 부친과 달리 정치적 수완은 부족하고 더 종교적이어서 친가톨릭적인 방향으로 돌진하였다. 다만 그가 부친 제임스 1세와 닮은 점이 있다면, 그 역시 왕권신수설 신봉자였다는 것이다. 튜더 가문에 이어 제임스 1세와 찰스 1세로 이어지는 스튜어트 가문에서 왕권신수설은 더욱더 강화되었다. 1629년, 찰스 1세는 자신의 뜻을 거스르는 의회를 일방적으로 해산해 버리고는 무려 11년 동안 의회를 열지 않고 나라를 다스렸다. 이 '전제 통치기'Charles I's Personal Rule 동안 그는 청교도들과 첨예하게 대립하며 개혁에 적대적인 윌리엄 로드William Laud를 캔터베리 대주교에 앉히고 그와 함께 반개혁 정책을 고집스럽게 밀어붙였다. 청교도들과 국왕의 대립은 점점 더 깊어졌다. 그러나 스코틀랜드와의 주교 전쟁이 발발하면서 상황은 달라졌다. 군비가 필요해진 국왕은 1640년 4월, 마지못해 의회를 소집했다. 하지만 이 '단기의회'Short Parliament는 의회가 군비를 거부하자, 불만에 차 있던 찰스는 불과 3주 만에 해산을 시켜버렸다. 그는 자신에게 필요한 순간에만 의회를 불러내는 폭군의 길을 걷고 있었다. 그러나 그해 11월, 스코틀랜드와의 2차 주교 전쟁에서 국왕이 패배하자 상황은 뒤집혔다. 언약도(言約徒)들과의 평화 협상을 위해 그는 다시 의회를 열지 않을 수 없었다. 바로 이때 열린 의회가 훗날 왕정복고(1660)까지 존속하게 되는 역사적인 '장기의회'Long Parliament였다.

한편, 찰스 1세는 윌리엄 로드의 조언에 따라 만든 1637년판 스코틀랜드 《공동기도서》The Scottish Book of Common Prayer, 1637를 강제 도입하기로 하였다. 이것

「찰스 1세의 삼중 초상」 앤서니 반 다이크(Anthony van Dyck, 1635-1636), 영국 왕실 컬렉션. 찰스 1세의 처진 눈과 밝지 않은 표정을 통해서 바로크 시대의 최고 화가 반다이크는 우유부단했던 국왕의 통치력의 어떠함을 잘 보여 주었다. 찰스 1세는 영국 역사에서 백성에게 처형된 유일무이한 왕으로 기록되었다.

은 가톨릭 전례를 연상시키는 잉글랜드 고교회파High Church Anglicanism의 색채가 짙은 것이었다. 1637년 7월 23일 주일, 찰스 1세의 명령에 따라 에든버러의 세인트자일스 교회에서는 글래스고와 세인트앤드루스의 주교들이 참석한 가운데, 에든버러 교구장 제임스 해나James Hannay가 떨리는 목소리로 새 기도서를 낭독하기 시작하자, 웅성거림이 일었다. 바로 그때, 한 사람이 벌떡 일어나 자신이 앉았던 의자를 교구장의 머리를 향해 내던지며, 미사를 거부하였다. 사람들이 성경과 의자를 집어던지면서 순식간에 아수라장이 되었다. 이 소란은 에든버러 전역으로 번졌고, 곧 스코틀랜드 전역이 들끓었다. 지근거리에 있는 그레이프라이어스Greyfriars 교회에서도 동일한 소동이 벌어져 예배가 중단되기에 이르렀다. '세인트자일스의 폭동'이라 불린 이 사건은 알렉산더 핸더슨Alexander Henderson, 1583-1646, 데이비드 딕슨David Dickson,

스코틀랜드 에든버러 그레이프라이어스 교회 입구. 조지 뷰캐넌, 알렉산더 핸더슨이 잠들어 있고, 언약도들을 가뒀던 지붕없는 감옥이 있는 커크야드(교회 묘지)에서 인기 명소는 주인 비석 옆의 보비 동상과 빅토리아 스트리트쪽 출입문으로 올라오면서 보면 커크야드 왼쪽으로 해리포터 순례자(?)들이 보물찾기하듯 찾는 토머스 리들리 석판과 윌리엄 맥고나걸 교수의 작은 석판이 담벼락에 있다. 주일 예배에 함께한 장면(우).

앤드류 켄트Andrew Cant와 같은 독실하고 헌신적인 장로회주의자들의 주도 아래 일어났다. 폭동으로 비화한 《공동기도서》 도입은 보류되고 주일 예배는 설교만 진행되었다. 스코틀랜드 상황에 대하여 추밀원의 보고를 받은 찰스 1세는 눈 하나 꿈쩍하지 않고 냉소적으로 말하였다.

"받아들일 때까지 그대로 밀어 붙이시오!"

찰스 1세가 한 발도 물러설 기미가 없다는 트라퀘어 백작 존 스튜어트의 말을 들은 장로회주의 지도자들은 머리를 맞댔다. 이대로는 스코틀랜드 교회가 잉글랜드에 예속될 것이 분명했다. 그들은 결단을 내렸다. 에든버러에서 가장 명망 있는 변호사 아키발드 존스턴Archibald Johnston of Wariston이 목사 알렉산더 헨더슨과 함께 밤을 새워 역사적 문서의 초안을 작성했다. 1638년 2월 28일, 에든버러의 그레이프라이어스 교회에 수만 명의 스코틀랜드인들이 모여들었다. 차가운 겨울 공기 속에서 존스턴은 양피지에 쓰인 '국민 언약'National Covenant을 높이 들어 올렸다. 그는 천천히, 또렷하게 모든 단어를 낭독했다. 이 언약은 왕에 대한 충성을 맹세하면서도 스코틀랜드 의회와 총회가 왕의 간섭 없이 자유로워야 하며, 주교제를 폐지해야 한다고 선언하였다. 이에 귀족들이 먼저 서명하고 성직자들이 뒤를 이었으며, 평민들이 줄을 이었다. 평평한 묘비 위에 언약서를 펼쳐놓고 서명이 이어졌고, 밤 8시가 되어서야 끝이 났다. 많은 이들의 눈에는 눈물이 맺혀 있었다. 그들은 앞으로 닥칠 고난을 알고 있었다. 사본은 스코틀랜드 전역으로 퍼져나갔고, 수만 명이 서명했다. 이제 찰스 1세와 스코틀랜드 언약도들 사이의 전쟁은 피할 수 없게 되었다. 역사의 수레바퀴는 주교 전쟁, 내전, 그리고 왕의 처형을 향해 돌이킬 수 없이 굴러가기 시작하였다.

국민 언약 그리고 언약도

알렉산더 핸더슨과 아키발드 존스턴에 의해 초안이 작성된 '국민 언약'을 통해 서명자들은 후대에 '언약도'Covenanters라 불리게 되었다. 1638년 5월 말까지 서부 하이랜드, 애버딘셔, 밴프만이 저항했을 뿐, 이 언약도 운동은 스코틀랜드 전역에서 수만 명이 서명했다.

그해 11월 21일, 글래스고 대성당에서 스코틀랜드 교회 총회General Assembly가 열렸다. 이것은 무려 20년 만에 처음 소집된 총회였다. 갤러리는 시끄러운 군중으로 가득 찼고 긴장감으로 들끓었다. 약 240명의 총대가 모인 가운데 놀랍게도 많은 평신도 언약도들이 무장한 채 참석하였다. 주교들은 한 명도 나타나지 않았다. 총회는 《공동기도서》와 '퍼스 5개 조항'[2]을 폐기하고, 만장일치로 알렉산더 헨더슨을 총회장Moderator으로 선출하였다.

이에 찰스 1세는 분통을 터뜨렸으나 언약도들은 이미 "사람들을 폭정으로 이끄는 군주에게 무력으로 저항하는 것이 정당하다"는 것을 알고 있는 사람들이었다. 이러한 저항권 사상은 이미 테오도르 드 베즈와 프랑스 필리프 뒤플레시 모르네Philippe Du Plessis Mornay와 같은 저자들에 의해 확인된 바 있었다. 특히 뒤플레시 모르네가 집필한 것으로 알려진 『폭군에 맞선 방어』Vindiciae contra Tyrannos, 1579는 스코틀랜드에도 널리 알려져 있었다. 이 책은 〈독재자에 대항함〉, 〈폭군토벌론〉, 〈폭군에 대한 권리 주장〉과 같은 다양한 제목으로 번역되어 있다.

앞에서 언급했듯이, 스코틀랜드를 상대로 벌인 제1차 주교 전쟁에서 실패한 찰스 1세가 1640년 4월, 이른바 '단기의회'라 불리는 의회를 소집했다. 청교도 성향이 강했던 잉글랜드 의회는 국왕이 요청한 자금 지원을

---

2 퍼스 5개 조항: 1618년 제임스 1세에 의해 법령이 된 5개조 곧 성찬시 무릎꿇기, 개인 성찬의 수행, 비공식 세례 시행 가능, 견진성사, 부활절, 성탄절을 준수.

거부하였다. 찰스 1세는 군사자금 지원을 거부당하자 의회 소집 3주 만에 의회를 해산하고 다시 전쟁 준비에 돌입하였다. 이번에는 스코틀랜드 언약도들을 이끈 아가일 백작과 지도자들이 선제공격에 나섰다. 그해 한여름, 국왕군과 맞붙은 뉴번Newburn에서 크게 승리를 거둔 언약도들은 전쟁 종결을 위해 국왕에게 의회를 소집하라고 요구하였다. 두 차례 전쟁에서 패배를 겪은 이상 더 고집을 부릴 수 없었던 찰스 1세는 언약도들의 요구를 받아들여 '장기의회'Long Parliament를 소집하였다.

스코틀랜드 평화협상단은 그해 11월 10일, 런던에 도착하여 시민들의 열렬한 환호를 받으며 의회에 참석하였다. 스코틀랜드 평화협상단에는 로버트 베일리Robert Baillie, 1602-1662, 로버트 블레어Robert Blair, 1593-1666, 조지 길레스피George Gillespie, 1613-1648, 목사 등이 참여하였다. 스코틀랜드 평화협상단은 알렉산더 핸더슨이 작성한 〈종교와 교회조직 일치에 대한 우리들의 요구〉라는 문서를 잉글랜드 의회에 제출하였다. 스코틀랜드 장로회주의자들이 원하는 잉글랜드 교회조직은 장로정치 체제였다. 문서의 내용을 확인한 잉글랜드 의회 안에서도 의견이 분분하여 결론을 내지 못하였다. 시간을 두고 꼼꼼하게 논의를 하겠노라는 잉글랜드 의회의 긍정적인 답변을 신뢰하고 평화협상단은 스코틀랜드로 귀환하였다. 잉글랜드의 우호적이고 긍정적인 답변을 내심 기다리고 있던 스코틀랜드의 언약도들에게 마른 하늘에 날벼락같은 소식이 날아들었다. 내전이라고! 잉글랜드에서 내전이라니!

5. 청교도 혁명

1640년 12월 11일, 의회가 열리기가 무섭게 잉글랜드 교회의 근본적 개혁을 촉구하는 '뿌리와 가지 청원'Root and Branch Petition이 제출되었다. 이어 이듬해 12월 청교도들은 윌리엄 로드의 투옥을 강력히 요구하는 '항의서'Grand

Remonstrance를 찰스 1세에게 보냈다. 뜻밖에 스코틀랜드 언약도들이 예상하지 못한 일이 잉글랜드에서 벌어지고 있었다. 1642년 8월 국왕 중심의 왕당파와 청교도 중심의 의회파가 충돌하면서 내전이 시작된 것이다.

1643년 9월 25일, 이러한 격동기에도 잉글랜드 청교도와 스코틀랜드 언약도는 장로정치 확립과 종교개혁을 공동 목표로 하여 '엄숙동맹과 언약'Solemn League and Covenant을 체결하였고, 1645년 1월 주교제 《공동기도서》Book of Common Prayer를 불법화하고, 대신 《공공예배모범》The Directory for the Public Worship of God을 채택하였다.

비슷한 시기에 런던 타워햄릿구Tower Hamlets의 런던탑Tower of London에 수감되어 있던 윌리엄 로드가 과거 존 피셔와 토머스 모어 등 고위 가톨릭 인사들이 반역죄로 처형되었던 타워힐에서 참수형으로 생을 마감하였다(1645.1.25). 그는 청교도들의 코와 귀를 자르며 위세를 떨치던 캔터베리 대주교였다. 그러나 생의 끝에서 신기루 같은 권력의 허상을 보았으리라!

주교제 중심의 잉글랜드 교회로 전향되길 바랐던 찰스 1세의 강압적인 종교정책에 맞서, 청교도들은 올리버 크롬웰이 이끄는 의회파와 연합하여 내전, 곧 '청교도 혁명'Puritan Revolution을 일으켰다. 그 결과 군주제가 폐지되고(1649) 공화정이 수립되었다. 이와 같은 '청교도 혁명'은 왕당파와 의회파의 내전이 시작된 1642년부터 찰스 1세가 처형되고 왕정이 폐지된 1649년까지를 가리킨다. 아주 폭넓게는 1639년 찰스 1세와 스코틀랜드 의회 사이에서 벌어진 '주교 전쟁'Bishops' Wars부터 찰스 2세의 왕정복고Restoration까지를 통틀어 잉글랜드 내전British Civil Wars이라고 부르기도 한다.

웨스트민스터 총회(Westminster Assembly of Divines)

잉글랜드 내전이 격화되는 가운데 찰스 1세에 맞선 잉글랜드 의회가 교회의 교리·예배·조직·규율을 성경적 원리에 따라 재정립하고 잉글랜드 내부의 가톨릭적 요소를 제거하기 위해 1643년 7월 1일 웨스트민스터 총회를 소집하였다. 총회에는 목사 121명과 평신도 대표 30명이 참여하였다. 또한 잉글랜드 의회 요청으로 파견된 스코틀랜드 대표단에는 5명의 목사와 3명의 장로, 기록관들이 포함되었다. 스코틀랜드 대표 목사는 알렉산더 핸더슨[Alexander Henderson], 로버트 베일리[Robert Baillie, 1602-1662], 사무엘 루더포드[Samuel Rutherford], 로버트 더글라스[Robert Douglas], 조지 길레스피[George Gillespie]와 3명의 장로 아키발드 존스턴[Archibald Johnston, Lord Warriston], 카실리스[Cassillis] 백작, 존 메이틀랜드[John Maitland]였다. 이들은 1643년 9월 25일 체결된 '엄숙동맹과 언약'[The Solemn League and Covenant]의 조항에 따라 활동하였다. 목표는 잉글랜드, 스코틀랜드, 아일랜드 교회를 가장 잘 개혁된 교회, 즉 스코틀랜드 장로정치 체제를 모범으로 삼아 개혁하는 것이었다.

총회는 1643년 7월부터 1649년 2월 22일까지 약 5년 7개월간 지속되었으며 총 1,163차례 회합을 거듭하며 다섯 가지 신앙 표준문서를 제정하였다. 곧 《웨스트민스터 신앙고백서[1646]》·《소요리문답[1647]》·《대요리문답[1648]》·《예배모범》·《교회정치모범》이다. 이렇게 총회에서 도출된 문서들은 교회사적으로 매우 중요한 신앙 표준으로, 후세대 개혁교회가 기준으로 삼은 자료가 되었다. 그러나 총회는 뜻밖의 복병을 만났다. '세속권력이 최종 권위와 권한을 가지고 행사해야 한다'는 에라스투스주의[3Erastianism]적인 입장을 잉글랜드 의회가 고수한 것이다. 이것은 명백하게 〈세속 정부는 교회문제에 관여할 수 없다〉는 앤드류 멜빌의 장로정치와 상반되는 것이었다. 총회에

---

3 에라스투스주의: 토마스 에라스투스(Thomas Erastus 1520–1583)는 스위스 출신 하이델베르크의 신학자이자 의사. 1563년 『하이델베르크 요리문답』을 편찬한 팔츠 선제후 프리드리히 3세가 개혁주의를 받아들이는 데 역할을 한 장본인. 교회 권징을 반대하고 세속 정부가 교인의 잘못을 치리해야 한다고 주장한 에라스투스의 사상을 따르는 사람들.

참석한 에라스투스주의자들은 비록 소수였지만 그들 중 토머스 콜맨^{Thomas} ^{Coleman}과 존 라이트풋$^{John\ Lightfoot}$은 뛰어난 학자들이었다. 이에 맞서 스코틀랜드 특사 중 한 명이었던 젊은 조지 길레스피는 에라스투스주의자들과의 논쟁에서 큰 활약을 하였다. '교회 정부가 별도로 있어야 할 필요가 없다'는 논쟁자들에 맞서서 '교회 정부란 인간이 만든 것이 아니라 그리스도가 제정한 것이며, 교회는 세속 정부가 해결할 수 없는 죄에 대하여 다스릴 수 있다'고 주장하였다. 그러나 이러한 논쟁은 1646년에 이르러서는 스코틀랜드 특사들 사이에서 점차 어두운 전망으로 바뀌어 갔다.

1643년 웨스트민스터 총회가 소집된 지 얼마 지나지 않아, 1643년 12월 말에는 《웨스트민스터 신앙고백서》의 초안이 만들어졌다. 제1장은 조지 길레스피$^{George\ Gillespie}$가 작성하였으며, 그는 성령의 감동 아래 내용을 정리했다고 전해진다. 그의 초안은 후에 소요리문답$^{Shorter\ Catechism}$ 제4문 "하나님은 어떤 분인가?"에 그대로 반영되었다.

"하나님, 당신은 영이시며, 존재와 지혜와 능력과 거룩과 의와 선과 진리에서 무한하시고 영원하시며 불변하십니다."

한편, 토머스 콜맨의 사망으로 이 논쟁은 일단락되었지만, 잉글랜드 의회는 여전히 에라스투스적인 노회 설립을 추진하였다. 이로써 스코틀랜드 장로정치를 잉글랜드에 이식하려던 장로회주의자들의 원대한 바람은 물거품이 되었다. 그럼에도 스코틀랜드 총회는 1647년 8월, 웨스트민스터 총회가 제시한 신앙고백을 받아들였고, 스코틀랜드 의회는 장로정치 체제와 더불어 《웨스트민스터 신앙고백서》를 채택하여 기존의 1560년 스코틀랜드 신앙고백서를 대체하였다.

1649년 1월 30일, 찰스 1세가 반역죄로 참수형을 당함으로써 잉글랜드는 군주제에서 잔부 의회Rump Parliament가 이끄는 올리버 크롬웰 중심의 공화정(1649-1660)으로 바뀌었다. 사람들은 이러한 현실에 혼란과 반감을 가졌다. 왜냐하면 자신들의 통치자는 언제나 왕이었기 때문이다. 비록 백성인 자신들의 삶에 대해 관심이 없고 책임도 지지 않는 궁전 속의 군주일지라도 국왕 없는 세상은 상상하기 어려웠다. 그러나 이 사건을 통하여 잉글랜드인들은 왕이 더 이상 자신들 위에 군림할 수 있는 절대적 존재가 아니라는 사실을 분명히 깨닫게 되었다.

찰스 1세는 처형당한 유일무이한 국왕으로 잉글랜드 역사에 기록되었다. 나아가 한 번 왕을 죽일 수 있었던 사람들은 더 대담하게 왕을 죽이고, 왕조까지도 무너뜨릴 수 있다는 사실을 1789년 '프랑스 대혁명French Revolution에서 프랑스인들이 증명해 보였다.

1649년 2월 22일의 회의를 마지막으로 웨스트민스터 총회는 폐회하였다. 오늘날 개혁주의를 표방하는 모든 교회들은 웨스트민스터 총회에서 도출한 문서를 토대로 교회헌법과 규범을 정립하였다. 청교도의 여러 분파들도 1647년의 《웨스트민스터 신앙고백서》를 조금씩 수정하여 채택하였는데, 존 오웬과 토머스 굿윈Thomas Goodwin은 이를 바탕으로 《사보이 신앙선언》The Savoy Declaration, 1658을 작성하며 회중교회(독립파)로 분파하였다. 한편, 예정론을 믿는 칼뱅주의 침례파, 곧 특수침례파는 이미 1644년에 《런던 신앙고백서》를 채택하였다. 이후 1677년에 작성해 두었던 《제2차 런던 신앙고백서》The Second London Confession 4는 윌리엄 3세가 '관용령'을 공포하

---

4 《제2차 런던 신앙고백서》는 《1689 신앙고백서》 또는 《1689 침례신앙고백서》라고 한다. 일부 학자들은 《1677/1689 런던 신앙고백서》로 표기한다. 개혁파는 '웨스트민스터 신앙고백서'(1647), '사보이 신앙선언'(1658), '제2차 런던신앙고백서'(1689)를 청교도의 대표적인 신앙고백서로 손꼽는다.

면서 공식적으로 채택되었다(1689). 반면, 주교제 잉글랜드 교회는 엘리자베스 1세 치하에서 제정된 《39개 신조》$^{The\ 39\ Articles\ of\ Religion}$를 다시금 교리적 기준으로 삼았다.

청교도 신학자들 사이에서는 교리 논쟁도 치열하였다. 존 오웬$^{John\ Owen}$과 리처드 백스터$^{Richard\ Baxter,\ 1615-1691}$는 칭의와 율법, 그리고 교회정치 체제를 두고 격렬하게 논쟁을 벌였다. 백스터는 《웨스트민스터 신앙고백서》에 담긴 **'형벌적 대속론'**$^{penal\ substitution}$과 **'값없이 주시는 칭의론'**에 동의하지 않았다. 또한 인간이 구원에 이르기 위해서는 회개가 필수라는 신율법주의[5]적 견해를 밝혔다. 그러나 존 오웬은 그의 주장에 강하게 반박하였다.

매우 다양한 사람들이 잉글랜드 교회의 주교제를 거부하였다. 그렇다고 해서 모든 청교도가 동일하게 장로정치 체제를 옹호한 것은 아니었다. 주류는 장로파^{Presbyterians}와 회중교회의 독립파였으나, 일부는 주교제 잉글랜드 교회에서 활동하였고, 칼뱅주의적 특수침례파$^{Particular\ Baptists}$[6]와 알미니안주의적 일반침례파$^{General\ Baptists}$ 그리고 분리파^{Separatists}도 있었다. 이렇듯 분파적인 청교도 진영은 시간이 지나면서 점차 와해되기 시작하였다.

1650년대에 들어서 스코틀랜드의 장로정치가 독립파(회중교회) 올리버 크롬웰$^{Oliver\ Cromwell}$에 의해서 후퇴하게 된다. 그러나 잉글랜드 하늘에 더 큰 먹구름이 몰려오고 있었다. 1658년 올리버 크롬웰 사망 이후, 그의 아들 리처드 크롬웰이 호국경을 계승하였다. 그러나 그는 부친의 역량을 따를 수 있는 인물이 아니었다.

---

5 신율법주의(Neonomianism): 율법폐기론과 반대되는 개념의 신학적 이론. 신학자들은 회개와 믿음을 강조하는 신율법주의 대표 신학자로 리차드 백스터를 꼽는다. 그는 보편구원론을 지지하고 제한속죄론을 거부하였다.

6 특수침례파(Particular Baptists): 1630년대 말, 기원된 특수침례파는 그리스도의 속죄는 오직 선택하신 자들의 죄를 위하여 돌아가셨다는 칼뱅주의 속죄론을 지지하는 사람들. 신학적인 면에서 칼뱅주의 청교도였으며, 교회정치에서는 회중제도를 택하였다.

조지 몽크George Monck 장군은 장기간의 공화정 혼란을 수습하기 위해 의회를 복원하고 왕의 귀환을 준비함으로써 잉글랜드에서의 공화정은 짧은 실험으로 막을 내리고 군주제 부활은 필연이 되었다. 1660년 봄, 혼란한 정국이 수습되고 처형된 찰스 1세의 장남 찰스 2세Charles II, 1630-1685가 망명을 끝내고 당당히 귀환하여 왕정복고Restoration를 알렸다. 즉위하자마자 주교제를 부활시킨 찰스 2세는 무효법Act Recissory과 통일령Act of Uniformity, 1662으로 잉글랜드 교회의 기도서를 의무화했다. 의회에서 결의했었던 《웨스트민스터 신앙고백서》를 폐기하고, 《39개 신조》를 신앙고백으로 삼은 것이다.

왕정복고와 주교제가 부활함으로써 《공동기도서》에 서명하지 않은 약 2천여 명의 청교도 목사들이 잉글랜드에서 추방되었다. 찰스 2세의 귀환

그레이프라이어스 교회 묘지(Greyfriars Kirkyard)에 있는 언약도 감옥(좌). 1679년 보스웰 다리(Bothwell Bridge)에서 벌어진 전투에서 정부군에 패한 1200명의 언약도들 중 400명이 이곳에 투옥되었다. 구덩이만 팠을 뿐 지붕없는 감옥에서 겨울을 보내기 어려운 데도 불구하고 탈출하지 않고 그라스마켓(Grassmarket) 광장에서 처형당했다. 남은 이들은 대부분 노예로 팔려 갔다. '킬링타임'으로 부르는 1661-1688년까지 찰스 1세의 두 아들 찰스 2세와 제임스 2세에 의해서 남녀노소 최대 2만여 명의 언약도들이 죽었다. 처형 장소에 놓인 그라스마켓 원형기념물은 역사적 배경을 모르는 관광객들이 쉬어 가는 의자가 되었다(우).

이후 혼란한 시기에 베드포드 교회 목사 존 번연$^{John Bunyan, 1628-1688}$은 비밀집회 금지 위반으로 1660년부터 12년간 수감 생활을 하였다. 투옥 전에는 외치는 설교자로, 옥중에서는 펜으로 복음 전하는 일을 멈추지 않았던 그는 1678년 재수감되었으나 동요하지 않고 순례자의 여정을 그린 『천로역정』$^{天路歷程, Pilgrim's Progress}$ 1부를 집필하였다. 1684년에는 2부를 완성하였다.

이 시기에 찰스 2세의 정부에서 장로파, 회중파, 그리고 온건한 성직자들까지도 이단으로 정죄를 당하였다. 그 이후 청교도들은 잉글랜드 교회를 따르지 않는 한, 교회와 국가, 교육기관에서 영향력을 발휘할 수 없었고 비국교도^{Dissenters} 또는 비순응자^{Nonconformists}로 불리게 되었다.

한편, 왕권을 지키기 위하여 자신의 종교적 신념을 공식적으로 드러내지 않았던 찰스 2세는 사망하기 직전인 1685년, 로마 가톨릭교회로 개종

에든버러 그레이프라이어스 교회 뒷편 알렉산더 핸더슨(맨 앞) 묘비가 있다. 감독제를 지지하던 그가 장로회주의로 선회하여 아키발드 존스턴과 국민언약 문서를 작성하고 퍼스 5개 조항을 거부하였으며 웨스트민스터 총회에 파견된 특사로서 스코틀랜드 종교개혁에서 중요한 역할을 하였다. 예배실 입구 쪽에는 조지 뷰캐넌의 묘가 있다.

하였다. 그에게는 사생아 외에 적통인 자녀가 없었기 때문에 그의 동생 제임스 2세가 왕위를 이어 받아 통치하게 되었다. 그러나 제임스 2세의 통치 방식 역시 절대군주들이 행한 전횡(專橫)이었다. 제임스 2세야말로 시대의 조류가 급변하고 있다는 것을 전혀 깨닫지 못한 우둔한 군주였다.

6. 명예혁명

1688년 제임스 2세에게서 뒤늦게 왕위를 계승할 아들이 태어났다. 이는 개혁교도들에게는 청천벽력같은 소식이었다. 잉글랜드 종교개혁의 꿈이 한순간에 사라질 위기에 처하자, 토리당과 휘그당 대표가 6월 말 제임스 2세의 딸 메리와 사위 네덜란드 빌럼 3세William III of Orange에게 급히 전갈을 보냈다. 그해 겨울이 시작되는 11월, 빌럼 3세는 대군을 이끌고 잉글랜드 남서부에 상륙해 런던으로 진격하였다. 지방 영주들, 귀족들, 심지어 국왕이 보낸 장군마저 제임스 2세의 사위 빌럼의 편에 가담하였다. 이처럼 자신을 수호해 줄 변변한 사람들이 남아 있지 않았던 국왕은 찰스 2세로부터 물려받은 잉글랜드 왕위를 불과 3년 10개월 만에 칼뱅파 사위와 딸에게 넘겨주고, 그해 12월 잉글랜드 날씨만큼이나 변덕스럽고 야멸찬 백성들을 등지고 쓸쓸히 프랑스로 망명하였다.

1689년 1월, 잉글랜드 의회는 제임스 2세를 공식적으로 폐위하였다. 이어 2월이 되자 의회는 빌럼 3세 부부에게 절차적 권리선언Declaration of Right의 승인을 요구하였고, 두 사람은 잉글랜드의 공동 군주로 즉위하였다. 찰스 1세를 참수했던 악몽을 가진 잉글랜드인들에게는 피흘리지 않고 왕권교체가 이뤄진 것이 얼마나 다행이었던지, 윌리엄 3세의 왕위 계승 과정을 '명예혁명Glorious Revolution이라 불렀다. 그해 12월 16일, 잉글랜드 의회는 '권리장전'Bill of Rights을 제정함으로써 왕권은 제한하는 반면, 의회의 권한은 확대되었다. 이 '권리장전'은 민주적 시민의 권리를 확장할 수 있는 법적인 토대를 만들고, 왕위 계승을 의회가 결정할 수 있도록 하여 의회정치로 나갈 수 있는 초석을 닦았다.

한편, 프랑스는 '낭트 칙령'의 주인공 앙리 4세의 부르봉 가문의 왕들이 대를 이어 가며 개혁교회와 위그노 박해에 힘을 쏟아부어 종교개혁 운동을 고사시켰다. 그 부르봉 가문의 혈통 가운데 앙리 4세의 딸 앙리에타 마리Henriette Marie de France가 비록 반쯤 구워지다만 종교개혁이었지만 잉글랜드 찰스 1세와 결혼하였다. 그러나 친가톨릭적인 찰스 1세가 자기 백성들에게 참수당하는 초유의 사태를 겪는다. 이후에 군주제가 부활하고 두 아들이 차례로 잉글랜드 왕위에 올라 부친 찰스 1세의 완고한 길을 걸어갔다. 그럼에도 불구하고 다양한 개혁분파들로 요란하던 잉글랜드는 그들의 열망과 좌절, 그리고 소란스러운 노력들이 버무려져 마침내 역사적인 '명예혁명'을 이끌어냈다. 이 명예로운 혁명의 주인공은 앙리에타 마리의 외손자 빌럼 3세(윌리엄 3세)와 친손녀인 메리 2세 부부였다. 부르봉 가문의 프랑스에서는 종교개혁(교회개혁)이 철저히 짓밟혔으나, 잉글랜드는 끝내 종교개혁을 성취하였다.

여기에서 놀라운 사실을 발견하게 된다. 잉글랜드 국왕이 된 윌리엄 3세는 프랑스 앙리 4세의 외증손자이자, 네덜란드 빌럼 1세 오라녜 공의 증손자요 프랑스 위그노 지도자 가스파르 드 콜리니 제독의 외고손자이다. 이로써 네덜란드는 물론 프랑스에 뿌려진 바른 신앙의 인내와 충성이 결코 헛되지 않았음을 우리는 역사 속에서 확인할 수 있다.

우리는 때때로 비정할 정도로 침묵하시는 하나님 앞에서 절규하지만, 아시고 보시고 기억하시는 하나님께서 그분 자신을, 우리의 시간과 다른 그분의 완전한 때에 반드시 증명하신다.

스코틀랜드 종교개혁

존 녹스 — 장로회주의

스코틀랜드 종교개혁

1. 패트릭 해밀턴(Patrick Hamilton, 1504-1528)
1528년 세인트앤드루스에서 화형당함.

2. 조지 위샤트(George Wishart, 1513-1546)
츠빙글리의 종교개혁사상에 영향을 받아 스위스 최초 신앙고백서《제1 헬베틱 신앙고백서》를 영어로 번역. 1546년 추기경 데이비드 비턴에 의해 세인트앤드루스에서 화형.

3. 존 녹스(John Knox, 1514-1572)
제네바 망명시절 장로회주의(Presbyterianism)의 정치 원리를 확립. 스코틀랜드에 칼뱅주의 신학 도입. 1560년 종교개혁 확립 주도.

4. 메리 스튜어트 여왕(Mary, Queen of Scots, 1542-1587)
로마 가톨릭 신앙을 고수하며 개혁자들과 충돌. 존 녹스와 격렬한 논쟁을 벌이다 퇴위, 잉글랜드로 망명 이후 처형.

5. 회중의 귀족들(Lords of the Congregation, 1557-1561)
모레이 백작, 아가일 백작 등, 스코틀랜드 귀족들이 결성한 종교개혁 지지 연합체로, 섭정을 비롯한 가톨릭 세력에 저항하였다. 그 결과 1560년 스코틀랜드 의회에서 가톨릭을 폐지하고 개혁교회를 국가교회로 세우는 데 핵심적 역할을 했다.

6. 국민 언약(The National Covenant)
칼뱅주의 전통에 기반한 개혁신앙을 재확인하고 이를 국가적 차원에서 실천하고자 한 국민 언약은 스코틀랜드 종교개혁의 연장선상에서 발생한 사건으로 교리·예배·조직의 변화를 추구했다.

제4장 스코틀랜드 종교개혁

스코틀랜드는 지형적으로 크게 고지대Highlands와 남부 저지대Lowlands로 나뉜다. 산악지대와 황무지가 많은 고지대는 토양이 척박하여 주로 목축업이 이루어졌으며, 반면 평지가 펼쳐진 저지대는 비교적 농경에 적합하여 대부분의 인구가 이 지역에 집중되어 정착하였다. 로마 제국이 브리튼 섬을 정복할 당시, 현재의 스코틀랜드 지역에는 켈트계 부족들이 거주하고 있었는데 로마인들은 이 땅을 '칼레도니아Caledonia'라 불렀다. 4세기에서 5세기 무렵, 아일랜드에서 게일어를 사용하는 스코트족이 바다를 건너와 서부 지역에 정착하였다. 이들은 이미 기독교 신앙을 받아들였고 문자를 사용하는 문화를 갖추고 있었다. 중세 스코틀랜드의 정치 구조는 왕권보다 봉건 귀족들의 권력이 더 강한 체제였다. 특히 귀족들이 성직을 세습하거나 점유하고 있었기 때문에 교회재산은 실질적으로 귀족 소유였으며, 영토의 절반가량이 교회의 소유였다. 이는 훗날 종교개혁의 전개와 정치 개입의 중요한 배경이 되었다. 브리튼 섬 북쪽 1/3을 차지하는 스코틀랜드는 종교개혁 이전까지 독립된 왕국이었으나, 잉글랜드의 잦은 침략으로 양국의 적대적 관계는 오랫동안 이어졌다. 스코틀랜드는 이를 방어하기 위해 1295년 존 밸리올John Balliol, r. 1292–1296 치하에서 프랑스와 '올드 동맹'Auld Alliance

에든버러 성은 바위산 캐슬록 위에 세워진 요새이자 성이다. 에든버러 성 정문에는 13세기 스코틀랜드 독립 영웅 윌리엄 월리스(William Wallace)와 로버트 1세 브루스 왕의 동상이 서 있다.

을 체결하였고, 이후 에든버러 조약Edinburgh Treaty, 1560에 이르기까지 프랑스와의 긴밀한 동맹관계를 유지하며 잉글랜드의 위협에 맞섰다. 14세기 초에는 잉글랜드로부터 독립을 위한 전쟁이 본격화되면서 정치적 불안정은 지속되었다. 16세기에 들어와 제임스 5세의 섭정 제임스 비턴James Beaton 추기경 시기에는 스코틀랜드가 프랑스 및 로마 가톨릭교회와 더욱 긴밀하게 연결되었다. 그러나 16세기 중반, 종교개혁의 거센 물결이 스코틀랜드에도 밀려들면서 상황은 급변하였다. 과거 적대적이었던 잉글랜드와 전략적인 협력을 통해 종교개혁을 추진하는 방향으로 나아가게 된다.

칼튼힐에 오르면 에든버러의 올드타운과 항만까지 한 눈에 볼 수 있다. 이 언덕에는 나폴레옹 전쟁에서 전사한 병사들을 추모하기 위해 파르테논 신전을 본뜬 건물을 만들다 중단된 파사드와 왕립 천문대, 넬슨제독 기념비 등이 있다. (이미지:두갈드 스튜어트 기념비Dugald Stewart Monument)

에든버러 로열 마일의 서쪽 끝 지점, 올드타운 중심부에 위치한 에든버러 성은 역대 국왕들의 거처였다. 이곳에는 스코틀랜드 왕관과 검, 그리고 왕홀이 보관되어 있으며, '운명의 돌'Stone of Scone이 전시되어 있다. 이 성은 스코틀랜드인의 기억 속에서 자유를 위해 울린 피리 소리와 피의 함성이 울려 퍼지는 스코트인의 저항 정신을 상징한다. 이 성의 입구에는 두 개의 청동상이 좌우에 있다. 왼쪽에는 독립 왕국의 초석을 닦은 로버트 1세 브루스Robert I Bruce 왕과 오른쪽에는 초기 저항을 이끈 윌리엄 월리스 경Sir William Wallace이 성문을 수호하듯 서 있다. 윌리엄 월리스는 스코틀랜드 역사에서 상징적인 인물이다. 그는 제1차 독립전쟁에서 잉글랜드 에드워드 1세에 맞서 앤드류 모레이Andrew Moray와 함께 스코틀랜드 저항군을 이끌었으며, 전설적인 '스털링 브리지 전투'(1297)에서 대승을 거두었다. 그러나 윌리엄 월리스는 잉글랜드군에 체포되어 런던으로 압송되었고(1305) 차마 말로 다 표현할 수 없는 잔혹한 방식으로 공개처형을 당하였다.

거친 고원과 황량한 환경 속에서 독립을 쟁취하며 살아온 스코트족의 불굴의 기개는 스코틀랜드 종교개혁을 이루는 데 있어서도 어김없이 발휘되었다. 스코틀랜드의 자유와 독립을 위해 맹렬히 싸웠던 윌리엄 월리스를 다룬 영화 「브레이브하트」Braveheart는 1995년 미국 배우 멜 깁슨이 감독과 주인공으로 열연한 작품으로 10개의 아카데미상 후보에 올라 5개를 수상한 바 있다. 그가 전투에 앞서 스코트족 병사들의 가슴에 용기와 결의를 불어넣었던 영화 속 그 외침은 바른 신앙을 지켜내고자 했던 선진들의 뜨거운 호소와 깊이 닮아 있었다.

"그들이 우리의 목숨을 빼앗아 갈 수는 있어도, 우리의 자유는 빼앗아 갈 수 없다They may take our lives but they'll never take our freedom!"

1. 스코틀랜드 장로회주의

교회정치의 다양한 형태에 관하여 오덕교 교수님의 『장로교회사』를 인용하여 요약하면 다음과 같다. 교회의 정치 체제는 '교황정치', '감독정치', '회중정치', '장로정치'로 구분할 수 있다.

① 교황정치는 로마 교회가 채택한 정치 체제이다. 교황 한 사람에 의하여 교회가 다스려진다. 또한 성경과 기록되지 않은 교회의 전통을 신자들의 핵심 규범으로 삼는다. 그리하여 계급적인 차별을 인정하고 성직자와 평신도를 구별하며 로마 교회를 중심으로 한, 세계적·보편적인 교회를 추구한다.

② 감독정치는 교황정치의 변형된 형태로, 교회를 계급구조로 보고 평신도를 구별하는 것에 있어서는 교황정치와 같다. 그러나 교황주의와 달리 한 국가의 영역에서 한 명의 감독 또는 주교를 세워 교회를 다스리며, 한 나라를 중심으로 하는 국가교회를 지향한다. 지역교회의 평등권·자율권을 인정하지 않는다.

③ 회중정치는 교황정치와 감독정치에 대한 반동으로 생긴 정치 체제이다. 침례교·형제단·회중교회는 교회와 세속 정부는 별개이기 때문에 분리되어야 하며, 모든 지역교회가 자율성을 가지고 회중에 의한 목사 선택, 예산의 자율적 집행, 권징 실시를 강조한다. 그리고 노회·총회와 같은 위계 제도를 반대하고 개별 교회를 추구한다.

④ 장로정치는 교회란 예수 그리스도의 공동체를 섬기기 위해 존재하는 기관이므로 교회 내의 계급구조를 인정하지 않고 만인 제사장직을 강조한다. 또 모든 성도가 하나님 앞에 평등하며, 교회 직분자들 사이도 평등해야 함을 강조한다. 정치 체제에 있어서는 당회·노회·

총회를 두는 위계질서를 인정함으로써 회중교회와 다른 점이다. 그리고 세속정치 참여에 대해서도 적극적이다. 이것은 세속정부와 분리되어야 한다는 침례교회와 다른 점이다.

장로회주의자들은 성직을 신분적 위계로 인정하지 않고, 당회·노회·총회로 구분되는 교회정치 구조 속에서 교회회의의 위계성과 교회의 연합을 강조하며, 세속정치 참여에 적극성을 갖는다. 잉글랜드 교회와 로마 가톨릭교회가 교회연합의 기초를 전통에 두는 것과 달리, 장로정치는 '성경만이 신자의 삶과 교회의 최종적 권위이며, 성경이 교회를 다스려야 한다는 원리를 고수한다. 스코틀랜드 장로정치 체제를 따르는 교회를 유럽에서는 '개혁교회'라 불리지만 영국·미국·한국에서는 장로교회라는 명칭을 사용한다. 흥미로운 점은, 미국에서는 침례교가 주류를 이루고 있음에도 불구하고, 미국 장로교의 선교를 통해 한국에 전해진 장로교가 오늘날 한국 개신교의 주류가 되었다는 사실이다. 이 때문에 한국 장로교회는 미국 장로교회의 신학과 조직의 영향을 깊이 받았으며, 유럽의 개혁교회 전통과는 다소 차이를 보인다. 그러나 스코틀랜드의 장로정치 체제가 한국 장로교회의 제도와 신학에 끼친 영향은 여전히 크다고 할 수 있다.

2. 패트릭 해밀턴의 순교

독일 비텐베르크에서 시작된 마르틴 루터의 16세기 종교개혁사상이 전 유럽을 뒤흔들면서 파리에서 수학한 학자들을 통해 잉글랜드와 스코틀랜드로 전파되었다. 특히 루터의 저술은 유럽 각지의 대학에서 폭넓게 읽히며 확산되었다. 스물네 살에 스코틀랜드 첫 번째 순교자가 된 글래스고의 패트릭 해밀턴$^{Patrick\ Hamilton}$은 왕가의 혈통이 흐르는 귀족 가문 출신으로 파리와 벨기에(남부 플랑드르)의 루뱅^{Louvain}에서 공부하였다. 1523년 귀국한 해밀턴은 그 이듬해 세인트앤드루스의 레오나르드 칼리지$^{St\ Leonard's\ College}$ 교수가 되었다. 그러나 1526-1527년 사이 공공연하게 개혁사상을 옹호하고 '이신칭의' 교리를 설교했다는 죄로 정식재판에 소환되자, 그는 잠시 독일로 피신하여 마르부르크 대학에 머물렀다. 이때 집필한 『신학 개론』$^{Loci\ Communes}$은 그의 유일한 저작으로 남게 되었다.

1527년 그해 가을이 끝나갈 즈음, 조국 스코틀랜드로 돌아온 해밀턴은 개혁사상을 알리기 위하여 공개토론과 설교에 힘썼다. 그는 설교를 통해 성지순례, 연옥, 성인숭배, 죽은 자를 위한 기도 등이 성경에 어긋난 것이라며 강하게 비판하였다. 아르브로스 수도원장 데이비드 비턴은 해밀턴을 은밀히 제거하기 위해 그가 주최한 세인트앤드루스 대학$^{University\ of\ St\ Andrews}$ 회의에 초청하였다. 해밀턴은 당시 스코틀랜드 대주교였던 제임스 비턴의 조카인 데이비드 비턴이 자신의 설교를 빌미로 이단죄를 씌우려는 의도가 있음을 알면서도 초청을 받아들였다. 그는 한 달 가까이 그곳에서 개혁주의 설교와 토론을 이어 갔다.

결국 이단 혐의로 투옥된 해밀턴 세인트앤드루스 대학의 살바토르 예배당$^{St\ Salvator's\ Chapel}$ 7앞에서 화형을 당했다. 그의 순교 이후 「패트릭의 교리」$^{Patrick's\ Articles}$라고 불린 교리 요약집이 널리 퍼졌다. 이로써 종교개혁사상은 학자들과 귀족들의 관심을 받게 되었고, 사회 전반에서 교회의 권력남용에 대한 비판과 함께 성경의 가르침에 따라 교회를 개혁하려는 움직임이 나타났다. 그 여파로 아우구스티누스회 한 수도사가 해밀턴의 교리를 지지했다가 화형에 처해지는 사건도 뒤따랐다.

---

7 1413년 설립된 세인트앤드루스 대학에 속한 두 개의 예배당 중 하나인 살바토르 예배당의 정문은 도로를 향하고 있고, 종탑 아래 도로에는 작은 돌로 만든 패트릭 해밀턴의 이니셜 'PH' 모노그램이 있다. 그들에게는 해밀턴을 나타내는 'PH' 모노그램을 밟지 않는 금기가 전해진다.

스코틀랜드 종교개혁의 선구자, 조지 위샤트George Wishart, 1513-1546는 학문과 신앙을 동시에 추구한 인물이었다. 그는 몬트로즈Montrose에서 학생들에게 헬라어 신약성경을 가르치고 개혁적인 설교를 했다는 이유로 이단 혐의로 고발당하자, 잉글랜드 케임브리지로 피신하여 약 6년간 머물며 설교와 교육 활동을 이어 갔다. 그는 《제1차 헬베틱 신앙고백서》First Helvetic Confession, 1536를 영어로 번역하며 개혁주의 신학을 깊이 연구하였다.

1543년 스코틀랜드로 돌아온 조지 위샤트는 몬트로즈, 던디, 에어셔 등지를 순회하며 칼뱅과 츠빙글리의 개혁사상을 전파했다. 그의 설교는 많은 이들에게 감동을 주었고, 특히 존 녹스는 그의 가르침에 깊이 감화되어 클레이모어Claidheamh Mòr를 들고 기꺼이 그의 경호원이 되었다. 그러나 추기경 데이비드 비튼의 박해는 점점 심해졌다. 결국 1546년 1월 오르미스턴에서 보스웰 백작에 의해 체포된 그는 18개 항목의 이단 혐의를 받았다. 3월 1일 세인트앤드루스 성 앞, 그의 허리에는 쇠사슬이 채워졌고, 그의 목은 교수대에 매달린 채 불에 태워졌다. 게다가 몸에 화약 주머니까지

에든버러 웨이벌리 역에서 바라본 뉴칼리지(현 에든버러 신학부) 전경. 경사진 뉴칼리지 입구에 들어서면 마주하는 쿼드랭글 왼쪽으로 존 녹스 동상과 도서관이 있고, 오른쪽이 본관이다.

매달아 그의 처형은 참혹하기 그지 없었다. 그러나 위샤트는 끝까지 용기를 잃지 않았고 자신을 정죄한 이들을 위해 기도했으며, 형집행인의 뺨에 입맞추며 용서했다. 추기경 비튼은 창문에 기대어 이 광경을 지켜보았다.

많은 사람들이 그의 처형을 규탄했고, 1546년 5월 29일 비튼 추기경은 세인트앤드루스 성에서 암살당했다. 위샤트의 순교는 존 녹스가 복음 전하는 일에 헌신하게 된 결정적 계기가 되었으며, 스코틀랜드 종교개혁의 불씨를 지핀 상징적인 사건으로 기록되었다. 오늘날 세인트앤드루스 성 앞 도로에는 'GW'라는 이니셜이 새겨져, 그가 순교한 장소를 기억하고 있다.

3. 스코틀랜드 신앙고백

장로정치 원리를 세운 존 녹스[John Knox, c. 1513?-1572]는 에든버러에서 약 30킬로미터 떨어진 해딩턴[Haddingto]에서 태어나 세인트앤드루스 대학에서 수학한 그는 1536년 사제로 서품된 후 공증인과 가정교사로 활동하였다. 1540년대 초 패트릭 해밀턴과 조지 위샤트의 영향을 받아 개혁신앙으로 전향했다. 조지 위샤트의 제자가 된 존 녹스는 스승의 화형에 큰 충격을 받았다. 이후 위샤트 지지자들과 개혁파 귀족들이 수비대를 조직하여 세인트앤드루스 성을 점령한 가운데 도피 중인 존 녹스도 합류하였다. 약 한 달간의 포위 끝에 성은 프랑스 동맹군에 의해 함락되었고(1547) 존 녹스는 체포되어 19개월간(1547. 7-1549. 2) 프랑스 갤리선의 노예로 끌려가 극심한 고초를 겪었다. 잉글랜드 에드워드 6세[Edward VI]의 도움으로 풀려난 존 녹스는 버윅[Berwick]과 뉴캐슬[Newcastle] 등지에서 교회개혁을 실행하였다. 특히 그는 무릎을 꿇고 받는 성찬과 같은 가톨릭 전례를 폐지하는 등, 예배 개혁과 복음적 설교로 명성을 얻었다.

그는 국왕의 궁정 설교자로 임명되었지만, 교회의 권위가 성경에 근거해야 한다는 신념과 주교제에 대한 비판적 입장 때문에, 국왕이 제안한 로체스터^{Rochester} 주교직은 거절하였다.

한편, 에드워드 6세는 리들리 주교의 설교에 크게 감동받아 직접 백성들의 삶을 살펴보기 위해 순회에 나섰다. 그러나 잉글랜드의 기후와 고된 일정은 그에게 무리였다. 교회개혁에 힘쓰던 사람들에게 버팀목이 되어주었던 어린 왕은 병세가 악화되어 끝내 침상에서 일어나지 못하고 1553년 7월, 16세의 나이로 세상을 떠났다.

가톨릭 세력에 힘입어 제인 그레이 여왕을 불과 9일 만에 끌어 내리고 왕권을 쥔 메리 튜더는 개혁주의 설교를 금지하는 '설교금지법'을 즉시 시행하였다. 이때 잠시 스코틀랜드로 돌아갔던 존 녹스는 잉글랜드에 박해가 심해지자, 1554년 초 망명길에 올랐다. 그는 개혁주의자들에게 닥칠 핍박을 예견하고 젖먹이를 떼어놓은 어미처럼 탄식했다. 오, 주여!

프랑크푸르트의 잉글랜드 신앙난민 교회

잉글랜드의 박해를 피해 독일 프랑크푸르트로 피신한 존 녹스는, 장 칼뱅의 추천으로 잉글랜드 신앙난민 교회의 목회직을 맡아 개혁된 교회를 지향하며 사역을 시작했다. 그러나 잉글랜드 고교회파 리처드 콕스$^{Richard\ Cox}$와 신학적 충돌을 빚으며 갈등이 생겼다. 존 녹스가 저술한 『신실한 권고』$^{A\ Faithful\ Admonition\ to\ the\ Professors\ of\ God's\ Truth\ in\ England}$에 담긴 메리 1세와 신성로마제국 황제에 대한 비판적 내용을 문제 삼아 콕스는 당국에 그를 고발하고, 《공동기도서》$^{Book\ of\ Common\ Prayer}$의 정통성을 강조하며 예배 지침으로 따를 것을 주장하였다. 결국 이러한 논쟁과 압박 속에서 1555년 3월 26일, 존 녹스는 뜻을 함께한 사람들과 함께 제네바로 갔다. 존 녹스는 제네바에서 잉글랜드 신앙난민 교회를 섬기며 목사·장로·집사로 직분을 나누고 장로정치를 실행하였다. 또한 윌리엄 휘팅엄[William Whittingham], 앤서니 길비[Anthony Gillby], 토머스 콜[Thomas Cole] 등과 함께 작성한 《제네바 예배모범》[The Forme of Prayers, 1556]은 이후에 《스코틀랜드 예배모범》의 기초가 된다.

존 녹스와 여인들

존 녹스는 제네바에 체류하는 동안 『여성들의 괴물 같은 통치에 반대하는 첫 번째 나팔소리』[The First Blast of the Trumpet Against the Monstrous Regiment of Women, 1558]를 출판하였다. 이 책은 후대에 그를 여성 혐오주의자라는 오명을 갖게 만든 책이다. 그러나 시대적 배경을 살펴보면, 존 녹스가 왜 이 책을 쓰게 되었는지 충분히 이해할 수 있을 것이다. 당시 잉글랜드 메리 튜더의 개혁교도에 대한 잔혹한 박해와 스코틀랜드 메리의 섭정 마리 드 기즈[Marie de Guise]라는 두 여자의 통치 아래에서 교회개혁을 꿈꾼 개혁교도들이 무참히 죽임을 당하였다. 개혁교도들이 공포 속에 숨죽여 살고 있던 시기에 이 같은 책이 쓰였다는 점을 고려하면, 존 녹스에게 여성 혐오주의자 운운하는 것은 시대적 맥락을 간과한 처사가 아닐 수 없다.

'세 번째 메리'는 바로 메리 스튜어트[Mary Stuart, 1542-1587]였다. 잉글랜드 헨리 8세가 이끈 군대에 스코틀랜드가 솔웨이 모스 전투[Battle of Solway Moss]에서 참패를 겪은 제임스 5세가 시름시름 앓다가 사망하자, 생후 엿새 된 그의 딸 메리가 스코틀랜드의 여왕이 되었다. 메리의 모친 마리 드 기즈[Marie de Guise]와 가톨릭 귀족들은 잉글랜드의 위협으로부터 메리를 지키고 왕국을 보존하기 위해 프랑수아 2세[François II]와의 약혼을 추진했다. 이는 단순한 결혼이 아니라 정치적 이해관계의 산물이었다. 스코틀랜드에 대한 영향력을 강화하려는 잉글랜드의 책략을 잘 알고 있는 친프랑스파 귀족들은 스코틀랜드의 생존을 위해 프랑스와의 결속이 최선이라 판단했던 것이다. 그러나 프랑수아 2세는 결혼한 지 불과 1년 만에 병으로 세상을 떠나고 말았다. 이로써 화려한 프랑스 왕비에서 순식간에 외로운 이방인으로 전락한 그녀는 시어머니 카트린 드 메디치의 궁정에 더 이상 머물 수 없었다.

그러나 그녀는 여전히 스코틀랜드의 정통 군주였으며 동시에 잉글랜드 왕위 계승권을 가진 유력한 혈통이었다. 유년 시절부터 화려한 프랑스 궁정에서 성장한 자유롭고 뜨거운 영혼의 메리 스튜어트Mary Stuart가 드디어 1561년 자기 왕국으로 돌아왔다. 그러나 스코틀랜드 '회중의 귀족들'Lords of the Congregation과 개혁파들에게 여왕의 귀환은 뜨거운 감자였다.

로열마일에 있는 스코틀랜드 교회개혁의 산 증인 세인트자일스 교회. 교회 옆에는 『국부론』의 애덤 스미스 동상과 교회 앞에는 스코틀랜드인들의 자랑 잉글랜드의 셰익스피어에 버금가는 월터 스콧 동상이 있다. 교회주차장 바닥에는 무덤을 만들지 말것을 당부한 존 녹스의 유지대로 그가 묻혔을 것으로 추정된 자리에 숫자 '23'이 표기되어 있다.

회중의 귀족들(Lords of the Congregation, 1557-1561)

스코틀랜드 교회개혁의 특징 중에는 반프랑스 외교노선을 견지하고 잉글랜드와 정치적 동맹을 추진한 높은 신분의 귀족 세력이 있었다는 데에서 찾을 수 있다. 단순히 교회개혁을 지지한 세력이 아니라 정치·군사·종교 공동체임을 강조한 연합체였다. 그들은 바로 1557년 12월 3일, 개혁신앙을 지지하기 위해 서로 연대하고 공동 행동을 약속한 서약Common Band에 서명한 '회중의 귀족들'Lords of Congregation이다. 초기 서명자는 4대 아가일 백작Archibald Campbell, 4th Earl of Argyll을 비롯, 4대 모턴 백작James Douglas, 4th Earl of Morton. 5대 글렌캐언 백작Alexander Cunningham 5th Earl of Glencairn. 론 경Archibald Campbell, Lord Lorne. 제6대 어스킨 경John Erskine, 6th Lord Erskine이었다.

1558년에 4대 아가일 백작이 사망하자, 스무 살의 그의 아들 5대 아가일 백작이 '회중의 귀족들'을 이끌었다. 비록 그가 친프랑스적이고 섭정 마리의 정책들을 지지하였지만, 곧 스코틀랜드 교회개혁의 중대성을 깨닫고 '회중의 귀족들'에게 집중하였다. 한편 1559년 5월 11일 존 녹스의 퍼스에서의 설교에 이어진 회중들의 성상 파괴가 불씨가 된 회중 전쟁Wars of the Congregation이 시작되자 루스벤 경Patrick Ruthven, 3rd Lord Ruthven. 더럼몬드 경David, 2nd Lord Drummond. 오칠트리 경Lord Ochiltree. 보이드 경Lord Boyd 등 다수의 유력한 귀족들이 연이어 가담하였다.

1559년 부활절(4월 2일경), 섭정 마리 드 기즈Marie de Guise가 스코틀랜드 내 모든 개혁교도들에게 가톨릭 전례를 엄수하도록 명령하였다. 5월 초에 이르러서는 순회설교자들이 공공장소에서 반反가톨릭 설교를 했다는 이유로 그들에게 소환 명령이 날아들었다. 이를 종교 탄압으로 여긴 '회중의 귀족들'은 어스킨 경John Erskine of Dun을 특사로 보내, 만일 그들에 대한 소환을 철회하지 않으면 지도자들이 함께 출두하겠다고 통보했다. 이에 섭정 마리는 4인의 설교자들(폴 메스벤, 존 클리스티슨, 윌리엄 할로우, 존 윌록)의 소환을 철회하겠다고 약속했다. 그러나 밤사이에 마음이 바뀐 섭정 마리는 설교자 4인을 범죄자로 선언해 퍼스의 군중을 자극했다. 개혁신앙의 도시로 변모해 가던 퍼스Perth는 극도의 긴장 속으로 빠져 들어가고 있었다.

4. 존 녹스의 귀환

제네바에서 칼뱅의 개혁사상을 배우고 돌아온 존 녹스는, 뼛속 깊이 가톨릭교도인 메리 스튜어트 여왕과 사사건건 충돌하는 거친 삽바 싸움을 해야 했다. 로마 가톨릭교회에 맞서 스코틀랜드 교회개혁의 고삐를 쥔 존 녹스에게 세 명의 여인들, 곧 '메리'는 최전선에 서 있는 개혁의 훼방꾼들로 보였다. 스코틀랜드 교회개혁의 성공을 위해서라면 존 녹스에게는 여성 혐오주의자와 같은 비난쯤이야 아무 것도 아니었다. 1558년 11월 17

세인트자일스 교회 예배당 왼쪽에 안내판과 함께 세워진 존 녹스의 입상은 바라보는 위치에 따라 당시 그가 설교하던 모습을 더 생생하게 느낄 수 있는데 세밀한 묘사 덕분에 마치 살아 있는 존 녹스를 보는 것 같다. 여느 유럽 교회와 달리 많은 사람들이 안내문을 읽고 진지하게 대화하는 것을 보니 종교개혁이 다 잊혀진 것만은 아닌 듯하여 모처럼 위로가 되었다.

일, 잉글랜드 개혁교도에게 잔혹하기 그지 없었던 메리 튜더가 죽고, 앤 불린의 딸 엘리자베스가 여왕으로 즉위하였다. 이 소식을 접한 존 녹스는 그를 필요로 하는 스코틀랜드로 돌아가기 위해 제네바의 잉글랜드 신앙 난민 교회를 윌리엄 휘팅엄(1560, 제네바 성경번역 책임자)에게 맡겼다.

그러나 그의 귀국길은 순탄하지 않았다. 엘리자베스 1세는 즉위 초기부터 존 녹스가 저술한 『여성들의 괴물 같은 통치에 반대하는 첫 번째 나팔소리』를 몹시 불쾌하게 여겨 그가 잉글랜드 땅을 통과하는 것을 달가워하지 않았다. 오나가나 말썽이 된 그의 책 때문에 통행증은 거절되었고 결국 그는 해상을 통해 스코틀랜드로 귀국하였다.

뉴칼리지 신학부 건물로 들어가면 쿼드랭글 좌측 도서관 입구에 오른손을 높이 들어 올린 존 녹스의 입상이 있다. 정면은 로열마일과 잇닿아 있는 어셈블리홀 입구, 우측이 본관이다.

스코틀랜드 교회개혁의 나팔을 불어야 할 존 녹스의 시간이 성큼 다가왔다. 1559년 5월 2일 리스^{Leith}항에 도착한 녹스는 에든버러에서 하룻밤을 묵은 뒤, 던디로 향하였다. 당시 퍼스는 가톨릭교도들과 개혁교도들 사이에서 폭력사태가 금방이라도 벌어질 것 같은 긴장이 고조되고 있었다. 이런 상황을 전해 들은 그는 지지자들과 함께 즉각 퍼스로 발길을 돌렸다. 5월 11일, 존 녹스는 세인트존 교회에서 우상숭배를 신랄하게 비판하였다. 그의 설교가 끝난 직후, 일부 회중이 성상과 제단을 파괴하는 사건$^{\text{Iconoclasm of Perth}}$이 벌어졌다. 이 사건은 퍼스에서 가톨릭과 개혁파 사이의 긴장을 극도로 고조시켰고, 그의 설교는 반가톨릭 정서와 종교개혁 운동을 스코틀랜드 전역으로 확산시키는 기폭제가 되었다. 다음날 아침에도 녹스는 군중 앞에서 설교를 이어 갔다. 같은 날 오후, 퍼스의 가톨릭 성직자들과 시민, 그리고 섭정 마리 드 기즈의 지지 세력은 성상이 복원되지 않은 것에 반발하여 장엄한 행렬과 화려한 복장으로 세인트존 교회로 들어가 가톨릭 미사를 봉헌하였다. 이때, 한 아이가 제단(祭壇)에 돌을 던졌다. 그러자 회중들이 제단 주변의 장식을 부수고 수도사들을 공격하면서 아수라장이 되었다.

섭정 마리는 이 사건을 폭동으로 규정하고 프랑스 병력과 섭정군을 퍼스 주변에 포진시켰다. 일촉즉발의 상황에서 아가일 백작과 모레이 백작(제임스 스튜어트) 등이 중재에 나서 무력 충돌은 일단 피할 수 있었다. 그러나 섭정 마리는 합의된 내용을 지키지 않고 즉각 퍼스를 점령하고 재가톨릭화 일환으로 퍼스 시장을 가톨릭교도로 교체하고 미사를 강요했다. 이에 개혁신앙을 견지한 사람들이 도시를 떠나기 시작했다. 이로써 스코틀랜드 개혁파는 정치적·군사적 힘의 중요성을 절감하였다.

섭정 마리 드 기즈와의 협상에 참여했던 메리 스튜어트의 이복오빠 모레이 백작 James Stewart, Earl of Moray도 섭정의 일방적 처사에 분노하여 '회중의 귀족들'Lords of the Congregation 편에 합류하였다. 모레이 백작과 그의 동생 존 스튜어트 John Stewart는 섭정 마리의 배신 직후인 6월초, 세인트앤드루스로 진군했다. 대주교 존 해밀턴 John Hamilton과 프랑스 군대가 이들을 저지하기 위해 병력을 동원, 위협하였다.

'회중의 귀족들'이 무력저항을 결심하게 된 데에는 〈통치자가 백성의 신앙을 보호할 책임을 저버리고 이를 위협한다면, 이는 통치 계약의 파기이며 저항을 받을 수 있다〉는 칼뱅파 저항이론의 영향이 컸다. 이후 제네바의 테오도르 드 베즈는 칼뱅보다 한 걸음 더 나아가, 『**통치자의 권리에 관하여**』 *Du Droit des Magistrats sur Leur Subiets, 1574*를 발표하여 이 이론을 체계화하였다.

1559년 6월 11일 세인트앤드루스 교회, , 존 녹스는 마가복음 11장을 본문으로 성전 정화에 대한 설교를 시작하였다. 이에 감동받은 지지자들이 즉시 홀리 트리니티Holy Trinity와 대성당, 대학 안에 있는 예배당의 제단과 성상, 장식을 뜯어내 과거 개혁파들이 화형당했던 자리에 쌓아놓고 소각함으로써 순교자들을 기렸다. 당시 세인트앤드루스 대주교 존 해밀턴과 프랑스군은 이들의 기세에 눌려 자진 철수하였다. 이후 사람들은 아가일 백작과 모레이 백작, 곧 '회중의 귀족들'의 지휘 아래 도시 내의 모든 가톨릭적 요소를 제거하였다. 도미니크회, 프란체스코회 수도원도 이 과정에서 파괴되었다. 이 사건은 스코틀랜드 교회개혁의 중요한 전환점이 되었으며, 퍼스에서 시작된 종교개혁 운동이 세인트앤드루스로 확산되는 결정적인 계기가 되었다.

6월 중순, 섭정 마리는 세인트앤드루스St. Andrews로 진군하는 '회중의 귀족들'Lords of Congregations을 저지하려고 쿠퍼Cupar에 군대를 파견했다. 그러나 열세에 놓였던 아가일 백작을 돕기 위해 개혁파 귀족들이 집결하였고 그제야 섭정군이 철수하였다. '회중의 귀족들'은 전략적 거점인 퍼스를 장악하고, 이어서 스털링Stirling을 점령하였다. 스털링을 차지한 이들은 에든버러에 입성해 가톨릭 수도원과 성상들을 제거하면서 종교개혁에 대한 강한 의지를 드러냈다. 섭정 마리가 개혁파를 탄압하면 할수록 '회중의 귀족들'은 더욱 조직적으로 저항하였다. 군사적 긴장이 고조되는 가운데 7월 25일, 양측은 에든버러 인근 리스에서 조약Treaty of Leith을 체결하고 일시적인 정전(停戰)에 합의했다. 그러나 프랑스의 앙리 2세가 사망하고 프랑수아 2세와 메리 스튜어트가 즉위함에 따라 프랑스가 스코틀랜드 문제에 본격적으로 개입할 조짐을 보이면서 스코틀랜드 상황은 더욱 어렵게 되었다. 섭정 마리가 개혁파에 대한 탄압을 강화할 것이 확실시 되는 가운데 '회중의 귀족들'

은 '리스 조약'을 존중하는 의미에서 스털링으로 철수하였다. 그러나 섭정 마리의 성정을 누구보다 잘 아는 아가일 백작은 손 놓고 있을 수가 없었다. 잉글랜드의 윌리엄 세실William Cecil에게 군사적 지원을 타진했다. 당시 잉글랜드로서는 섣불리 스코틀랜드 내전에 개입할 경우 프랑스와의 전쟁으로 비화할 것을 우려하여 즉각 응하지 않고 상황을 관망하고 있었다. 그 사이 '회중의 귀족들'은 선제적으로 섭정 마리를 폐위시켰다(1559. 10). 이에 대응하여 프랑스의 대규모 함대가 재빠르게 이동하면서, '회중의 귀족들'은 긴급하게 윌리엄 메이틀랜드William Maitland of Lethington를 잉글랜드에 특사로 보냈다. 그제야 윌리엄 세실이 움직이기 시작하였다.

 1560년 2월 27일, 잉글랜드의 노퍽 공작Thomas Howard과 스코틀랜드 '회중의 귀족들' 사이에 '버윅 조약'Treaty of Berwick을 체결, 양국이 동맹을 맺은 가운데 6월 11일 섭정 마리 드 기즈가 사망했다. 이는 스코틀랜드의 정치와 종교개혁을 훼방할 장애물이 사라진 것을 의미할 뿐만 아니라, 프랑스가 전쟁을 지속해야 이유가 없어진 것을 의미했다. 드디어 7월 6일, 스코틀랜드는 잉글랜드 및 프랑스와 '에든버러 조약'Treaty of Edinburgh, 1560을 체결하게 되고, 이 조약에 따라 스코틀랜드에 주둔하고 있던 잉글랜드와 프랑스 군대가 철수하였다. 이로써 1295년 이래로 약 250년간 지속되어 온 스코틀랜드와 프랑스 사이의 '올드 동맹'Auld Alliance은 사실상 종료되었다. 외부의 개입이 사라진 가운데, 스코틀랜드 의회와 '회중의 귀족들'이 실질적인 정치권력을 장악하게 되었다. 그 결과 스코틀랜드는 잉글랜드와 협력하며 나란히 종교개혁 가도를 달리게 되었다. 이에 반해 프랑스는 로마 가톨릭교회를 수호하며 절대왕정주의로 꿋꿋하게 나아갔다.

 7월 19일 '에든버러 조약' 이후 스코틀랜드 개혁교도들은 세인트자일스 교회에서 예배를 드렸다. 이는 잉글랜드와의 동맹, 프랑스군의 철수, 로마 가톨릭 체제 해체 등, 일련의 성취를 하나님께 돌리는 감사 예배였다. 여름이 깊어진 8월 9일, 홀리루드 궁전Holyrood Palace에서 스코틀랜드 의회가 소집되었다. 당시 여왕 메리가 프랑스에 체류 중이었기에 왕권의 상징인 왕관·지팡이·검을 높이 들어 올리는 국왕 부재 시의 의례절차를 거쳐 의회가 합법적으로 소집되었음을 알린 다음, 귀족들은 로열마일을 따라 머켓 크로스Mercat Cross까지 행진하였다. 그리고 광장에 모인 시민들 앞에서 의회의 주요 의제였던 '가톨릭 체제 폐지', '신앙고백 승인', '교황권 폐지', '미사 금지' 등을 공표하였다. 이는 교회개혁의 정치적 승리를 공식화하고, 스코틀랜드가 개혁교회로 나아가고 있음을 대외적으로 선언하는 상징적인 절차였다. 이로써 《스코틀랜드 신앙고백서》와 《제1 치리서》를 통해 가톨릭 체제를 폐지하고, 장로정치 체제의 개혁교회를 공식화했다.

8월 17일 존 녹스를 비롯한 6인의 존(존 녹스·존 윈램·존 스포티스우드·존 윌록·존 더글라스·존 로위)이 작성한 25개 조항의 《스코틀랜드 신앙고백서》를 의회가 승인한 데에 이어, 8월 24일에는 교황의 사법권과 권위를 공식적으로 폐지하는 법(교황권 폐지법·신앙고백 승인법·미사금지법)을 통과시켰다. 이것은 교황의 명령을 따르거나 권위를 따르는 자에 대해서는 공직 박탈·추방·사형에 이를 수 있음을 규정한 것으로써 스코틀랜드는 로마 가톨릭 체제를 해체하고 장로정치 원리에 기반한 개혁교회를 국교로 삼은 나라가 되었다.

《제1 치리서》

스코틀랜드가 교회개혁의 과정에서 역사의 흐름은 매순간 요동치며 긴장을 이어 갔다. 메리 여왕이 귀국할 상황이 되자, 1560년 5월에 초안을 작성했던 《제1 치리서》the First Book of Discipline를 개정한 뒤 1561년 1월 27일, 귀족들의 서명을 받아 스코틀랜드 교회의 교회정치 원리로 채택하였다. 이 같은 《제1 치리서》는 교리와 성례, 목사의 합법적 선출 및 자격 요건, 교회의 치리와 교회정치가 주요 골자(骨子)였다. 또한 도덕적 개혁을 위한 권징을 명시하고 교회와 사회의 계급적 구조 타파를 지향했다. 교회 직원에 있어서는 목사·장로·집사와 같이 세 개의 직분으로 구분하되, 임기를 1년으로 규정하였다. 또한, 경건과 지식 함양을 위한 교육의 중요성을 강조하여 각 마을마다 학교를 세우고, 고등교육을 위해 스코틀랜드 내에 3개의 대학을 설립하기로 하였다. 아울러 교회의 중요한 사명으로 빈민구제를 강조하였다. 이같이 교회와 사회개혁을 위해 필요한 재정을 확보하기 위해 기존 교회재산을 개혁교회가 관리해야 한다는 주장은, 당시 교회재산의 실질적 소유주인 귀족들의 강한 반발에 부딪혔다. 그들은 겉으로 종교개혁을 지지하면서도 교회재산을 국가에 환원하거나 스코틀랜드 교회에 귀속시킬 생각은 없었다. 그로 말미암아 교회개혁을 위해 필요한 스코틀랜드 교회의 자립 재정 기반은 미약했고 《제1 치리서》는 법적 효력을 얻지 못하고 실천적 구속력을 상실하게 되었다. 어떤 형태의 개혁이든, 기존의 강고한 구조와 체계를 변혁하는 것은 혼란과 저항의 파고를 반드시 넘어서야 하는 매우 힘든 일이었다. 온갖 고초를 겪고 쟁취한 스코틀랜드 교회개혁이 진일보하기 위해서는 앞으로도 넘어서야 할 산이 너무 많았다.

한편, 존 녹스는 잉글랜드 교회의 《공동기도서》 대신 《공동예배모범》*Book of Common Order*을 사용하였다. 이로써 칼뱅의 제네바 개혁교회의 신학과 교회정치를 공유하면서도 장로정치 체제에 방점을 둔 스코틀랜드 개혁교회가 공식적으로 등장하게 된다.

1565년 7월 말, 메리 스튜어트는 귀족들의 반대에도 불구하고 사촌 단리 경(헨리 스튜어트)과 재혼함으로써, 왕족인 두 사람의 결혼은 엘리자베스 1세에게도 정치적 위협이 되었을 뿐만 아니라 스코틀랜드 교회개혁에도 위협이 되었다. 이에 메리의 이복오빠 모레이 백작을 중심으로 개혁파 귀족들이 들고 일어났다. 이에 메리 스튜어트는 직접 군대를 지휘하며 '체이스어바웃 반란'Chaseabout Raid을 진압하였다. 그 결과 모레이 백작 제임스 스튜어트와 일부 귀족들이 잉글랜드로 피신하고, 존 녹스는 여왕의 결혼을 비판했다는 이유로 설교 금지를 당했다. '체이스어바웃 반란'에는 존 녹스의 장인 오칠트리 경Lord Ochiltree과 존 굿맨John Goodman 등이 연루되어 있었다. 이와 같은 정치적 혼란 속에서도 스코틀랜드 장로회주의자들은 자신들의 역사적 소명을 한시도 멈추지 않았다. 1566년 12월, 스코틀랜드 교회 총회는 목회자 간의 평등과 성경 중심의 장로정치의 원칙을 재확인하였다. 크리스마스나 성인 축일 같은 비성경적인 가톨릭 전례를 거부하고 오직 성경에 근거한 예배와 절기만을 교회력에 포함시켰다.

한편, 메리 스튜어트는 귀국할 당시에는 자신의 신앙을 사적인 일로 다루었으나 이제는 자신의 왕국을 가톨릭 체제로 복원하려고 했다. 이듬해 봄, 상황은 더 나빠졌다. 단리 경이 암살당하고 약 3개월 만인 1567년 5월 15일 암살 사건에 연루된 보스웰 백작과 세 번째 결혼을 강행함으로써 개혁파 귀족들이 군대를 동원해 카베리 언덕Carberry hill에서 여왕을 체포하기에 이르렀다. 보스웰 백작James Hepburn, 4th Earl of Bothwell은 6월 15일, 덴마크로 도주해 감옥에서 죽을 때까지(1578) 돌아오지 못했고, 메리 스튜어트는 로클레벤 성Lochleven Castle에 유폐되었다. 이같이 상황이 긴박하게 돌아가자, 6월 25일 스코틀랜드 교회는 총회를 소집해 조지 뷰캐넌George Buchanan을 총회장으로 선출하고 정치적 상황과 개혁의 방향을 논의하며 새로운 국면에 대비하였다. 7월 21일 한낮 더위가 기승을 부리기 시작했다. 스코틀랜드의 추밀원 의원들과 귀족들이 회의를 열어 여왕의 폐위와 그녀의 아들 제임스 6세의 왕위 계승, 그리고 모레이 백작James Stewart, Earl of Moray의 섭정 추대를 논의하였다. 그 결과 7월 24일 메리 스튜어트의 폐위를 공식 선언하였다. 결국 그녀는 왕위와 권리를 아들 제임스 6세에게 넘겨주었다. 이 소식을 접한 존 녹스는 곧바로 에든버러로 돌아와, 7월 29일 스털링 성에 인접한 홀리루드 교회Church of the Holy Rude에서 거행된 제임스 6세의 즉위식 설교를 맡았다. 귀족 일부만 참석한 가운데 한 살에 불과한 제임스 6세James VI 1566-1625를 스코틀랜드 국왕으로 옹립하였다. 모든 것은 그분의 선하신 뜻대로 될 것이었기에 장로회주의자들은 개혁된 교회의 노를 열심히 저을 따름이었다.

스코틀랜드 내전은 계속되었다. 1571년 4월 메리를 지지하는 여왕파Queen's Men가 에든버러를 점령하자, 존 녹스와 개혁파 지도자들은 세인트앤드루스로 피신하였다. 병약해진 존 녹스는 세인트앤드루스에 머무는 동안에도 설교를 계속하였으며, 집필 중이던 『스코틀랜드 종교개혁사』(1584)를 자신의 조카와 리처드 바니타인Richard Bannatyne의 조력을 받아 마무리하였다. 그가 말한 모든 것을 바니타인은 성실하게 기록으로 남겼다. 내전이 수그러들면서 존 녹스는 에든버러로 돌아와 사역을 재개하였다.

그는 1572년 11월 24일, 세상을 떠나기 2주 전까지 세인트자일스 교회에서 설교를 계속하였다. 평소에 그는 설교에 대하여 "주인님의 나팔을 부는 것"이라고 했을 만큼 설교자로 섬기며 스코틀랜드 교회개혁을 위해 헌신하였다. 그는 스코틀랜드 교회가 성경과 사도적 가르침을 따라 바른 신앙으로 나아가길 바랐던 진정한 하나님의 사람이었다.

5. 메리 스튜어트

메리 스튜어트는 태어날 때부터 평범한 삶과는 거리가 먼 운명을 지녔다. 겨우 생후 엿새만에 스코틀랜드의 왕관을 쓴 그녀가 아닌가! 그녀는 태생적으로 가톨릭교도였으며, 프랑스 궁정생활의 영향으로 관습과 인습에 얽매이지 않았다. 그러나 그녀가 비록 군주일지라도 종교개혁의 활화산 지대인 스코틀랜드에서 개혁이라는 마그마에 녹거나 달아나거나 둘 중 하나였다. 메리 스튜어트는 허니문이 끝나기도 전에 남편 프랑수아 2세가 병사함으로써, 13년 만에 자신의 왕국 스코틀랜드로 돌아왔다. 정치감각이 탁월한 귀족들도 혀를 내두를 만큼 당찬 18세의 여왕은 자신의 홀리루드 궁전Holyrood Palace에서 스코틀랜드 의회가 국법으로 금지한 로마 가톨릭 미사를 드렸다. 이에 개혁파 귀족들이 크게 반발하였다. 존 녹스는 메리 스튜어트 여왕의 미사 참석에 단호히 반대하며, 다음과 같이 말했다.

"한 번의 미사는 만 명의 군대보다 더 두렵소!"*(A single Mass is more fearful to me than ten thousand armed men)*

스코틀랜드 교회와 존 녹스와 사사건건 충돌하던 메리 스튜어트의 사생활, 특히 그녀의 결혼과 연애로 인한 정치적 스캔들은 귀족들과 백성들로부터 지탄을 받았다. 여왕의 행보에 반발한 개혁파 귀족들이 군사적 봉기를 한 카베리 전투에서 패한 메리는 로클레벤 성Lochleven Castle에 유폐되어 왕권을 포기했다. 그러나 그녀의 복권을 바라는 추종자들에 의해 1568년 5월 2일 탈출에 성공, 여왕파Queen's Men를 결집시켰다. 이에 대응하여 그녀의 이복오빠 모레이 백작의 섭정군Regent's Army이 5월 13일 글래스고 인근 랑사이드 전투Battle of Langside에서 여왕파를 크게 무찔렀다. 3백여 명의 사망자와 수많은 포로가 된 여왕파의 패배로, 메리 스튜어트는 모든 희망을 잃고 스코틀랜드를 떠나 잉글랜드로 망명하였다. 그녀의 망명으로 속내가 복잡해진 인물은 엘리자베스 여왕이었다. 프랑스 왕비로서의 세련된 교양과 뛰어난 미모, 그리고 가톨릭 왕족으로서의 정통성까지 갖춘 5촌 메

「스코틀랜드 메리 스튜어트 여왕」, 프랑수아 클루에, 빅토리아 앨버트박물관, 런던. 섭정 마리와 스코틀랜드 가톨릭 귀족들에 의하여 외가 기즈 가문이 있는 프랑스에서 성장한 메리 스튜어트 여왕은 프랑수아 2세와 결혼, 프랑스 왕비가 된다.

리의 등장은 엘리자베스에게 결코 달가운 일이 아니었다. 더구나 앤 불린의 딸인 자신보다, 헨리 7세의 외증손녀인 메리가 혈통상 앞선다는 논란과 엘리자베스를 사생아로 취급한 가톨릭교회 사이에 적통에 대한 논란이 끊이지 않는 가운데 엘리자베스는 메리를 만나주지 않고 외딴 칼라일 성으로 보내 버렸다. 잉글랜드 왕위 계승권을 가진 메리는 그녀에게 위협적인 존재였다. 18년 동안 여러 성에 유폐되다시피 했던 메리 스튜어트, '국왕 암살 공모죄'로 포더링헤이 성Fotheringhay Castle으로 이송되었다. 1587년 2월 8일 이른 아침, 자욱한 안개가 처연함을 더한 가운데 그녀는 참수형에 처해졌다. 종교개혁의 활화산에도 아랑곳하지 않고 가톨릭 군주로 살았던 메리 스튜어트, 비록 엘리자베스의 잉글랜드에서 참수형으로 생을 마감했지만, 그녀의 아들 제임스 6세가 잉글랜드 제임스 1세가 되어 두 나라를 통치하는 '동군연합同君聯合, Personal Union'의 왕좌를 차지하게 된다.

이처럼 세속권력 최정점의 영광과 나락을 동시에 겪은 메리 스튜어트는 그렇게 역사 속으로 사라졌다. 그녀가 실제로 왕위를 찬탈하려고 바빙턴 음모Babington Plot를 꾸몄는지, 엘리자베스 측근이 그녀를 제거하기 위해 벌인 음모인지는 끝내 밝혀지지 않았다. 이 사건은 역사의 한 켠에서 여전히 논란의 불씨를 품고 있을 뿐이다.

에든버러의 랜드마크인 월터 스콧(1771-1832)의 기념탑. 시내 중심부 프린스 스트리트 가든스에 있는 『아이반호』의 저자 월터 스콧의 기념탑은 런던 트라팔가 광장의 넬슨 제독의 탑보다 높은 61M의 탑이다. 탑 아래에는 월터 스콧과 그의 반려견 마이다(Maida)의 대리석 조각상이 있다. 고딕 양식의 검은 사암석으로 만든 탑의 287개 좁은 계단을 올라가면서 여러 전망대를 통해 에든버러 시내를 한눈에 조망할 수 있고 탑 곳곳에 새겨진, 그의 소설에 등장하는 64명의 인물 조각상을 볼 수 있다. 웨이벌리역 바로 옆에 있는 이 기념탑은 작가의 유지를 받들어 만들었다지만 잔뜩 흐린 날에는 웨이벌리 광장에서 들려오는 백파이프 연주와 어울리는 듯, 어울리지 않는 듯, 음산하기까지 한 기념탑은 에든버러 공항에서 트램이나 에어링크 100번 버스로 30여 분이면 웨이벌리 브릿지 정류장에 도착하게 된다.

한편, 스코틀랜드에 종교개혁이 정착되자, 1560년경 스코틀랜드로 돌아온 조지 뷰캐넌은 어린 제임스 6세의 가정교사가 되었다. 그의 생각과 의도는 어린 제임스 왕으로 하여금 하나님을 경외하는 군주로, 또 왕이 종교개혁을 받아들이는 군주가 되어 왕권의 제한성을 인정할 수 있도록 하기 위해 애썼다. 그 일환으로 자신의 개혁사상을 담은 『스코틀랜드 군주의 권한』*De Jure Regni Apud Scotos*을 저술하였다. 그는 국왕이 올바른 정치를 하도록 신하된 충성을 다했다. 하지만 청교도적인 스승의 엄격한 교육에 대해 반감이 컸던 제임스 6세는 재위 기간 내내 개혁주의자들에 대하여 우호적이지 않았을 뿐만 아니라 도리어 개혁자들의 뒷목을 잡게 만들었다.

1566년에 공개적으로 개혁신앙을 받아들인 조지 뷰캐넌(1506-1582)은 세인트앤드루스 대학의 학장이 되었으며, 평신도로서 총회의 의장으로 피선되었다. 한편, 뷰캐넌은 시민들의 저항권 이론을 제시하여 스코틀랜드에서 큰 호응을 얻었고 그의 정치적 주장들은 스코틀랜드인들에게 큰 영향을 끼쳤다. 그러나 뷰캐넌의 생애는 대부분 학업과 교수, 또는 투옥과 망명생활로 점철되었다.

그의 핵심적인 개혁사상은 모든 정치권력의 원천이 시민이라는 점을 강조한 것이다. 통치자의 권력은 제한적이고 조건적인 권세를 받은 것이기 때문에 만일 왕이 백성들을 종교적인 이유로 처벌하고 탄압한다면, 백성들은 그에 맞서 저항하는 것이 합법적이라는 것이다. 왕정주의자들에게 뷰캐넌의 사상은 왕권에 대한 노골적인 도전이 아닐 수 없었다. 그가 세상을 떠난 지 두 해가 되었음에도 찰스 1세의 스코틀랜드 의회는 그를 정죄하였다(1584). 또 그의 아들 찰스 2세에 의해서도 정죄당했으며(1664), 나아가 찰스 2세의 동생 제임스 2세는 옥스퍼드 대학교에서 조지 뷰캐넌의 저술들을 소각하였다(1683).

6. 앤드류 멜빌과 《제2 치리서》

영향력이 큰 지도자의 죽음은, 왕실권과 정치적 안정을 위해 스코틀랜드 교회개혁이라는 댐에 균열을 내고 싶어 안달이 난 사람들의 등장을 부추겼다. 감독정치를 복원시킨 제임스 6세의 섭정, 제4대 모턴 백작 제임스 더글러스James Douglas가 그 장본인이었다. 그럼에도 앤드류 멜빌에 의해서 스코틀랜드의 장로회주의Presbyterianism는 존 녹스의 사후에도(1572. 11) 계속 발전하였다. 앤드류 멜빌은 신학자이자 개혁자로, 스코틀랜드 장로정치 체제Presbyterian polity를 확립하는 데에 결정적인 역할을 하였다.

그는 세인트앤드루스와 프랑스 푸아티에 대학에서 법학과 고전어를 공부하였다. 그러나 프랑스 제3차 위그노 전쟁이 이어지자 1569년 스위스로 건너가 제네바 아카데미 인문학 교수로 재직하였다. 존 녹스 사후, 스코틀랜드에서는 감독제 복원과 왕권 강화가 본격화되었다. 이를 우려한 멜빌은 1574년 귀국하여 글래스고 대학 총장에 취임하였다. 그는 중세적 스콜라주의 교육체계를 폐기하고 제네바 아카데미를 본보기 삼아 신학·언어·과학·철학을 아우르는 새로운 교육과정을 도입하여 학문적 갱신을 추진하였다. 1578년 스코틀랜드 교회 총회General Assembly 의장으로 선출된 멜빌은 《제2 치리서》[8]의 채택을 주도하며 장로정치 체제를 정립했다. 이것은 존 녹스의 《제1 치리서》보다 훨씬 정교하게 정리된 규범으로, 교회권력과 국가권력의 분리를 핵심 원리로 삼았다. 그는 세속권력과 교회권력이 때로는 투쟁하고 때로는 결탁하며, 오남용해 온 역사는 권력의 분리 원칙이 결여된 데서 비롯된다고 보았다. 이 같은 그의 '두 왕국two kingdoms articulation'개

---

[8] 《제2 치리서》: 앤드류 멜빌이 제시한 것은 루터의 '두 왕국론'(Zwei Reiche-Lehre)을 계승·발전시킨 신학적·정치적 원리로서, 당시 스코틀랜드 상황에 맞게 구체화한 '개념' 혹은 '교리'에 가깝다. 즉, 멜빌은 교회와 국가를 각각 독립된 영역으로 보고 권력 분리를 주장했으나, 이것은 엄밀하게 학문적 이론이라기보다, 교회정치 체제의 원리와 신학적 해석을 담은 '개념적 틀'이었다.

념은 스코틀랜드 교회정치 원리에 적극 반영되었다. 또한 그의 조카 제임스 멜빌과 당시 제네바의 테오도르 드 베즈의 신학적 조언과 교류 속에서 더욱 정교하게 정립되었다.

> "왕과 군주들 그리고 관리들은 그들이 통치하는 국가 안에서 백성의 주와 영주로 불리는 것은 적절하다. 그러나 교회라는 영적인 정부에서는 오직 예수 그리스도만이 '주'와 '스승'이라 불릴 수 있다. 따라서 교회의 직분자들은 교회영역 밖에서 권한을 남용할 수 없으며 '주'라고 불릴 수 없고, 단지 목사와 제자, 그리고 집사로 불릴 수 있다. 보편적 교회를 통치하는 것은 그리스도의 정당한 지위이며, 개별교회는 말씀을 통해 목회자들에 의해 통치된다." -《제2 치리서》1장 13조 -

《제2 치리서》1장 12조에서 누구든지 "스스로 교회의 머리라고 부르는 것은 적그리스도이며, 이는 그 어떤 인간에게도 심지어 천사라할지라도 주어지지 않은 권한"이라고 멜빌은 단호하게 적시하였다. 〈세속권력은 교회에 대한 어떤 권한도 없고 오직 의무만 있다. 그에 반하여 교회는 세속 통치기구가 아니므로 세속정치 영역에 직접 개입해서는 안 되며, 다만 세속 군주가 악정을 행할 경우 교회는 성경적 원리에 근거해 경고와 권고를 할 수 있다〉는 원칙은 제네바 개혁사상과 교회정치 원리와 깊은 유사성을 지닌다. 또한 《제2 치리서》는 국가의 지배로부터 교회의 독립성과 자율적 권위를 주장하였다. 이 치리서에 따르면, 성경이 가르치는 참된 교회는 장로[Elders]와 집사[Deacons]로 구성된 오직 두 종류의 직분으로 구성된다. 또다시 장로는 치리 장로[Ruling Elders]와 목사[Ministers], 교사[Doctors]를 포함한 직제로 구분하고, 교회의 영적 자치와 성경적 교회 질서를 유지하기 위한 조직 원리로 명시하였다. 나아가 앤드류 멜빌은 〈국가는 사회의 악의 억제와 건강한 종교의 육성이 주요 업무이며 사명〉이라고 제시하여 스코틀랜드 장로회주의에 심폐소생술을 시행하였다. 그의 '두 왕국' 개념은 로마 가톨릭교회와 군주-교황제 아래 있는 잉글랜드로서는 주리를 틀어서라도 부러뜨리고 싶은 이론이었다.

1578년 제임스 6세는 열한 살에 섭정 체제를 끝내고 직접 통치를 시작하였다. 이로써 섭정 모턴 백작이 물러나고, 국왕의 친척 에스메 스튜어트Esme Stewart가 측근에 등용되었다. 이 같은 인사는 스코틀랜드 개혁파 귀족들과 장로회주의자들을 자극하였다. 제임스 6세가 통치하면서 주변에 감독주의자들이 중용되고 가톨릭의 망령마저 되살아나는 듯했다. 이에 1582년 8월 22일 윌리엄 루스벤William Ven 1st Lord Ruthven과 몇몇 귀족들은 늦기 전에 선제적으로 대처해야 한다고 판단했다. 그에 따라 퍼스Perth 근교에서 사냥 중이던 국왕을 납치하여 헌팅타워 성Hunting Tower Castle에 약 10개월 동안 억류한 채, 교회개혁에 협조하고 레녹스 공작(에스메 스튜어트)을 추방하라고 요구하였다.

이른바 '루스벤 음모'로 불리는 이 사건으로 겁먹은 레녹스 공작은 프랑스로 도피하였으나 곧 사망하고 말았다. 이에 제임스 6세는 스승 조지 뷰캐넌에게서 받은 엄격한 개혁주의 교육에 대한 반감만 더 커졌다. 헌팅타워 성을 탈출한(1583) 그는 곧바로 2대 아란 백작을 임명하고 감독주의 성직자들을 중용하여 반장로회주의 정책을 본격화하였다. 1584년 '암흑법'Black Acts을 제정하여 국왕의 허락 없이는 교회 총회를 열 수 없도록 금지한 데 이어 1587년에는 '세속재산 귀속법'Annexation of the Temporalities Act으로 왕권 강화에 나섰다.

'암흑법'은 세인트앤드루스 대주교 패트릭 애덤슨Patrick Adamson과 켄터베리 대주교 존 위트기프트John Whitgift가 주도한 것으로써 영적·세속적 모든 사안에 대한 최종 권한을 국왕에게 부여했으며, 모든 목사는 주교의 권위에 복종해야 한다고 명시하였다. 이것은 스코틀랜드 장로회주의자들의 고난을 알리는 예고장이었다. 그는 진정 메리 스튜어트의 유전자를 가진 군주였다.

앤드류 멜빌Andrew Melville, 1545-1622과 그의 조카 제임스 멜빌을 비롯한 20여 명의 목사들이 탄압과 체포의 위험을 피해 잉글랜드로 망명을 떠났다. 그러나 2대 아란 백작James Stewart, Earl of Arran이 잉글랜드와 외교문제가 될 사건에 연루되어 해임되면서 정치적 상황이 바뀌었고, 1585년 6월 귀국한 앤드류 멜빌은 세인트메리스 칼리지St Mary's College 총장으로 취임하였다.

1592년 6월 5일, 멜빌의 주도로 스코틀랜드 교회역사에서 전환점을 이루는 법률이 제정되었다. 후대에 '황금법'Act anent the Liberty of the Kirk 으로 불린 '암흑법'으로 박탈당한 교회의 자율성과 권리를 다시 회복시켜 놓은 것이다. 곧 총회, 시노드Synods·지방 장로회Presbyteries·교구회Kirk Sessions 등의 조직이 국가법 아래 공식적으로 인정을 받았다. 또한 목사의 임명과 교구 관리에서 교회의 독자적 권한을 보장하고 교회가 자유롭게 회의를 소집하고 치리할 수 있는 자율권도 보장되었다. 그러나 주교들은 여전히 스코틀랜드에 존속해 있었고, 총회 소집에 대한 결정권 또한 제임스 6세의 손에 있었다.

1603년 비혼의 잉글랜드 여왕 엘리자베스 튜더가 사망하였다. 따라서 제임스 6세가 두 나라를 통치하는 잉글랜드의 제임스 1세가 되었다. 그는 주교제를 강화하여 절대왕권을 행사할 기회만 엿보았고, 스코틀랜드 장로회주의자들은 반쯤 구워진 잉글랜드에 장로정치 체제를 이식할 수 있을 것이라는 기대에 한껏 부풀었다. 이 같은 동상이몽은 언제 어디에서든 충돌할 수밖에 없는 꿈이었다. 1606년 앤드류 멜빌은 장로회주의자들과 함께 런던으로 소환되었고, 교회의 자율성을 옹호하는 발언으로 인해 런던탑에 갇혔다. 그는 약 4년간의 수감생활 끝에 석방되었으나(1611) 스코틀랜드로의 귀국은 불허되었다. 이에 멜빌의 거취를 잉글랜드 정부에 요청한 이가 있었다. 그는 '위그노 전쟁'에서 활약한 부용 공작Henri de La Tour d'Auvergne, Duke of Bouillon이었다. 그가 세당 아카데미Académie de Sedan 신학교수로 멜빌을 초빙하여 멜빌은 프랑스에서 여생을 보냈다. 장로회주의자들이 잠시 잊고 있었던 것은 제임스 1세는 어디까지나 세속 군주였다는 사실이다. 그가 의존한 것은 복음이 아닌 왕권의 존엄과 절대성이었다. 곧 기독교라는 울타리 안에서 왕권신수설Divine Right of Kings을 정당화한 군주 가운데 한사람이었을 뿐이다.

19세기 작곡가 멘델스존은 베토벤, 모차르트 등 수많은 예술가들의 삶에 드리운 어둡고 비극적인 그림자가 없는 사람이었다. 유대 금융 가문에서 태어나 유복하고 평온한 음악가의 삶을 누렸다. 그의 부친에 의해 루터파로 개종한 그는, 청년 시절 유럽을 순례하며 고전적 교양과 낭만적 감수성을 쌓아갔다. 드디어 그가 오래도록 동경해 온 월터 스콧의 나라, 스코틀랜드에 발을 디뎠다. 그는 호기심을 갖고 홀리루드궁을 찾았다. 쇠락과 영광, 그리고 치정이 얽힌 궁정의 기억이 깃든 그곳에는 차가운 회색 하늘과 황량함이 감돌았다. 잊혀진 비운의 여왕 메리 스튜어트의 그림자가 스산한 바람에 실려 오듯, 그의 가슴속에 음악으로 부활하고 있었다. 그 순간의 악상이 훗날 교향곡 제3번 「스코틀랜드」Symphony No..3 Scottish로 탄생하게 된다.

멘델스존은 이 곡에 단순한 풍경을 넘어, 내면의 서사와 역사적 분위기를 결합하여 음표 위에 한 나라의 멜랑콜리한 초상을 그려 넣었다. 그의 음들은 한때 메리 스튜어트가 걸었을 궁정의 복도를 거닐며 그녀의 영혼과 맞닿는다. 낭만은 그렇게 역사와 예술이 어우러져 하나의 교향곡으로 완성되었다. 그는 무슨 연유인지 13년이 지난 서른세 살 무렵, 교향곡을 완성하여 마침내 라이프치히의 게반트하우스에서 초연하고 직접 지휘하였다. 멘델스존의 「스코틀랜드」를 들으며, 16세기 스코틀랜드의 풍경과 시간 속으로 잠시 걸음을 옮겨 보아도 좋을 듯하다.

프랑스 종교개혁

위그노들

위그노 전쟁 (프랑스 종교 내전)

제1차 위그노 전쟁(1562–1563)
1562년 3월, 프랑수아 드 기즈 공작이 바시 마을의 위그노 집회를 공격해 프랑스 내전을 촉발한 '바시 학살'Bloody Massacre of Vassy '앙부아즈 칙령'으로 종결.

제2차 위그노 전쟁(1567–1568)
위그노들이 샤를 9세와 카트린 드 메디치를 납치하려 한 '모의 기습'Surprise of Meaux 으로 시작, '롱주모 평화조약'Peace of Longjumeau 으로 종결.

제3차 위그노 전쟁(1568–1570)
자르낙Jarnac 전투와 몽콩투르Moncontour 전투로 위그노 큰 손실, '생제르맹 평화조약'Peace of Saint-Germain 으로 종결.

제4차 위그노 전쟁(1572–1573)
섭정 카트린과 가톨릭 세력이 '성 바르톨로메오 축일 대학살'을 자행, 콜리니 제독과 위그노 귀족 등, 프랑스 전역에서 위그노 학살.

제5차 위그노 전쟁(1574–1576)
앙리 3세가 자신의 동생 알랑송 공작과 위그노들의 안전도시 곧 '보증도시'places de sûreté 8개 보장 등, 일부 종교적 자유를 허용한 '볼리외 평화조약' 체결.

제6차 위그노 전쟁(1577. 3–9)
'볼리외 평화조약'에 반대한 기즈 가문과 가톨릭 세력이 '신성 동맹' 결성. '베르주라크 평화조약'Peace of Bergerac 으로 짧게 끝난 전쟁.

제7차 위그노 전쟁(1579–1580)
'플레 조약'Treaty of Fleix 으로 종결된 국지적 분쟁.

제8차 위그노 전쟁(1585–1598)
세 앙리의 왕위 계승전쟁War of the Three Henrys에서 왕권을 차지한 앙리 4세가 종교적 자유를 허용한 '낭트 칙령'Edict of Nantes, 1598 공포.

제5장 프랑스 종교개혁

1. 프랑스 개혁교회 태동 - 모(Meaux)

파리에서 북동쪽으로 41km 정도 떨어진 모^{Meaux}는 프랑스에서 초기 종교개혁에 호의적이었던 지역이다. 개혁신앙을 가진 이들의 모임인 '모의 개혁자들'이 활동했던 생테티엔 대성당$^{Cathedrale\ Saint-Etienne}$은 1175-1180년에 로마네스크 양식으로 착공하여 고딕양식으로 완성된 85미터의 길이와 60미터 높이의 거대한 건물이다. 초대교회 스데반(에티엔) 집사에게 헌정된 이 대성당에는 주교궁과 참사회, 그리고 보쉬에 정원이 딸려 있다.

17세기에 이르러 교황 인노켄티우스 11세가 자크 베니뉴 보쉬에$^{Jacques\ Bénigne\ Bossue}$를 1681년 5월 모의 주교로 임명하였다. 그는 사제 서품을 받고 시민의 절반이 칼뱅파인 메츠^{Metz}에서 첫 사역을 시작하였다. 그가 메츠에서 보낸 7년 동안 칼뱅파인 위그노들과 종교 논쟁을 벌였으며 '낭트 칙령' 폐지에도 관여하였다. 루이 14세의 아들 가정교사를 지내기도 한 저명한 가톨릭 신학자 보쉬에는 에르네스트 앙리 뒤부아$^{Ernest\ Henri\ Dubois}$ 손에서 다시 태어나 생테티엔 대성당에 위풍당당하게 자리하고 있다. 이곳에서 프랑스 종교개혁 활동과 관련된 흔적은 역대 주교 명단이 적힌 돌판 속 기욤 브리소네 뿐이었다.

'모의 개혁자들'(Les réformateurs de Meaux)

1518년 파리 근교 모의 생테티엔 대성당에 기욤 브리소네 주교가 부임해 왔다. 브리소네$^{Guillaume\ Briçonnet,\ 1470-1534}$는 프랑수아 1세와 교황 레오 10세 사이에 맺은 1516년 '볼로냐 협정'에서 국왕대사로 활약했던 인물이다. 그는 자신의 부친이 로마 가톨릭교회 내의 개혁을 위해 힘쓴 것처럼, 부친의 뒤를 이어 파리의 생제르맹 데프레$^{Saint-Germain-des\ Prés}$ 수도원장으로 봉직하면서 교회를 개혁하고자 무던히 애썼다. 모^{Meaux}의 주교로 임명된 기욤 브리소네는 개혁적으로 자크 르페브르 데타플$^{Jacques\ Lefèvre\ d'Étaple}$을 초청하고(1520) 그와 함께 '성경 연구 모임'을 만들어(1521) 생테티엔 대성당을 중심으로 활동하였다. 인문주의 성경학자 르페브르는 성경의 '문자적' 의미와 그리스도를 강조한 학자로 루터의 성경해석 발전에 영향을 끼쳤으며, 기욤 브리소네 주교와 기욤 파렐과 같은 제자들을 두었다. 후대에 '모의 다락방'으로 불린 '모의 개혁자들'$^{Les\ réformateurs\ de\ Meaux}$의 모임은 섭정 마르그리트 당굴렘$^{Marguerite\ d'Angoulême,\ 1492-1549}$의 보호를 받고 있었다. 프랑수아 1세의 누나인 그녀는 당대의 귀족 여성들이 누리던 사치와 허영과는 거리가 먼, 프랑스 개혁교회 태동에 크게 기여한 여장부요 작가였다. 그녀의 딸 잔 달브레$^{Jeanne\ d'Albre}$가 위그노 지도자가 되는 데에 영향을 끼친, 그녀의 개혁주의 신앙은 종교적 지향성이거나 지적 열망에서 나온 것이 아니라, 성령의 인도하심을 받은 참된 신앙이었다. 그녀는(결혼 후 마르그리트 드 나바르)는 자신이 지닌 왕가의 권력을 정의롭게 사용할 줄 알았다. 그녀는 여러 방면에서 종교개혁자들을 후원하였는데, 그중 하나는 프랑스 남서부 네락^{Nerac}에 있는 자신의 궁전을 인문주의자들과 종교개혁자들이 자유롭게 교류할 수 있는 안식처로 제공한 일이었다. 훗날 장 칼뱅이 니콜라 콥의 파리 연설 사건(1533)에 연루되어 피신하던 중 잠시 네락에 머물렀을 때, 이곳에서 말년을 보내던 르페브르를 만난 것으로 전해진다. 한편, 1524년 르페브르의 프랑스어 신약성경이 출간되면서 그에 따른 개혁운동에 대하여 소르본 신학자들과 가톨릭 당국의 비판과 탄압이 본격화되었다. 마르그리트가 섭정으로 있던 시기(1520-1530), 그녀의 개혁적인 성향과 인문주의자들에 대한 후원은 소르본 신학부와 가톨릭의 고위 성직자들, 궁정의 보수 세력과 심지어 모친 루이즈 드 사부아로부터 강한 압력과 반발을 불러왔다. 프란체스코회 수도사들이 "루터파적 설교를 한다"며 모의 개혁자들에 대한 비난을 쏟아내자, 소르본 신학자들도 "비공식 집회는 사탄의 성전"이라며 이단 처벌에 느슨한 국왕과 섭정에 대한 비판과 함께 '모의 개혁자'들을 고소하였다(c.1524-1525). 이와 관련하여 파리 의회가 그 모임의 해산을 명령하였다(1525. 1). 상황은 더욱 악화되고 있었다.

「나바르의 마르그리트」 c. 1527, 장 클로에, 워커 아트갤러리, 영국 리버풀.

1525년 2월, 파비아 전투에서 프랑수아 1세가 포로가 되어 카를 5세의 마드리드 성에 감금되었다는 소식이 날아들었다. 온 나라가 뒤숭숭한 가운데 10여 명의 '모의 개혁자들'은 망명 또는 은둔을 택했고, 기욤 브리소네 주교는 회유와 압박을 견디지 못하고 자신의 소신을 철회하였다. 기욤 파렐은 스위스로 망명하여 울리히 츠빙글리의 개혁사상을 따르며 복음을 전했다. 또한 장 칼뱅이 제네바 종교개혁의 지도자로 나

「잔 달브레」(Joan III of Navarre, l. 1528-1572)프랑수아 클로에, 프랑스 국립도서관. 파리.

서도록 결정적인 역할을 하며 뇌샤텔 교회개혁에 힘썼다. '모의 개혁자들'Les réformateurs de Meaux의 태동과 흩어짐은 프랑스 종교개혁 운동의 프리뷰였다.

1525년 3월, 루터의 개혁사상을 받아들인 메츠Metz의 직조공 장 르끌레르Jean Leclerc는 교황제도와 미사를 비판하는 벽보를 붙인 죄로 체포되었고, 파리 의회로부터 3일간의 태형과 이마에 '이단자'hérétique라는 불도장이 찍히는 형벌을 받고 도시에서 추방당했다. 그러나 그해 7월, 몰래 메츠로 돌아

와 활동하던 그는 성상파괴 혐의로 붙잡혀 손과 코가 절단되고 불에 달군 철 밴드를 머리에 쓴 채 화형당하는 끔찍한 형벌을 받아 순교하였다. 그의 형제인 피에르 르끌레르$^{Pierre\ Leclerc}$는 모로 건너가 개혁신앙을 전파하며 목사로 추대되었다. 그는 1546년 체포되기까지 설교를 계속하며 모의 개혁공동체에서 중심적 역할을 감당했다. 당시 모에는 약 400명에 달하는 개혁교도들이 있었고, 이들은 에티엔 멍정$^{Étienne\ Mangin}$의 집에 모여 비밀리에 예배를 드렸다. 그러나 예배 모임이 발각되어 남녀 60여 명이 체포되었고, 그중 피에르 르끌레르와 에티엔 멍정을 포함한 14명은 파리로 이송되어 재판을 받았다. 재판이 끝난 뒤 이들은 다시 모^{Meaux}로 보내져 마르쉐 광장$^{Place\ du\ Marché}$에서 모진 고문을 당하고 혀를 절단당한 뒤 화형에 처해졌다. 프랑스 최초 개혁교회가 태동했던 모에서 14명의 개혁교도들은 육체를 죽일 수는 있으나 참된 신앙을 말살할 수 없는 교회의 유한한 권력보다 하나님을 더 사랑하고 경외하여, 화형당하는 것조차 두려워하지 않았다.

모(Meaux) 생테티엔 대성당 일부와 높은 천장고가 사람을 압도하는 예배실.

"여기에는 프랑스 최초 개혁교회가 세워진 에티엔 멍정의 집이 있었다. 예배 중 체포된 14명의 개혁주의자들이 1546년 10월 4일 파리 의회의 결정에 따라 10월 8일 불태워졌다.*Ici s'élevait la maison d'ETIENNE MANGIN dans laquelle fut construite la première église réformée de France . Devant cet emplacement 14 réformés, arrêtés lors d'un culte, furent brûlés le 8 octobre 1546 sur l'arrêt du Parlement de Paris du 4 octobre 1546. Offert par la Ville de Meaux 1985*"

1546년 에티엔 멍정의 집이 있었던 장소, 구시가지 중심부 73 Rue du Marché, Meaux에는 시당국이 1985년에 설치한 기념표지판만 덩그러니 남아 있다. 프랑스 최초 개혁교회가 있었으나 역사적 실체는 없고 기념표지판만 남은 건물 앞에 우두커니 서 있노라니, 새겨진 문구 속의 이름 없는 순교자들이 떠올라 울컥한 마음에 쓸쓸함이 더해진다.

도시 외곽을 흐르는 센강 지류, 마른강 변에는 '자크리의 난'을 알리는 안내판이 있었다. 농민들의 반란으로 수백 명이 목숨을 잃었고, 지방으로 퍼진 반란은 귀족들에 의해 진압되며 수천 명의 농민이 희생되었다는 내용이었다. 파란 하늘이 강물에 내려앉은 듯 아름다운 풍경 너머에는, 보호받지 못한 자들의 피와 눈물이 고여 있는 역사의 어두운 면이 있었다. 걷는 내내 모든 신경이 허리 통증에 집중되었다. 종교개혁지 탐방에는 늘 발이 아팠고 극심한 허리통증은 쉽게 체력을 소진시켰다. 아무 데나 주저앉아야겠다고 생각할 즈음에 언뜻 지나치면 모를 만큼 허름한 건물

생테티엔 대성당 종탑이 보이는 보쉬에 정원(Jardin Bossuet). 1640년대에 보 르 비콩트(Vaux-le-Vicomte)와 베르사유궁 정원을 디자인한 앙드레 르 노트르(André le Nôtre)가 구상한 이 정원은 8500m²의 면적에 4개의 화단과 중앙분수가 있다.

제5장 프랑스 종교개혁 367

을 발견했다. 이 건물은 에티엔 명정의 집이 헐리고 1848년에 장소를 옮겨 지어진 개혁교회였다. 작은 앞마당에 몇 대의 자동차가 주차되어 있었지만 문은 굳게 닫혀 있었다. 혹시나 하여 동네 한바퀴를 돌고 왔으나 어떻게 행인 한 명 만날 수 없는지, 월요일을 고려하지 못하고 파리에서 하루를 지체한 게 못내 아쉬웠다. 피에르 르끌레르 형제와 같은 이들이 순교한 프랑스 최초 개혁교회 도시인 동시에, 최초로 교회개혁을 포기한 모^{Meaux}를 떠나려니 여간 허전한 것이 아니었다.

파리 '벽보 사건'(Affair of the Placards)

1533년 만성절 마튀랭 교회에서 파리 대학총장 취임 연설을 한 니콜라 콥^{Nicolas Cop, 1501-1540}이 칼뱅이 작성해 준 것으로 알려진 개혁적인 연설문을 낭독하여 큰 논란이 일었다. 게다가 일부 과격한 사람들에 의하여 파리 시내 성상파괴가 일어나자, 프랑수아 1세와 가톨릭 지도자들을 비롯한 왕정

모(Meaux)의 마른강, 1848년에 모 교회의 개혁 전통을 잇기 위하여 새로 건축된 개혁교회 건물.

주의자들은 격노하였다. 잠깐 지나갈 소나기가 아니었다. 장 칼뱅도 네락^{Nerac}을 거쳐 바젤로 도피하였다. 이때만 해도 그는 곧 돌아와 자신이 좋아하는 학문을 계속할 수 있을 것이라고 생각했을지도 모른다. 그러나 신앙난민이 된 자신이 훗날 신앙난민들의 지도자, 더 나아가 종교개혁을 감당해야 할 운명임을 알지 못한 채 파리를 떠났다.

당시만 해도 프랑수아 1세는 개혁주의자들에 대하여 크게 배척하지 않았다. 자신과 우애가 좋은 누나 마르그리트도 개혁교도들을 지원하고 있었기 때문이다. 그는 노련한 정치인답게 개혁교회의 부상을 지켜보면서 자신의 왕권에 유리할 것인지 아닌지 저울질하고 있었다. 그런데 1534년 10월 17일, 18일 이틀에 걸쳐 파리와 블루아·앙부아즈 지역에 로마 가톨릭교회의 성례와 교황제를 비판하는 대자보가 붙었다. 게다가 개혁교도를 탄압할 명분을 준 사건이 프랑수아 1세의 궁전에서도 발생하였다. 앙부아즈 성^{Amboise Castle} 자신의 침실에까지 대자보가 붙자 프랑수아 1세는 개혁주의자들을 이단으로, 국가를 전복하려는 반국가세력으로 간주하게 된다.

'벽보 사건' 가담자 여섯 명이 노트르담 대성당 광장에서 화형당했음에도(1535. 1) 불구하고 두 번째 벽보가 나붙었다. 이 대담한 벽보는 뇌샤텔의 앙투안 마르쿠르^{Antoine Marcourt}가 작성하고 피에르 드 빙글^{Pierre de Vingle}이 인쇄한 것으로써 성찬에 대하여 조목조목 비판한 내용을 싣고 있었다. 개혁교도들은 탄압을 피하여 유럽 도시로 피난을 떠나기도 하고, 개인의 집에 모여 비밀집회를 이어 갔다. 이때 바젤로 피신한 장 칼뱅은 개혁주의 신앙을 변증하고 보호할 목적으로 집필한 『기독교 강요』(1535)를 프랑수아 1세에게 헌정하였다. '교회의 수호자' 프랑수아 1세는 일련의 발칙한 사건들을 국왕에 대한 도전으로 받아들였다. 그러나 독일 루터파 제후들과 연합해 합스부르크 가문의 카를 5세와 싸울 때는 개혁교도들에 대한 반감이 다소 온건해지기도 하였다. 하지만 잠시 그랬을지라도 그는 로마 가톨릭 신앙과 자신의 왕국을 수호하는 절대군주에서 벗어난 적이 없었다.

세속 군주와 정치권력이 적극적으로 종교개혁을 보호하고 지지했던 독일 비텐베르크와 스위스 취리히와는 달리, 개혁교도에 대한 불관용과 모진 박해로 점철된 프랑스에서의 종교개혁 운동은 아주 은밀하게 진행되어야만 했다. 출판의 중심지 파리와 남부 리옹은 검열로 인해 출판이 어려운 가운데 프랑스어 성경과 개혁사상이 담긴 문서들은 바젤·스트라스부르·신성로마제국령 앙베르Antwerp와 같은 국경 도시를 통해 유통되었다. 특히 앙베르는 잉글랜드와 스칸디나비아 등지와 활발하게 인쇄와 서적 교류가 이뤄지는 도시였다. 1524년, 기욤 파렐은 바젤에서 「주기도문」, 「십계명」, 「사도신경」을 프랑스어로 번역·출판하였다. 이것은 작은 크기로 만들어져 은밀히 배포되었다. 그의 출판물은 수십 년간 여러 차례 인쇄되고 배포되면서 프랑스 개혁교도들에게 큰 영향을 미쳤다. 피에르 비레는 가톨릭의 화체설에 대해 "반죽된 하나님을 예배한다"고 비판하였다. 비레의 이런 입장에 대하여 20세기 학자는 아래와 같이 빗대어 설명하였다.

"성찬의 대상을 밀가루 반죽된 하나님 즉 '하얗고 동그란 우스꽝스러운 조각'으로 묘사하는 가운데 비레는 전통적인 가톨릭 경건의 심장을 공격하며 그 행위가 우스꽝스럽게 보이도록 애썼다."(Elwood, 1999)

1541년, 장 칼뱅은 자신의 저술들을 조국 프랑스에 보냈다. 그러한 배경 아래에서 프랑스의 개혁교회가 견고하게 세워질 수 있었다. 그러나 개혁교도에 대한 박해는 계속되고 있었다. 1540-1560년 사이에 450명의 개혁교도들이 순교하였다. 1545년 발도파에 대한 메린돌Merindol 대학살은 개혁교도에 대한 박해의 신호탄이었다. 이 무렵 반종교개혁에 돌입한 로마 교회는 이냐시오 데 로욜라의 예수회와 함께 전열을 가다듬고, 교황권 강화와 내부 개혁 그리고 해외 선교에 박차를 가하였다. 로마 가톨릭 교회와 프랑수아 1세는 프랑스에 개혁사상이 확산되는 것을 용납하지 않았다.

1555년은 파리 위그노들에게 중요한 해였다. 하급 귀족으로 알려진 라 페리에르La Ferriere는 아들이 태어나자, 개혁교회 목사로부터 유아세례를 받게 하기 위해 540km 떨어진 제네바에 목사 파송을 요청하였다. 이에 앙제 출신의 장 르 마송Jean Le Maçon de Launay, 1533-1572이 파리로 파송되었다. 그는 법관이 되길 바랐던 부친의 기대와 달리 개혁사상에 마음이 끌려 제네바로 건너가 신학을 공부한 청년이었다. 그는 뤼 데 마레에 있는 라 페리에르 집에서 장로와 집사를 선출한 뒤, 라 페리에르의 아들에게 유아세례를 베풀었다. 이는 프랑스 최초, 개혁교회 목사가 시행한 세례식이었다.

모베흐 광장(Place Maubert)

1546년 8월 3일, 오를레앙 출신의 출판인쇄업자이자 번역자인 에티엔 돌레는 금서(禁書)를 출판·판매한 이단죄로 그의 책은 소각되었고, 그는 교수형에 처해진 뒤 화형을 당했다.

1557년 9월 4일 칼뱅주의 개혁교회가 급속히 확산되던 시기, 소르본 대학과 인접한 생자크 거리Saint-Jacques Street의 한 건물에서 비밀리에 예배를 드리던 위그노 중 120명이 체포되어 지하감옥에 투옥되었다. 몇몇은 감옥에서 사망하였다. 1557년 10월 파리에 왔다 예배 참석 중 체포된 의사 니콜라 르 센Nicolas Le Cène과 피에르 가바르Pierre Gabart는 생제르맹에서 화형을 당하고, 학생이던 프랑수아 레베지에François Rébéziès, 프레드릭 단빌Frédéric Danville은 모진 고문을 받은 뒤 10월 말 모베흐 광장에서 화형당했다. 1558년 9월 27

일에는 파리 개혁교회 장로였던 예순 살의 교장 니콜라 클리네^{Nicolas Clinet}와 파리 의회 변호사 토랭 드 그라벨^{Taurin de Gravelle}이 산 채로 불탔고, 흰옷과 면사포를 쓴 페리고르 지역 그라브롱 영주^{lord of Graveron in Périgord}의 23세 미망인 필리프 드 룬스^{Philippe de Luns}가 온갖 조롱을 받으며 발과 얼굴이 지져지고 목이 졸린 뒤 불탔다. 소르본 대학을 위시한 교황주의자들에게 이단을 죽이는 일에 있어서 자비는 없었다. 그들은 형 집행 중에 위그노들이 시편찬송을 부르거나 소리를 지르지 못하도록 혀를 잘라 버리거나 재갈을 물렸다.

뤼 데 마레 생제르맹(Rue des Marais-Saint-Germain)

위그노에 대한 박해가 거센 와중에도, 르 비콩트^{Le Vicomte}는 프랑스 최초의 개혁교회 총회가 열릴 수 있도록 뤼 데 마레^{Rue des Marais-Saint-Germain}의 비상구가 있는 자신의 여관을 제공했다. 이 지역은 주로 채소를 재배하는 지역으로 강을 따라 들판이 펼쳐져 있어 사람들의 이목을 끌지 않고 모임을 갖기에 비교적 안전했다. 혹시 군인들이 급습하더라도 몇사람이 좁은 골목을 막아서면, 모임에 참석한 이들이 피신할 시간을 벌 수 있었다.

노트르담 대성당 광장에서 행해지던 이단에 대한 화형이 가톨릭 지도자들의 요구로 모베흐 광장으로 옮겨 행해졌다. 이 광장에는 이단죄로 화형당한 에티엔 돌레(Etienne Dolet, 1509-1546)를 기념하는 동상이 있었다. 1889년 파리시가 그의 업적을 기려 세웠는데 제2차 세계대전 당시 독일군이 군수품을 만들기 위해 철거하면서 사라졌다. 위그노들이 순교한 역사적인 장소라는 것을 가리키는 것은 그저 작은 분수 하나뿐이다.

1559년 5월 25-28일, 역사적인 순간이 찾아왔다. 72개 교회를 대표하는 목사와 장로들이 르 비콩트의 여관에 모여 프랑스 개혁교회 총회를 열었다. 프랑수아 드 모렐François de Morel의 인도 아래 《갈리아 신앙고백서》Confessioo Gallica를 채택하였다. 이 신앙고백은 테오도르 드 베즈가 의장으로 주재한 1571년 라로셸 제7차 총회에서 《라로셸 신앙고백서》로 확정되었다. 이렇게 위그노들은 개혁교회의 헌법을 만들고 개혁교회를 공식적으로 출범시켰다.

장 칼뱅의 교회론은 루터와 달랐다. 루터가 보이지 않는 하나의 보편교회를 중시했다면, 칼뱅은 스트라스부르의 마르틴 부처의 영향을 받아 가시적 교회, 즉 지역교회의 중요성을 강조했다. 이와 같은 칼뱅의 개혁사상에 따라 모Meaux, 앙제Angers, 루동Loudon, 푸아티에Poitiers 아베르Arvert를 시작으로 노르망디 지방의 디에프Dieppe, 루아르 지방의 투르Tours 등으로 확산되었다. 1559년까지 72개의 개혁교회가 프랑스 전역에 세워졌다. 놀랍게도 2년 뒤인 1561년 말, 프랑스 전역에 670여 개의 개혁교회가 세워졌다. 그러나 절대왕정과 가톨릭으로의 교회 일치만을 고집하는 프랑스의 불관용은 시퍼렇게 살아 있었다. 프랑스에서 개혁신앙을 지닌 사람들이 건너야 할 터널은 길고도 캄캄했다.

최초 개혁교회 총회가 있은 지 불과 몇 달 뒤, 그날도 위그노들은 예배를 드리고 있었다. 그때, 뤼 데 마레 생제르맹에 50여 명의 무리가 들이닥쳤다. 황급히 몇사람이 골목 어귀를 막아선 사이, 안에 있던 이들은 간신히 도피했으나 몇몇 위그노들은 붙잡히고 말았다.

위그노들이 박해를 피해 모여 살던 곳, '작은 제네바'로 불렸던 뤼 데 마레 생제르맹Rue des Marais-Saint-Germain은 나폴레옹 1세의 무덤을 설계한 건축가 루이 비스콩티를 기념하여 1864년부터 뤼 비스콩티로 불린다. 당시 르 비콩트Le Vicomte의 여관이 있던 곳은 현재 파리 6구 4 rue Visconti, 75006이다.

제5장 프랑스 종교개혁   373

2. '위그노'로 불린 사람들

동시대인 1555년, 신성로마제국 영토에서는 유의미한 변화가 일어나고 있었다. 〈군주의 종교가 그 지역의 종교〉라는 '아우크스부르크 종교화의'에 의해 루터파만 인정되었다. 비록 칼뱅파, 재세례파 등 다른 분파들이 배제되어 신앙의 자유가 전면적으로 보장된 것은 아니었지만 백성이 군주의 종교를 받아들일 수 없을 경우, 다른 지역으로 이주할 수 있는 권리가 인정되었다. 그러나 어디까지나 신성로마제국 내부에서만 효력을 가진, 프랑스에서는 실현불가능한 이상에 가까웠다. 중앙집권적 왕권과 로마 가톨릭교회의 강한 결속 아래 프랑스의 종교개혁 운동은 지속적으로 억압되었다. 특히 '왕권신수설'(divine right of kings)을 신봉한 왕들은 신에게만 책임을 지고 백성들에게는 책임지지 않는 통치권력을 행사하였다. 이들은 종교적 다양성과 자유를 국가 질서를 위협하는 이단적 요소로 간주하고 이를 뿌리 뽑기 위해 무자비한 탄압을 가했다. 이와 같은 절대왕권의 변덕과 불관용의 박해 속에서 102년을 살아남은 사람들이 있었다. 그들이 바로 칼뱅의 개혁사상을 따랐던 위그노들이다.

슈바이처도이치(Schweizerdeutsch, 스위스 독일어)인 아이게노스(Eidgenoss) 곧 '동맹'에서 유래되었을 것이라는 견해가 가장 유력한 '위그노'(Huguenots)라는 명칭이 널리 알려지게 된 것은 '앙부아즈 음모' 사건 이후다. 프랑수아 2세가 즉위하면서 실권을 쥔 기즈 가문이 위그노를 혹독하게 탄압하자, 이에 반발한 귀족들과 위그노들이 1560년 3월 앙부아즈 성(Amboise Castle)을 기습, 왕을 납치하고 기즈 가문의 형제들을 제거하려다 실패하였다. 이 사건으로 인해 1천여 명의 위그노가 처형되거나 루아르강에 생매장되었다.

프랑스 위그노들은 경건한 삶과 절제된 생활을 최고의 덕목으로 삼았다. 이들의 삶의 방식은 잉글랜드의 청교도와 같이 외면의 치장보다 내면의 경건을 중시했다. 남성은 흰색의 넓은 깃이 달린 검정색 외투를 입고 꼭대기가 뾰족하게 솟은 모자를 착용했으나 기도하거나 성경을 읽으며 하나님의 이름을 부를 때에는, 가톨릭 남성이 예배 중 모자를 벗는 관행과 마찬가지로 모자를 벗어 경외를 표했다. 여성은 회색이나 무채색의 단정하고 소박한 옷을 착용했다. 이러한 복장은 16세기 귀족 사회에서 유행하던 레이스와 리본, 자수 장식의 화려한 의복과는 뚜렷이 구별되었다. 이와 같은 절제된 삶의 태도는 복장뿐만 아니라 예배의 태도와 형식에도 반영되었다. 개혁교회의 예배당은 하나님의 말씀을 듣고 이해하는 데 초점을 맞추어 직사각형이나 타원형 구조로 설계되었으며, 이는 회중과 설교자 간의 소통을 원활하게 하기 위한 것이었다. 설교자는 별도의 예복 없이 말씀 선포에 집중하였다. 반면에 가톨릭교회는 전통적 의식과 상징성을 중시, 성직자들은 전통적인 제의를 입고 회중과 분리된 제단 앞에서 성찬을 집례하였으며, 회중은 성찬을 받기 위해 무릎을 꿇고 참여하였다.

1562년 당시 프랑스 전역에 1750여 개의 개혁교회가 있었다. 절정기에는 인구의 10-15% 정도가 칼뱅주의였고 중산층과 도시민, 그리고 귀족의 절반이 칼뱅의 개혁을 지지하였다. 반면에 소작농이 인구 중 높은 비율을 차지하고 있는 프랑스에서는 세벤느^{Cevennes} 지역을 제외하면, 교회개혁의 당위성에 대한 이해도가 낮아 개혁사상을 지지하는 사람이 많지 않았다. 더구나 당시 유럽 대륙의 문맹률을 감안하면, 초기 종교개혁사상의 영향을 받아 이를 이해할 수 있는 계층은 자연스럽게 지식인에 한정될 수밖에 없었다. 농부들은 여전히 로마 가톨릭교회의 교리와 신앙을 고수하였다.

한편, 잉글랜드에서는 비록 국왕을 교회의 머리로 결정했지만, 헨리 8세와 엘리자베스 1세로 이어진 종교정책을 통해 주교제 잉글랜드 교회가 확립되면서 로마 교황청을 벗어난 종교개혁이 제도적으로 정착되었다.

프랑스의 종교개혁 바람

1520년대부터 마르틴 루터의 종교개혁사상이 프랑스에도 점차 확산되었다. 비텐베르크에서 시작된 교회개혁의 소식은 여행자들과 상인들을 통해 퍼져나가 프랑스 최초 루터파가 등장하였다. 이같이 개혁사상이 빠르게 공감을 얻은 데에는 성직자들의 타락에 대한 불만이 깔려 있었다. 당대 성직자들은 가난한 사람들의 삶과는 동떨어진, 부를 축적하고 사치스러운 생활을 일삼았으며 때로는 세속 군주처럼 권력을 휘두르기도 하였다. 이러한 비성경적인 행태는 신뢰를 잃었고, 오직 말씀으로 돌아가자는 루터의 외침은 사람들의 마음을 움직였다. 다른 한편으로 사람들이 이해하지도 읽지도 못하는 라틴어 성경을 고집한 가톨릭교회는 종교개혁사상이 담긴 책들을 '이단서적'이라 낙인찍고 불태웠다. 이처럼 개혁교도들을 탄압하면서 개혁신앙의 확산을 저지하려고 애썼지만, 활자 인쇄술은 교회개혁을 막아선 로마 가톨릭교회 편을 들지 않았다.

16세기 중엽에는 장 칼뱅의 종교개혁사상이 유럽 곳곳으로 더 멀리 더 강력하게 확산되었다. 프랑스 누아용 출신의 신앙난민으로 2세대 종교개혁자인 칼뱅은 제네바의 종교개혁을 이끌며, 1555년에서 1562년까지 90여 명의 목사를 파송하여 65개 개혁교회를 맡아 봉사하게 하였다. 이러한 칼뱅의 개혁사상을 프랑스에 확산시킨 인물이 있었다. 바로 필리베르 아믈렝Philibert Hamelin이다. 그는 회심한 뒤 이단죄로 구금되자(1546) 두려운 나머지 개혁신앙을 부인했다. 그러나 곧 자신의 변심을 후회하고 제네바로 건너가 신앙훈련을 받은 것으로 알려졌다. 아믈랭은 자신이 인쇄한 프랑스어 성경을 전도 목적으로 작게 만들어 행상전도colportage를 통해 배포하였다. 1553년, 생통주 샹트에 정착해 교회를 세우고 목회를 시작하였으나 몇년이 채 되지 않아 1557년 4월 12일 체포되고 만다. 그는 보르도Bordeaux로 이송되었고 보드도 대성당 광장에서 교수형에 처해졌다. 가난하고 평범한 그의 동료들이 필리베르 아믈렝의 사역을 이어 가기로 하고 번갈아 설교를 맡았다. 이들은 궁핍함 속에서도 시편찬송을 부르며 예배의 기쁨을 누렸다. 그것도 잠시 위그노 박해가 심해지면서는 한밤중에 비밀집회를 해야 했고, 새로 목사가 온다고 해도 가난하여 사례비를 줄 형편이 아니었다. 그럼에도 사람들은 점점 늘어만 갔다. 이와 같이 프랑스 내에 위그노가 백만 명에 이르자, 칼뱅주의의 확산에 위기감을 느낀 로마 교회와 가톨릭 귀족들은 위그노를 박멸하기로 은밀하게, 때로는 대놓고 뜻을 모았다.

3. 앙부아즈의 음모(Conspiracy of Amboise, 1560)

프랑수아 드 기즈 공작(1519-1563)의 부친 클로드 1세는, 마리냐노 전투에 참전하고(1515) 독일 '농민전쟁' 진압에도 참여하여(1525), 혁혁한 공을 세움으로써 프랑수아 1세로부터 기즈 공작$^{Duc\,de\,Guise}$ 작위를 받았다. 그런 부친의 배경 아래에서 프랑수아, 스코틀랜드 제임스 5세의 왕비 마리 드 기즈(1515-1560), 샤를 드 로렌, 루이 추기경 등, 친가톨릭 권력 가문을 형성하였다.

한편, 프랑수아 1세와 앙리 2세로 이어진 16세기 초반의 프랑스 왕정은 문화와 정치면에서 번영을 누렸으나 그 영광은 오래가지 않았다. 1559년 앙리 2세의 딸 엘리자베스와 스페인 펠리페 2세$^{Felipe\,II}$의 결혼을 축하하는 마상 창시합 중, 몽고메리 백작의 창에 맞아 앙리 2세가 중상을 입고 사망하면서 그 번영의 시대는 비극적으로 막을 내렸다. 갓 열다섯 살이 된 프랑수아 2세가 왕위를 계승하였으나 섭정인 카트린 드 메디치보다 전적으로 자신의 스코틀랜드 왕비 메리 스튜어트(1542-1587)의 외삼촌인 프랑수아 드 기즈 공작$^{François\,de\,Guise}$에게 국정을 의존하였다. 국왕보다 더 실질적인 권력을 행사한 기즈 가문의 사람들은 로마 가톨릭 신앙을 수호하며 위그노 탄압정책을 고수하였다. 1560년 3월, 이에 대응하여 루이 드 콩데 공작의 묵인 아래, 라 르노디^{La Renaudie}의 영주인 장 뒤 바리^{Jean du Barry}를 중심으로 한 위그노들이 프랑수아 드 기즈와 그의 형제 샤를 드 로렌 추기경의 암살을 계획하였다. 그러나 '앙부아즈 음모'는 아브넬의 밀고로 실패하고 말았다. 추기경과 가톨릭 세력은 이 사건을 최대한 빨리 해결하기 위해 1천 명이 넘는 위그노들에 대한 선고를 단 한 번에 확정하고 가담자들을 공개적으로 처형하였다. 그중에 장 뒤 바리의 시신은 본보기로 앙부아즈 성문에 걸렸고, 많은 이들은 산 채로 루아르강에 던져져 강하류에는 떠내려 온 위그노들의 사체가 여기저기 나뒹굴었다.

한편, 카트린 드 메디치는 이미 결혼하기 전부터 몰락한 이탈리아 피렌체 공화국 메디치 가문의 후손이 당해야 하는 온갖 굴욕과 위험을 감내한 여자였다. 교황 클레멘스 7세가 주선한 그녀의 결혼은 어디까지나 정략

앙리 2세가 죽고 카트린 드 메디치가 옮겨와 살았던 루브르궁을 개조한 루브르박물관(Musée du Louvre)은 파리 중심지 히볼리 가에 있는 국립박물관으로 뉴욕의 메트로폴리탄미술관, 런던 대영박물관과 손꼽히는 세계적인 박물관이다. 카트린 드 메디치는 루브르궁과 연결된 이탈리아식 정원을 만들기 위해 피렌체인을 통해 튈르리궁과 정원(Jardin des Tuileries)을 만들었다.

적인 것이었다. 그녀는 프랑스 귀족들과 왕족들 사이에서 환영 받는 왕후가 아니었다. 그녀가 외국인으로서 왕족 출신이 아닌 상인 가문인데다, 남편 앙리 2세는 어린 시절 부친 프랑수아 1세 대신 마드리드 성에 볼모로 잡혀 있을 때 모성애 결핍을 겪은 탓인지, 자신보다 훨씬 나이 많은 과부 디안 드 푸아티에와의 내연관계를 평생 유지하여 궁정 내에서 왕비 카트린의 자존심을 깔아뭉갰다. 그렇게 평생 애첩을 끼고 살면서 자신을 무시하던 앙리 2세가 마상 창시합 중에 창에 찔려 죽고, 그녀의 세 아들이 번갈아 프랑스 왕위를 차지하게 됨으로써 그녀는 섭정의 자리에서 30년 동안 권력을 행사하게 된다. 왕위에 오른 큰아들 프랑수아 2세가 1년 만에 요절하자, 실세 기즈 가문을 견제하기 위해 며느리 메리 스튜어트 왕비, 곧 기즈 공작의 조카를 서둘러 스코틀랜드로 돌려보냈다. 그리고 새로 즉위한 어린 아들 샤를 9세의 섭정으로서 취약한 왕권을 강화하려고 부단히 애를 썼다. 카트린 드 메디치 앞에 놓인 가장 어려운 문제는 가톨릭과 위그노 세력과의 갈등이었다. 이 문제를 해결하고자 정치적인 전략을 모색한 것이 양 진영의 지도자들과 푸아시[Poissy]에서 회담하는 것이었다. 그녀의 제안에 따라 위그노 지도자 콩데와 콜리니 제독은 회담에 적합한 신학자 제네바의 테오도르 드 베즈에게 참석을 요청하였다.

1561년 한여름, 베즈를 비롯하여 독일 뷔르템베르크와 하이델베르크 루터파 신학자들을 포함, 총 12명의 지도자들과 나바르 왕국의 잔 달브레(1528-1572)가 여덟 살의 아들 앙리(1553-1610) 왕자와 시동생 루이 드 부르봉 콩데 공작과 함께 참여하였다. 왕실에서는 국왕 샤를 9세[Charles IX, 1550-1574]와 카트린 드 메디치(1519-1589), 마르그리트[Marguerite de Valois 1553-1615] 공주, 가톨릭 진영에서는 샤를 드 로렌 추기경, 교황의 사절단, 40명의 주교들과 소르본 신학자들이 참여하였다. 이렇게 성사된 '푸아시 회담[Colloque de Poissy]은 10

월이 될 때까지 네 차례의 회동을 가졌으나 끝내 성과 없이 종료되었다.

카트린 드 메디치의 남편 앙리 2세는 발도파에 대한 박해뿐 아니라 위그노를 무자비하게 탄압하는 강경책을 썼었다. 그럼에도 불구하고 상인, 기술자, 귀족들을 중심으로 칼뱅의 개혁사상을 따르는 이들은 꾸준히 증가하여 절대왕정 체제에 위협이 되고 있었다. 그런 까닭에 권력 기반이 약한 그녀는 자신이 행사할 수 있는 모든 정치력을 발휘하여 위그노 귀족들과 권력을 쥐고 있는 기즈 가문 사이에서 줄타기를 하느라 혼란을 가중시켰다. 그녀가 1562년 1월 17일, '생제르맹 칙령'Edict of St Germain을 공포하여 프랑스 왕실 최초로 위그노의 예배를 제한적으로 인정하였다. 그러자 기즈 가문과 가톨릭 귀족들이 강하게 반발하였고, 파리 의회도 1562년 3월 6일까지 '생제르맹 칙령' 등록을 거부하였다. 그녀가 동분서주 양측의 화해를 도모하고자 선언한 '생제르맹 칙령'을 파리 의회가 등록을 거부하고 차일피일 미루는 동안 그해 3월의 첫날, '바시 학살'Massacre of Vassy이 발생하였다.

4. 바시 학살 – 프랑스 종교내전 촉발(1562-1598)

1562년 3월 노르망디의 작은 마을 바시Vassy의 주일 아침, 프랑수아 드 기즈François de Guise공작이 이곳을 지나갈 때 들려온 종소리와 시편 찬송가…, 골수까지 가톨릭교도였던 프랑수아 드 기즈 공작은 평소에 개혁교도를 멸시한 인물이었다. 더구나 섭정이 공포한 '생제르맹 칙령'에 대한 불만이 팽배해 있던 그는 헛간에서 예배를 드리고 있던 위그노들을 남김없이 죽이라고 명령하였다. 그날 기즈 공작의 병사들에 의해 무장하지 않은 위그노 50-60여 명이 죽고 250명이 넘는 이들이 부상을 당하였다. 그런데 놀라운 것은 학살의 주범임에도 불구하고 기즈 공작이 파리에 입성할 때 시민들이 거리로 나와 영웅으로[1] 환대하였으니, 그들에게 위그노에 대한 증오와 혐오가 얼마나 깊었는지 짐작할 수 있는 광경이 아닐 수 없다.

가톨릭과 위그노, 두 세력 사이에서 힘겹게 왕실을 이끌고 있는 섭정 카트린에게 '바시 학살'은 악재가 아닐 수 없었다. 그 당시 프랑스에는 인구 11%에 해당하는 2백만 명의 위그노와 약 2천 개의 개혁교회가 있었고 근면성실한 그들은 주요 도시마다 공동체를 이루고 살면서 교육에 힘썼다. 그러나 가톨릭교도들은 상공업에서 두각을 나타내며 산업의 성장에도 긍정적 영향을 끼친 위그노들을 겸손을 가장한 위선자라며 노골적으로 경멸하고 시샘하였다. 이런 배경 아래서 발생한 '바시 학살'은 우발적이기보다 가톨릭교도와 위그노 사이에 깔려 있는 적대적 긴장관계에서 언젠가는 터질 폭발물이었다. 아무도 예상하지 못한 가운데 프랑수아 기즈 공작이 슬쩍 갖다댄 불씨가 내전으로 비화하였다. 그의 '바시 학살'이 프랑스 종교전쟁의 도화선이었던 것이다. '위그노 전쟁'은 무려 36년간 프랑스를 심각하게 파괴하였다. 표면적으로는 가톨릭 세력과 위그노 세력의 충돌로 빚어진 종교전쟁이었다. 그러나 내부적으로는 발루아 가문과 기즈 가문 그리고 부르봉 가문 사이에서 왕위 계승권을 두고 벌어진 권력 암투가 가장 큰 원인이라는 게 일반적인 견해다. 지방의 영주들은 대체로 프랑스의 왕관을 누가 쓸 것인지에 대한 관심보다 자신의 영토를 지키는 일에 관심이 더 많았고, 백성들도 자신의 삶이 최우선적인 관심사였다. 그러나 극렬한 가톨릭 세력만큼은 프랑스 왕권의 향방에 촉각을 세웠다.

프랑수아 드 기즈 공작은 위그노들에게 극악무도한 처형을 자행했다. 그들은 교수형에 처해질 뿐만 아니라 자루에 넣어 익사당하거나, 마차 바

---

1 Knecht, Robert (2002). The French Religious Wars(프랑스 종교전쟁) 1562–1598. Osprey Publishing. p. 12.

퀴에 눌려 사지가 찢겨 죽었다. 공작과 그를 따르는 가톨릭 세력이 자행한 잔혹 행위는 이루 다 헤아릴 수 없을 정도였다. 이처럼 위그노 탄압에 앞장선 기즈 공작은 위그노들 사이에서 '도살자'라는 별명으로 불렸다.

그해 봄, 콩데 공작과 콜리니 제독의 형제들을 중심으로 결집한 1800명이 엘리자베스의 잉글랜드와 손잡고 4월 2일, 오를레앙을 점령했다. 루앙(Rouen)·블루아(Blois)·투르(Tours)·리옹(Lyon)·소뮈르(Saumur)·상세르(Sancerre)·몽토방(Montauban)·님(Nimes) 등을 장악한 뒤, 가톨릭교회를 폐쇄했다. 그리고 수녀·수도사·사제들을 도시 밖으로 내쫓고 어느 누구도 예외 없이 개혁교회 예배에 참석하게 했다.

5월이 되자 카트린의 셋째 아들 앙주 공작(앙리 3세)이 국왕군을 이끌고 노르망디 루앙을 향했다. 여기에 잔 달브레의 남편 앙투안 드 부르봉도 참전했다. 10월 26일 국왕군이 루앙을 탈환했으나, 큰 부상을 입은 앙투안은 치료하던 중, 해를 넘기지 못하고 사망하게 된다. 가톨릭 진영의 승리는 그리 오래 가지 않았다. 이듬해 2월, 오를레앙 포위전에서 프랑수아 드 기즈 공작이 등 뒤에서 날아든 총알에 맞아 사망했다. 그의 사망은 제1차 위그노 전쟁의 중요한 분기점이 되었다.

체포된 암살범 장 드 폴트로Jean de Poltrot는 콜리니 제독이 이 사건을 사주했다고 자백을 하여 한바탕 분란을 일으켰다. 그러나 콜리니 제독을 아는 이들은 암살범의 자백을 곧이곧대로 믿지 않았다. 심지어 교황대사조차 기즈 공작 암살 배후에 콜리니 제독이 있을 것이라고는 믿지 않았다. 결국 폴트로는 허위 자백이었음을 실토했다. 그러나 앙리 드 기즈 공작은 위그노인 콜리니 제독이 자신의 부친을 죽였다는 의심을 지울 수 없었다. 그의 의심은 신념이 되었고 복수하겠다는 다짐으로 굳어졌다. 이 다짐은 훗날 '성 바르톨로메오 대학살'의 불씨가 된다.

한편, '앙부아즈 음모'에 연루되어 사형선고를 받았던 부르봉 가문의 루이 드 콩데 공작은 위그노 지도자로서 1563년 3월 19일, 프랑스 왕실과 '앙부아즈 칙령'Edict of Amboise. 1563.3을 체결하고 제1차 위그노 전쟁을 종결했다.

5. 성 바르톨로메오 축일 대학살(1572)

카트린 드 메디치는 가톨릭 세력과 위그노 세력과의 평화를 위해 잔 달브레Jeanne d'Abret와 혼사를 논의했다. 나바르-베아른의 여왕 잔 달브레는 카트린의 시아버지 프랑수아 1세의 조카였고 왕이 각별히 대했던 누나 마르그리트의 딸이었다. 카트린은 자신의 딸 마르그리트 발루아 공주와 잔의 아들 앙리가 결혼하면 개혁신앙을 유지할 수 있게 해 주겠다고 제안하였다. 잔 달브레는 발루아 가문과의 혼인이 탐탁지 않았으나, 카트린 드 메디치의 제안을 결국 받아들였다. 그녀는 노트르담 대성당Cathedrale Notre-Dame de Paris에서 있을 앙리의 결혼 준비를 위해 파리로 올라왔다. 그런데 갑작스레 병을 얻어 자리에 누운 그녀는 1572년 6월 9일, 상경한 지 닷새 만에 마흔 네 살의 나이로 숨을 거두고 말았다. 너무도 갑작스러운 죽음이었다. 위그노들 사이에서는 카트린 드 메디치가 독을 탄 차를 잔 달브레 여왕에게 올렸다는 소문, 독이 스민 향수 장갑을 선물했다는 이야기가 돌았다. 진실은 알 수 없었다. 증명할 길도 없었다. 카트린은 메디치 가문의 혈통답게 사람을 다루는 일에서도, 돌아가는 정국의 정세를 읽고 대처하는 수완에도 능수능란하였다. 하지만 그녀가 개입하는 일마다 실마리는 풀리지 않고 얽힌 실타래는 더욱 꼬여만 갔다.

1572년 8월 18일, 예정대로 앙리 드 나바르와 샤를 9세의 여동생 마르그리트 발루아의 결혼식이 거행되고 있는 노트르담 대성당 광장은 긴장으로 가득 차 있었다. 가톨릭과 위그노 사이의 폭력과 불안이 도시 곳곳에서 감돌고 있었기에, 결혼식을 지켜보는 이들도 숨죽인 채 주위를 살폈다. 마르그리트 드 발루아의 혼인 성사가 진행 중인 대성당 안에 들어갈 수 없는 앙리 드 부르봉은 노트르담 대성당 밖 광장에서 혼인 서약을 했다.

8월 22일 금요일, 피로연 닷새가 되어서야 궁의 아침이 조용해졌다. 가스파르 2세 드 콜리니 Gaspard II de Coligny, 1519-1572 는 잠시 한가한 틈을 타 벤치에 앉아 자신의 사위와 기즈 공작이 테니스 치는 것을 지켜보고 있었다. 그는 섭정 카트린이 경계할 만큼 샤를 9세가 아버지처럼 따르는, 사람들로부터 신망받는 프랑스 해군 제독이었다. 그는 기즈 가문이 왕가의 세력을 능가해 버린 상황을 우려하지 않을 수 없었다. 더구나 젊은 앙리 드 기즈는 자기 부친의 암살 배후가 콜리니라고 믿고 있지 않은가. 가톨릭 세력의 지도자가 된 앙리의 권력욕을 누구보다 잘 아는 그는, 저절로 한숨이 나왔다. 콜리니 제독이 그만 자리에서 일어났다. 루브르궁에서 가까운 자신의 숙소까지 걸어가기로 했다. 8월의 파리 햇볕은 따가웠지만, 그늘을 만나면 서늘한 바람이 상쾌하였다. 그래도 좋았다. 이 여름날의 태양이 그리운 유럽의 음울한 겨울을 생각할 때 더욱 그렇다.

"탕!" "탕!"

생제르맹 록세루아 Rue des Fossés-Saint-Germain-l'Auxerrois 를 지날 때 난데 없는 총소리와 함께 콜리니 제독의 몸이 순간 휘청거렸다. 어디선가 날아든 총알이 그의 왼쪽 팔뚝을 관통하고 또 다른 총알은 그의 왼손가락을 으깨어 놓았다. 총상을 입은 콜리니 제독은 극심한 통증에도 본능적으로 총알이 날아온 방향을 살폈다. 괴한은 이미 사라지고 없었다. 수술을 마친 콜리니, 새신랑 앙리 드 나바르와 샤를 9세가 예방하고 위로하였다. 국왕은 암살 배후를 반드시 밝혀내고 처벌하겠다고 약속하였다. 의사가 빼낸 총알과 상태를 설명하는 동안 미간을 찌뿌리고 있던 카트린의 머릿속은 복잡했다. 만일 배후가 밝혀진다면…, 그녀는 콜리니와 네덜란드 독립저항군 지원 문제를 논의하고 있는 샤를 9세를 재촉해 루브르궁으로 돌아왔다.

한편, 콜리니를 예방한 위그노 귀족들은 앙리 드 기즈 공작^{Henri Ier de Guise, 1550-1588}이 꾸민 일이라고 확신하였다. 콜리니 제독 피습 사건은 앞으로 벌어질 대학살의 예고편에 불과하였다. 당시 파리 시내에는 앙리 드 나바르의 결혼과 경호를 위하여 위그노 귀족들과 지방에서 올라온 많은 위그노 유력인사들이 파리에 남아 있었다. 파리는 흉흉한 괴소문에 휩싸였고 가톨릭과 위그노 양측은 행여 있을지도 모를 일에 대비하여 무기고를 점검하였다. 축복 받아야 할 왕실 결혼식의 여흥은 기묘한 전운이 감도는 가운데 파묻혔다.

샤를 9세가 콜리니 제독의 암살 배후를 밝혀내라고 엄중히 명령하자, 배후가 밝혀질까 두려웠던 앙리 드 기즈 공작이 역공에 나섰다. 8월 23일 밤, 그는 "폐하! 반역 모의입니다. 제독이 폐하를 속이고 쿠데타를 준비하고 있습니다." 하고 샤를 9세에게 탄원을 하였다. 콜리니 제독에 대한 암살 미수가 있은 지 하루만의 일이었다. 샤를 9세의 주변에는 믿고 의지할 만한 위그노 귀족들이 많았기 때문에 국왕의 고뇌가 깊었다. 아직 사리분별이 부족한 22살의 국왕은 어떠한 결정도 내리지 못하고 전전긍긍하였다. 이에 기즈 공작과 모후 카트린이 승인을 받아내기 위해 심약한 그를 집요하게 압박했다. 자정이 될 때까지 고심하던 샤를 9세는 결국 콜리니 제독을 포함한 위그노 지도자 여섯 명의 체포안에 동의하였다.

"오 하느님! 공작 그대가 콜리니를 죽여야 한다고 하여 나는 수락하였소! 그런데 이제 또 다시 위그노들을 전부 죽여야 한다니, 나를 비난하는 사람은 한 명도 살려둬서는 안된다니…, 아! 죽이시오. 전부 죽이시오!"

이들은 한발 더 나아가 위그노들을 전부 죽이라는 명령까지 받아냈다. 샤를 9세는 위그노들을 모조리 죽이라는 명령을 내리고 털썩 주저앉았다. 의자 손잡이를 꽉 움켜쥔 그의 하얀 손이 파르르 떨렸다.

"아, 콜리니…"

샤를 9세는 자신을 재촉하는 모후 카트린과 기즈 공작을 매섭게 쏘아보고는 도망치듯 자신의 방으로 들어가 버렸다. 그 사이에 시간은 자정을 넘겨 8월 24일, 그들이 거룩하게 여기는 '성 바르톨로메오 축일'이 되었다. 앙리 드 기즈 공작이 대기 중이던 자신의 민병대에게 명령을 내렸다.

"신호를 보내면 일제히 파리로 진입해 성문을 닫고 아무도 빠져나가지 못하게 하라. 흰 천을 두르지 않은 위그노들을 색출하여 죽여라."

깊은 어둠에 잠긴 폭풍 전야의 파리, 괴기스러운 침묵이 감도는 가운데 새벽 2시가 지났다. 루브르궁 건너 생제르맹 록세루아 성당$^{\text{Église Saint-Germain-l'Auxerrois}}$ 종소리가 뗑그렁! 뗑그렁! 침묵을 깨뜨리며 퍼져나갔다. 순식간에 파리의 성문은 굳게 닫히고 위그노 학살이 시작되었다. 무장한 군인들만이 아니라 파리 시민들이 몰려나와 이단 사냥에 적극 가담하였다. 그들은 가톨릭교도를 식별하기 위하여 자신들의 팔뚝에 흰색 천을 두르고 모자에는 흰색 십자가를 달고 있었다. 어둠 속에서 선발대가 콜리니 제독의 아파트를 습격하였다. 잠자리에 든 그를 칼로 찌른 다음, 축 늘어진 그를 앙리 기즈 공작이 기다리고 있는 발코니 밖으로 내던졌다. 아파트 앞에서 대기하고 있던 앙리 기즈 공작이 콜리니 제독의 시신을 확인한 뒤 소리쳤다.

"죽여라, 위그노들을 죽여라, 국왕의 명령이다!"

가톨릭교도들은 자신들과 이웃하며 살았던 위그노를 마치 바퀴벌레를 때려잡듯 잔인하게 죽였다. 위그노들은 피신할 틈도 없이 파리 시내 곳곳에서 조직적이고 무차별적으로 살해되었다. 파리에 사는 위그노 수천 명이 자신들의 동료와 이웃들의 손에 처참하게 살해된 것이다. 피에 굶주린 짐승처럼 혈안이 된 가톨릭교도들은 위그노를 숨겨준 것으로 의심되는 집에 쳐들어가서 그 집에 사는 가족마저 차례로 살해하였다. 부녀자들은 강간한 다음에 죽이고 죽어가는 임산부의 배를 갈라 태아를 꺼내기도 하였다. 그들의 종교적 증오와 광기는 어른, 어린아이 가리지 않고 닥치는대로 죽였다. 죽음이 파리의 하늘을 뒤덮었고 파리는 밤하늘을 찢는 비명소리로 잠들지 못했다. 위그노들은 창문에서 내던져지고 거리에서 집단 구타를 당해 죽었다. 그들의 시신은 발가벗겨진 채 나뒹굴었고 시신의 부패를 염려해 센강에 던져졌다. 이렇듯 위그노들의 피가 센강을 벌겋게 물들였다.

파리에서 학살된 위그노는 이틀 만에 3천여 명이나 되었다. 지방으로 번진 학살은 12개 가톨릭 도시를 중심으로 3만여 명의 위그노들이 무참히 살해되었다. 이와 같은 대학살은 인간으로서는 도저히 상상할 수 없는 굶주린 짐승의 광기였다. 섭정 카트린은 눈 뜨고 볼 수 없는 참혹한 광경에 더럭 겁이 났다. 군중들이 지금에야 위그노를 죽이는 것으로 끝날 것이지만 권력을 향하여 그 맹렬한 불을 뿜게 된다면 그야말로 재앙이 아닌가! 그녀는 피렌체 공화국의 로렌초 2세의 딸로써 마키아벨리의 『군주론』을 탐독한 여장부였다. 그런 그녀도 초조함을 숨기지 못하고 창가를 서성였다. 그녀의 낯빛은 그녀가 걸친 검은 드레스만큼이나 어두웠다.

> "어떤 상황에서도 착하게 행동할 것을 고집하는 사람이 착하지 않은 많은 사람들 속에 있으면 반드시 파멸하게 되기 때문에 자신을 지키고자 하는 군주라면 착하지 않을 수 있음을 배울 필요가 있다. 착하지 않을 수 있는 능력을 상황의 불가피성에 따라 사용할 수도 있고 사용하지 않을 수도 있어야 한다." - 군주론 -

마키아벨리의 군주론으로 철저하게 무장한 카트린 드 메디치조차 내심 사태의 심각성을 깨닫고, 국왕의 명령을 철회시키려 발걸음을 옮겼다. 정오가 되자, 처참한 살육을 막기 위해 급히 조직된 시민대표단이 국왕에게 탄원서를 제출하였다. 당혹스러운 얼굴로 침실에서 나온 샤를 9세는 어쩔 줄 몰라 하며 떨리는 목소리로 외쳤다.

"그만, 그만 멈추어라! 제발 그만 멈추란 말이다!"

잠시 후, 무차별 학살의 광풍이 진정되고 있다는 보고를 들은 젊은 국왕은 다소 안도하였다. 그러나 다음날 월요일 아침, 파리 시내 가톨릭교회들이 일제히 종을 울리기 시작했다. 위그노 척결을 기념하는 종소리였다. 그러나 파리 시민들은 이를 이단 색출의 신호로 받아들였다. 곳곳에서 위그노 사냥이 다시 시작되었다. 페트루스 라무스 교수와 루브르궁에 있던 라로슈푸코 François III de La Rochefoucauld와 콜리니 제독의 사위 샤를 드 텔리니 등, 위그노 귀족들이 살해되어 센강에 버려졌다. 잔인무도한 학살은 거의 1주일이나 계속되었다. 정부의 통제력이 작동되기까지 수일이 걸렸고, 파리에서 지방으로 이어진 학살은 그해 가을까지 툴루즈·보르도·리옹·루앙 등지에서 계속되었다. 이때 루브르궁에 억류되어 있던 앙리 드 나바르 왕자는 가톨릭 세력의 강압에 못이겨 9월 29일 개종을 했다.

한편, 위그노 대학살의 신호탄이 되었던 가스파르 드 콜리니 제독의

2024년 파리올림픽 개막식이 열린 트로카데로 광장과 이에나 다리(Pont d'Iéna)로 연결된 샹마르스 광장의 에펠탑. 파리 당국이 에펠탑 정비 사업을 하다 수많은 유해를 발견하였는데 위그노들의 유해도 있을 것으로 추정되고 있다. (사진촬영: 2015).

시신은 크게 훼손되었다. 그의 머리는 말뚝에 꽂혀 루브르 궁전문에 전시되었고, 생식기와 손가락은 잘라서 기념품으로 팔았다고 알려졌다. 내걸린 제독의 시체토막을 보고 파리의 가톨릭교도들은 기뻐서 크게 외쳤다.

"오! 하느님을 찬미합니다. 하느님의 은총으로 프랑스는 구원을 받았습니다."

로마 교황청은 환호하고 특별감사 미사를 올리며 '떼 데움'Te Deum이라는 성가를 불렀다. 교황은 산탄젤로 성에서 이단들의 죽음을 기념하는 축포를 터뜨렸다. 뗑그랑! 뗑그랑! 그악스러운 종소리가 바티칸을 가득 메웠다.

그레고리우스 13세는 특별감사 미사에 그치지 않고 '성 바르톨로메오 축일 대학살' 기념주화까지 발행한 행태는 참으로 경악스럽고 기괴하였다.

파리에서 자행된 학살이 지방으로 확산되면서 리옹·디종·오를레앙·블루아·투르·트루아·모·부르주·앙제르·루앙 등지의 가톨릭교도들은 잔혹한 폭력을 휘두르며 수천 명에서 수만 명에 이르는 위그노들을 학살하였다. 자유도시 라로셸은 5개월간 포위되었으나 끝내 버텨냈다.

1573년에는 루아르강 남쪽 베리 주의 상세르^{Sancerre}의 위그노들이 8개월간이나 포위당하자 굶주림에 설치류, 낡은 가죽, 나무 뿌리, 종이 등을 먹으며 견뎠다. 그러나 500명 이상이 굶어 죽고, 84명은 군인들의 손에 살해당했다. 당시 프랑스 전역에서 학살당한 위그노는 최소 2만 명에서 7만 명에 이른 것으로 추정되었다. 이것은 단발의 유혈사태가 아닌, 가톨릭 세력과 가톨릭교도 사이에 형성된 광신(狂信)의 결과였다.

도륙당한 위그노의 시신을 치우는 것은 오롯이 시민들의 몫이었다. 이때 목격한 위그노 대학살의 현장은 사람들에게 소름 돋는 공포로 각인

「1572년 바르톨로메오 축일 대학살」, 프랑수아 뒤부아, 1572-1584, 로잔미술관. 이 그림 왼쪽 끝에 검정드레스를 입은 카트린 드 메디치가 루브르궁을 나와 위그노의 시신을 확인하는 모습이 그려져 있다.

되었다. 왕권과 가톨릭교회의 시퍼런 칼날을 마주한 위그노 중에는 두려움에 사로잡혀 가톨릭교회로 돌아갔다. 차츰 위그노 귀족들도 신앙보다 가문의 생존을 위한 정치적 순응을 택했다. 그것만이 아니었다. 종교적인 내전으로 훼손된 수백 개의 교회를 재건하는 일은 개혁된 지역을 옛 신앙으로 돌려놓는 교두보 역할을 하였다. 그런 가운데 개혁신앙을 포기할 수 없는 사람들은 남부로 피신하거나 인접한 플랑드르, 제네바, 잉글랜드로 피난을 떠났다. 그러나 박해를 가하면 가할수록 위그노들은 들풀처럼 다시 일어났다.

훗날 위그노 작가들은 카트린 드 메디치를 '음모의 이탈리아 여인'이라 불렀다. 그녀가 마키아벨리의 냉혹한 충고, "단 한 번에 모두 죽여야 한다"를 실행에 옮겼다고들 입을 모았다.

카트린의 셋째 아들, 앙주 공작은 폴란드 국왕에 선출되었으나 '성 바르톨로메오 축일 대학살'Massacre de la St. Barthélemy에 가담한 뒤에도 차일피일 미루며 파리에 머물렀다. 결국 형 샤를 9세의 짜증 섞인 재촉을 받고서야 1574년 1월, 마지못해 바르샤바로 향했다. 그러나 같은 해 5월, 학살의 참극이 있은 지 불과 2년 만에 샤를 9세는 스물네 살의 젊은 나이에 시름시름 앓다 세상을 떠났다. 파리의 센강을 백성의 피로 붉게 물들인 군주가 제정신일 리 없었다. 통치권력은 사람들을 지키고 보호할 의무와 함께 주어지는 권력이다. 권력을 남용하거나 오용하면 반드시 자기를 삼키려고 문 앞에 도사리고 있는 죄를 마주한다는 사실을 망각하는 것은 인간의 어리석음이 아닌가. 한편, 폴란드 왕관이 마음에 들지 않았던 앙주 공작은 형의 죽음을 전해 듣자 곧바로 귀국길에 올랐고, 1575년 랭스에서 대관식을 치르며 프랑스 왕위를 이어받았다. 그가 바로 발루아 가문의 마지막 군주, 앙리 3세Henri III, r. 1574-1589였다.

한편, 1575년 9월 앙리 3세의 동생 알랑송 공작, 프랑수아 에르퀼François Hercule de Valois은 기욤 드 몽모랑시의 조력을 받아 궁전을 탈출하여 말콩텐트에 합류하였다. 랑그도크Languedoc 지역의 귀족 몽모랑시 가문을 비롯한 온건한 가톨릭 귀족들이 속한 '불만이 많은 자들', 곧 말콩텐트Malcontent는 왕권 중앙집권화에 반대하고 종교적 관용을 주장하며 부르봉 가문과 동맹을 맺었다. 1576년 2월에는 사냥 파티를 빌미로 파리를 탈출해 천신만고 끝에 베아른에 당도한 앙리 드 나바르와 사촌 앙리 1세 드 콩데는, 팔츠 선제후 칼뱅파 프리드리히 3세가 지원한 4000명의 기병대를 이끌고 온 선제후의 아들 요한 카시미르Johann Casimir와 연합군을 이끌었다. 3만 명에 이르는 위그노 연합군에 놀라 한발 물러선 앙리 3세가 1576년 5월 6일 알랑송 공작과 라로셸과 몽토방을 비롯한 8개의 '보증 도시(안전도시)' 보장 등, 위그노들의 종교적 자유가 허용된 '볼리외 평화조약'Paix de Beaulieu을 체결함으로써 제5차 위그노 전쟁(1574-1576. 5)은 일시적으로 봉합되었다.

이에 반발하여 가톨릭 세력이 '신성 동맹'을 결성하자 스페인은, 앙리 드 기즈가 이끄는 '신성 동맹'에 기꺼이 막대한 돈을 제공해 주었다. 가톨릭 세력의 위세에 눌린 앙리 3세가 볼리외 조약 일부를 취소했다. 또다시 위그노가 봉기하면서 제6차 위그노 전쟁(1577. 3-9)이 이어졌으나 몇 달 만에 '베르주라크 평화조약'Treaty of Bergerac으로 끝났다. 지난 1572년 앙리 드 기즈와 가톨릭 세력이 프랑스의 존경받는 가스파르 드 콜리니라는 강적을 제거하고 위그노 귀족들을 일거에 제거해 버렸을 때만 해도 머잖아 프랑스 왕권을 손에 거머쥘 수 있을 것 같았다. 그러나 세상의 이치가 눈에 보이는 대로만 흘러가던가! 적은 어디서나 발견되었고 또 생겨났다. 그리고 운명은 사람의 예측이나 기대와 다르게 흘러가기 마련이었다.

1584년 6월 10일, 발루아 가문의 유일한 왕위상속자 알랑송 공작이 결핵으로 죽고 말았다. 후사가 없는 앙리 3세 이후 프랑스 왕권은 살리카법 Salica Law에 따르면 나바르의 앙리의 것이었다. 그러나 왕권 경쟁을 하던 기즈 가문은 닭 쫓던 개 지붕 쳐다볼 처지가 되자, 위그노의 권리 철폐, 위그노의 왕위 계승권 박탈, '신성 동맹' 합법화를 담은 '느무르 조약'Treaty of Nemours을 국왕에게 강요하여 이 조약을 1585년 7월에 관철시켰다. 이로써 세 명의 앙리 왕위 계승전쟁(1584-1589, 8차 위그노 전쟁)이 본격화되었다.

1588년 5월 12일 분기탱천한 가톨릭 '신성 동맹'과 파리 시민들이 드러내놓고 국왕을 미온적이고 나약한 왕이라고 조롱하였다. 앙리 드 기즈 공작이 앙리 3세의 국왕군의 이동을 차단하기 위해 바리케이드Day of Barricades를 설치하고 파리 봉쇄령을 내렸다. 그가 앙리 3세와 대립하며 위세를 떨칠수록 가톨릭교도들은 그에게 절대적인 지지를 보냈고, 앙리 드 기즈 공작을 '파리의 군주'로 추앙했다. '신성 동맹'으로부터 위협을 느낀 앙리 3세는 루아르로 피신했다. 그는 생각할수록 부아가 치밀어 올라 견딜 수 없었다. 자기 백성들과 가톨릭 세력은 국왕을 무시하고 기즈 공작을 지지하

「그레브 광장의 동맹 행렬」(Procession of the League of the Greve) 1590, 프랑수아 뷔넬 2세(Francois Bunel II), 카르나발레박물관(Carnavalet Museum). 1590년 가톨릭 '신성 동맹' 1300명의 수도사들이 무장을 하고 현재의 파리 시청 그레브 광장에서 위그노와의 싸울 결의를 보이며, 로마 교황의 사절 앞에서 행진하고 있다.

제5장 프랑스 종교개혁 393

고 추앙했다. 기즈 공작이야말로 왕이라는 태양을 가리는 현재적이고 잠재적인 적이었다. 반드시 제거해야 할 장애물이었다. 앙리 3세의 질투심과 분노는 닥쳐올 후폭풍을 생각할 여지를 주지 않았다. 그는 성탄절에 맞춰 자신이 머물고 있는 블루아 성Château de Blois에서 삼부회(성직자·귀족·부르주아)를 소집하고 자문을 구한다는 명분 아래, 기즈 공작과 그의 동생 랭스 대주교 루이 2세 드 로렌Louis II de Lorraine,1555-1588 추기경도 초대하였다. 앙리 드 기즈는 자신을 호위하는 사람들이 도처에 많기 때문에 언제나 그렇듯, 위풍당당하게 성 안으로 들어섰다. 긴 복도를 지나는 동안 순식간에 모든 문들이 닫히더니 숨어 있던 자객들이 튀어나와 기즈 공작을 난도질하였다. 다음날, 그의 동생 루이 추기경도 신속히 살해되었다(1588). 프랑스 최대 권력 가문의 두 형제는 불태워져 루아르 강물에 한줌의 재로 떠내려갔다.

마리아에게 봉헌된 노트르담 대성당 광장에서 1535년 1월 21일 벽보 사건으로 위그노 6명이 화형당하였다. 거룩한 장소에서 하나님의 백성들을 살육하는 것에 대한 일말의 양심 때문이었을까? 로마 가톨릭교회 지도자들이 위그노에 대한 화형을 다른 장소에서 집행하라고 요구하였다. 노트르담 대성당은 2019년 4월 원인을 알 수 없는 화재로 파사드만 남고 소실되었다. 복원 공사를 거쳐 노트르담 대성당은 2024. 12. 7일 재개관하였다. (사진촬영: 2023. 6)

메디치 가문의 딸 카트린이 누린 최고의 영광과 최악의 비극을 동시에 경험한 인생은 많지 않을 것이다. 병으로 쓰러지는 악순환을 계속하면서 칠순이 된 그녀는, 아들 앙리 3세가 앙리 드 기즈 공작에 대한 열등감을 극복하지 못하고 '파리의 군주'로 불리는 기즈 공작을 암살했다는 소식을 듣고 하늘이 무너지는 것을 느꼈다. 자신의 품에서 네 명의 왕들이 죽었다. 그리고 발루아 가문은 역사에서 곧 사라질 것이다. 1589년 1월 5일, 죽음이 그녀의 코끝에 이를 때 피렌체 가문의 점성술사가 한 말이 떠올랐다.

"이 아이는 불행의 씨앗이 될 것이오."

앙리 3세는 자신을 가리고 있던 아주 성가시고 언짢은 가리개를 치우고 통쾌함을 누렸다. 그러나 그것도 잠시였다. 1589년 8월, 앙리 3세는 '신성 동맹' 회원인 도미니크회(탁발수도회) 수도사 자크 클레망Jacques Clément의 손에 살해당하고 만다. 기즈 가문과 발루아 가문이 서로 앙리 3세와 앙리 드 기즈 공작을 제거함으로써 로마 교회와 프랑스 가톨릭 세력이 전혀 원하지 않았던 최악의 시나리오가 전개되었다. 세 앙리의 왕위 계승전쟁에서 최후의 승자는 그들이 촌놈이라고 비아냥거렸던 나바르의 앙리가 프랑스 왕관을 차지하였다. 이로써 천하의 카트린 드 메디치가 살아 있었다 해도 어찌해 볼 수 없는, 부르봉 가문의 앙리 드 나바르가 프랑스 왕위를 계승하였으니 그가 바로 잔 달브레의 아들 앙리 4세이다.

그럼에도 결과적으로 프랑스에서의 종교개혁은 이식되지 못할 꿈이었다. 앙리 4세에게 주어진 왕권은 위그노들에게 잠시 숨통을 틔어 줄 만큼의 힘이었다. 종교개혁을 이뤄낸 잉글랜드와는 달리 프랑스는 위그노 대학살과 박해에 겁먹은 사람들의 개종과 국외로의 피난과 현실의 신앙적인 낙담에 의하여 위그노의 숫자는 감소하였고 그들의 힘은 현저히 약화되었다. 마침내 프랑스는 가톨릭 교리 수호와 왕권 안정에 성공하면서 왕권신수설과 반종교개혁Counter Reformation이 승리를 거둔 나라가 되었다.

제네바의 테오도르 드 베즈는 자신의 저서 『통치자의 권리에 관하여』Du Droit des Magistrats sur Leur Subiets, 1574에서 왕에게 권력을 부여한 것은 백성이며, 왕이 그것을 위반할 경우 백성들은 순종할 의무가 없다고 주장하였다. '생 바르톨로메오 축일 대학살'에서 구사일생 살아남은 필립 뒤플레시 모르네Philippe Du Plessis-Mornay, 1549-1623가 저자로 알려진 『폭군에 맞선 방어』Vindiciae contra Tyrannos에서 베즈와 동일한 맥락의 주장을 펼쳤다. 위그노 화가, 프랑수아 뒤부아François Dubois는 화폭에 「성 바르톨로메오 축일 대학살」이라는 그날의 끔찍한 참상을 고스란히 담아 역사의 기록으로 영원히 남도록 하였다.

1572년의 '성 바르톨로메오 축일의 대학살', 앤트워프의 '스페인의 광기',

센강변에 있는 고딕양식의 콩시에르주리(Conciergerie)는 메로빙거 왕조의 클로비스부터 카페 왕조의 공정왕 필리프 4세(Philippe IV le Bel) 시대까지 사용되다가 루브르궁이 이전하면서 15세기부터 파리 최초의 감옥으로 사용. 프랑스 혁명 기간 동안 루이 16세의 왕비 마리 앙투아네트를 포함한 2780명의 수감자들이 이곳에 투옥 수감되었다가 여러 장소의 단두대에서 처형당하였다. 현재는 국가기념물로 지정된 박물관이며, 건물 일부는 파리법원이 사용 중이다.

잉글랜드 메리 튜더의 종교 박해와 이단종교재판소가 저지른 숱한 박해의 행적은 로마 가톨릭교회의 '어둠의 전설'Black Legend이다. 그들은 옛 신앙으로 지배할 수 없는 사람들을 비인간적인 방법으로 고문하고 죽였다. 시편찬송을 부르지 못하게 혀를 자른 채 불에 태워 죽이고, 목을 매달아 놓고 불을 피워 죽였다. 이와 같이 역사에서 지울래야 지울 수 없는 극악무도한 만행은 반종교개혁에 몰두한 로마 가톨릭교회의 종교적 불관용(不寬容)이라는 초상화였다.

성 바르톨로메오 축일에 광란의 피바람이 불었던 노트르담 대성당, 루브르궁, 샤요궁에 잇닿은 트로카데로Trocadéro광장과 현 파리시청 그레브Greve 광장 등, 파리의 주요 명소는 위그노들의 피흘림을 목도했던 증인이다. 동일한 하나님을 신앙하는 위그노들에게 이단이라는 굴레를 씌워 도살했던 사람들은 한줌의 티끌로 사라졌지만, 교회와 역사에 기록되어 죽어서도 오욕(汚辱)으로 고스란히 남았다. 오늘날 프랑스 개혁교회는 가스파르 2세 드 콜리니Gaspard II de Coligny 제독의 순교와 성 바르톨로메오 축일에 벌어진 위그노 대학살을 되새기며 기념하고 있다. 위그노 대학살이 있은지 4백 년이 된 1972년, 파리 시당국이 가스파르 콜리니 제독이 총에 맞았던 지점을 '콜리니 거리'로 명명하였다. 개혁신앙을 지킨 그의 죽음은 헛되지 않았다. 그의 딸 루이제 드 콜리니Louise de Coligny는 네덜란드 빌럼 1세 오라녜 공의 아내가 되었고, 훗날 그녀의 증손자 빌럼 3세(윌리엄 3세)가 '명예혁명'으로 종교개혁에 성공한 잉글랜드 왕위를 계승하게 된다.

6. 톨레랑스-낭트 칙령(Edict of Nantes, 1598)

앙리 4세는 1598년 4월 13일, 낭트의 브르타뉴 공작성Château des ducs de Bretagne에서 칙령을 공포하였다. 프랑스에서 개혁사상을 따르는 위그노들의 종교적 자유를 인정하고 시민으로서의 권리도 보장되었다. 그러나 완전한 자유는 아니었다. 파리의 5개 동맹 지역에서는 위그노의 예배를 불허하였다. 즉, 규정된 장소에서 허가받은 예배만 드릴 수 있었다. 위그노 교회는 라로셸La Rochelle, 몽토방Mantauban, 몽펠리에Montpellier의 900개 교회에 한정되었고, 요새화된 남부의 100개 마을과 도시들로 제한시킨 지역에서만 허락되었다. 비록 완전한 신앙의 자유는 아니었지만 앙리 4세는 '낭트 칙령'을 통하여 프랑스의 종교내전을 종식하고 위그노들에게 일부 종교의 자유를 주었다. 부르봉 가문의 앙리 4세는 피레네 산맥 아래 작은 나바르 왕국의 왕자로 태어나, 1593년 가톨릭 세력의 강한 압력 속에서 개종을 결심했다. 이는 부르봉 왕가의 왕위 계승을 정당화하고, "훌륭한 프랑스인이 되는 것은 곧 훌륭한 가톨릭교도가 되는 것"임을 받아들이는 선택이었다. 그러나 앙리 4세가 추진한 종교 관용정책은 가톨릭 세력의 귀족들 사이에 불만을 불러일으켰다.

1598년 5월 2일, 프랑스는 스페인과 '베르뱅 조약'Treaty of Vervins을 체결함으로써 내전에 종지부를 찍고 외교적 안정을 도모했다. 이 조약의 체결과 함께 로마 가톨릭교회는 1516년의 '볼로냐 정교조약' 이후 프랑스의 국가종교로 더욱 확고해졌으며, 가톨릭 진영은 위그노들을 개종시킬 수 있는 권리를 얻게 되었다. 반면에 위그노들은 가톨릭교도를 개혁신앙으로 개종시킬 수 없었기 때문에 사실상 개혁교회의 확장은 가로막혔다. 그럼에도 불구하고 칼뱅주의는 국왕이 제공한 제한된 보호 아래 생존할 수 있었고 앙리 4세의 통치 아래 위그노들은 정치적·사회적으로 일정한 영향력을 유지할 수 있었다. 종교적 자유가 제한적이나마 보장된 가운데 위그노들은 상공업과 기술 분야에서 뛰어난 역량을 발휘하며 프랑스 경제에 많은 기여를 하였다. 생전에 무려 17차례나 암살 위기를 넘긴 앙리 4세는, 독일

「앙리 4세」 1610, 프란스 푸르부스(Frans PourbusⅡ), 프랑스 왕실 컬렉션.

팔츠 선제후 프리드리히 4세를 중심으로 결성된 프로테스탄트 연맹(1608-1621)에 대규모 지원을 계획하던 중, 1610년 5월 14일 오랜 친구이자 재상이던 쉴리 공작의 병문안을 가기 위해 아스널Arsenal로 향했다. 그날 따라 파리 시내는 교통이 무척 혼잡했고, 국왕이 탄 마차는 페로느리Ferronnerie에서 주춤거리다 잠시 멈추었다. 그 순간, 군중 속에서 한 남자가 잽싸게 마차에 뛰어올라 연거푸 칼을 휘두른 바람에 앙리 4세는 목 부위에 치명상을 입고 즉시 루브르로 옮겨졌으나 곧 숨을 거두고 말았다. 가톨릭교도 암살범 프랑수아 라바이악François Ravaillac은 이틀 동안 열린 재판 끝에 파리 의회로부터 사형을 선고받고, 센강변의 콩시에르주리Conciergerie 감옥에 수감되었다. 사형집행은 신속히 이뤄졌다. 5월 27일 해 질 무렵, 그는 네 마리 말에 사지가 묶인 채 끌려가며 찢겨지는 처형을 당했다. 프랑스 국왕을 죽인 자에 대한 극형이었다. 국왕을 암살한 대가는 끔찍했으나 그는 국왕 암살범에서, 로마 가톨릭교회의 순교자로 거듭나는 순간이었다.

한편, 재무장관 막시밀리앵 드 베튄 쉴리 공작(1560-1641)은 위그노 귀족 가문에서 태어나, 12세 무렵부터 나바르 왕궁에서 앙리 4세를 보필하며 그의 곁을 지켰다. 1599년에는 재무장관에 임명되어 내전으로 피폐해진 프랑스 경제를 회복시키기 위해 혼신을 다해 국왕의 통치에 힘을 보탰다. 그러나 앙리 4세가 자신을 문병하려다 암살을 당하자, 큰 충격을 받은 쉴리는 모든 공직에서 물러났다. 한편, 프랑스는 한 달 반 동안 '평화의 왕' 앙리 4세의 죽음을 애도하며, 생드니 대성당에서 장례식을 엄숙히 거행하였다. 그의 죽음은 오래도록 불관용에 익숙해 있던 프랑스 사회에 깊은 충격과 성찰을 안겨 주었다. 앙리 4세 재위 기간에 위그노들이 누렸던 종교적 자유의 종말이 오고 있었다.

　강고한 가톨릭 왕정국가 프랑스에서의 종교개혁은 너무나 꿈같은 일이었다. 앙리 4세가 암살당하자, 그의 아들 루이 13세$^{\text{Louis XIII, r. 1610-1643}}$가 아홉 살의 어린 나이로 프랑스 왕위에 올랐다. 루이의 모친 마리 드 메디치가 국정을 돌보는 동안, 그는 파리에서 한 시간 가량 떨어진 퐁텐블로 성에서 성장하였다. 그러나 섭정인 모친의 실정이 계속되면서 선왕 앙리 4세때 누렸던 특권을 박탈당한 지방의 위그노 귀족들이 반란을 일으켰다. 이에 열여섯 살이 된 루이 13세는 섭정인 모친을 블루아 성에 유폐하고, 리슐리외 추기경을 재상으로 등용하여 직접 통치를 시작했다. 그의 부친 앙리 4세에게는 위그노인 쉴리 공작이 있었다. 쉴리의 조언과 헌신 덕분에 앙

역사기념물로 등재된 체인 타워와 42m 높이의 생니콜라 타워(Tour Saint-Nicolas). 이미지에서는 보이지 않지만 체인 타워 좌측 150m 지점에 있는 55m 높이의 팔각형 란테른 타워(등대탑)는 대서양 연안에서 가장 오래된 등대로 감옥으로 사용되었었다. (출처: https://fr.wikipedia.org/wiki/La_Rochelle)

리 4세는 국정을 안정적으로 이끌 수 있었고, 위그노들의 든든한 보호자가 될 수 있었다. 반면에 루이 13세에게는 위그노에 적대적인 가톨릭교도인 멘토, 리슐리외 추기경$^{\text{Duc de Richelieu}}$이 있었다. 마리 드 메디치 섭정 시절에 발탁된 리슐리외는 자신을 신임한 젊은 국왕의 기대에 부응하여 프랑스를 절대왕정 국가로 만드는 데 크게 공헌하였다. '낭트 칙령'은 루이 13세 재위 기간에도 여전히 유효하였으나 위그노에 대한 무자비한 탄압은 계속되었고, 이에 맞선 위그노들의 무장 봉기도 잇따랐다.

이 시기 유럽 대륙은 가톨릭 진영과 프로테스탄트 진영으로 갈라져, 악몽의 '30년 전쟁'으로 비화하고 있는 줄도 모르고 싸웠다. 보헤미아 왕국에서 시작된 싸움은 진화되지 않고 확전을 거듭하면서 유럽을 초토화시킬 토네이도가 되어 끝내 프랑스를 합스부르크 가문과의 전쟁으로 끌어들일 것이었다.

7. 라로셸 – 위그노의 도시

프랑스 남서부 누벨 아키텐$^{\text{Nouvelle-Aquitaine}}$ 지방에 위치한 라로셸은 파리에서 약 410km 떨어진 대서양 연안의 항구 도시다. 다수의 항구를 갖춘 덕분에 '대서양의 문'$^{\text{Porte Océane}}$이라고도 불린다. 10세기경에 형성된 이 유서 깊은 도시는 12세기에 아키텐 공작 기욤 10세로부터 자유항으로 인정받은 이후, 자치도시로서의 특권을 누렸다. 지리적 중요성 때문에 라로셸은 여러 전쟁을 겪었고, 도시는 자연스럽게 성벽과 방어시설을 갖춘 요새로 발전했다. 그 흔적은 지금도 도시 곳곳에서 확인할 수 있다. 옛 항구$^{\text{Vieux-Port}}$ 양쪽에는 생니콜라탑$^{\text{Tour Saint Nicolas}}$과 사슬탑$^{\text{Tour de la Chaîne}}$이 우뚝 서 있으며, 두 탑은 과거 항구 입구를 통제하기 위해 설치한 쇠사슬로 연결되어 있다.

종교개혁사상이 프랑스를 뒤흔들던 16세기, 라로셸은 칼뱅주의를 받아들여 위그노의 주요 거점 도시로 자리 잡았다. 성곽 도시의 구조와 해상 교통의 편의성은 이 도시를 저항의 중심지로 만드는 데 중요한 역할을 하였다. 1555년 7월 16일, 위그노들은 자신들의 신앙공동체를 세우기 위해 남아메리카로 향했다. 이들은 위그노인 가스파르 드 콜리니^{Gaspard de Coligny} 제독의 후원을 받아 니콜라 뒤랑 드 빌르가뇽^{Nicolas Durand de Villegagnon}의 인솔 아래 구성된 600여 명의 이주민이었다. 긴 항해 끝에 11월 10일 브라질 리우데자네이루의 과나바르만(灣)에 도착하였다. 이들은 위그노 지도자 콜리니 제독의 이름을 딴 거주지를 조성할 계획이었기 때문에 제네바에 목회자 파송을 요청하였고, 이에 부응해 칼뱅은 피에르 리시에^{Pierre Richier}와 기욤 사르티에를 비롯해 12명의 평신도로 이뤄진 선교단을 브라질 포트 콜리니로 보냈다. 이들은 험난한 항해 속에 6개월 만인 1557년 3월 10일, 과나바르만에 도착하였다. 그러나 선교단이 도착했을 때 빌르가뇽은 이미 개혁신앙에서 이탈해 있었다. 그는 교회의 질서와 신학적 입장을 문제 삼고 선교단의 활동에 대하여 간섭하기 시작했다. 결국 리시에 목사와 필리프 뒤퐁 장로는 7개월 만에 정착지에서 추방당하고 말았다.

이 무렵 프랑스 앙리 2세는 카를 5세와의 전쟁으로 막대한 국고 손실과 위그노와의 종교 갈등이 심화되자 1559년 4월 2일 카토-캉브레지 조약을 체결하고, 위그노 척결에 무게를 두고 브라질을 포함, 남아메리카 식민지 권리와 이탈리아의 일부 영유권을 포기하고 철수했다. 이때 빌르가뇽도 프랑스로 돌아갔다. 1560년 3월, 포트 콜리니는 포르투갈에 의해 함락되었다. 귀국한 빌르가뇽은 이후에도 위그노들과 반목했는데 1562년 루앙 전투에 나가 가톨릭 진영에서 싸우다 부상을 입었다고 알려졌다.

한편, 포트 콜리니에서 추방당했던 리시에 목사는 1558년 라로셀 최초 개혁교회에 목사로 부임하였다. 그의 사역은 라로셸이 위그노의 중심 도시로 자리 잡는 데 중요한 역할을 하게 된다.

수년 뒤, 가톨릭교도 프랑수아 드 기즈 공작의 명령 아래 1562년 바시에서 위그노들이 학살되는 '바시 학살'이 발생하였다. 이 참극에 분노한 프랑스 위그노들은 로마 가톨릭교회에 항의하며 성상들을 파괴하기 시작했고 긴장은 전국으로 번졌다. 한편 이런 상황에서도 1568년, 라로셸은 《제네바 예배모범》을 채택하고, 자치도시임을 선언하였다. 나아가 네덜란드 독립운동을 주도한 빌럼 1세 오라녜 공을 지지하고, 스페인의 무적함대에 맞서 싸운 네덜란드 저항세력인 '바다 거지들'Waterguezen을 돕기도 하였다. 1568년에는 프랑스 왕실이 로마 가톨릭 신앙으로의 일치를 위해 라로셸에 국왕군을 주둔시키려고 하자, 신앙과 도시를 지키려는 시민들이 란테른 타워에서 사제 13명을 처형하고 바다에 던져 버렸다.

위그노 군주 잔 달브레

위그노의 역사에서 빼놓을 수 없는 인물이 있다. 바로 피레네 산맥 기슭, 나바르 왕국의 후아나 3세Juana III de Navarra 곧 잔 달브레Jeanne d'Albret이다. 그녀는 1528년 프랑스 퐁텐블로궁에서 태어났다. 외삼촌 프랑수아 1세의 정치적 계산에 따라 모친 마르그리트와 떨어져 프랑스 궁정에서 가톨릭 교육을 받으며 성장하였다. 그러나 그녀에게는 마르그리트 당굴렘Marguerite d'Angoulême, 1492-1549 모친으로부터 물려받은 깊은 종교의 씨앗이 살아 있었다.

1555년, 잔 달브레는 모친 마르그리트 당굴렘의 뒤를 이어 나바르 왕국의 여왕으로 즉위하였다. 그녀는 신앙과 정치, 두 영역의 전면에 선 용기 있는 지도자였다. 가톨릭의 권세가 절대적이던 프랑스 한복판에서 개혁교회의 길을 선택한 그녀는 위그노들에게 정치적 후원을 아끼지 않았다.

특히 라로셸이 개혁교회의 자치도시로 성장하는 과정에서 잔 달브레의 존재는 밤바다의 등대와 같았다.

한편, 그녀의 남편 앙투안 드 부르봉은 권력욕을 숨기지 않은 채 프랑스 왕실과 가톨릭 세력에 협력하며 파리에 머물렀다. 1561년, 그녀는 아직 아홉 살도 되지 않은 아들 앙리를 프랑스 궁정으로 보내야 했다. 그곳에서 앙리는 약 10년 동안 가톨릭 중심의 교육을 받으며 성장하게 된다. 설상가상 남편이 프랑스 궁정에서 지내는 동안 그의 입장은 점차 가톨릭 진영으로 기울었고, 그의 잦은 외도의 소문은 그녀의 마음을 할퀴었다. 무엇보다도 어린 앙리를 남겨 두고 나바르로 돌아가야 하는 잔 달브레의 가슴이 미어졌다. 그러나 제아무리 여왕이라도 그녀가 할 수 있는 일은 없었다. 어린 앙리의 두 손을 붙잡고 그녀는 다짐을 받았다.

"로마 가톨릭 미사에 참여하지 않겠다고 나에게 약속하여라. 그렇지 않으면 너와 나의 인연은 여기까지다."

앙리는 그녀의 말을 가슴에 새겼다. 훗날 프랑스 왕위에 오르기 전까지, 그는 그 약속을 지키려 애썼다. 1562년 3월 1일, '바시 학살'로 촉발된 프랑스 내전, 곧 제1차 위그노 전쟁이 발발하자 앙투안 드 부르봉은 국왕군에 가담하여 노르망디 루앙 전투에 참전하였다. 그는 이 전투에서 부상을 입고 치료를 받았으나 회복하지 못하고 그해 11월에 사망하고 말았다. 제1차 위그노 전쟁은 프랑스인 6천여 명을 희생시키고 중단되었다. 남편 앙투안의 사망으로 홀로 나바르-베아른 공국을 통치하게 된 잔 달브레 여왕은 장 칼뱅과 서신을 주고받으며, 베아른에서 단계적인 종교개혁을 추진해 나갔다. 1563년 2월 2일, 포^{Pau}에서 공포한 「교회 법령」으로 베아른에서 가톨릭 미사를 폐지하고 칼뱅주의를 국가신앙으로 공인하였다. 그해 9월 20일, 오르테즈에서 열린 제1차 개혁교회 총회$^{Synode\ national\ de\ Béarn}$에서는 나바르 왕국 내 개혁교회 대표들과 목회자들이 참석하여 칼뱅주의를 국가신앙으로 공인한 잔 달브레의 조처를 뒷받침하였다. 그 결과 나바르와 베아른은 이후 프랑스 개혁주의의 중심지가 되었다. 그로 말미암아 9월 28일, 교황 피우스 4세가 잔 달브레 여왕을 파문하고 로마 종교재판소로 회부하였다. 이에 카트린 드 메디치가 중재에 나서 출두 명령은 취소되었으나 그녀의 왕국에 대한 로마 가톨릭교회의 위협은 여전히 상존해 있었다.

1568-1570년까지 이어진 제3차 위그노 전쟁 중, 잔 달브레는 라로셀에 체류하면서 자신의 보석을 담보로 엘리자베스 1세에게서 대출금을 받아 위그노 군대를 지원하였다. 1569년 3월 13일 국왕군과 대치한 자르낙 전투에서 콩데$^{Louis\ Ier\ de\ Bourbon-Condé}$가 사망하고 말았다. 콩데의 죽음으로 상실감에 빠진 가스파르 제독은 군대의 사기 진작을 위해 그녀를 군 진영으로 불렀다. 자르낙 전투$^{Bataille\ de\ Jarnac}$에서 사망한 루이 드 콩데 공작은 제1차–제3차 위그노 전쟁을 수행한 장군이자 잔 달브레의 시동생이었으며 앙리 드 나바르의 삼촌이었다. 잔 달브레는 즉각 애도의 깃발을 앞세우고 가스파르 진영으로 달려갔다. 그녀는 콩데의 아들이자 조카인 앙리 드 콩데와 열여섯 살된 자신의 아들 앙리 드 나바르가 보는 앞에서 연설을 하였다.

"… 여왕인 내가 아직 희망을 버리지 않았는데 그대들은 무엇을 두려워합니까? 콩데 영주가 죽었다고 모든 것이 끝났습니까? 우리의 노력이 더는 정당하지도 거룩하지도 않다는 말입니까? 결코 아닙니다. 수많은 위험에서 그대들을 구원하신 하나님께서 이제 콩데의 뒤를 이을 전우들을 세우셨습니다. 내 아들도 여기 있습니다. 가서 이 아이의 용맹함을 시험해 봅시다. 그의 핏줄에는 부르봉과 발루아의 피가 흐르고 있습니다. … 콩데의 아들을 보십시오. 자기 아버지의 훌륭한 일을 이어받을 사람이 아닙니까? … 제군들 내 힘이 다할 때까지 내가 가진 모든 것을 그대들에게 주겠습니다." - 중략 -

1571년 11월 26일, 잔 달브레는 베아른에서 77개 항목의 「교회 법령」Ecclesiastical Ordinances을 공포하여 칼뱅주의에 입각한 국가교회 체계를 확립하고 로마 교황청과 완전히 결별하였다. 같은 해 라로셸에서 열린 제7차 프랑스 개혁교회 총회에서는 1559년에 제정된 《프랑스 신앙고백서》를 40개 조항으로 확대·재확인하였다. 이 개정판은 이후에 《라로셸 신앙고백서》로 불리게 된다. 안타깝게도 그 이듬해, 잔 달브레는 앙리 왕자의 결혼식을 앞두고 44세의 나이로 갑작스레 사망하였다(1572). 그녀의 죽음을 둘러싸고 곧 사돈이 될 카트린 드 메디치의 독살 음모론이 퍼지기도 했다. 특히 교황대사Nuntius가 "하나님께서 어머니 교회의 주적을 데려가셨으니 이 죽음은 로마 가톨릭교도들에게 큰 기쁨이 되고 있다"고 말했다는 전언이 사람들 사이에 회자되기도 하였다.
현재 프랑스 남서부 베아른 오르테즈에 있는 잔 달브레 박물관Musée Jeanne d'Albret에는 그녀가 공포한 법령과 신앙과 관련된 문서와 성경 그리고 자료 등이 전시되어 있어서, 그녀의 종교개혁 활동을 생생하게 증언하고 있다.

라로셸 공성전

1617년 베아른Béarn에서 가톨릭 미사만 허용되자 위그노들이 격렬하게 반발하며 들고 일어났다. 이에 열여섯 살의 루이 13세는 섭정 마리 드 메디치를 블루아 성에 유폐하고 직접 친정을 시작했다. 1620년 6월 루이 13세는 성급히 베아른을 무력으로 정복하고, 여세를 몰아 위그노의 중심지인 라로셸을 치기 위해 진격했다. 이에 맞서 프랑스 남서부의 생통주, 기엔, 랑그도크 지역의 위그노들이 저항에 나섰고, 그 선봉에는 쉴리 공작의 사위인 앙리 드 로앙 공작이 있었다. 1621년부터 1622년까지 루이 13세는 측근 샤를 달베르와 함께 생장 당젤리^Saint-Jean d'Angély를 치고 몽토방^Montauban과 몽펠리에^Montpellier에서 위그노군과 격전을 벌였다. 그는 라로셸을 봉쇄하려고 시도했지만 병사들 사이에 퍼진 열병과 로앙 공작의 완강한 저항으로 전세는 교착상태에 빠졌다. 결국 루이 13세는 1622년 10월, 위그노 측과 몽펠리에 조약^Treaty of Montpellierr을 맺고 일단 숨고르기에 들어갔다.

한편, 로앙 공작의 동생 뱅자맹^Benjamin de Rohan, 1580-1642 곧 수비즈 공작^duc de Soubise은 서부 해안지역을 맡아 위그노를 지휘했다. 뱅자맹은 네덜란드 독립전쟁 당시 마우리치 공작 휘하에서 실전 경험을 쌓은 인물로, 1625년 레^Île de Ré와 올레롱^Île d'Oléron을 점령하고 잉글랜드에 도움을 요청했다. 그러나 국왕군이 섬 탈환에 나서자 후퇴해야만 했다. 1627-1628년에 벌어진 라로셸 공성전에서 수비즈 공작은 다시 잉글랜드와 연합하여 저항에 나섰으나 전략면에서 잉글랜드 지휘부와 갈등을 겪고, 결사 항전하던 라로셸이 리슐리외의 국왕군에 항복하자 그는 쓸쓸히 잉글랜드로 망명하였다.

라로셸의 부르주아 계층과 위그노 시민들은 오랫동안 보장받아 온 도시 자치권과 신앙의 자유를 지키기 위해 국왕의 간섭에서 벗어나려고 하였다. 이에 루이 13세는 리슐리외 추기경을 보내 서부 해안 도시 라로셸 정복에 나섰다. 이때 잉글랜드 국왕 찰스 1세가 위그노를 지원하기 위해 파병한 버킹엄 공작의 함대가 일드 레^Île de Ré 섬에 상륙하였다. 그러나 위그노 저항군에 동참하지 않은 레 섬의 중심마을 생마르탱^Saint Martin은 리슐리외 추기경의 든든한 지원에 힘입어 사기가 높은 반면, 잉글랜드 함대는 보급품이 고갈되고 전염병이 돌자 그만 철수해 버렸다. 지원에 나선 잉글랜드 함대의 해상지원을 차단하기 위해 방파제 쌓기를 시작한 국왕군은 1628년 3월에 방파제를 완공했다. 보급품을 받지 못한 위그노들은 잉글랜드 2차 함대의 지원에 기대를 걸었으나 방파제에 가로막힌 잉글랜드 함대가 맥없이 철수해 버리자 동력을 잃었다. 위그노들은 잉글랜드 3차 함대에 마지막 희망을 걸었다. 그러나 린지 백작이 지휘하는 함대도 해협을 봉쇄하고 있는 방파제를 끝내 뚫지 못하였다. 결국 완전히 고립된 채 약 14개월 동안 장 기통 시장Jean Guiton, 1585-1654의 지휘 아래 결사 항전했던 위그노들은 극한의 굶주림과 질병 속에서 1628년 10월 28일 끝내 항복하고 말았다. 당시 약 2만 7천 명에 달하던 인구는 전투와 기아, 전염병으로 인해 5천 명 남짓으로 줄었을 만큼 라로셸은 완전히 초토화되었다.

1629년 6월 28일 앙리 드 로앙 공작이 리슐리외와 협상 끝에 '알레스 평화조약'Peace of Alès을 수용하였다. 이 평화조약은 라로셸에서 위그노의 자치

작은 요새처럼 보이는 고딕양식의 라로셸 시청사 광장에는 라로셸 공성전에서 위그노를 이끌고 투쟁한 장 기통(Jean Guiton, 1585-1654)이 있다. 이 동상은 뉴로셸(뉴욕)로 이주했던 위그노들과 시민들의 기금으로 1911년 10월, 공식적으로 공개되었다. 동상을 중심으로 위그노 십자가 문양의 보도블럭과 동상 받침대는 라로셸과 뉴로셸의 문장이 새겨져 있으며, 라로셸의 풍경이 부조로 표현되었다.

권과 정치적 권리가 상실되었음을 의미하는 것이었다. 그리 멀지 않은 훗날 앙리 4세의 '낭트 칙령'이 완고한 그의 손자 루이 14세에 의해 휴지조각이 되는 순간, 프랑스 위그노에게는 더 가혹한 박해가 예고되어 있었다. 가톨릭 군주 루이 13세 국왕군과 신앙의 자유를 지키려는 위그노 사이의 치열한 충돌, 라로셸 공성전은 알렉상드르 뒤마$^{Alexandre\ Dumas}$의 소설 『삼총사』의 역사적 배경이 되었다.

8. 태양왕 루이 14세(Louis XIV, 1638–1715)

루이 14세는 프랑스 왕이자 나바르의 군주이며, 외가로는 막강한 스페인-합스부르크 펠리페 3세를 외조부로 두었다. 그는 다섯 살 생일이 채 되기도 전에 왕위에 올랐다. 이탈리아인 추기경 마자랭$^{Jules\ Mazarin}$이 1661년까지 실질적으로 통치한 것을 포함하여 그는 유럽의 군주 중 72년 최장기 집권한 왕이다. 루이 14세가 어린 시절 '프롱드 난'$^{La\ Fronde}$을 겪으며 프랑스 각 지역을 전전해야 했던 고난의 5년은 그에게 권력이라는 것은 힘써 지켜내야 하는 것이라는 사실을 깨닫기에 충분하였다. 루이 14세야말로 왕권과 결합하려 했던 교회들에게 "교회는 왕과 세속 군주의 도구일 뿐 주인이 아니다"라는 사실을 단호하게 보여 준 군주였다. 그는 왕권신수설의 열렬한 신봉자로 재상들을 왕권 아래 종속시키고, 세력을 확장하기 위해 네덜란드 전쟁, 대동맹 전쟁, 그리고 손자 펠리페 5세의 스페인 왕위 계승 전쟁을 불사하며 프랑스 절대왕정 체제를 완전히 굳혔다.

유럽 역사에서 절대군주의 대표적인 인물로 샤를마뉴를 꼽을 수 있다. 샤를마뉴에게는 하나님에 대한 신실한 신앙과 교회에 대한 충정이 역사 속 어느 왕과 통치자들보다 월등히 높았다. 그럼에도 불구하고 그는 단 한 번도 그리스도의 대리자를 자처하는 교황이 자신의 머리라고 생각해 본 적이 없었다는 것을 역사적 사실들이 증명하고 있다. 샤를마뉴에게 서로마 황제관을 씌워 준 대관식 이래로 교회는 세속권력 위에 군림하려 했고, 교회가 세속권력보다 우위에 있다는 착각에 빠졌던 경우가 더러 있었다. 그러나 왕들은 절대왕권을 지키고 더 강화하기 위하여 교회권력과 밀월 관계를 유지하거나 또는 밀쳐내었다. 교회는 그저 자신들의 왕권을 위한 유용한 협력자들이었을 뿐이다. 물론 군주들 중에 때로 하나님에 대한 두려움으로 그리스도의 대리자들에게 경외심을 잠시 보인 적은 있었을 것이다.

16세기 프랑스의 위그노들에게는 '퐁텐블로 칙령'을 통해 그들을 말살하려고 한 '태양왕' 루이14세Louis XIV, 1638-1715의 찬란한 장기집권은 암울한 암흑의 시대였다. 위그노들의 잔혹사는 그의 5대손 루이 16세의 '베르사유 칙령'이 공포되기까지 이어졌다. 종교적 차이로 발생한 불관용Intolerance의 잔혹성은 위그노에 대한 무자비한 박해에서 그 위력을 여실히 보여 주었다. 자신이 돌봐야 할 백성들임에도 불구하고 자신의 통치에 반하는 사람들을 차별하고 죽이는 것은 철저하게 반성경적이다. 누가 누구에게 종교라는 이름으로 살인을 허락하였는가? 이 질문은 교회 역사를 더듬어 갈수록 진저리나게 마주하였다. "살인하지 말라"는 계명은 과연 유효한가?

퐁텐블로 칙령(1685)

프랑스 개혁교도들과 가톨릭교도들 사이의 불관용은 역사적으로 드문 '성 바르톨로메오 축일의 대학살'과 같은 끔찍한 살육을 불러왔다. 위그노들이 국가차원의 대학살과 박해에 맞서 끈질기게 저항함으로써 프랑스에는 36년간 '위그노 전쟁'으로 불린 내전이 계속되었다. 1598년 앙리 4세가 낭트Château des ducs de Bretagne에서 개혁신앙의 자유를 보장하는 칙령을 공포하였는데 이 '낭트 칙령'은 훗날 프랑스에서 관용Tolerance이라는 가치가 최초의 규범이 되게 하였다. 이로써 프랑스에 모처럼 평화가 찾아왔다. 위그노들은 칼뱅주의 신앙의 모범을 따라 자신들이 가지고 있는 능력으로 성실하게 삶을 일구었다. 다양한 분야의 기술을 가지고 있던 위그노들은 금방 삶의 터전을 회복하였고 프랑스 경제에도 크게 기여하였다. 그러나 한 세기가 다 지나가기도 전에 1685년 10월 22일, 루이 14세는 '퐁텐블로 칙령'을 공포하였다. 그는 종교적 내전으로 고통받던 프랑스인들에게

「루이 14세의 초상」 이아생트 리고, 1701, 파리 루브르박물관. 태양왕(Le Roi Soleil)으로 불렸다.

잠시 평화를 가져다준 앙리 4세의 관용정책을 무효화하고 조부와 달리 불관용의 길로 갔다. 퐁텐블로 칙령 Edict of Fontainebleau, 1685에는 위그노의 종교적 자유를 박탈하는 것뿐만 아니라 위그노의 시민권을 박탈하는 내용이 포함되었다. 이로써 프랑스는 위그노가 마땅히 받아야 할 시민의 권리를 박탈하여 교육과 공직 진출의 길을 막고 거주할 지역까지 제한하는 모진 탄압을 가하였다. 위그노들은 교회 일치를 꿈꾸는 절대군주의 혹독한 박해 아래 또다시 놓이게 되었다. 그 결과 위그노들은 옛 신앙으로 돌아가기를 단호히 거부하고 자신의 조국 프랑스를 떠나 피난민의 삶을 선택하였다.

9. 위그노 박해

실제로 '퐁텐블로 칙령'은 오랫동안 물밑에서 진행되고 있던 위그노 탄압을 공식화한 것 뿐이었다. 가톨릭교도였던 루이 14세는 로마 교황청의

지지 아래 자신의 절대왕권을 강화하기 위하여 위그노, 곧 이단들을 박멸하겠다는 의지를 드러냈다. 그것은 반종교개혁의 불관용이라는 망령이었다. '퐁텔블로 칙령' 이전, 1669년 루이 14세가 선포한 40개의 조항은 개혁교회들을 파괴하는 일과 행정적인 괴롭힘과 위그노에 대한 구속을 허가하는 것들을 담고 있었다. 또 가톨릭 군인들의 숙영지로 위그노 가정을 내주어야 하는 조항이 들어 있었다. 특히 이 조항은 개혁된 형태로 예배하는 삶을 영위하는 위그노들에게는 큰 재앙이었다. 위그노들이 직면한 현실적인 대안은 배교하거나 추방당하거나 다의성(금지당한 신앙을 은밀하게 지속하는 것, 칼뱅은 이러한 신앙 태도를 니고데모주의라고 불렀다) 또는 저항만이 남아 있을 뿐이었다. 배교를 선택한 위그노들은 생명과 재산을 지켰다. 하지만 특수직업과 특별한 기술을 보유한 수천 명의 더 많은 위그노들이 신앙을 지키기 위해 당장 또는 수십 년에 걸쳐 프랑스를 떠나갔다.

'왕들의 진정한 집'으로 불린 이 궁전은 루이 14세가 '낭트 칙령'을 철회한 곳이다. 퐁텐블로궁은 12세기에서 19세기, 곧 루이 7세에서 나폴레옹 3세에 이르까지 왕들이 거주한 유일한 성으로, 파리에서 1시간 거리에 있다.

위그노들의 빈번한 무장 봉기는 '퐁텐블로 칙령'의 불관용에 대한 결과로써 나타난 양상이었다. 세벤느의 숲과 산에서, 랑그도크의 저지대에서, 위그노들의 저항은 몇십 년 동안 산발적으로 계속되었다. 장 카발리에Jean Cavalier가 주도한 카미자르Camisard군의 투쟁은 1702-1704년까지 이어졌다. 그러나 2만여 명의 프랑스군에 의하여 철저하게 진압되었다.

자칭 타칭 태양왕 루이 14세는 오직 자신에 대한 복종만을 요구하였기 때문에 생산성 높은 자기 백성들이 타국으로 이주하는 것도, 신앙의 자유도 용납하지 않았다. 국왕의 추상(秋霜)같은 통치 아래에서 프랑스를 떠나는 것은 불법이었다. 그러나 위그도들은 도망치다 붙잡히면 갤리선으로 보내지는 위험을 무릅쓰고 조국을 떠나 신앙난민의 길을 택했다. 교회 일치와 자신의 절대왕권을 방해하는 위그노를 박멸하려던 루이 14세는, 성실하게 일하며 프랑스 경제를 떠받치고 있던 숙련된 수십만 명의 위그노 기술자들을 충성된 백성으로 만들기보다, 개혁신앙을 지키기 위하여 터전을 버리고 유럽의 도시와 신대륙으로 떠나가게 만들었다.

1685-1689년 사이에 20만여 명의 위그노 신앙난민이 발생하였다. 이러한 위그노 신앙난민들을 잉글랜드·독일 프로이센·스위스와 같은 유럽 국가들이 열렬히 환영하며 받아들였다. 반면에 프랑스는 기술자들이 대부분이었던 위그노들이 탄압과 박해를 피하여 조국을 떠나감으로써, 프랑스의 경제 몰락과 장래 프랑스 대혁명의 불씨를 키운 격이 되었다. 대규모로 프랑스를 탈출한 위그노들의 피난은 프랑스의 경제 상황뿐만 아니라 유럽의 경제 지형에도 큰 변화를 가져왔다. 당시 프랑스를 떠난 위그노들은 네덜란드 65000명, 독일 30000명, 스위스로 25000명이 유입이 되었다고 알려졌다. 이주한 위그노 대다수가 젊은 청년들이었다. 기술을 가진 위그노를 유럽의 다른 나라들은 환영하며 받아 주었다. 그 결과 루이 14세는 경제적인

위기로 치닫는 상황에 놓이게 되었고, 위그노들을 받아들인 국가들은 경제적인 측면에서 기술의 진보 등 큰 유익을 얻어 근대화로 나가는 동력을 얻게 되었다. 여러 요인들의 작용이 근대화로 이어지고 있는 시대의 흐름은 왕정주의자들에게는 분명 커다란 악재였다. 역사의 흐름 속에서 앞으로 전개될 일을 예측하여 그에 따른 대비를 할 수 있었다면 좋았으리라. 루이 14세가 자신이 결정하고 실행한 일의 여파가 '프랑스 대혁명'으로 이어지고, 5대손 루이 16세가 자신들에게 복종해야 할 백성들에 의하여 목이 잘리는(1793. 1. 21) 천지개벽할 일이 일어날 것을 알았더라면….

1793년 1월 21일, 루이 16세와 마리 앙투아네트는 9개월 간격으로 파리 콩코드 광장Place de la Concorde에 설치된 단두대에서 처형당하였다. 〈천일 동안 좋은 일만 있는 사람이 없고, 백일을 붉게 피어 있는 꽃 또한 없다〉는 남송 시인 양만리(楊萬里)의 시 한 구절과 잠언의 한 구절이 오버랩된다.

"재물은 오래 가지 않고, 면류관은 대대로 물려지지 않는다."(잠 27:24)

브란덴부르크 선제후 프리드리히 빌헬름Friedrich Wilhelm, Kurfürst von Brandenburg은 루터파 백성들을 다스리는 칼뱅파 군주였다. 그는 프랑스에서 박해를 피해 온 위그노들을 자신의 영토로 받아들여 숙소를 지어 주고, 정착에 필요한 자금도 대출해 주는 등, 지원을 아끼지 않은 위그노에 대한 관용정책은 브란덴부르크의 위상을 높였다. 그 결과 1700년 무렵에는 베를린 주민 셋 중 한 명이 프랑스계일 정도였다. 잉글랜드의 찰스 2세도 특별이민법을 만들어 위그노들을 적극적으로 받아들임으로써 그들은 증기기관 기술과 면방직산업의 기틀을 마련하여 훗날 18세기 산업혁명의 밑거름이 되었다. 스위스에서도 위그노들이 시계 제작기술과 의약품 제조기술을 전수하여 스위스의 경제 기반을 다지는 데 기여하였다. 신대륙으로 건너간 위그노들은 자신들이 지닌 탄약 제조기술과 장인 정신으로 미국의 서부 개척 시대를 여는 데 일조하였다. 특히 라로셸 출신의 위그노들이 뉴욕주 남동부에 세운 정착지는 고향의 이름을 따라 뉴로셸New Rochelle이라 불렸다. 그들은 어디에 정착하든 교회를 세우고 예배 공동체를 형성하며 개혁신앙을 전했다. 이같이 경건과 지식, 노동과 직업을 하나님이 주신 소명으로 받아들인 위그노들은 박해를 피해 이주한 국가에서 그들의 탁월한 기술력과 근면함을 통해 그 나라의 경제성장과 산업발전에 크게 이바지하였다.

루이 14세 시대에 프랑스 중상주의를 이끌었던 재정총감 콜베르Jean-Baptiste Colbert는 위그노에 대한 탄압이 국가경제에 악영향을 줄 것이라고 경고한 바 있었다. 역사에 등장하는 대다수의 해외 이주는 빈곤·기근·실업과 같은 경제적 원인이 배경이 되었다. 그 경우 이주민들은 대체적으로 교육과 기술의 수준이 낮은 계층이었다. 그러나 프랑스 위그노는 교육수준이 상대적으로 높았고 직업적으로도 상공업자와 기술자가 많았기 때문에 그들의 프랑스 탈출은 한 국가의 '두뇌 유출'을 의미하는 것이었다. 프랑스는 이미 네덜란드와 잉글랜드에 비해 국제무역에서 뒤쳐져 있었기 때문에 위그노 기술자들의 국외 탈출로 인한 타격은 두말할 나위 없었다. 프랑스의 산업경쟁력이 낮아지고 국가재정은 더욱 궁핍해졌다. 훗날 프랑스 대혁명으로 이어지는 고난의 길이 이렇게 만들어지고 있었다.

종교개혁의 경제적 영향을 가장 거시적 시각에서 논의한 20세기 막스 베버Max Weber와 같은 학자는 프랑스 경제 쇠퇴의 원인을 위그노의 국외 탈출에 있다고 분석하였다. 그는 1904년 『프로테스탄트 윤리와 자본주의 정신』The Protestant Ethic and the Spirit Capitalism에서 프로테스탄트 진영 국가와 가톨릭 국가의 역사적 경제성과를 비교하고 차이가 발생한 이유를 제시하였다. 개혁교회의 금욕적 윤리가 근면과 성실을 강조하는 '자본주의 정신'을 고취시켜 상대적으로 경제발전에 유리하게 작용했다는 것이다. 즉 개혁주의 가르침이 세속의 경제활동에 긍정적인 영향을 주었기 때문에 개혁교도들이 더 적극적으로 경제활동에 참여했다는 것이다. 베버는 "경제적 토대가 상부구조를 궁극적으로 결정한다"는 카를 마르크스의 주장을 뒤집고, 종교라는 상부구조가 경제에 지대한 영향을 끼칠 수 있다는 점을 주장하였다.

1787년 11월 7일, 루이 16세가 '베르사유 칙령'Edict of Versailles을 공포함에 따라 여전히 위그노의 공적 예배는 허용되지 않았지만 혼인·출생·사망 등록 등 시민으로서의 법적 권리가 회복되었다. 한편, 프랑스의 국가재정은 파산 직전에 이르렀고, 사회적 불평등에 분노한 시민들의 저항은 프랑스 대혁명으로 이어졌다. 마침내 1789년 7월 14일, 파리 시민들이 무기 탈취를 위해 바스티유 감옥을 습격하면서 혁명은 본격적으로 시작되었다. 절대왕정의 몰락과 공화정 수립에 핵심적 역할을 한 정치클럽 클뢰브 데 자코뱅Club des Jacobins이 영향력을 발휘하여 같은 해 8월 26일 '인간과 시민의 권리 선언'Déclaration des droits de l'homme et du citoyen이 채택되고 신분제가 철폐되었다. 그리하여 유럽과 신대륙 곳곳으로 뿔뿔이 흩어졌던 신앙난민 위그노들이 마침내 조국 프랑스로 돌아올 수 있는 길이 열렸다.

위그노 박해를 사죄한 프랑스

200여 년이 흐른 뒤, 1985년 10월 프랑수아 미테랑 대통령은 신앙의 자유를 억압하고 위그노를 박해했던 국가의 과오에 대해 공식 사과하였다. 또 오랫동안 침묵으로 일관해 오던 로마 교황청도 1997년 파리에서 열린 세계청년대회 기간에 요한 바오로 2세가 로마 가톨릭교회의 책임을 인정하며, 위그노 학살에 대한 참회와 사죄의 뜻을 담은 성명서를 발표하였다.

16세기 종교개혁의 당위성에 공감하고 개혁사상에 동의했으나, 내려놓아야 할 것이 너무 많아 안온한 삶을 포기하지 못한 이들이 있었다. 부패한 옛 체제를 붙든 사제들과 신학자들, 그리고 결국 옛 신앙으로 되돌아간 사람들이다. 그러나 영혼을 죽일 수 없는 교회권력과 세속권력 앞에서도 죽음을 두려워하지 않았던 이들이 있었다. 바로 프랑스의 위그노들이었다. 그들은 엄혹한 박해의 격랑 속에서도 바른 신앙을 붙들고 사도적 가르침에 따라 참된 교회를 추구했다. 예배가 금지되면 은밀히 모여 말씀을 나누고, 때로는 개혁신앙을 지키기 위해 무기를 들고 저항했다. 또한 로마 교회로 돌아가지 않으려 삶의 터전을 떠나 신앙난민의 길을 택하기도 했다. 위그노들은 102년에 걸친 가혹한 탄압과 모진 박해를 견뎌낸 믿음의 후예들이었다.

그들의 발자취를 따라 걷다 보면, 반종교개혁으로 인해 목숨을 잃거나 신앙난민이 된 개혁자들과 신자들의 희생이 눈앞에 겹쳐진다. 그때마다 "개혁된 교회는 항상 개혁되어야 한다"는 말씀이 떠올라, 한국 교회의 현실과 맞물리며 가슴이 턱 막혀 온다. '오직 성경'을 위해 피 흘리며 쟁취한 종교개혁이 500년이 지난 지금, 다시 그 본래의 정신을 잃고 퇴행하는 듯한 모습에 노심초사하지 않을 수 없다. 그러나 이 두려움이 기우이길, 다시금 교회가 새롭게 개혁되길 바랄 뿐이다.

라로셸을 가다

유럽의 16세기 종교개혁 도시들을 탐방하는 중간에 뉴욕과 제네바를 왕복한 탓에 프랑스를 입국할 때 제네바 공항을 거쳐 낭트로 향했다. 숨 돌릴 틈도 없이 아틀랑티크 공항에 도착해 시내에 여장을 풀고 낭트와 라로셸 일정을 시작했다. 낭트에서 플릭스버스를 탔다. 투르 출신의 부부와 어설픈 영어로 수다를 떨다 어느새 도착한 라로셸. 6월 초인데도 이상 고온 현상으로 건조하고 뜨거운 공기에 숨이 턱 막혔다. 허허벌판 주차장에 있는 정류장의 키 작은 나무들은 듬성듬성 심겨 있어 그늘을 기대할 수 없으니 잠시 지도 볼 틈도 없이 멀리 보이는 건물을 향해 나아갔다. 유럽 도시 간 대중교통이 대체로 그러하듯, 낭트에서 라로셸까지의 이동도 단순했다. 대부분의 버스 정류장은 터미널이라 부를 만한 건물이 없고 그저 승하차하는 정류장이 전부였다. 이미 여러 차례 경험한 바 있었지만 웬만해서 이들의 교통시스템에 익숙해지지 않는다. 바람 한 점 없는 야박한 날씨에 터덜터덜 걸어 마주한 석조건물은 조금 전 황량했던 정류장과는 달리 위엄을 갖춘 라로셸 중앙역Gare de La Rochelle-Ville이었다.

1476년에 제작된 대형 시계문, 곧 그로스 호롤로게(Porte de la Grosse-Horloge). 14세기에는 라로셸의 항구와 도시를 구분하는 두 개의 보행용 문과 마차용 출입구가 있었으나, 17세기에 들어 현재와 같이 하나의 아치형 구조로 재건되었다. 이 도시는 1568년부터 루이 13세에게 항복한 라로셸 공성전이 끝난 1628년까지, 개혁신앙을 받아들인 위그노의 자치 도시로 존재하였다.

오래된 궁전의 일부처럼 느껴지는 중앙역 앞, 피에르 세마르Place Pierre Semard 광장에서는 의료단체가 구호를 외쳐대고 있었는데, 농성이라기보다 마치 연극단체의 퍼포먼스를 보는 듯했다. 잠시 쉬어 간다 해도 힘든 것은 마찬가지여서 걷는 데 이력이 붙은 맷집으로 다시 발걸음을 옮겼다. 마침내 배들이 정박해 있는 라로셸의 옛 항구Vieux Port가 모습을 드러냈다. 그 뒤로 위그노 전쟁 중에 전사한 르네 2세 드 로앙René II de Rohan의 유해가 잠시 안치되었다고 전해지는 체인 타워Tour de la Chaîne와 42미터 높이로 항구를 굽어보는 생니콜라 타워Tour Saint Nicolas가 나란히 있고 조금 떨어진 항구 서쪽 끝에는 란테른 타워Tour de la Lanterne가 우뚝 솟아 있다. 이 탑은 등대이자 감옥으로도 사용되었는데, 내부에는 당시 그들이 남긴 벽화와 낙서가 고스란히 남아 있다.

12세기부터 자치도시로 인정받은 라로셸, 그러나 루이 13세는 왕권으로

두 개의 방앗간으로 불리는 요새(Porte des Deux Moulins)는 라로셸의 가장 오래된 방어요새 중 하나다. 길 끝에 난 통로를 따라 나가면 요새 밖으로 이어지는 인도교가 나온다.

이 도시를 굴복시키려 군대를 보냈다. 이에 맞서 장 기통Jean Guiton 시장과 위그노들이 도시와 신앙의 자유를 지키기 위해 목숨을 걸고 항전했다. 그 역사의 현장, 라로셸을 찾은 6월의 태양은 거침없이 쏟아지고 대서양에 잇닿은 해안은 넘실대는 요트들로 가득했다. 오늘날 휴양지로 각광받는 일 드 레(Île de Ré) 섬은 긴 다리로 연결되어 있으나, 여전히 두 개의 탑 사이로 관광 보트들이 쉴 새 없이 드나들었다. 이처럼 눈앞의 풍경은 과거의 처절한 항거와 대비를 이루었다. 활기가 넘치는 카페와 레스토랑이 즐비한 거리에서, 리슐리외 추기경이 이끈 국왕군에 맞서 끝까지 저항한 라로셸의 위그노들이 떠올랐다. 이곳에는 여전히 자유와 신앙을 지키려 했던 이들의 숨결이 곳곳에 서려 있었다.

낭트 노예제도 폐지기념관

낭트는 프랑스 북서부에 위치한 도시로, 파리 기준 남서쪽으로 342km

루아르강변 노예제도 폐지기념관(Le Mémorial de l'abolition de l'esclavage) 지상부와 지하의 모습.

떨어져 있는 루아르-아틀랑티크^Loire-Atlantique의 주도(州都)이다. 오늘날 여섯 번째로 큰 도시인 낭트는 고대 갈리아 시대에는 남네트족의 중심지였고, 로마시대에는 렌과 함께 브르타뉴의 중심 도시였다. 이후 13세기부터는 브르타뉴 공작령의 수도였다가 1524년 프랑스에 합병되었다. 위그노 전쟁 중에 로마 가톨릭 진영에 속해 위그노들을 대적한 낭트는 17세기까지는 여덟 번째 규모의 무역항이었다. 그러나 18세기에 이르러서 프랑스 최대의 항구로 급부상하였다. 이러한 비약적인 발전의 배경에는 고수익을 창출하는 노예무역이 있었다. 여기에는 프랑스 계몽주의를 대표하는 볼테르, 곧 프랑수아 마리 아루에^François Marie Arouet도 노예무역회사의 주식을 소유하고 있었고 아예 노예무역을 한 작가의 가문도 있었다. 그러나 몽테스키외 같은 철학자는 인간의 존엄성과 보편적 권리에 기반하여 노예무역을 공개적으로 비판하였다. 반인륜적인 노예무역이 점차 유럽에서 퇴조할 때도 낭트는 마지막까지 노예무역을 유지하였다.

낭트에서 1990년대 이후 전개된 노예무역 반성운동은 '기억의 고리들'^Les Anneaux de la Mémoire이라는 시민단체를 중심으로 시작되었으며, 과거의 침묵을 깨고 노예무역의 역사를 조명하고 반성하는 다양한 전시, 교육, 조형물 프로젝트를 전개하였다. 이들의 활동은 2012년 3월 25일, 폴란드 출신 크르지토프 보디츠코^Krzysztof Wodiczko와 프랑스 건축가 줄리앙 봉데^Julian Bonder가 설계한 노예제도 폐지기념관^Le Memorial de L'Abolition de L'Esclavage이 루아르강변의 옛 주차장 부지에 세워지는 데도 크게 기여하였다. 이 기념관은 2000여 개의 유리판 인서트에 노예선을 비롯한 무역 항로, 항구, 항해 일자 등을 기록하여 도시가 과거에 저질렀던 노예무역의 어두운 역사를 정면으로 마주하게 한다. 비록 시각적으로는 단순하지만 반성과 기억을 지속시키기 위한 예술적 장치로 손색이 없었다. 누구라도 잘못은 저지를 수 있다. 그러나 그 이후 어떤 태도를 취하느냐가 중요하다. 잘못을 인정하고 사과할 줄 아는 것, 이는 피조물 가운데 오직 인간에게만 허락된 용기이자 특권이다. 일본 사회에는 자신의 과오를 할복이라는 극단적 방식으로 사죄하는 전통이 있다. 잘못을 목숨으로 갚는 그들의 전통이 야만적이지만 크게 각성한 태도로 받아들여지기도 한다. 그럼에도 정작 이웃나라를 침략하고 유린한 사실에 대해서는 국가차원의 사과를 끝내 외면한 그들의 태도를 생각해 볼 때, 베를린의 홀로코스트 메모리얼이나 낭트의 노예제도 폐지기념관이 보여 주는 용기와 참회는 한층 더 특별하게 가슴에 와 닿는다.

쥘 베른 박물관(Jules Verne Museum)

낭트에서 16세기 종교개혁과 관련된 장소를 찾는 일은 쉽지 않았다. 유럽 도시마다 대성당이 있기 마련이라 낭트 대성당^{Cathédrale Saint-Pierre-et-Saint-Paul de Nantes}을 찾았으나 최근의 방화로 내부가 심하게 훼손되어 복원 중이었다. 한편, 낭트 시는 주요 관광지를 따라 초록 페인트를 도포해 '그린라인'을 만들고 지도 없이도 박물관과 유적지를 찾아갈 수 있도록 했다. 그러나 위그노의 흔적을 좇는 나에게는 별 도움이 되지 않았다. 그러던 중 낭트에서 활동 중인 친절한 화가의 안내로 이 도시가 역사와 기술, 상상력이 어우러진 '테크놀로지 시티'로 거듭나고 있음을 알게 되었다. 그중에서 가장 인상 깊었던 곳은 낭트가 자랑하는 쥘 베른 박물관^{Musée Jules Verne}이었다. 『해저 2만리』, 『80일간의 세계 일주』 등으로 널리 알려진 작가 쥘 베른^{Jules Verne}의 상상력이 태동한 장소다. 루아르 강변에 자리한 뒤비종 조선소가 1987년에 폐쇄된 후, 쇠락한 산업지대를 방치하지 않고 도시 재생을 위해 대담한 상상력을 실행했다. 그렇게 탄생한 것이 바로 '기계의 섬'^{Les Machines de l'île}이다. 쥘 베른의 공상적 세계와 레오나르도 다 빈치의 기계적 구상이 결합된 이 프로젝트의 중심에는 2007년 파리 국제관광박람회에서 심사위원상을 받은 르 그랑 엘레팡Le Grand Elephant이 있다. 목재와 강철로 만들어진 12m 높이의 기계 코끼리는 50명의 사람들을 태우고 1.2km의 '머신 갤러리Galerie des Machines'와 연결된 야외 코스를 걷는다. 큰 귀를 퍼덕이며 관람객들에게 물을 내뿜기도 하면서 한바퀴 도는 데 30분이 소요된다.

브르타뉴 공작의 성

고성의 웅장한 성곽과 해자(垓子)가 고요하게 옛 시간을 품고 있는 브르타뉴 공작의 성Château des ducs de Bretagne. 낭트에 도착해 가장 먼저 찾아간 곳이다. 폐쇄적인 구조로 되어 있는 중세의 이 성은 해자와 도개교를 통해 내부로 들어갈 수 있다. 낭트의 역사와 브르타뉴 지역의 문화를 소개하는 역사박물관Musée d'histoire de Nantes은 2007년에 복원된 뒤, '낭트 칙령' 자료들과 20세기

쥘 베른의 소설 『80일 간의 세계일주』에 등장한 코끼리를 모티브로 만든 자이언트 코끼리, 마리오네트를 조작하는 기술방식으로 작동시킨다.

제5장 프랑스 종교개혁　423

에 이르기까지 낭트가 산업도시로 발전해 온 자료들을 소장하고 있다. 계단을 따라 성곽에 오르자 해자를 사이에 두고 과거와 현대가 공존하는 풍경이 펼쳐졌다. 마치 현대적 건물로 둘러싸인 종로 일대의 고궁을 마주한 것 같은 착각이 들었다. 이같이 감성에 젖은 순간에도 '낭트 칙령'이 용수철처럼 튀어 오른다. 당시 강고한 가톨릭 세력이 개혁교회의 숨통을 죄던 프랑스에서 종교 관용정책을 펼친 앙리 4세, 한 나라의 국왕일지라도 신념과 용기가 없이는 불가능했을 그의 결단은 어디에서 비롯되었을까? 외조모 마르그리트와 모친 잔 달브레로부터 물려받은 개혁신앙에서 비롯된 것일 수 있다. 비록 그의 반복된 개종과 로마 가톨릭교회를 선택한 것을 두고 수많은 억측이 뒤따랐으나 그것은 프랑스를 하나로 일치하기 위한 군주의 불가피한 선택이자 가장 고독한 자리에서 내린 가장 현실적인 결단이었을 것이라는 데에 나름의 방점을 찍는다.

공작의 성 앞 도로에는 브르타뉴의 마지막 군주이자 두 명의 프랑스 왕의 왕비가 된, 브르타뉴 공작이 끔찍히 사랑했던 안느 $^{Anne\ de\ Bretagne}$의 소박한 동상이 있다. 13세기에 건립하여 15세기에 재건축하여 문화재로 지정된 궁전은 박물관 뿐만 아니라 카페와 레스토랑을 운영 중이다.

네덜란드 종교개혁

네덜란드 독립과 칼뱅주의

스페인 합스부르크 가문의 펠리페 2세는 옛 신앙을 강요하며 개혁신앙을 탄압함으로써 북부 네덜란드 칼뱅주의자들의 강력한 반발을 불러일으켰다.

1. 벨직 신앙고백서(1561)
귀도 드 브레(Guido de Brès) 목사가 작성한 이 신앙고백은 박해 속에서도 개혁교회의 신앙과 진리를 공적으로 선포한 신앙의 선언문이었다.

2. 네덜란드 독립전쟁(1568-1648)
1568년, 빌럼 1세 오라녜 공(Willem van Oranje I)이 펠리페 2세의 가톨릭 정책에 맞서 봉기를 일으키며 시작된 네덜란드 독립전쟁. 80년 만에 베스트팔렌 조약을 통해 종교의 자유와 정치적 주권을 되찾은 네덜란드는 북부는 칼뱅주의를 국가종교로 삼은 반면, 남부는 여전히 가톨릭이 우세한 땅으로 남아 오늘날 벨기에의 종교적 기반이 되었다.

3. 엠덴 총회(1571)
네덜란드 개혁교회는 독립전쟁 중, 독일 엠덴에서 첫 총회를 열어 교회의 조직과 신학적 기반을 확립했다.

4. 도르트 총회와 신학 논쟁(1618-1619)
알미니우스주의자들은 칼뱅의 예정론에 반대했다. 이에 따라 도르트 총회에서 《하이델베르크 요리문답》(1563), 《벨직 신앙고백서》(1561)와 함께 개혁교회의 표준문서를 확립, 칼뱅주의 교리를 지지하고 《도르트 신경》을 채택함으로써 신앙의 표준화를 이뤘다.

제6장 네덜란드 종교개혁

1555년까지 신성로마제국 카를 5세의 봉신 영토였던 17개 주는 북부 홀란드·젤란트·위트레흐트·프리슬란트·호로닝언·드렌터·오버레이설·헬더란트와 남부의 브라반트·림뷔르흐·플랑드르·아르투아·에노·나무르·룩셈부르크·메헬렌·투르네를 가리킨다. 이 17개 주의 통치권을 카를 5세가 아들 펠리페 2세에게 이양함으로써 네덜란드는 스페인의 지배 아래 놓이게 되었다. 또 카를 5세는 스페인의 유스테 산제로니모 수도원으로 들어가면서 조부에게서 상속받았던 독일·오스트리아·보헤미아·모라비아를 1556년에 동생 페르디난트 1세에게 넘겨주었다. 이로써 합스부르크 가문은 스페인 합스부르크와 오스트리아 합스부르크로 나뉘었다.

당시 앤트워프는 유럽에서 가장 활발한 국제무역 중심지로서 경제적으로 발전한 내륙 항구도시였다. 또한 유럽의 다른 도시들보다 종교적 다양성이 존중되었다. 그러나 종교개혁사상의 확산과 함께, 1550년 피의 칙령으로 불리는 '이단에 대한 칙령'Placard against heresy으로 개혁신앙을 고백한 사람들이 순교하였다. 〈순교자의 피가 교회의 씨앗〉이라는 테르툴리아누스Tertullianus의 고백이 이 땅에서도 증명되었다.

1. 아우구스티누스 수도회의 순교자들

1520년대에 두드러졌던 성찬형식론자들, 즉 코넬리스 호엔Cornelis Hoen과 같은 이들이 성찬은 그리스도의 육체적 현시가 아니라 그리스도의 죽음을 기념하는 것이라고 주장했다. 이런 분위기 속에서 첫 번째 순교자들이 나타났다. 바로 앤트워프Antwerp 아우구스티누스회 수도사들이었다. 네덜란드 초기 순교자들은 루터의 종교개혁사상을 가진 수도사들이었다. 많은 수도사들이 비텐베르크에서 공부하며 마르틴 루터의 신학을 받아들였고, 특히 수도원장 야콥 프롭스트Jakob Propst가 루터의 신학을 지지하고 옹호했다. 겐트에서 태어나 유년기를 보낸 카를 5세는 이단의 싹은 애초에 잘라야 한다고 생각했기 때문에 1522년, 그는 네덜란드에 이단심문관Inquisitors of the Faith 제도를 도입하여 아우구스티누스회 수도원을 폐쇄하고 모든 수도사들을 투옥시켰다.

헨드릭 보에스Heinrich Voes와 요하네스 에쉬Johann Esch, Jan van Essen는 루터파 개혁신앙을 포기하지 않은 대가로 1523년 7월 1일, 브뤼셀Brussels의 중심가 그랑플라스Grand Place에서 화형을 당하였다. 또 다른 수도사 람퍼투스 토른Lampertus Thorn은 1528년 스틴포트Steenpoort에서 처형된 것으로 알려졌다. 비텐베르크의 마르틴 루터는 이 순교자들의 소식을 듣고 깊이 애통해 했다. 그는 그들의 신앙과 승리를 기념하는 「새 노래가 여기에서 시작되리라」(1523; lw53:211-16)를 작곡했는데 이것은 최초의 종교개혁 찬송가가 되었다. 이밖에 쥐트펀Zutphen의 헨리 수도사가 브레멘Bremen에서 사역을 한 뒤, 함부르크 북부 디마르쉔Ditmarschen에서 순교했다는 소식을 들은 마르틴 루터는 또다시 눈물로 「헨리 형제의 화형」(1525; lw32:263-86)을 써야 했다.

1530년 초반, 멜키오르 호프만Melchior Hoffman의 예언적 설교 영향으로 재침례파 운동이 일어났고, 메노 시몬스Menno Simons와 더크 필립스 같은 재침례파 지도자들이 등장하였다. 이처럼 신학적 다양성을 품은 네덜란드에서 점차 루터파보다는 칼뱅주의가 더 큰 영향력을 발휘하기 시작했다. 1562년 3월 프랑스의 '바시 학살'과 12월에 드뢰Druex 전투로 이어지는 박해를 피해 위그노들이 네덜란드로 탈출하면서 칼뱅주의는 더욱 번성했다. 이들 개혁교도들, 즉 칼뱅파는 사냥할 때나 맥주 한 잔 마실 때도 시편찬송을 부를 정도였다. 시편찬송은 프랑스·런던·엠덴·스트라스부르 등의 개혁교회에서 사용한 찬송이었다. 엄혹한 시련의 시기에 네덜란드어로 된 시편 찬송들이 나타나, 사형선고를 받은 개혁교도들은 네덜란드어 시편찬송을 부르며 죽음을 맞이했다. 그들은 자신들이 부르는 시편찬송의 가사를 깊이 이해하고 있었기 때문에, 함께 시편찬송을 부를 때 신앙공동체로서의 강렬한 동질감이 고취되어 앞에 놓인 시련을 견뎌낼 힘을 얻었다.

시편찬송을 즐겨 불렀던 개혁주의 교회들과 스위스 종교개혁자들은 독일의 마르틴 루터와는 사뭇 다른 양상을 보였다. 루터는 음악을 교회에서 적극 활용했고 그의 후계자들도 마찬가지였다. 반면 취리히의 츠빙글리는 뛰어난 음악가였으면서도 예배에서 교회음악을 최소화했고, 칼뱅의 제네바 개혁교회에서도 말씀과 예배 중심으로 시편찬송만을 사용했다.

1549년 카를 5세는 프랑스어 사용이 확산되고 있는 왈롱 지역과 네덜란드어를 사용하는 북부에서 정치적 통합을 강화하고자 했다. 스페인 합

풍차로 상징되는 네덜란드의 전형적인 풍경을 간직한 잔세스칸스(Zaanse Schans)

스부르크 가문이 영구적으로 네덜란드를 지배하기 위해 기존의 17개 주 봉건적 영지를 프라그마티크 상법$^{Pragmatica\ Sanctio\ of\ 4\ November\ 1549}$을 통해 하나의 통일된 상속 단위로 규정했다. 한편 스페인이 프랑스와 벌인 전쟁으로 인해 막대한 재정 손실 부담이 상공업이 발달한 북부에 가중되면서, 17개 주 전역에서 세금에 대한 불만이 높아졌다. 이것이 카를 5세가 아들 펠리페 2세에게 네덜란드 통치권을 이양하기 직전 상황이었다.

1554년 12월 25일 투르네 성당에서 교황의 우상숭배를 반대한 독일 출신 베르트랑 르 블라스$^{Bertrand\ Le\ Blas}$는 화형당하기 전 그의 양손부터 잘렸다. 또 1555년 겐트^{Gent}의 조르주 카텔린$^{Georges\ Kathelyne}$은 도미니크회 수도사들을 '거짓 선지자'로 불렀다는 죄목으로 처형당했다. 시퍼런 결기로 무장한 이단재판소^{Inquisition} 특별심문관들은 가차없었다. 몽스^{Mons}, 투르네^{Tournai}, 릴^{Lille}, 발랑시엔^{Valenciennes} 등에서 63명, 플랑드르에서 100명, 홀란드^{Holland}에서 이단이라는 죄목으로 384명을 거리낌없이 죽였다. 1522년부터 1555년 사이

에 남부에서만 1700여 명의 사람들이 화형을 당했다. 사람들은 엄혹한 박해를 피해 베셀·엠덴·제네바·스트라스부르·프랑크푸르트·런던으로 피난을 떠났다. 이처럼 네덜란드[17개 주 Netherlands]를 통치하기 위해 행정중심지 브뤼셀에서부터 시작된 카를 5세의 박해로 인해 브라반트[Brabant]·플랑드르·홀란드·젤란트[Zeeland]·왈롱[Walloon]에서는 개혁주의가 살아남기 어려웠다. 그럼에도 불구하고 루터파에서 재세례파로, 재세례파에서 칼뱅파로 이어지면서 네덜란드 독립을 위한 저항과 종교개혁 운동의 불꽃은 사그러들지 않았다. 오히려 박해의 강도가 세질수록 더욱 꺾이지 않는 의지로 되살아났다.

2. 벨직 신앙고백서

1555년 10월 펠리페 2세는 부친 카를 5세로부터 17개 주 통치권을 이양받았다. 그러나 메헬렌[Mechelen]의 궁전에서 자라 고향에 대한 애착이 깊었던 부친과는 달리, 스페인(에스파냐)에서 태어난 펠리페 2세는 네덜란드어를 할

쥘 베른 「해저 2만리」의 선장 니모(Nemo)의 이름을 가진 과학기술박물관(좌)에서 바라보이는 암스테르담 국립해양박물관(우). 해양 강국이었던 네덜란드의 면모를 도심에서도 체감할 수 있다.

줄 몰랐고 딱히 네덜란드에 대한 애착도 없었다. 더욱이 지리적으로 스페인으로부터 멀리 떨어진 네덜란드를 다스리기 위해 자신의 이복누이인 파르마 공작부인 마르가레타를 총독으로 내세워 중앙집권적 통치와 재가톨릭화정책에 골몰하였다. 그런 가운데에서도 네덜란드의 칼뱅주의는 용감하였다. 루터의 종교개혁사상을 접하고 제네바 아카데미에서 테오르 드 베즈에게 배운 귀도 드 브레Guido de Brès 1522-1567가 비밀리에 개혁교회를 이끌었다. 사람들이 늘어나자 로마 가톨릭교회와 재세례파 등으로 인한 신학적 혼란 속에서 바른 신앙교육을 위해 신앙고백서를 작성하였다(1559). 1561년에는 칼뱅주의가 정치적 선동과는 무관하다는 것을 통치자들에게 해명하기 위해 프랑스어로 작성한 네덜란드 신앙고백, 곧《벨직 신앙고백서》를 펠리페 2세에게 보냈다. 물론 펠리페 2세가 그것을 받았거나 읽었더라도 콧방귀조차 뀌지 않았을 것이다.

> "신실하고 선택받은 자들은 영광과 존귀의 면류관을 쓸 것입니다. 하나님의 아들이 하나님 아버지와 택한 천사들 앞에서 그들의 이름을 인정하실 것입니다. 하나님께서 그들의 눈에서 모든 눈물을 씻어 주실 것이고 그들에 대한 소송, 즉 현재 많은 재판관들과 정부의 권세자들에 의하여 이단자와 악인으로 고소된 것이 하나님의 아들로 인한 것이었음이 인정될 것입니다."

1566년 앤트워프 총회에서《벨직 신앙고백서》Confessio Belgica, 1561가 개혁교회 신앙고백으로 받아들여져 교황주의를 반대했던 네덜란드 귀족들과 개혁교회 사이의 연대가 더욱 공고해졌다. 네덜란드 귀족들은 스페인으로부터 독립을 원하였고, 개혁교회는 사도적 가르침으로부터 벗어난 로마 교황청과 교황주의가 아닌 바른 교회로 나아기를 바랐기 때문에 《벨직 신앙고백서》는 네덜란드 개혁교회의 교리적 기준이 되었다.

한편, 네덜란드의 독립을 위한 전투와 휴전이 반복되었다. 이러한 네덜란드의 반란, 곧 저항의 첫 번째 원인은 펠리페 2세의 섭정 마르가레타$^{Margaret\ of\ Parma}$의 중앙집권적 일방적인 정책과 잉글랜드 여왕이 섬유수출을 앤트워프에서 엠덴으로 옮겨 실업사태가 발생한 것이 원인이었다. 10세기경부터 시작된 모직공업은 13세기까지 전성기를 이룬 네덜란드의 주요 산업이었다. 두 번째 원인은 발트해 연안에서의 잦은 전쟁은 곡물 수입을 어렵게 하였다. 게다가 가뭄으로 국내 곡물수확이 실패하면서 네덜란드의 밀 가격이 1565년 한 해 동안 200%나 치솟았다. 세 번째 원인은 칼뱅주의 신앙에 대한 박해였다.

1562년 발랑시엔^{Valenciennes}과 1564년 앤트워프에서 개혁주의 신앙을 가진 사람들을 처형한 사건은 많은 사람들을 격분시켰다. 이런 와중에 스페인의 종교재판소를 도입하려고 하였다. 이것은 지방관리들의 사법권을 침해하고 가톨릭 재판관들이 초법적 권한을 갖게 된다는 의미였다. 고발만으로도 체포될 수 있고 재산이 몰수될 수 있으며, 변론의 기회조차 제대로 주어지지 않은 채 처형될 수 있었다. 이에 1565년, '귀족 동맹'$^{Noble\ Alliance}$을 결성한 3백 명의 귀족들이 검은 옷을 입고, 침묵 속에 브뤼셀을 향해 걸어갔다. 거리의 사람들은 숨을 죽이고 그 광경을 지켜보았다. 그러나 종교재판소 도입을 철회하라는 그들의 요구는 마르가레타에게 어림도 없는 일이었다. 그녀는 탄원에 참여한 귀족들을 향하여 '거지들'이라고 쏘아붙였다. 역시나 카를 5세의 딸다운 오만함이었다.

스페인은 오히려 탄압을 강화했고 1566년, 참다못한 사람들이 들고 일어났다. 성상파괴운동^{Beeldenstorm}이 전국을 휩쓸었다. 섭정 마르가레타는 발랑시엔을 반역 도시로 간주하고 1567년 1월 군사적 포위령을 내렸다. 그녀의 명령에 따라 3개월 동안 포위당한 발랑시엔, 그 도시에서 1년 동안 설교를 맡았던 귀도 드 브레 목사도 누군가의 밀고로 4월에 체포되어 1567년 5월 31일 시청 광장에 설치된 교수대에서 생을 마감했다.

3. 스페인의 광기

브뤼셀에 거주하는 총독 마르가레타에게 네덜란드인들의 저항은 골칫거리였다. 이러한 이복누이의 하소연을 보고 받은 펠리페 2세의 대응은 신속하고 가혹했다. 알바 공작을 네덜란드 총독으로 파견했다. 카스티야 귀족 가문에서 태어난 알바 공작 Fernando Álvarez de Toledo, Duke of Alba, 1507-1582 은 튀니스 정복, 이탈리아 전쟁, 슈말칼덴 전쟁 등에서 신성로마제국 황제를 위해 혁혁한 공을 세운 장군이었다. 그런 그가 1567년 8월 22일, 프랑스와 제국의 영토 사이를 지나가는 소위 '스페인 도로'[1]를 따라 밀라노로부터 9천 명의 군대를 이끌고 위풍당당하게 브뤼셀에 입성했다. 알바 공작이 네덜란드 총독으로 임명되었다는 것은 가혹한 탄압을 예고하는 것이었다. 마르가레타는 뒤따를 폭풍을 예상할 수 있었기 때문에 신임 총독을 환영하는 척 했지만 내심 두려웠다. 9월이 되면서 그녀는 총독직에서 물러났다.

전장에서 잔뼈가 굵은 알바 공작은 무자비한 진압을 시작했다. 저항 세력과 개혁교도를 처리하기 위한 특별법정, 곧 '피의 법정'을 설치하고 정치적 자치와 종교적 관용을 요구하는 수백 명을 감금하고, 자신에게 비협조적인 가톨릭 귀족들과 개혁교도 약 1천 명을 재판도 없이 처형하였다. 그들의 재산은 몰수되었고 도시들은 약탈당했다. 공포정치로 네덜란드를 다스린 알바 공작의 폭정에 대항하여 홀란트 Holland. 젤란트 Zeeland. 위트

---

[1] 1567-1620년에 사용했던 군사적 보급로이자 무역도로로 중요한 도로였다.

레흐트^{Utrecht}가 항거하였다. 그러나 빌럼 1세 오라녜 공은 더 이상 평화적 해결이 불가능하다는 것을 깨달았다. 그는 독일로 망명해 그곳에서 저항군을 조직하기 시작했다. 1568년, 그는 네덜란드로 돌아와 스페인 군대와 싸웠다. 독일 나사우 가문과 프랑스 오라녜 가문의 혈통을 이은 빌럼 1세가 주도하고 그의 동생 루이스$^{Lodewijk\ van\ Nassau}$가 지휘한 하일리허레^{Heiligerlee} 전투는 80년간 이어질 전쟁의 서막이자, 네덜란드 독립 투쟁의 시작이었다.

알바 공작의 통치 아래에서만도 10만 명에 가까운 사람들이 다른 나라로 피난을 떠났다. 1572년에 접어들면서 칼뱅파가 많은 북부 네덜란드에서는 독립전쟁의 의지가 본격적으로 표출되기 시작했다. 잉글랜드 엘리자베스 1세는 1572년, 스페인 상선을 약탈하던 네덜란드 해적선 '바다 거지들'^{Watergeuzen}이 자국 항구에 입항하는 것을 허용하였다. 그러나 스페인을 직접 상대하기에는 역부족임을 잘 알고 있던 현실주의자 엘리자베스 여왕은, 네덜란드의 반란에 연루될 것을 염려하여 곧 그들을 항구에서 내보냈다.

한편 프랑스 서부 라로셸의 위그노 지도자들은 네덜란드 칼뱅파의 저항운동을 지원하기 위해 진지하게 이 문제를 논의하였다. 하지만 안타깝게도 1572년 프랑스 전역에서 '성 바르톨로메오 축일의 대학살'이 자행되면서 빌럼 1세 오라녜 공$^{William\ of\ Orange,\ 1533-1584}$의 네덜란드 독립저항군을 지원하려던 라로셸의 계획은 무산되고 말았다. 빌럼 1세는 기대하던 외부 지원을 받기 어렵게 되고 자금 조달마저 여의치않게 되자, 심사숙고한 끝에 독립저항군의 해산을 결정하였다. 지원 세력이 없는 투쟁은 무모했기 때문이다. 그러자 그해 가을, 기다렸다는 듯이 브뤼셀을 출발한 알바 공작이 몽스^{Mons}, 앤트워프$^{Antwerp\ Province}$ 남부 공업도시 메헬렌^{Mechelen}, 북부 헬더란트^{Gelderland}, 쥐트펀^{Zutphen}을 약탈하고 나르덴^{Naarden} 등을 점령하면서 칼뱅파 독립저항군 뿐만 아니라 도시들을 모조리 불태우고 어른, 어린아이 할 것 없이 무자비하게 살해하였다. 몇개 남지 않은 독립저항군의 요새도 총독 알바 공작의 수중에 들어갔다. 그러나 '바다 거지들'이라고 무시당하던 네덜란드 해적선은 굴복하지 않았다. 네덜란드 해안에서 스페인(에스파냐) 함대를 공격하고 스페인이 장악한 항구를 습격하였다. 당시 스페인 함대는 오로지 해상보급에 의존해야 했기 때문에 '바다 거지들'의 맹활약은 큰 위협이었다. 그런 가운데 '바다 거지들'이 자위더르 바다$^{Zuider\,zee}$에서 무적함대로 불리며 위세를 떨치던 스페인 해군을 격파하였다. 오합지졸로 치부했던 '바다 거지들'에게 스페인 함대가 꼼짝없이 당하자, 자존심에 일대 타격을 입은 펠리페 2세가 네덜란드에서 안정된 통치는커녕 반란만 가중시킨 알바 공작을 해임시켜 버렸다(1573).

당시 가장 악명 높았던 사건은 1576년 앤트워프에서 벌어졌던 '스페인의 광기'$^{Spanish\,Fury}$로 불린 사건이다. 급여를 받지 못한 스페인 군인들이 약 3일에 걸쳐 수천 명의 시민들을 무차별적으로 살해하였다. 앤트워프는 지속되는 폭동을 이겨낼 수가 없었다. 상인과 인쇄업자들은 차츰 북부(홀란드·젤란트 등)로 이주해 갔다. 그 결과 무역 중심지 앤트워프는 쇠퇴의 길을 걷게 되고 상업 중심이 암스테르담으로 옮겨갔다.

1578년 펠리페 2세가 종교적 관용 약속을 이행하지 않고 알바 공작 후임으로 마르가레타의 아들 알렉산드로 파르네세$^{Duke\,of\,Parma\,Alexander\,Farnese}$를 네덜란드 총독으로 임명함으로써 스페인으로부터 독립을 원하는 칼뱅파를 더욱 암울하게 만들었다. 새 총독의 유화책에 넘어간 남부 지역들이 아라스 연합$^{Union\,of\,Arras,\,1579}$으로 스페인과 협력하자, 이에 맞서 1579년 1월, 빌럼 1세를 중심으로 7개 주가 반(反)스페인 위트레흐트 연합$^{Union\,of\,Utrecht}$을 결성, 외부 침략에 대한 상호 지원을 약속하였다.

"누구든지 그 자를 산 채로 잡아오든지, 죽여서 잡아오든지 그 자를 잡아오는 자에게 보상을 하겠다. 그들은 기독교의 해충이고 적이다."

위트레흐트 연합에 격노한 펠리페 2세가 1580년 3월 15일, 독립저항군 지도자 빌럼 1세 오라녜 공을 무법자로 선언하고 25000크라운을 현상금으로 내걸었으나, 네덜란드인들은 현상금보다 빌럼 1세를 더 신뢰하였다.

4. 빌럼 1세 오라녜 공작

1573년, 젤란트^{Zeeland}에서는 가톨릭 미사가 금지되고 개혁교회가 사실상 공적인 교회가 되었다. 나아가 빌럼 1세는 레이던 대학교를 설립하여(1575) 독립을 위한 인재육성에 적극적으로 나섰다. 한편 1580년 3월 15일, 네덜란드 독립의 싹을 자르기 위해 빌럼 1세를 무법자로 선언한 펠리페 2세가 금령$^{royal\ ban}$으로 현상금을 걸고 그를 체포하거나 그의 암살을 용인하였다. 이에 대응하여 그해 12월 13일, 델프트에서 열린 연합주 의회에서 빌럼 1세의 「변론」^{Apologie}이 제출되었고, 17일에는 인쇄·배포가 결의되었다.

이로써 "무책임한 통치자를 제거할 도덕적 권리와 의무가 백성들에게 있다"는 『폭군에 맞선 방어』의 주장을 실행에 옮겼다. 이어서 1581년 위트레흐트 연합, 곧 홀란드^{Holland}·젤란트^{Zeeland}·위트레흐트^{Utrecht}·호로닝언^{Groningen}·프리슬란트^{Friesland}·오베레이셀^{Overijssel}·헬더란트^{Gelderland}와 일부 남부지역이 네덜란드의 독립을 선언하기에 이른다.

중세 스콜라 철학의 거두 토마스 아퀴나스$^{Thomas\ Aquinas,\ 1225-1274}$는 『신학 대전』$^{Summa\ Theologica}$을 통하여 "악한 통치자에 대하여 저항이 허용되는 것은 강도에게 저항하는 것과 같다"며, 사악한 군주에 저항할 권리를 정당화하였다. 1579년 사악한 폭군 군주를 대적하는 반란을 변호하기 위하여 가명

「오라녜 공 빌럼 1세의 초상」, 아드리엔 토마스 키, c.1579, 암스테르담 국립미술관.

으로 『폭군에 맞선 방어』*Vindiciae contra Tyrannos*를 쓴 위그노 저자도 "이스라엘이 율법과 교회를 뒤엎는 군주에게 저항하는 것은 합법적이다. 만일 그들이 합법적인 저항을 실행하지 않는다면, 그들은 동일한 죄책이 있게 되므로 동일한 형벌을 받아야만 한다"고 주장하였다. 그러므로 우상숭배적이고 교황주의적인 통치자를 상대로 싸우는 군사적인 반란은 정당하게 허용될 뿐만 아니라 신자의 올바른 의무가 되는 것이고, 공공의 유익에 반하는 사악한 군주에 대한 저항은 법률의 관점에서도 정당하다는 것이다.

1584년 7월 10일, 빌럼 1세 오라녜 공은 델프트 프린센호프Prinsenhof 자택에 찾아온 발타자르 제라르를 환대하고 맞아들였다. 그러나 인사를 마치기가 무섭게 그는 공작에게 총구를 들이댔고 두 발의 총성이 울렸다. 그 자리에 빌럼 1세가 쓰러졌다. 펠리페 2세가 내건 현상금에 눈이 먼 가톨릭 광신도에게 어이없게 지도자를 잃은 네덜란드 독립저항군은 깊은 슬픔에 잠겼다. 그러나 곧 그의 둘째 아들 마우리치Maurice of Nassau가 저항군을 이끌며 네덜란드 독립에 대한 의지를 불태웠다.

한편, 스페인이 재가톨릭화를 강요하던 남부에서는 수만 명, 많게는 10만 명에 이르는 신앙난민이 북부로 이주했다. 이 배경에는 종교적 이유뿐 아니라 경제적 요인도 컸다. 남유럽과 북유럽을 잇는 암스테르담과 로테르담 항구의 무역거래량이 유럽 무역의 70% 이상을 차지하고 있었기 때문이다. 잘 알려진 '튤립'의 거래가 세계 최초로 암스테르담 거래소에서 이뤄졌다. 이처럼 무역이 활발한 만큼 다양한 신앙난민들의 유입이 많은 네덜란드는 신앙난민들을 우호적으로 받아들이고 종교의 자유도 허용하였다. 이와 같은 관용정책 덕분에 네덜란드는 발전했다. 반면, 종교개혁 초창기에 개혁주의가 강세를 보였던 벨기에는 스페인과 프랑스 귀족들의 영향 아래 로마 가톨릭교회를 지지하는 사람들이 남게 되면서 가톨릭 지역으로 남았다. 네덜란드의 렘브란트와 벨기에의 루벤스의 그림에서도 네덜란드와 벨기에, 두 지역의 특성과 종교적 특징을 찾아볼 수 있다.

로테르담의 에라스무스

네덜란드 로테르담에서 태어났으나 아주 어려서부터 네덜란드를 떠났던 에라스무스(1466-1536)는 어디에서나 '로테르담의 에라스무스'로 불렸다. 성직자이자 신학교수였고 저술가였던 그는 자유로운 영혼처럼 도처를 다니며 가르치고 활발한 저술활동을 하였다. 그는 박학다식했고 재치가 넘치는 사람이었으며, 16세기 종교개혁의 격랑 속에서도 자신이 속한 로마 교회를 지지하고 사랑하여 끝내 마르틴 루터의 손을 들어줄 수 없었던 철저한 인문주의자였다. 그런 가운

「로테르담의 에라스무스」, 1523, 한스 홀바인 2세(Hans Holbein le Jeune), 목판유화, 파리 루브르박물관.

데도 에라스무스는 로마 교회의 허위와 위선을 풍자한 『우신예찬』(1511)으로 스콜라 신학과 교조주의를 조롱했으며, 『대화』(1518) 등 다양한 책을 써서 사람들의 인식을 일깨웠다. 또한 성경을 연구해 『헬라어 신약성경』 *Novum Instrumentum omne, 1516*을 출판하였다. 당대의 학문과 사람들은 어떤 형태로든 에라스무스에게서 인문주의 영향을 받았다. 종교개혁자들도 '아드 폰테스'

를 외치는 인문주의 흐름 속에서 '오직 성경'으로 돌아가자는 개혁의 목소리를 높일 수 있었다. 특히 스위스 종교개혁자 츠빙글리는 에라스무스가 드리워 놓은 인문주의 마당에서 자신에게 부여된 스위스 종교개혁의 소명을 찾았고, 결국에는 하나님의 부르심에 합당한 개혁자의 삶을 살아냈다.

한편, 스페인이 주도한 연합군이 1571년 레판토 해전^{Battle of Lepanto}에서 오스만 해군을 대패시키면서 유럽을 압박해 오던 오스만 제국의 위세가 꺾이기 시작했고, 기독교 유럽은 한숨을 돌릴 수 있었다. 이런 시대적 흐름 속에서 네덜란드는 스페인 합스부르크 가문으로부터 독립을 쟁취하기 위해 줄기차게 저항운동을 전개하고 있었다. 이때 칼뱅주의 정치사상가로서 독일의 법학자인 요하네스 알투시우스^{Johannes Althusius, 1557-1638}가 지배계급에 저항하는 사람들의 권리에 대한 글을 발표하였다. 독일 북서부 엠덴^{Emden} 대표로 재직하게 된 알투시우스는 1609년 스페인으로부터 공식적인 독립 도시 지위를 얻을 때까지 지도자들, 즉 로마 가톨릭교회에 속한 사람들과 투쟁하였다. 칼뱅주의자들은 개혁교회의 평화로운 정착을 위해서 국가를 장악하고 있던 각 지방 귀족들과도 싸움을 계속할 수밖에 없었다. 그는 자신의 『정치학』에서 다음과 같이 피력하였다.

"민주주의는 그 본성상 자유와 평등한 존경을 요구한다. 평등한 존경이란 다음과 같은 것들에 존재한다. 시민들은 번갈아 가며 통치하고 복종한다. 모두가 똑같은 권리를 갖고 있다. 사적 삶과 공적 삶이 교차하며 존재하기 때문에 특정 문제에 대해서 모두가 함께 결정하고 개인은 언제나 순종한다."

항구도시 엠덴^{Emden}은 네덜란드 상인들만이 아니라 상업과 교역의 중심지로서 잉글랜드와 신성로마제국의 이해가 충돌하는 요충지로 독일 루터파 군주들도 개입하고 있었다. 그러나 대부분의 시민들은 진정한 칼뱅주의자들이었다. 1571년과 1610년에 걸쳐 두 차례 개혁교회 총회(National Synod)가 개최된 독립도시 엠덴은 네덜란드 개혁교회의 심장부였다. 제네바의 교회정치를 본받아 장로들을 세우고, 세속 권력으로부터 독립된 교회 체제를 세웠다. 사역자와 장로가 함께 교회를 다스렸으며, 요하네스 알투시우스는 1638년 생애를 마칠 때까지 대표(Syndic)로서 엠덴의 질서를 굳건히 지켰다.

5. 브레다의 항복

「브레다의 항복」 La réddition de Breda 은 디에고 벨라스케스 Diego Velazquez, 1599-1660가 그린 그림이다. 그의 생애 대부분을 스페인 펠리페 4세 Felipe Ⅳ de España, r.1621-1665 의 궁정화가로 지내면서 초상화를 그렸으나, 이 작품은 그가 유일하게 유럽의 30년 전쟁 중에 그린 전쟁화이다. 이 작품은 전략적 요충지인 네덜란드 남부 브레다 지방이 함락된 사건을 묘사하였다.

1625년 4월 23일, 마우리치가 사망하기 직전에 남부 브레다를 빼앗기고 말았다. 그리하여 6월 5일 네덜란드 총독 유스티누스 판 나사우 Justinus van Nassau, 1559-1631가 스페인의 명장 암브로시오 스피놀라 Ambrogio Spinola에게 브레다의 열쇠를 건네주고 있는 장면이다. 벨라스케스는 그림 속 장면 좌우에 승자와 패자를 나누어 배치하였다. 그는 승자인 스페인군을 표현하기 위하여 오른쪽 배경에 질서정연하게 수직으로 세운 창들을 그려 넣었다. 반면에 패자인 남부 플랑드르 군인들의 모습은 전열이 흐트러진 상태로 묘사하고 그 중앙에 열쇠를 주고받는 두 지휘관을 그려 넣었다. 이 그림은 얼핏 보더라도 전투의 현장, 더구나 항복하는 과정에서 있을 법한 적대감은 보이지 않는다. 연기를 내뿜는 음울한 전쟁터의 배경과는 달리, 패자에 대한 자비가 느껴진다. 승리한 장군이 말에서 내려 패장(敗將)을 위로하는 하는 듯한 장면은 '톨레랑스 스페인'을 강조하려는 화가의 의도일 뿐이다. 항복의 상징으로 벨라스케스의 그림에 등장하는 열쇠는 전략 요충지 브레다를 차지하기 위한 장기적인 포위전의 산물이었다. 1624년 8월, 제노바 출신 스피놀라가 도시를 봉쇄하면서 시작된 브레다 공성전Siege of Breda, 1624-1625은 이듬해 6월, 네덜란드 수비군의 항복으로 막을 내렸다. 마우리치의 이복형인 유스티누스 판 나사우의 협상으로 네덜란드 수비군은 안전하고 질서정연하게 철수할 권리를 보장받았으며, 브레다 시민들에 대한 약탈금지 조건도 포함되었다. 이렇듯 브레다는 스페인에 넘어갔다. 그러나 브레다 공성전의 승리는 펠리페 4세에게 기쁨이 아니라 막대한 전비와 인명 손실을 가져왔으며, 스페인 제국의 재정에 무거운 짐을 더하였다.

「브레다의 항복」, 디에고 벨라스케스, 1635, 프라도미술관, 스페인 마드리드. 이 작품은 펠리페 4세의 부엔 레티로궁(Palacio del Buen Retiro)의 알현실에 걸기 위해 1625년에 있었던 사건을 근거로 그린 전쟁화이다.

1635년 펠리페 4세가 새 궁전의 알현실을 장식하기 위해 디에고 벨라스케스가 그린 「브레다의 항복」이 완성되었다. 그러나 불과 2년 뒤인 1637년 빌럼 1세의 막내아들이자 프랑스 가스파르 드 콜리니 제독의 외손자인 프레데리크 헨드리크가 이끄는 네덜란드군이 브레다를 탈환하였다. 이후 10년이 흐른 1648년, 펠리페 4세는 '베스트팔렌 평화조약'에 서명하며 마침내 '유럽의 30년 전쟁'이 종결되고, 스페인 합스부르크 가문은 네덜란드의 독립을 공식 인정할 수밖에 없었다.

미술평론가들은 벨라스케스의 작품 「브레다의 항복」La rendición de Breda이 명예로운 항복의 가장 좋은 사례라고 말한다. 그러나 생각해 보라. 전쟁이 정말 신사적일 수 있다면, 살상이 없을 수만 있다면, 아니 애초에 전쟁이 일어나지 않는다면 얼마나 좋겠는가? 하지만 그것이야말로 인류 역사 속에서 가장 과대망상적인 바람이 아니던가? 애석하게도 성경은 인간에 대하여, "사람은 어릴 때부터 그 마음의 생각이 악하기 마련이다."(창 8:21 새번역)라고 규정한다. 그 말씀대로 인간은 인류가 멸망할 때까지 전쟁을 벌이고 희생될 것이다. 전쟁에서 파리 목숨처럼 쓰러지며 얻었다는 그 '명예'는 도대체 누구를 위한 것인가? 과연 패자에게도 '명예로운 항복'이 주어지는가? 역사 전쟁화인 「브레다의 항복」을 어떻게 해석하고 평가하든, 삶과 죽음, 승자와 패자로 나뉘는 전쟁은 인류의 절대악이다. 불의한 통치자들은 자신의 권력을 위해서라면 인간의 존엄 따위는 안중에 없이 전쟁도 불사하는 미치광이와 다름없다. 이 그림 한 장은 자연스레 네덜란드의 빌럼 3세와 잉글랜드 신사들이 이룩한 '명예혁명'을 떠올리게 한다. 잉글랜드인들은 자신들의 국왕 찰스 1세의 목을 벤 경험이 어찌나 끔찍했던지, 그의 둘째 아들 제임스 2세를 참수하지 않고도 왕권을 빼앗은 무혈 승리에 대하여 '명예혁명'Glorious Revolution이라는 이름을 붙여 주었다.

6. 암스테르담 국립미술관

17세기에 접어들자 네덜란드는 바다로 눈을 돌렸다. 항구를 통한 활발한 무역으로 네덜란드는 세계 무역의 중심지가 되었다. 이 시기를 일컬어 '네덜란드의 황금시대'Dutch Golden Age라 부른다. 1602년 세계 최초의 주식회사인 네덜란드 동인도 회사(VOC)가 만들어지고, 이를 통해 네덜란드는 아시아로 진출하였다. 이와 관련된 인물로 조선에 귀화하여 박연으로 불린 얀 야스 벨테브레이Jan Jansz Weltevree와 『하멜 표류기』의 저자 헨드리크 하멜Hendrik Hamel도 네덜란드 동인도 회사 소속이었다.

이 황금시대는 경제적 번영에만 머물지 않았다. 인문주의와 자유사상, 그리고 개혁주의 신앙이 함께 꽃피며 중세의 종교관에서 벗어나, 예술과 학문에서도 새로운 인간 중심의 사상이 뚜렷이 나타났다. 특히 네덜란드는 르네상스 유화의 아버지 얀 반 에이크Jan van Eyck를 비롯하여 「진주 귀걸이를 한 소녀」의 요하네스 베르메르Johannes Vermeer '빛의 화가'로 불리는 렘브란트 판 레인Rembrandt van Rijn 등 수많은 거장을 배출하였다. 이후에도 빈센트 반 고흐Vincent Willem van Gogh와 피트 몬드리안Piet Mondriaan 같은 세계적 화가들이 등장했다.

암스테르담 국립미술관, 일명 레이크스미술관Rijksmuseum에는 17세기 황금시대를 대표하는 화가 렘브란트의 작품을 포함하여 유명 화가들의 약 8천여 점에 이르는 작품이 전시되어 있다. 특히 2층 통로 끝에 있는 나이트 워치Night Watch 갤러리에 있는 렘브란트의 「야경」(夜警)은 국립미술관을 대표하는 작품이다. 17세기 유럽을 대표하는 작품으로서 미술사에서 손꼽히는 대작이다. 이 작품의 정식 명칭은 「프란스 배닝 코크 대위의 민간 경비대」로 낮에 성벽에서 훈련하기 위해 막 무기고를 빠져나오는 병사들을 그린 작품이다. 렘브란트 특유의 명암법으로 인해 밤처럼 보이는 이 그림은 실제로 정오의 장면이다. 이 작품이 최초 민병대본부 벽난로 위에 걸려 있을 때 밤의 한 장면처럼 보였기 때문에 이후 「야경」이라는 별칭으로 불리게 되었다. 이와 같이 17세기 초반 루터파 독일과 칼뱅파 네덜란드를 중심으로 정물화, 풍경화, 풍속화 같은 세속적 장르화가 등장하기 시작하였다.

앤트워프(안트베르펜)에서 활동한 피테르 브뤼헐의 풍속화는 인문주의적 경향을 잘 드러낸다. 그의 「농부의 결혼식」The Peasant Wedding 「눈 속의 사냥꾼들」 Hunters in the Snow 은 평범하고 근면한 농민들의 일상을 화폭에 담았다. 이것은 노동을 중요하게 여긴 사람들의 일상적인 모습이었다. 브뤼헐에게 그림을 의뢰한 사람들은 주로 상업으로 부를 쌓은 신흥 부르주아 계층이 많았다. 이후 정물화는 프랑스에서 신앙의 자유를 찾아 망명한 위그노 장인들의 세밀한 기술과 결합하면서, 더욱 정교하고 사실적인 양식으로 발전하게 된다.

「프란스 배닝 코크 대위와 빌럼 판 라위턴뷔르흐의 중대 야경」 렘브란트 판 레인. 암스테르담 국립미술관.

종교개혁은 단순히 교회와 정치만의 문제가 아니라, 미술과 일상 문화 전반을 포함한 세계관의 변혁이었다. 그러나 두 진영의 예술가들에게도 현실적인 문제들이 밀어닥쳤다. 16세기 종교개혁을 거치며 화가들은 생계를 유지하기 위하여, 또 종교적 검열과 탄압을 피하기 위하여 새로운 길을 꾀할 수밖에 없었다. 특히 개혁주의 화가들은 반종교개혁Counter Reformation의 검열을 피하여 정물화, 풍경화 등으로 옮겨갔다. 반면, 가톨릭교도들은 '매너리즘' 경향으로 기울었고, 루터파는 성상과 성화를 피하여 예배음악에 집중하게 되었다.

하르멘 스텐베이크Harmen Steenwyck, 1612-1655의 「정물, 바니타스」Vanitas를 보자. 화가는 사물을 정밀하게 묘사하면서도 해골을 배치하여 "헛되고 헛되니 모든 것이 헛되도다"라는 전도서 1장 2절 말씀을 시각화하였다. 이 작품은 인생의 무상함과 죽음을 기억하라는 경고인 동시에 종교적 엄중

「정물, 바니타스」 하르멘 스텐베이크, 1640년경, 내셔널 갤러리, 런던.

함을 드러낸다. 이러한 바니타스 정물은 칼뱅주의적 가치관과 윤리관, 즉 근면, 절제, 경건 속에서 인생의 유한함을 성찰하는 태도를 잘 드러낸다. 그림의 왼편에서 흘러드는 빛은 사실적 효과를 넘어 복음을 통한 구원의 빛으로서, 죽음으로 향하고 있는 인생의 유한함 속에서 오직 빛으로 오신 예수 그리스도만이 구원의 소망이라는 것을 암시해 주고 있다.

"다 치우쳐 함께 무익하게 되고 선을 행하는자는 없나니 하나도 없도다."(παντες εξεκλιναν αμα ηχρειωθησαν ουκ εστιν ποιων χρηστοτητα ουκ εστιν εως ενος.) - 롬 3:12 -

한편 네덜란드의 화가들이 생계를 위하여 고군분투할 때, 로마 가톨릭교회 품에 남은 남부 플랑드르에서는 루벤스가 맹활약하며 화려한 작품세계를 펼치고 있었다. 관능적인 그림으로도 유명한 루벤스는 1600년 초반 이탈리아에서 앤트워프로 돌아와 종교화와 그리스 신화를 중심으로 한 작품들을 쏟아냈다. 스페인·프랑스·오스트리아 궁전에서는 관능적인 그의 그림을 앞다퉈 수집하였다. 개혁주의 북부의 렘브란트와 가톨릭 남부의 루벤스가 보여 주는 차이는 분명했다.

개혁교회는 예배당 내부의 성상과 성화들을 제거하고 설교 중심의 설교단과 성찬대만 남겨, 오로지 예배를 위한 공간으로서의 역할에만 충실하였다. 말씀 중심으로 개혁교도들은 일상의 노동을 귀하게 여겼고, 재가톨릭화하려는 박해에도 굴하지 않고 성경과 사도적 가르침에 따른 참된 신앙을 지켰다. 또한 루터파 교회는 옛 교회의 장중한 미사곡 대신 독일어로 부르는 코랄chorale을 교회음악의 핵심으로 생각하였기 때문에 교회 절기마다 성악에 기반한 칸타타, 수난곡과 같은 곡들을 발전시켜 올 수 있었다. 이와 달리 로마 가톨릭교회는 웅장한 건물에서 스테인드글라스를 관통해 쏟아지는 빛의 향연, 그리고 성상과 성인에 둘러싸인 장엄한 미사곡 안에서 신앙의 자리를 지켜갔다.

신대륙에 심기운 사람들

'낭트 칙령'으로 내전에 피폐해진 프랑스에 평화를 가져왔던 앙리 4세의 손자 루이 14세는 자신의 조부와 전혀 다른 길을 걸었다. 절대왕권을 위하여 권력을 휘두른 그는 1685년 '낭트 칙령'을 폐지하며 위그노에 대한 박해를 시작하였다. 위그노들은 고국을 등지고 유럽 각지로 흩어졌다. 일부는 신대륙으로 이주하여 1687년 사우스캐롤라이나 찰스턴^{Charleston}에 최초 위그노 개혁교회를 세웠다. 신대륙으로 이주한 위그노들은 뉴잉글랜드·뉴욕·버지니아·사우스캐롤라이나·조지아 등으로 퍼져 나가 자리를 잡았

브루클린 다리에서 바라본 맨해튼의 마천루.

다. 특히 1624년 네덜란드 칼뱅파 개혁교도들은 1628년 뉴암스테르담에 네덜란드 교회를 세우고 장로정치 체제와 칼뱅주의 교리를 고백하며 신앙을 이어 갔다. 그러나 뉴암스테르담은 '브레다 협정'에 따라 영국령이 되었고, 그 이름도 '뉴욕'으로 바뀌었다. 이렇듯 뉴암스테르담의 개혁교회는 뉴욕에서도 한동안 주교제를 따르는 잉글랜드 교회 정책에 따라 어려움을 겪었다. 그러나 네덜란드 빌럼 3세 오라녜 공이 '명예혁명'으로 자신의 왕비 메리 2세, 곧 제임스 2세의 딸과 함께 잉글랜드의 공동 군주가 되면서 아메리카 신대륙에서 개혁교회의 자치가 실현될 수 있었다.

7. 뉴욕 그리고 언더우드

나는 유럽 일정 중간에 제네바에서 뉴욕을 왕복하였다. 그것은 2019년 에피소드에서 비롯되었다. 나는 남편의 은퇴를 앞두고 10주간의 긴 가족여행을 비밀리에 계획했다. 이것은 남편에게 깜짝 은퇴 선물로 사 주려던 자동차와 맞바꾼 여행이었다. 파리 빈센트의 집에 머물며 파리에 익숙해진 세 남자를 남겨 두고 나홀로 남프랑스로 가는 TGV에 올랐다. 이때만 해도 생트 빅투아르산 트레킹을 예약해 두었기 때문에 모든 것이 순조로울 것이라 믿었다. 그러나 액상프로방스 TGV역에서 약 16킬로미터 떨어진 마자랭 지구로 가는 과정부터 좌충우돌이었다. 겨우 르네의 집에 도착해 배낭을 내려놓고 이메일을 확인한 순간, 현지 상황 때문에 트레킹이 취소되었다는 것이다. 아뿔싸! 오로지 생트 빅투아르만 믿고 무작정 왔는데, 플랜 B는 없었다. 당혹스러워 멍하니 앉아 있었다. 잠시 후 르네가 내 상황을 듣더니 비몽댐$^{Barrage\ de\ Bimont}$까지 운전해 주겠다며 흑기사를 자청하고 나섰다.

다음날 아침, 르네는 약속대로 차를 몰았다. 프로방스-알프-코트다쥐

르Provence-Alpes-Côte d'Azur 지역, 특히 엑상프로방스에 가까운 비몽댐 입구에 이르러 나를 내려주었다. 르네는 "하산할 시간에 맞춰 주차장에서 보자"며 손을 흔들어 보이고는 차를 시내로 돌렸다.

이국적인 정취를 물씬 자아내는 사이프러스 가로수길을 지나 비몽댐 위를 걸었다. 남프랑스의 불타는 듯한 황금빛 태양이 뿜어내는 투명한 열기로 달아오른 한낮, 난생처음 걷는 높은 댐 아래를 내려다본 순간 아찔했다. 산길로 이어지는 길에 접어들어 몇 개의 이정표들을 마주하고서야 깨달았다. 가진 것이라고는 페트병에 채운 500cc 물과 작은 마들렌 세 개가 전부였다. 생세르 예배당Chapelle Saint-Ser이 있는 생트 빅투아르산은 너무 멀리 있었다. 그나마 지중해에서 불어오는 바람이 때때로 한낮의 열기를 식혀 주었다. 혼자서 인적이 없는 산을 오르다보니 프랑스어 표지판을 제대로 이해하고 걷는지, 동물이 튀어나오지나 않을지 별별 상상으로 저의기 무섭기도 했다. 생트 빅투아르 산봉우리를 좌표 삼아 걷는 중에, 쏜살같이 지나가는 산악 라이더들의 인사에 가슴을 쓸어내리면서도 반가웠다. 아, 나 혼자가 아니었구나.

고대 로마와 켈트 문화의 접경지에 우뚝 솟아 있는 생트 빅투아르산은 프로방스인들의 신앙과 문화적 정체성을 상징하는 영산(靈山)으로, 남프랑스인들이 지닌 강인함과 자긍심, 또 자연과의 공존을 상징한다. 엑상프로방스는 후기 인상주의 대표화가 폴 세잔Paul Cezanne이 말년을 보낸 도시이다. 폴 세잔이 그린 생트 빅투아르산은 많은 수채화와 드로잉을 제외하고도 완성된 유화만 14점이 넘는다. 그가 생트 빅투아르산을 얼마나 사랑했던지 그의 모친 장례식날에도 화구를 메고 산에 올랐을 정도였다. 이 유서 깊은 도시에서 생트 빅투아르산을 끊임없이 그려낸 폴 세잔은 "공기를 그리고 싶다"라고 되뇌었다.

「생트 빅투아르산」, 폴 세잔, 1902, 헨리&로즈 펄먼재단.

폴 세잔의 움막을 지나 프로방스인의 영산. 화가가 매일 화구통을 메고 올라 조우했을 생트 빅투아르산Montagne Sainte-Victoire을 가까이에서 볼 수 있는 지점에 이르렀다. 그림 속에서 보고 또 보고, 숱하게 바라보았던 그 웅장한 어깨가 마침내 드러났다. 지중해 물빛 닮은 하늘을 움켜쥐고 막 일어서려는 자세의 생트 빅투아르산을 쳐다보고 있노라니, 단원의 「씨름」판에 앉아 있는 착각에 빠져든다. "나는 나의 실체이고 원형인가?" 세잔이 사랑한 그 산은, 이제 나의 산이 되었다.

어제의 여운이 가시지 않은 다음날 아침, 르네가 특별히 챙겨 준 스위스 치즈를 곁들인 바게트에 커피를 마시고 있을 때였다. "마리안! 피카소 특별전이 열리는데 가 볼래?" 생트 빅투아르산을 찾아온 나의 열정을 간파

나선형으로 오르내리며 관람할 수 있는 뉴욕 솔로몬 구겐하임 로비와 천장.

한 르네는, 그의 집에서 그리 멀지 않은 호텔 드 꼬몽$^{Hôtel\ de\ Caumont}$의 전시회 일정을 알려주었다. 그가 일러 준 대로 역사기념물로 등재된 마자랭 지구$^{Quartier\ Mazarin}$의 꼬몽을 찾아갔다. 그동안 전시회에서 볼 수 없었던 피카소의 작품들이 풍성하게 전시되고 있었다. 이렇듯 우연한 기회에 남프로방스 세잔의 도시에서 예술의 향기를 만끽할 수 있다니……

르네의 집을 떠나는 날, 재클린과 그녀의 딸 로렌과 작별 인사를 나누었다. 아쉬운 작별을 하고 나서는데, "잠깐 서점에 들르자"며 이유를 묻기도 전에 그가 성큼성큼 앞장섰다. 미라보 거리$^{Cours\ Mirabeau}$에 있는 서점에서 그가 책 한권을 꺼내 들었는데 그것은 다름 아닌 자신의 부친이 참전한, 프랑스-알제리 전쟁을 모티브로 한 그의 논픽션 소설이었다. 그는 책 면지에 "가족과 함께 꼭 다시 프로방스에 오라"는 초대와 함께 사인을 곁들여 주었다. 그의 가족과 함께한 나흘 동안 외국인 나그네를 극진히 환대해 준 그의 가족에게 나는 무엇을 줄 수 있을까. 그렇게 액상프로방스를 떠나며, "솔로몬 R. 구겐하임 때문에 뉴욕에 가 봐야겠네." 혼잣말처럼 중얼거렸다. 무심코 웅얼거린 그 한마디는 4년이 흘러 현실이 되었다.

제네바 공항을 출발한 뉴욕행 비행기는 그 흔한 스타벅스 커피를 제공한 델타항공, 족히 7시간 가까이 비행할 것이었다. 젊은 날 유학할 기회가 주어졌으나 포기했던 뉴욕, 그런데 액상프로방스에서의 추억이 기어코 뉴욕에 발을 딛게 한다. 마치 환갑을 맞은 나에게 주는 셀프 선물 같은 것이었다. 거기에 보태어 언더우드 선교사의 모교를 방문해 볼 생각이었다. 1883년 12월 13일, 이수정의 편지가 실린 신문을 읽고 조선으로 향했던 언더우드, 그의 모교가 있는 뉴저지 주의 뉴브런스윅 신학대학원 도서관에는 2011년 연세신학대학원이 기증한 언더우드 흉상이 있어 시간을 낼 수 있다면 유의미한 시간이 될 것이다.

조선의 이수정과 언더우드

호레이스 그랜트 언더우드^{Horace Grant Underwood, 1859-1916}는 영국 태생으로 부친의 사업 실패로 열두 살 때 가족과 함께 미국 뉴저지로 이주하였다. 뉴욕대학교를 졸업한 후, 뉴저지주 뉴브런스윅^{New Brunswick Theological Seminary}에서 신학을 하고 1884년 졸업과 함께 목사 안수를 받았다. 이후 그는 1885년 알렌 선교사에 이어 아펜젤러, 일본 장로교 선교회의 스쿠더^{Scudder} 박사, 테일러^{Taylor} 박사 등과 함께 조선에 입국하였다. 해리 로즈^{Harry a. Rhodes}가 "언더우드는 한국 선교의 아버지이자 많은 선교사들을 한국으로 오게 만든 지도자였다"라고 말했을 정도로 그는 선교에 대한 열정이 많은 사람이었다.

1883년 12월 13일, 《미셔너리 리뷰 오브 더 월드》^{The Missionary Review of the World}에 한 조선인의 편지가 실렸다. 「미국 기독교인들에게 드리는 이수정의 인사」

라는 긴 제목의 편지는, 요코하마에 체류 중이던 이수정이 조선에 선교사를 파송해 줄 것을 간절히 요청한 내용이었다. 당시 인도 선교를 준비하고 있던 언더우드는 이 편지에 깊이 감동을 받고, 미국 북장로교 해외선교부에 조선 선교사로의 파송 가능 여부를 문의하였다. 언더우드는 그에 앞서 개혁교회(RCA) 선교부에도 문의했으나 거절당한 바 있었다. 그런데 이른바 '조선의 마케도니아인'으로 불린 이수정의 호소는 언더우드의 선교 열정을 일깨웠고, 마침내 북장로교 선교부의 마음까지 움직였다. 그 결과 1884년 7월 28일, 언더우드는 조선 선교사로 임명 받고 그해 12월 16일 샌프란시스코항을 출발했다. 1885년 1월 25일, 매서운 바닷바람의 환영을 받으며 일본 요코하마에 도착하였다. 그는 그곳에서 이수정을 만나 조선어를 배우며 조선에서의 선교 준비에 힘썼다. 드디어 4월 5일, 제물포항(인천항)을 통해 조선에 입국한 언더우드는 이틀 뒤 곧장 서울로 상경하였다. 그는 입국 직후인 4월 10일부터 광혜원의 약제사로 일하면서 선교사로서 본격적인 사역을 시작하였다. 그는 조선인에게 최초로 세례를 베풀며, 주어진 사명에 따라 조선 선교의 길을 열어 나갔다.

뉴저지 뉴브런스윅 신학대학원

북미 최초의 신학교이자 호레스 언더우드가 공부했던 뉴브런스윅 신학대학원New Brunswick Theological Seminary을 방문하기 위해서 서둘러 숙소를 나서며 주머니 속 메모를 다시 확인했다. 일주일 가까이 맨해튼을 헤매며 익숙해졌다고 생각했지만 여전히 이 거대한 도시는 나를 압도했다. 펜역Penn station에 도착해 뉴저지주를 오가는 뉴저지 트랜짓NJ Transit 승강장을 찾는 일부터가 모험이었다. 매디슨 스퀘어 가든 지하에 자리한, 하루 60만 명이 넘는 사람들이 이용한다는 이 거대한 역사는 1963년 보자르 양식의 장엄했던

울타리가 없는 뉴브런스윅 신학대학원 입구에서 본 강의동.

옛 펜역이 허물어진 후, 낮은 천장과 미로 같은 통로로 악명 높은 곳이 되었다. 사람들의 발걸음은 빨랐고, 안내 방송은 메아리치듯 울려 퍼졌지만 정작 무슨 말인지 알아듣기 어려웠다. 간신히 뉴저지 트랜짓 표지판을 따라 플랫폼을 찾아 기차에 올랐을 때는 이미 등에 땀이 배어 있었다. 자리에 앉자 역무원이 다가와 티켓을 확인하고 티켓 스텁 seat check stub 이라 하는 종이 조각을 앞좌석 손잡이에 끼워 넣었다. 어깨를 으쓱해 보이자, "하차할 때 내가 회수해 갈거야. 신경쓰지 마." 그 말과 함께 남겨진 종이는 내 존재를 확인해 주는 표식 같았다.

   기차는 굉음에 가까운 소리를 내며 맨해튼을 빠져나가기 시작했다. 창밖으로 고층 빌딩들이 하나둘 멀어지고, 허드슨강을 건너자 풍경이 서서히 변해갔다. 쉴 새 없이 울려대던 경적 소리, 인파로 가득한 도시는 점점 희미해졌다. 50분이라는 시간이 어떻게 흘러갔는지 알 수 없었다. 뉴브런스윅이 가까워질 무렵, 역무원이 돌아와 티켓 스텁을 회수해 갔다. 제대로 찾아온 것이다. 플랫폼에 내려서자 난반사하는 햇빛이 눈이 부시다 못해 시렸다. 1903년에 지어진 뉴브런스윅 역사는 고즈넉한 모습이었다. 두 개의 높은 플랫폼이 노스이스트 코리더의 네 개 선로를 감싸고 있고, 붉은 벽돌의 역사는 고풍스러운 도릭 양식의 기둥들로 장식되어 있었다. 맨해튼과는 전혀 다른 세계가 펼쳐졌다. 빌딩숲에 가려져 있던 하늘이 여기서는 이렇게나 넓고 높았다. 인적이 없는 횅한 플랫폼, 맨해튼의 그 소란스러움은 온데간데없었다. 뉴브런스윅역을 나와 프렌치가French St와 올버니가Albany St가 만나는 교차로를 건너자, 러트거스 대학교의 역사적 심장부인 컬리지 애비뉴 캠퍼스College Avenue Campus가 시작되었다. 담장이 없는 캠퍼스는 도시와 자연스럽게 어우러져 있었다. 언더우드도 이 길을 걷고 같은 하늘을 보았을 것이다.

마침내 세미너리 플레이스를 따라 좁은 도로 하나로 자연스럽게 연결된 뉴브런스윅 신학대학원 건물이 모습을 드러냈다. 언뜻 보면 러트거스 캠퍼스에 딸린 강의동처럼 보이는 이곳은 1784년 네덜란드 개혁교회에 의해 설립된, 북미에서 가장 오래된 신학교다. 1810년 존 헨리 리빙스턴 교수가 뉴욕에서 이곳으로 옮겨온 이래, 이 학교는 한국을 비롯한 전 세계로 선교사들을 보내왔다. 캠퍼스는 생각보다 아담했다. 2014년에 지어진 현대적인 강의동과 오래된 도서관, 바로 1873년부터 1875년에 걸쳐 독일계 미국인 건축가 데틀레프 리에나우가 설계한 가드너 A. 세이지 도서관은 4세기 로마네스크 바실리카 건축양식과 빅토리아 시대 북홀 스타일을 결합하여 신학 연구를 위한 묵상 공간으로 설계된 역사적인 건축물이다. 분홍빛 화강암과 붉은 벽돌로 지어진 건물의 외관은 시간의 흔적을 고스란히 간직하고 있었다. 천천히 도서관 계단을 올랐다. 오래된 석조건물의 묵직함이 발걸음에 전해졌다. 문손잡이를 잡는 순간, 나는 시공간의 문턱을 넘어 역사의 한 순간 속으로 들어온 순례자가 되었다.

　벽안(碧眼)의 언더우드가 개화되지 않은 조선에 복음을 들고 찾아왔던 한국 교회의 역사와 살기 위해 옛 로마 제국의 영토로 들어와 개종된 게르만족의 역사를 되짚어 본다. 복음을 전하기 위해 낯선 땅으로 나아갔던 이들의 용기와 헌신을 돌아보며 나는 묻는다. 오늘날 우리에게는 무엇이 요구되는가? 복음을 들고 머나먼 선교지를 갈 수 없다면, 복음에 빚진 우리가 삶의 자리에서 감당할 수 있는 일은 무엇인가? 이제 우리 곁에는 더 이상 낯설지 않은 많은 탈북 새터민과 고려인, 그리고 다양한 외국인 노동자들이 더불어 살아가고 있다. 성경의 가르침을 따라 우리 땅에 찾아온 나그네들을 존중하고 섬기는 것, 그것이야말로 삶의 자리에서 할 수 있는 선교의 첫걸음이다.

글을 마무리하며

　지엽적으로 기독교 역사를 들여다보면 '세상에서 제일 잔혹한 전쟁이 종교전쟁'이라는 극단적인 표현에 일견 동의하게 된다. 하지만 어찌 종교전쟁뿐이랴! 인간의 역사가 일관되게 조명하고 있는 것은 인간은 결코 선하지 않다는 것이다. 기독교인이든 비기독교인이든 왜 우리는 정의를 말하면서 불의를 행하고, 사랑을 말하면서 무자비하고 이기적인가? 무엇이 선이고 무엇이 악인가? 인간은 상대적으로 선량하거나 정의로울 수 있으나 결코 선한 존재가 아니다. 인간의 잔학성은 상상을 불허한다.

　"모든 사람이 죄를 범하였습니다. 그래서 사람은 하나님의 영광에 못 미치는 처지에 놓여 있습니다." - 로마서 3:23 새번역 -

재난과 전쟁의 참혹함 앞에서 인간은 절규한다. "하나님은 어디 계시는가?" "죄 없는 사람을 죽도록 둔 신이라면 악한 신이 아닌가?", "신이 계시다면 어떻게 이럴 수 있는가?" 이와 같은 질문은 인간은 선하다는 통일된 전제가 있을 때만 가능한 질문이다. 인간은 깨진 도자기와 같다. 최상의 도자기일지라도 깨진 도자기는 쓸모가 없다. 쓸모 없을 뿐만 아니라 흉기가 되기도 한다. 왜냐하면 토기는 700도 전후로 굽지만 옹기는 800도 이상, 도자기류는 1200-1400도에서 굽는 까닭에 깨진 그릇은 불에 타지 않고 썩지도 않는 유해 환경폐기물로 취급된다. 만약 깨진 도자기가 도공의 손에 들려진다면 상황은 달라질 것이다. 도공이 깨진 조각을 곱게 갈아서 흙의 상태로 만든 다음, 공예용 새 흙과 섞어 구우면 재생이 가능해지기 때문이다. 성경은 창조주 하나님을 토기장이에 비유하였다. 만일 창조주를 부인하고 오직 인간의 정의와 기준만 따른다면 인간은 불평등 속에서 폭정과 살육을 악순환하는 고등 동물일 뿐이다. 아니 때로는 짐승만도 못한 존재가 될 수 있다. 각자 자기 소견에 옳은 대로 행하는 인간의 정의는 자기중심적이며 결코 공평할 수 없기 때문이다.

"그 때에 이스라엘에 왕이 없으므로 사람이 각기 자기의 소견에 옳은 대로 행하였더라" - 삿 21:25 -

이 책은 국립국어원 외래어표기법을 되도록 준수하였으나 그동안 학자들의 저술과 논문이 영어권, 비영어권에 따라서 다르게 표기된 특수성으로 인하여 외래어표기법을 엄격하게 적용하는 데 한계가 있었다. 나라별로 인명에서 요한은 요하네스·장·존·얀·조반니·후안·이반으로, 베드로는 피터·페터·페트루스·피에르·피에트로, 윌리엄은 빌럼·기욤·빌헬름,

카를은 카롤루스·찰스·카를로·샤를, 앙투안은 안토니우스·앤서니·안토니오·안톤, 그리고 헨리는 앙리·하인리히·엔리케·헨드릭·하이네, 스테판은 스테파누스·이슈트반·에티엔과 같이 동일한 인명임에도 나라마다 다르게 표기된다는 것과 독일어권에서 토마스, 영어권에서 토머스와 같이 본문에 표기한 것은 오기(誤記)가 아님을 밝혀 둔다.

 끝맺으며, 예수님께서 세상에 교회를 세우신 이래로 교회는 끊임없이 하나님의 밀알들에 의하여 새물결을 이어 왔듯이, 그분이 다시 오실 때까지 온 땅에 흩어져 있는 그분의 밀알들이 새물결을 일으키며, 그분의 선하신 뜻을 이루어 갈 것을 믿는다. 프랑스 철학자 베르나르$^{\text{Bernard de Chartres, died. c.1130}}$의 격언, 곧 예레미야와 같은 믿음의 거인들을 상정한 '거인 어깨 위의 소인'에 대하여 솔즈베리의 존$^{\text{John of Salisbury}}$이 전한, 격언의 일부로 갈무리를 한다.

"…We are like dwarfs on the shoulders of giants, so that we can see more than they, and things at a greater distance…."

이 책을 읽어 주신 모든 분들께 감사를 드리고
주 예수 그리스도의 이름으로 평안을 빈다.

❖ 참고·인용자료 ❖

권홍우. 『부의 역사』. 인물과 사상사.

김명혁. 『초대교회의 형성』. 성광문화사.

김영재. 『기독교 교회사』. 합신대학원 출판부.

김중락. 『스코틀랜드 종교개혁사』. 흑곰북스.

니콜로 마키아벨리. 『군주론』. 박상훈 옮김. 후마니타스.

디오시오스 스타코풀로스. 『비잔티움의 역사』. 최하늘 옮김. 더숲.

로버트 하인리히 와닝거. 『츠빙글리의 종교개혁이야기』. 정미현 옮김. 한국장로교출판사.

루이스 W 스피츠. 『종교개혁사』. 서영일 역. 기독교문서 선교회.

마이클 리브스. 『꺼지지 않는 불길』. 박규태 옮김. 복있는 사람.

마크 A 놀. 『터닝 포인트』. 이석우·강효식 옮김. CUP.

메익 피어스. 『이성의 시대』. 박응규 옮김. 그리심.

박용규. 『한국기독교회사 1』. 한국기독교사연구소.

성제환. 『피렌체의 빛나는 순간』. 문학동네.

시오노 나나미. 『로마 멸망 이후의 지중해 세계 상』. 김석희 옮김. 한길사.

―――――. 『십자군 이야기 1』. 문학동네.

―――――. 『십자군 이야기 2』. 문학동네.

앨리스터 맥그래스. 『종교개혁사상』. 최재건 옮김. CLC.

앨리슨 그랜트, 로날드 메이요. 『프랑스 위그노 이야기』. 조병수 옮김. 가르침.

에드워드 기번. 『로마제국 쇠망사 6』. 송은주·조성숙·김지현 옮김. 민음사.

에라스무스. 『우신예찬』. 김남우 옮김. 열린책들.

오덕교. 『장로교회사』. 합신대학원출판부.

윌 듀런트. 『문명이야기 4-1』. 안인희 옮김. 민음사.

─────・『문명이야기 4-2』. 안인희 옮김. 민음사.

─────・『문명이야기 5-1』. 왕수민·박혜원 옮김. 민음사.

─────・『문명이야기 5-2』. 왕수민·박혜원 옮김. 민음사.

윌리스턴 워커. 『세계기독교회사』. 강근환·민경배·박대인·이영헌 옮김. 대한기독교서회.

윌리엄 몬터. 『칼빈의 제네바』. 신복윤 옮김. 합신대학원출판부.

전원경. 『예술 역사를 만들다』. 시공아트.

존 폭스. 『기독교 순교사화』. 양은순역. 생명의 말씀사.

카터 린드버그. 『유럽의 종교개혁』. 조영천 옮김. CLC.

타키투스. 『타키투스의 연대기』. 박광순 옮김. 범우.

프랜시스 쉐퍼. 『그러면 우리는 어떻게 살 것인가』. 김기찬 옮김. 생명의 말씀사.

필립샤프. 『교회사 전집 1』. 이길상 옮김. 크리스천 다이제스트.

─────・『교회사 전집 3』. 이길상 옮김. 크리스천 다이제스트.

─────・『교회사 전집 5』. 이길상 옮김. 크리스천 다이제스트.

─────・『교회사 전집 7』. 박종숙 옮김. 크리스천 다이제스트.

─────・『교회사 전집 8』. 박경수 옮김. 크리스천 다이제스트.

한스 큉. 『가톨릭의 역사』. 배국원 옮김. 을유문화사.

한스 큉. 『교회』 정지련역. 한들출판사.

후스토 L 곤잘레스. 『초대교회사』. 엄성옥 역. 은성.

박경수. 「피에르 비레의 저항권 사상」. 그의 생애와 작품을 중심으로.

Robert Heinrich Oebninger. 『das Zwingliportal am Grossmunster in Zurich』. Verlag Neue Zurcher Zeitung

Tacitus. 『The Histories』. Penguin Classics.

* 그 외 해외 전문 웹사이트, 각국 대학, 미술관 사이트 등을 이용.

❖ 연대표 ❖

1309-1377 아비뇽 유수

1320-1384 존 위클리프

1337-14533 프랑스 vs 영국 백년 전쟁

1348-1352 유럽 전역에 흑사병 유행

1370-1415 보헤미아의 얀 후스 콘스탄츠에서 화형

1405-1457 로렌초 발라, 〈콘스탄티누스의 증여〉가 위조임을 밝힘

1414-1418 콘스탄츠 종교회의에서 공의회수위권 선언

1453 비잔티움 제국 콘스탄티노폴리스 함락

1466-1536 로테르담의 에라스무스

1473-1543 코페르니쿠스

11483-1546 마르틴 루터

1484-1531 울리히 츠빙글리

1486-1525 작센 선제후 현공 프리드리히 3세

1489-1525 '독일 농민전쟁'의 토마스 뮌처

1491-1556 제수이트(예수회) 이냐시오 데 로욜라

1493-1519 합스부르크 가문 막시밀리안 1세

1496-1561 메노 시몬스 온건한 재침례파

1498 지롤라모 사보나롤라 화형

1500-1558 카를 5세

1502 작센 선제후 프리드리히 3세 비텐베르크 대학 설립

1509-1547 헨리 8세

1509-1564 장 칼뱅

1515 볼로냐 정교조약(Concordat of Bologna), 프랑스 국가종교 탄생

1517 마르틴 루터의 95개조 논제

1519 라이프치히 논쟁. 카를 5세를 독일 왕으로 선출

1520 카를 5세 신성로마제국 황제 즉위

1521 필립 멜란히톤의 『신학 총론』

1521-1526 1차 합스부르크-발루아 전쟁

1524-1526 독일 농민전쟁-토마스 뮌처

1526 취리히 시의회 재세례파에 대한 사형 명령, 최초 프로테스탄트 진영의 마르부르크 대학 설립

1526-1529 제2차 합스부르크-발루아 전쟁

1527 취리히 펠릭스 만츠 순교. '로마의 약탈'

1529 마르부르크 회담. 제2차 슈파이어 회의 '프로테스탄트' 용어 생김

1530 아우크스부르크 신앙고백서

1531 제2차 카펠 전투에서 츠빙글리 사망

1532 제네바 종교개혁

1534 잉글랜드 수장령

1536 윌리엄 틴데일 성경 번역. 장 칼뱅의 기독교 강요 초판

1536-1538 제3차 합스부르크-발루아 전쟁

1540 교황청 제수이트(예수회) 승인

1542-1544 4차 합스부르크-발루아 전쟁

1546 마르틴 루터 사망

1546-1547 루터파 슈말칼덴 전쟁 패배

1547 프랑수아 1세, 잉글랜드 헨리 8세 사망

1547-1553 에드워드 6세 통치

1549 취리히 공동신앙고백서

1551-1552 제2차 트리엔트 종교회의

1533 미카엘 세르베투스 제네바에서 화형

1533-1538 잉글랜드 메리 1세 튜더의 통치

1558 엘리자베스 튜더 통치, 신성로마제국 황제 카를 5세 사망

1559 제네바 아카데미 설립

1561 벨직 신앙고백서

1561-1563 제3차 트리엔트 종교회의

1562 바시 학살(위그노 전쟁 촉발)

1564 장 칼뱅 사망

1567 스코틀랜드 제임스 6세 즉위. 스페인, 네덜란드를 점령

1572 잔 달브레 사망, 바르톨로메오 축일 대학살

1589 앙리 3세 암살

1598 낭트 칙령

1603-1625 스코틀랜드 제임스 6세, 잉글랜드 제임스 1세가 되다

1605 테오도르 드 베즈 사망

1610 앙리 4세 암살

1618-1619 네덜란드 도르트 총회

1620 필그림 신대륙 메사추세츠에 정착

1642-1649 잉글랜드 청교도 혁명

1649 잉글랜드 찰스 1세 처형

1658 잉글랜드 올리버 크롬웰 사망

1685 퐁텐블로 칙령

1688 잉글랜드 '명예혁명'(윌리엄 3세 & 메리 2세)